信息素养：开启学术研究之门

主　　编　张倩苇
副 主 编　尹　睿　水玲玲
编写人员　(按写作章节先后排序)
　　　　　张倩苇　尹　睿　杨春霞　罗　馨
　　　　　谢慧娥　谭健豪　杨南粤　廖宏建
　　　　　冷紫娟　水玲玲　徐卓钰

北京理工大学出版社
BEIJING INSTITUTE OF TECHNOLOGY PRESS

内 容 简 介

本书以提升学习者的学术研究能力为核心目标,以如何撰写文献综述为核心任务,强调信息检索与学术研究结合,以任务为导向,注重学习任务设计的关联性、程序性、连续性,将信息素养的培养有机嵌入到选题确定、文献检索与利用、文献管理与评价、文献阅读与梳理、论文撰写与发表、学术道德与规范等一系列循序渐进的任务中,帮助学习者一步步掌握信息素养技能,强化信息素养实践能力的培养,从而完成文献综述的撰写。

全书共分八个部分,包括信息素养、信息需求、信息资源、信息检索、信息获取、信息管理、信息交流、信息道德。书中设计了故事、案例将学习者带入情境中;提供二维码将配套的慕课视频、相关案例供扫码观看学习;设计了"想一想""练一练"等活动;提供研究选题、信息资源、文献检索、文献综述、课题申请书、学术海报、学术演讲、避免剽窃等核查表供学习者反思。

本书可作为高等学校本科生、硕士与博士研究生相关课程的教材,还可作为学生在科研实训、科研选题和开展毕业论文研究时的学习参考书,也可作为开展信息素养教学同行的教学参考书。

版权专有　侵权必究

图书在版编目（CIP）数据

信息素养：开启学术研究之门 / 张倩苇主编 . —北京：北京理工大学出版社，2020.12

　　ISBN 978-7-5682-9409-6

Ⅰ. ①信… Ⅱ. ①张… Ⅲ. ①大学生–信息素养–信息教育–研究　Ⅳ. ①G254.97

中国版本图书馆 CIP 数据核字（2020）第 264737 号

出版发行 /	北京理工大学出版社有限责任公司	
社　　址 /	北京市海淀区中关村南大街 5 号	
邮　　编 /	100081	
电　　话 /	（010）68914775（总编室）	
	（010）82562903（教材售后服务热线）	
	（010）68948351（其他图书服务热线）	
网　　址 /	http：//www.bitpress.com.cn	
经　　销 /	全国各地新华书店	
印　　刷 /	三河市华骏印务包装有限公司	
开　　本 /	787 毫米 × 1092 毫米　1/16	
印　　张 /	26	责任编辑 / 张海丽
字　　数 /	615 千字	文案编辑 / 张海丽
版　　次 /	2020 年 12 月第 1 版　2020 年 12 月第 1 次印刷	责任校对 / 周瑞红
定　　价 /	98.00 元	责任印制 / 李志强

图书出现印装质量问题，请拨打售后服务热线，本社负责调换

作者简介

张倩苇，博士，华南师范大学教育信息技术学院教授，博士生导师。先后在中国和荷兰获博士学位。荷兰特文特大学和美国密歇根州立大学访问学者。研究领域包括教育信息化、技术与课程、教师专业发展、教育设计研究等。2001年作为第二完成人参与的"多媒体和网络环境下大学生学习能力培养的理论与实践探索"获国家级教学成果奖一等奖、广东省教学成果奖一等奖。2019年作为第五完成人参与的"高等师范院校通识教育'金课'建设体系的探索与实践"获广东省高等教育教学成果奖一等奖。2019年首批国家级线上线下混合式一流本科课程、2019年广东省一流在线开放课程《信息素养：开启学术研究之门》负责人，是国家级精品课程《学习论》《教育心理学》的主要成员，以及国家级教学团队《教育心理学》的主要成员。主持并完成多项省部级课题，教育部重大委托项目《我国高中阶段学生核心素养的模型及指标体系研究》课题组主要成员。出版专著《信息时代的技术与课程发展》(2009)和《Supporting Teachers to Enact Integrative Practical Activities in China》(2012)。在《电化教育研究》《比较教育研究》《中国电化教育》等期刊发表论文70余篇。

在全球化、智能化、个性化的信息时代,世界各国都在强调学生核心素养的培养。信息素养是信息时代人们必须普遍具备的基本素养,也是21世纪人才应具备的重要核心素养。信息素养与我们每个人的生活、工作和学习息息相关,被放到与读、写、算基础文化素养同等重要的位置,越来越受到世界各国的关注和重视。《信息素养:开启学术研究之门》适应信息时代之需要,顺应教学改革之时势,教学相长,动态生成,2020年11月,被教育部认定为首批国家级一流本科课程(线上线下混合式一流课程)。本书是《信息素养》课程与教学的经验集成,是集体智慧的产物。

一、《信息素养》课程概述

想开展学术研究,怎么选题?想搜集文献,从哪里入手?搜集到一大堆文献,如何进行管理?面对筛选出的文献,如何进行批判性阅读?如何撰写文献综述并合理使用文献?《信息素养》将帮助学习者利用各种信息工具和检索方法,掌握从庞杂的信息资源中识别、获取、评价和有效利用信息的技能和方法。

《信息素养》以提升学习者的学术研究能力为核心目标。通过理论讲授和实践演练,引导学习者学会确定研究选题,灵活利用信息资源、学术搜索引擎和专业数据库搜集文献信息,使用文献管理软件对文献信息进行整理加工,学会文献综述的写作和论文发表的方法,从而形成严谨的学术研究态度,掌握科学的学术研究规范,树立良好的学术诚信意识,为学术研究奠定扎实的基础。

课程以当代教育学、心理学理论为指导,强调以学生为中心、以任务为中心,注重学习任务设计的关联性、程序性、连续性,将大任务分解成一个个小任务,帮助学生逐步掌握信息素养的相关技能。

课程凸显"信息检索与学术研究相结合"的理念,强调将传授知识、训练技能和培养能力有机结合，强调学用结合，将信息素养的培养与课题研究、专业学习紧密结合起来，将文献检索、资料利用、学术规范三部分内容有机地串接起来。

二、《信息素养》的教学与研究

从2010年至今，《信息素养》课程教学历经10年20余次教学迭代，经历3个发展阶段，可谓"十年磨一剑"。阶段一：选修课。2010年9月，应华南师范大学教务处之邀为综合人才培养实验班开设《信息素养》课程，随后为国学勤勤创新班、光电勤勤创新班开设《信息素养》课程，利用Blackboard平台+QQ群或博客+QQ群辅助教学。阶段二：通识课。2013年入选学校首批通识课，课程由当初的18学时、1学分改为34学时、2学分。2015年列入广东省教学质量工程建设项目自主特色项目《信息素养》通识教育课程并结题。在此阶段利用Moodle平台+QQ群或微信平台辅助教学。阶段三：基于慕课的混合式教学。2018年9月起利用中国大学慕课平台开设慕课，重构课程内容，结合雨课堂等技术手段，开展基于慕课的线上线下混合式教学。在这个过程中，由于选课学生的参与、对本课程提出改进意见和建议以及团队的合作，课程内容框架不断完善，教学方法不断改进，课程资源不断丰富。

在开展《信息素养》课程教学的过程中，我们先后承担了2013年广东省高等教育教学改革项目重点项目"网络环境下大学生信息素养教与学模式的研究与实践"、2014年广东省学位与研究生教育改革研究项目"移动学习环境下以任务为导向培养研究生科研能力的研究与实践"、2015年广东省教学质量工程建设项目自主特色项目《信息素养》通识教育课程、2016年广东省高等教育教学改革一般项目"基于开放在线课程的混合教学模式研究：以《信息素养》为例"、2017年度广东省本科高校教学质量与教学改革工程在线开放课程《信息素养》等教改项目。《信息素养》课程的教学与研究相长，相互促进，共同提高。

板凳要坐十年冷，十年辛苦不寻常。一分耕耘，一分收获。

《信息素养》2020年荣获首批国家级线上线下混合式一流本科课程。《信息素养：开启学术研究之门》获2019年广东省一流在线开放课程。"高等师范院校通识教育'金课'建设体系的探索与实践"2019年获广东省高等教育教学成果奖一等奖；"立德树人，打造五位一体的'大通识'教育'金课'建设体系"

2019年获第十届华南师范大学教学成果奖一等奖。《信息素养》获2019年高校在线开放课程联盟联席会"基于MOOC的混合式教学优秀案例"二等奖,2019年首届全国高校混合式教学大赛"设计之星"奖,2020年第五届西浦全国大学教学创新大赛三等奖。

三、《信息素养》教材的主要特点

本教材分为信息素养、信息需求、信息资源、信息检索、信息获取、信息管理、信息交流、信息道德八大部分,共22章。第一部分"信息素养"涉及信息素养概述、国际信息素养教育与高等教育信息素养标准以及大学生信息素养调查。第二部分"信息需求"主要从确定研究选题方面谈如何明确信息需求。第三部分"信息资源"主要涉及信息资源的概念、类别和选择。第四部分"信息检索"(第4~8章)包括信息检索的概念和原理,信息检索语言、技术、策略,信息检索效果评价。第五部分"信息获取"(第9~12章)主要为图书馆文献、网络信息资源、全文数据库资源、特种文献的获取。第六部分"信息管理"(第13~15章)包括信息分析与评价、信息组织与管理、信息交流与共享。第七部分"信息交流"(第16~20章)主要介绍文献综述、论文撰写与投稿、课题申请书撰写、学术演讲和学术海报展示。第八部分"信息道德"(第21~22章)包括信息道德概述、学术规范、学术诚信以及参考文献的合理使用。

教材的编写注重理论与实践的结合、基础知识与方法技术的结合、技能掌握与训练实践的结合、一般原理与典型案例的结合。具体体现为以下几个特点。

新颖性。关注前沿,内容新颖,深入浅出地介绍最新的检索平台、软件。

情境性。在每章开头用故事、案例导入,把学习者带入创设的情境中,带着问题思考和阅读。

实用性。提供实例在各章提供了"小提示",为学习者提供实用的方法和技巧。在一些章节提供了核查单,帮助学习者对照检查和反思,提高选题、信息源评价、文献检索、文献综述和论文写作、课题申请书撰写、学术演讲、学术海报制作、避免剽窃等方面的能力。此外,还介绍了文献管理软件、记笔记软件等工具。为便于学习者掌握,每部分都提供了操作实例。

趣味性。利用二维码加入了中国大学慕课平台《信息素养:开启学术研究之门》课程的配套视频和相关文档、案例,供读者免费扫码观看。书中还设计了

"想一想""练一练",帮助学习者边学习边思考边练习。

可操作性。对于文献检索、文献阅读、文献综述写作等提供了具体操作步骤。每章配有思考与练习题,帮助学习者掌握信息素养的基本方法、技术和工具,培养学生信息获取、分析与利用的能力,强调学以致用。

本书对于刚刚跨入学术研究之门的本科生、研究生具有重要的指导意义,对科学研究人员、开展教研的教师以及讲授信息素养课程的同行也具有参考价值。

四、《信息素养》是教学相长和集体智慧的产物

张倩苇作为主编,负责本教材总体框架的设计以及统稿和定稿工作。尹睿和水玲玲作为副主编,承担本教材各章的核查工作并提出了建设性意见。

教材各章编著人员如下:第1、16、22章,张倩苇;第2、9、10、11章,尹睿;第3、18章,杨春霞;第4章,罗馨;第5章,谢慧娥;第6、7、8章,谭健豪;第12章,杨南粤(广东技术师范大学);第13章,廖宏建(广州大学)、杨春霞、张倩苇;第14章,廖宏建、杨春霞;第15章,廖宏建、杨春霞、冷紫娟;第17章,水玲玲;第19、20章,徐卓钰(遵义医科大学);第21章,廖宏建。

在《信息素养》课程和教材的建设过程中,我们得到了华南师范大学教务处李海花博士的大力支持和帮助,在此表示衷心感谢!本书的出版得到了华南师范大学新形态教材项目的资助,在此诚挚感谢华南师范大学教务处的大力支持。北京理工大学出版社张海丽编辑、刘兴春等为本书的顺利出版付出了大量心血,在此深表感谢。

本书在编写过程中,参阅和引用了国内外大量文献并从中获得灵感和启示,在此表示衷心感谢!

由于信息素养的有关内容发展迅速且不断更新,加之编者水平和时间所限,书中难免有疏漏和不妥之处,敬请专家和读者赐教、批评并提出宝贵意见,联系邮箱:635899412@qq.com。

张倩苇
2020年12月

第一部分 信息素养

第 1 章 信息素养 ... 3

1.1 信息素养概述 ... 4
1.2 国际信息素养教育宣言 ... 8
1.3 高等教育信息素养标准 ... 11
1.4 大学生信息素养现状调查 ... 18
思考与练习 ... 23
参考文献 ... 23

第二部分 信息需求

第 2 章 选题的确定 ... 27

2.1 选题的原则 ... 28
2.2 选题的类型 ... 30
2.3 选题的来源 ... 31
2.4 选题的策略 ... 34
思考与练习 ... 37
参考文献 ... 38

第三部分 信息资源

第 3 章 信息资源及其选择 ... 41

3.1 信息资源的概念 ... 42
3.2 信息资源的类型 ... 42
3.3 信息资源的筛选 ... 46
思考与练习 ... 52
参考文献 ... 52

第四部分 信息检索

▶ 第 4 章 信息检索及其原理 ·················· 55
4.1 信息检索的概念与作用 ················ 56
4.2 信息检索的原理 ···················· 58
4.3 信息检索的类型 ···················· 59
思考与练习 ························ 61
参考文献 ·························· 61

▶ 第 5 章 信息检索语言 ······················ 62
5.1 信息检索语言的概念和功能 ············ 63
5.2 信息检索语言的类型 ················ 65
5.3 主题词表 ························ 70
5.4 中国图书馆分类法 ·················· 72
思考与练习 ························ 77
参考文献 ·························· 77

▶ 第 6 章 信息检索技术 ······················ 78
6.1 布尔逻辑检索 ···················· 79
6.2 截词检索 ························ 82
思考与练习 ························ 84
参考文献 ·························· 85

▶ 第 7 章 信息检索策略 ······················ 86
7.1 信息检索的方法 ···················· 87
7.2 信息检索的步骤 ···················· 89
思考与练习 ························ 94
参考文献 ·························· 96

▶ 第 8 章 信息检索效果评价 ·················· 97
8.1 衡量检索效果的指标 ················ 98
8.2 检索效果的提高 ···················· 100
思考与练习 ························ 102
参考文献 ·························· 102

第五部分 信息获取

▶ **第 9 章 图书文献的获取** ··············· 105
  9.1 图书馆 OPAC 的使用 ··············· 106
  9.2 电子图书的获取 ··············· 114
  思考与练习 ··············· 127
  参考文献 ··············· 128

▶ **第 10 章 网络信息资源的获取** ··············· 129
  10.1 网络学术搜索引擎的使用 ··············· 130
  10.2 开放学术资源网站的使用 ··············· 138
  10.3 网络学术论坛的使用 ··············· 159
  思考与练习 ··············· 160
  参考文献 ··············· 160

▶ **第 11 章 全文数据库资源的获取** ··············· 162
  11.1 中文全文数据库的使用 ··············· 163
  11.2 外文全文数据库的使用 ··············· 180
  思考与练习 ··············· 191
  参考文献 ··············· 192

▶ **第 12 章 特种文献的获取** ··············· 193
  12.1 专利文献的获取 ··············· 194
  12.2 科技查新报告 ··············· 212
  思考与练习 ··············· 217
  参考文献 ··············· 218

第六部分 信息管理

▶ **第 13 章 信息分析与评价** ··············· 221
  13.1 批判性阅读 ··············· 222
  13.2 文献阅读笔记的策略 ··············· 226
  13.3 信息的评价 ··············· 232
  思考与练习 ··············· 234
  参考文献 ··············· 235

第 14 章　信息组织与管理 ········· 236

14.1　文献管理软件介绍 ········· 237
14.2　文献管理软件使用 ········· 239
14.3　文献管理的实际应用 ········· 256
思考与练习 ········· 263
参考文献 ········· 263

第 15 章　信息交流与共享 ········· 265

15.1　网络笔记工具概述 ········· 266
15.2　印象笔记（Evernote） ········· 267
15.3　有道云笔记 ········· 274
15.4　为知笔记 ········· 278
思考与练习 ········· 284
参考文献 ········· 284

第七部分　信息交流

第 16 章　文献综述 ········· 287

16.1　文献综述的含义和类型 ········· 288
16.2　文献综述的目的和作用 ········· 291
16.3　文献综述的撰写 ········· 292
思考与练习 ········· 302
参考文献 ········· 304

第 17 章　学术论文撰写与投稿 ········· 305

17.1　科技论文的含义及写作 ········· 306
17.2　科技论文各部分内容的写作 ········· 307
17.3　科技论文的数据处理——图表制作 ········· 314
17.4　论文投稿 ········· 316
17.5　论文发表的道德规范 ········· 323
思考与练习 ········· 323
参考文献 ········· 324

第 18 章　课题申请书的撰写 ········· 325

18.1　课题申请书的含义及作用 ········· 326
18.2　申请书撰写的准备 ········· 326

18.3 申请书的内容和结构 …………………………………………………… 328
18.4 申请书撰写的注意事项 ………………………………………………… 335
思考与练习 …………………………………………………………………… 337
参考文献 ……………………………………………………………………… 338

▶ 第 19 章　学术演讲 ………………………………………………………… 340

19.1 学术演讲的内容和结构 ………………………………………………… 341
19.2 学术演讲的准备 ………………………………………………………… 345
19.3 学术演讲的表达 ………………………………………………………… 347
思考与练习 …………………………………………………………………… 354
参考文献 ……………………………………………………………………… 355

▶ 第 20 章　学术海报展示 …………………………………………………… 356

20.1 学术海报的含义与功能 ………………………………………………… 357
20.2 学术海报的内容 ………………………………………………………… 360
20.3 学术海报的结构 ………………………………………………………… 363
20.4 学术海报的格式 ………………………………………………………… 366
思考与练习 …………………………………………………………………… 371
参考文献 ……………………………………………………………………… 372

第八部分　信息道德

▶ 第 21 章　信息道德概述 …………………………………………………… 375

21.1 信息道德含义 …………………………………………………………… 376
21.2 信息道德内容 …………………………………………………………… 377
21.3 学术规范 ………………………………………………………………… 379
思考与练习 …………………………………………………………………… 384
参考文献 ……………………………………………………………………… 384

▶ 第 22 章　学术诚信与文献的合理使用 …………………………………… 386

22.1 学术诚信 ………………………………………………………………… 387
22.2 剽窃的含义、表现及性质 ……………………………………………… 387
22.3 参考文献引用的基本原则 ……………………………………………… 389
22.4 参考文献的格式与编排 ………………………………………………… 394
思考与练习 …………………………………………………………………… 398
参考文献 ……………………………………………………………………… 399

第一部分　信息素养

第 1 章

信息素养

学习目标

1. 理解信息素养的含义、构成和重要性；
2. 了解国际信息素养教育和高等教育信息素养标准；
3. 分析并举例说明培养和提高大学生信息素养的重要性；
4. 解释个体在学校和工作场所不具备信息素养所面临的挑战。

情境导入

信息时代，如何敏锐捕捉信息、如何快速有效地从各种渠道获取信息、如何筛选评价信息、如何创造性地利用信息和表达信息显得越来越重要。大学生小林无意中看到中国大学 MOOC（慕课）平台上有门《信息素养：开启学术研究之门》课，他好奇这门课是介绍什么内容，与其他"信息素养"课有什么区别，学了这门课对自己的专业学习有什么帮助。

设想一下，当你处于小林的情境会怎么办，并尝试回答如下问题：

1. 什么是信息素养？信息素养包含哪些方面？
2. 信息素养与我们的学习、研究、生活、工作有什么联系？
3. 我们应该如何提高自己的信息素养？

信息素养是 21 世纪人才应具备的重要的核心素养。21 世纪项目组指出 21 世纪技能包括四大类 10 个方面。

第一类思维方式：①创造力与革新，②批判性思维、问题解决、决策，③学会学习。

第二类工作方式：①交流，②合作（团队工作）。

第三类工作的工具：①信息素养（包括研究），②信息与通信技术（ICT）素养。

第四类生活在世界上：①公民——本土的与全球的，②生命与生涯，③个人与社会责任，包括文化意识与能力。其中，第6条就是与研究等相关的信息素养。

视频 1-1：信息素养课程简介

1.1 信息素养概述

1.1.1 信息素养的含义

信息素养（information literacy）是信息时代每个人应具备的基本生存能力。信息素养是衡量一个国家和地区信息化程度的重要指标，是信息社会教育的新目标。信息素养是人通过后天的修习和学习而逐步养成的，强调经常修习涵养，其培养和提高贯穿于每个人的一生。

信息素养是一个不断发展的概念。随着信息技术的飞速发展、新的信息资源不断出现以及人们对信息素养这一概念认识的不断深入，人们对信息素养的解释也在不断丰富和扩展。从早期属于图书馆情报领域，到涉及多学科领域的综合素养，强调与媒介素养、信息技术素养、数字素养等的融合。

1965年，澳大利亚教育学者欧内斯特·罗（Ernest Roe）教授首次提到信息素养，认为要促进人们有效使用信息资源，图书馆员要帮助用户熟练使用搜寻策略。一般认为，信息素养最早是由美国信息产业协会主席保罗·车可斯基（Paul Zurkowski）于1974年提出来的。车可斯基在向美国图书馆暨信息科学国家委员会提交的《信息服务环境、关系与优先》报告中首次使用"信息素养"一词，认为未来的工作者必须要能"认识和使用广泛多元的信息资源与信息工具和技能，才能成为有信息素养的人"。由于车可斯基首次在美国呼吁全国重视信息素养的历史角色和发表报告所产生的巨大影响力，后在美国被称为"信息素养先生"。

20世纪80年代，信息素养的内涵得到进一步明确。这时，信息素养已经和信息技术结合起来，不仅包括信息技术和技能，而且涉及了个体对待信息的态度。1983年，美国信息学家霍顿（Horton）认为，教育部门应开设信息素养课程，以提高人们对电子邮政、数据分析以及图书馆网络的使用能力。1987年，信息学专家帕特里夏·布莱维克（Patrieia Breivik）将信息素养概括为一种了解提供信息的系统，并能鉴别信息的价值，选择获取信息的最佳渠道，掌握获取和存储信息的基本技能，如数据库、电子表格软件、文字处理等技能。1989 年，美国图书馆协会下设的信息素养总统委员会在其年度报告中定义信息素养："要成为一个有信息素养的人，就必须能够确定何时需要信息，并能有效地查找、评价和利用所需要的信息。"

信息素养是一种综合能力。2015 年公布的美国高等教育信息素养能力标准指出，信息素养是包含一系列能力的整体，包括反思性发现信息、理解信息如何产生和进行评估、利用信息创建新知识并合乎伦理地参与学习社团。英国 2011 年修订的七大支柱标准指出"信息素养是一个总称，包含数字、视觉、媒介素养、学术素养、信息处理、信息技术、数据管理等概念"。

信息素养是可以分层次的。在国外已逐步形成了系列的信息素养专门教育，从幼儿园到大学，有不同对象、不同模式和不同层次，分为不同的等级和要求来执行，如基础教育信息素养、普通教育信息素养、专业教育信息素养以及综合信息素养等。1998 年美国学校图书协会（American Association of School Librarians，AASL）和美国教育传播与技术协会（Association for Educational Communication and Technology，AECT）出版了 K-12 学生信息素养标准，制定了中学生九大信息素养标准：能够有效地和高效地获取信息；能够熟练地、批判性地评价信息；能够精确地、创造性地使用信息；能探求与个人兴趣有关的信息；能欣赏作品和其他对信息进行创造性表达的内容；能在信息查询和知识创新中做得更好；能认识信息对民主化社会的重要性；能履行与信息和信息技术相关的符合伦理道德的行为规范；能积极参与活动来探求和创建信息。2007 年，美国学校图书协会在 1998 年标准的基础上，推出面向中小学生的《21 世纪学习者标准》，新的四大标准强调了批判性的知识获取，独立思考、判断、应用和创造，符合信息伦理的合作与分享，以及个人成长。

从众多信息素养的定义和标准以及信息素养人的特征可以得知，信息素养是一个含义广泛、综合性极强的概念。信息素养不仅包括利用信息工具的能力，还包括获取识别、加工处理和传递创造信息的能力，更重要的是以独立自主学习的态度和方法、以批判精神以及强烈的社会责任感和参与意识，将这些能力用于问题的解决和进行创新性思维的综合的信息能力。

1.1.2 信息素养的构成

信息素养主要由信息意识与信息伦理道德、信息知识以及信息能力三部分构成。

1. 信息意识与信息伦理道德

信息意识是人们在信息活动中产生的认识、观念和需求的总和。信息意识主要包括以下几方面。

（1）能认识到信息在信息时代的重要作用，确立在信息时代尊重知识、终生学习、勇于创新的新的观念。

（2）对信息有积极的内在需求。信息是人生存的前提，是人发展的基础，在人的认识和实践活动中占有重要的地位和作用。每个人除了自身有对信息的需求外，还应善于将社会对个人的要求，自觉地转化为个人内在的信息需求，这样才能适应社会发展的需要。

（3）对信息的敏感性和洞察力。能迅速有效地发现并掌握有价值的信息，并善于从他人看来是微不足道、毫无价值的信息中发现信息的隐含意义和价值，善于识别信息的真伪，善于将信息现象与实际工作、生活、学习迅速联系起来，善于从信息中找出解决问题的关键。

信息技术犹如一把双刃剑，它在为人们提供了极大便利的同时，也产生了一些与传统伦理道德相悖的现象，如信息的泛滥和滥用、计算机病毒肆虐、电脑黑客破坏网络安全、信息共享侵犯版权等，这对人的道德水平、文明程度提出了新的要求。作为信息社会中的现代人，应认识到信息和信息技术的意义及其在社会生活中所起的作用与影响，有信息责任感，能抵制信息污染，遵循信息伦理与道德，规范自身的信息行为活动，主动参与理想的信息社会的创建。

2. 信息知识

信息知识是指一切与信息有关的理论、知识和方法。信息知识是信息素养的重要组成部分。一般来说它包括以下几方面。

（1）基础文化素养。信息素养是基础文化素养的延伸和拓展。基础文化素养包括读、写、算的能力。尽管进入信息时代之后，读、写、算方式产生了巨大的变革，被赋予了新的含义，传统的读、写、算能力仍然是人们文化素养的基础。在信息时代，必须具备快速阅读的能力，这样才能有效地在各种各样、成千上万的信息中获取有价值的信息。很难设想，一个人连基本的读、写、算能力都不具备，怎么会有敏锐的信息意识和很强的信息能力？他怎样步入信息时代接受计算机互联网中的信息呢？

（2）信息的基本知识。包括信息的理论知识，对信息、信息化的性质、信息化社会及其对人类影响的认识和理解，信息的方法与原则（如信息分析综合法、系统整体优化法等）。

（3）现代信息技术知识。包括信息技术的原理（如计算机原理、网络原理等），信息技术的作用，信息技术的发展史及其未来等。

（4）外语。信息社会是全球性的，互联网上80%以上的都是英语信息，此外还有其他语种。要相互沟通，就要了解国外的信息，要表达我们的思想观念，这就要求我们每个人应掌握1~2门外语，适应国际文化交流的需要。例如，韩国首先将英语应用水平纳入信息化水平评价指标体系，要求大学师生英语必须达标，以适应80%以上因特网上的英文界面。

3. 信息能力

信息能力是指人们有效利用信息设备和信息资源获取信息、加工处理信息以及创造新信息的能力。这也是终身学习的能力，是信息时代重要的生存能力。它具体包括以下几种能力。

（1）信息工具的使用能力。例如，会使用文字处理工具、浏览器和搜索引擎工具、网页制作工具、电子邮件等。

（2）获取识别信息的能力。它是个体根据自己特定的目的和要求，从外界信息载体中提取自己所需要的有用信息的能力。在信息时代，人们生活在信息的汪洋大海中，面临着无数的信息选择，需要有批判性的思维能力，根据自己的需要选择有价值的信息。

（3）加工处理信息的能力。它是个体从特定的目的和新的需求的角度，对所获得的信息进行整理、鉴别、筛选、重组，提高信息的使用价值的能力。

（4）创造、传递新信息的能力。获取信息是手段，而不是目的。个体应具备在对所掌握的信息从新角度、深层次加工处理的基础上，进行信息创新，从而产生新的信息的能力。同时，有了新创造的信息，还应通过各种渠道将其传递给他人，与他人交流、共享，促进更多的新知识、新思想的产生。

构成信息素养的诸要素相互联系、相互依存，构成一个统一的整体。信息观念在信息素养结构中起着先导的作用，信息知识是基础，信息能力是核心，信息伦理道德是保证信息素养发展方向的指示器和调节器。特别是信息知识和信息能力之间的关系更为复杂。对信息的开发、利用和创造都需要一定的信息知识作为基本前提。信息知识是信息能力发展的基础，信息知识的掌握有助于信息能力的形成和发展。而已形成的信息能力往往制约着信息知识的掌握。

> ❈ **想一想：**
> 到图书馆或互联网查询关于信息素养结构的不同观点。
> 1. 关于信息素养结构（要素）有哪几种代表性观点？作者是谁？
> 2. 尝试以列表的方式把这些代表性观点呈现，比较它们的异同。

视频 1-2：信息素养的内涵和重要性

1.1.3 信息素养的重要性

现代社会，个人和组织具备信息素养十分重要。2013 年 6 月曝光的斯诺登事件、"棱镜门"、维基解密等表明，各国采用多种手段获取信息，这是一场没有硝烟的战争。谁掌握了信息，谁就掌握了世界的话语权、主动权。

如果能快速、全面、准确地掌握科研领域的前沿发展动态，从纷繁复杂的信息中提取有价值的信息，迅速寻找到研究空白和待开发新的领域，就有可能占领政治、经济格局中的"制高点"。培养和提高学生获取信息的能力，实际上就等于提高了他们未来的科研效率。培养学生信息素养是培养其科研能力和创新能力的基石。查阅文献资料是科学研究的重要前提，在科学研究中占很大比重。见表 1-1。

表 1-1　社会科学和理工科各项研究活动的时间比例（%）

项目	选定课题	情报收集与信息加工	科学思维与科学实验	学术观点的形成（论文）
社会科学	7.7	50.9	32.1	9.3
理工科	7.7	30.2	52.8	9.3

【案例1】　王选院士发明汉字激光照排系统

北京大学王选院士，汉字激光照排系统的发明人。1980年，用了一年的时间检索和研究大量国外专利信息，了解到照排技术从"手动式""光学机械式""阴极射线管式"发展到"激光照排"，通过分析比较，决定跨过当时国外流行的第二代、第三代照排机，直接研究世界尚无产品的第四代激光照排系统，实现跨越式发展，节约了科研经费和时间。

【案例2】　金一南教授撰写《苦难辉煌》

国防大学金一南教授著作《苦难辉煌》50余万字，读书笔记达到200多万字。为了从400多种中文刊物和数十种外文刊物中"淘金"，他每天要看几十种刊物，堪称"海量"阅读。面对同样的信息，他往往能从中发掘出别人容易忽略的一些价值点。

> ❖ 想一想：
> 1. 阅读王选院士和金一南教授案例，思考他们在信息素养方面具备什么特质？
> 2. 对照分析，自己在信息素养的哪些方面需要提高？

1.2　国际信息素养教育宣言

联合国教科文组织是最重要的引领和指导全球信息素养教育的国际组织。它与国际图书馆协会联合会（简称"国际图联"）等机构在全球持续倡导提升公众信息素养的行动。早期联合国教科文组织重点关注通过媒介教育保障每个人获取信息的权利。2002年，联合国教科文组织开始重视通过信息素养教育保障公民信息获取的权利，并与国际图联、欧盟委员会等众多合作伙伴联合推出了一系列倡导社会各界关注公众信息素养教育的宣言，见表1-2。这些宣言强调公众信息素养教育是终生学习、全民教育的关键领域；政府、教育系统、图书馆等各利益相关者应承担相应的教育责任；在正式和非正式教育中培养公众的信息素养，以及在不同领域和特定场景中利用信息的相关能力。

表1-2 联合国教科文组织等机构发布的信息素养教育系列宣言

名称	发布时间	发布者	与信息素养相关的表述
《布拉格宣言：迈向信息素养社会》	2003年9月	美国国家图书馆和信息科学委员会、美国国家信息素养论坛、联合国教科文组织等	各国政府应制定强有力的跨学科计划，在全国范围促进信息素养；信息素养应成为全民教育的组成部分
《信息社会灯塔：关于信息素养和终生学习的亚历山大宣言》	2005年11月	联合国教科文组织、国际图联、美国国家信息素养论坛等	信息素养和终身学习是信息社会的灯塔；信息素养是终身学习的核心；信息素养是数字时代的一项基本人权，能促进社会对所有国家和民族的包容
《媒介与信息素养的菲斯宣言》	2011年6月	联合国教科文组织、联合国文明联盟等	将媒介与信息素养纳入正式教育与非正式教育体系，确保每个公民有权接受新的公民教育；使教师和学习者都具备媒介与信息素养能力，从而建立一个媒介与信息素养社会
《国际图联媒介和信息素养建议书》	2011年12月	国际图联	通过实施媒介与信息素养项目提高女性和弱势群体的就业与创业能力
《哈瓦那宣言：15项信息素养行动》	2012年4月	国际图联	制定不同背景下的教育计划；探索开展适应公众特定信息需求的技能培训
《媒介与信息素养的莫斯科宣言》	2012年6月	联合国教科文组织、国际图联、俄罗斯全民信息计划委员会等	将媒介与信息素养纳入所有课程体系，包括各级教育的评估系统，尤其是终生学习、工作场所的学习及教师培训
《数字时代媒介与信息素养的巴黎宣言》	2014年5月	联合国教科文组织等	确保图书馆和其他文化机构定期更新其媒介与信息素养策略和教育规定，培养图书馆和文化机构专业人员必要的能力
《信息获取与发展里昂宣言》	2014年8月	国际图联等	呼吁联合国成员国认可信息获取与有效利用信息能力是可持续发展之需
《关于不断变化中的媒介与信息背景下媒介与信息素养的里加建议》	2016年6月	联合国教科文组织、欧盟委员会等	在所有教育层次的课程中建立媒介与信息素养标准
《关于媒介与信息素养的青年宣言》	2016年6月	联合国教科文组织等	将媒介与信息素养纳入课程体系；媒体和图书馆对媒介与信息素养发展的作用不容忽视

1972年，联合国教科文组织发布的报告《学会生存：教育世界的今天和明天》指出："未来的文盲，不再是不识字的人，而是没有学会怎样学习的人。"

1982年发布的《格伦瓦德宣言》强化了公民对自由获取信息这一基本人权的意识，强调了政治和教育系统需促进公民理解媒介传播现象和参与媒介活动。2001年，联合国教科文组织启动全民信息计划，将信息素养作为全民信息计划的六大优先领域之一，将构建信息素养社会作为其愿景之一。工作重点包括：支持成员国制定公众信息素养标准，评测国家层面的公众信息素养水平及培训服务能力；通过国家及区域间活动、试点项目，增强政府对公众信息素养教育的决策意识。

2003年，联合国教科文组织与美国国家图书馆和信息科学委员会、国家信息素养论坛合作，在布拉格举行"信息素养专家会议"，发表了《迈向信息社会》的布拉格宣言。宣言强调，信息素养包括一个人的信息需求以及寻找信息、评价信息、组织信息并能有效地创造、使用信息来解决问题的能力，它是有效参与信息社会的先决条件，也是终生学习的一种基本人权。各国政府应当制定强有力的政策措施，促进全国范围内信息素养的提高，通过培养有信息素养的公民，形成有效的文明社会，有竞争力的劳动力，作为缩小数字鸿沟的一个必要步骤。信息素养应该成为教育整体的一部分，它对实现联合国千年发展目标和尊重全球人权宣言是至关重要的。

2005年，联合国教科文组织与国际图联在埃及的亚历山大召开会议，发表了《信息社会灯塔》的亚历山大宣言。宣言指出，信息素养是终身学习的核心因素。在人生旅途中，它增强了人们寻求、鉴别、使用、创造信息的能力，有效地帮助人们实现个人、社会、职业、教育的目标。它是数字时代的一项基本人权，并提升整个民族的社会归属感。

2008年，联合国教科文组织出版《理解信息素养：启蒙读本》，以便公众更好地理解信息素养。同年，信息素养国际通用徽标诞生，该徽标以一种简单的方式体现了人类搜索和访问信息的能力，这标志着"信息素养"术语在全球得到统一和广泛的认可。

2013年，联合国教科文组织发布两份重要报告：《媒介与信息素养：政策和战略指南》和《全球媒介与信息素养评估框架：国家状况与能力》，给成员国制定信息素养教育政策提供了一个有效和可靠的框架。《媒介与信息素养：政策和战略指南》指出，媒介信息素养是所有公民在21世纪生存所必需的关键能力，各个国家需要制定政策和战略及以目标为导向的计划，以提升所有人的媒介信息素养。联合国教科文组织支持成员国通过公开和包容性的国家磋商使这些准则适应当地实际情况。《全球媒介与信息素养评估框架：国家状况与能力》阐释了媒介信息素养的概念、核心要素、能力要求指标等一系列相关问题，为联合国教科文组织成员国提供方法指导和实用工具，以评估国家级媒介信息素养的准备情况与能力。

2016年的《2030年教育：仁川宣言》和2017年的《教科文组织推进2030可持续发展议程》，联合国教科文组织将公众信息素养的重要性上升到促进社会可持续发展和联合国2030可持续发展目标实现的高度。

1.3 高等教育信息素养标准

世界上不少发达国家和地区十分重视信息素养教育。美国、英国、澳大利亚、日本等国的相关组织和机构先后多次发布高等教育信息素养标准。特别是近年修订的标准十分强调学生学术能力的培养和发展。

1.3.1 美国高等教育信息素养标准

2000年,美国大学与研究图书馆协会(Association of College and Research Libraries,ACRL)公布的《高等教育信息素养能力标准》(Information Literacy Competency Standards for Higher Education),分为五个标准和22项表现指标。这五个标准指出,有信息素养的学生能确定所需信息的性质和范围;能有效和高效地获取所需信息;能批判性地评价信息和信息源,将新的信息融合到已有的知识体系和价值系统中;不管是个人还是作为团队的一员,能够有效地利用信息来实现特定的目的;熟悉许多与信息使用有关的经济、法律和社会问题,并能合理合法地获取和利用信息。2013年美国开始对《高等教育信息素养能力标准》进行全面修订。2015年美国高等教育研究图书馆协会标准委员会向董事会提交《高等教育信息素养框架》,六大信息素养基础性的核心临界概念包括"权威是建构的和语境化的""信息创建是过程性的""信息具有价值""研究即探究""学术即交流""检索即策略性探索"。见表1-3。

表1-3 美国高等教育信息素养能力标准(2015)

临界概念	知识实践	意向
权威是构建的和语境化的	判断权威的不同类型(如学科知识、社会地位、特殊经验); 使用工具和标示判断来源的可信性,了解影响公信力的因素; 了解有学者会挑战当前权威; 承认权威的内容可能是非正式的,包括各种媒体类型; 承认自己可能正成为某一领域的权威,能认识到由此需要承担的责任,力求准确性、诚实、尊重知识产权; 了解信息生态系统日趋社会化的趋势	对冲突的观点保持开放心态; 激励自己找到权威的来源; 意识到自己的偏见、世界观对权威的影响和怀疑精神的重要性; 质疑传统的权威观念; 意识到保持这些态度和行为需要不断地反思与评价

续表

临界概念	知识实践	意向
信息创建是过程性的	有效表达不同信息创建过程的优势及其局限性； 评估信息产品的创造过程和特定的信息需求之间是否契合； 能区分新旧信息创建过程和传播模式之间的不同； 承认由于包装格式不同，对同一信息可能具有不同的认知； 识别包含静态或动态信息的格式的潜在价值； 测定不同语境、不同格式类型的信息产品的价值； 具备向新的信息产品转换知识的能力； 了解自我选择将影响信息被使用的目的以及所传达的信息	寻找提示创建过程的产品标记； 判断产品创建过程的价值； 承认知识的创造是通过各种格式或方式的交流进行的； 接受以新兴格式创建的信息的模糊性； 反对将格式与创建过程混为一谈； 理解不同用途的信息具有不同的传播方式
信息具有价值	通过适当的归因和引用称赞他人的原创成果； 了解知识产权是由法律和社会建构的； 能区分著作权、合理使用、开放存取的不同目的和特点； 理解某些信息生产和传播者如何和为什么会被边缘化； 了解信息及其交流的商品化对信息获取、产生与传播的影响； 充分理解隐私和个人信息商品化的相关问题并做出明智选择	尊重其他人的原始思想； 尊重知识产生过程中所需要的技能、时间和努力； 乐于审视自己的信息权
研究即探究	根据信息鸿沟提出研究问题，审视现存的可能矛盾的信息； 确定适当的调查范围； 通过将复杂问题简单化进行研究； 根据需要、环境和探究问题的类型，运用多种研究方法； 管理收集的信息，评估差距或不足； 以有意义的方式组织信息； 综合从多个来源收集的观点； 根据对信息的分析和解释做出合理的结论	将研究视作开放式的探索和参与； 欣赏革命性的简单问题； 注重好奇心的价值； 保持谦虚； 拥抱研究的"混乱"； 保持开放的心态和批判的立场； 尊重持久性、适应性、灵活性

续表

临界概念	知识实践	意向
学术即交流	在信息生产中对做出贡献的他人成果进行引用； 在适当的层次上为学术交流做出贡献； 识别通过各种途径进入学术交流的障碍； 批判性地评价他人在参与环境下做出的贡献； 能识别学科知识中的主要资源	认识到经常处于学术交流过程中； 找出本领域内正在进行的交流； 将自己视为学术研究过程中的贡献者而不仅仅是消费者； 认识到学术交流发生于各种场所
检索即策略性探索	确定能满足信息需求的初始范围； 识别可能产生某一主题或影响信息获取的兴趣团体； 正确地利用发散性思维和收敛型思维进行检索； 利用与信息需求和检索策略相匹配的合适的检索工具； 根据检索结果设计和细化需求和检索策略； 理解信息系统是如何组织的； 正确运用不同的检索语言（如受控词汇、关键词、自然语言）； 有效地管理检索过程和结果	展示思维的灵活性和创造性； 理解首次检索结果可能有所不足； 寻求专家指导（馆员、教授等）； 认识到信息搜集中的浏览和其他偶然方法的价值； 面对搜的挑战，知道何时拥有足够的信息，完成任务

1.3.2 英国高等教育信息素养标准

英国国家和大学图书馆协会（Society of College, National and University Libraries, SCONUL）2004年制定了信息素养七要素标准，2009年、2011年进行了修订。该标准类似于一个粗略的评价指标体系，包含了7个一级指标和18个二级指标。一级指标概括为两类，列出了7项重要技能：识别信息需求的能力，寻找辨别方法的能力，能制定查找信息的策略，能查找和获得信息，能比较、评价从不同来源获得的信息，能以恰当的方式组织、利用并与他人交流信息，能在现有信息的基础上综合信息、创建新知识，详见表1-4。

表1-4 英国高等教育信息素养标准（2011）

指标	应知	应会
识别	新信息和数据将持续产生； 信息素养要求持续获取新信息的学习习惯； 通过探求信息才能获得科研思路和机遇； 对正式信息和灰色信息规模有一定概念	识别自身在某研究领域中缺乏的知识； 识别自身检索需求并用简洁术语表达； 清楚自身已具备的知识； 清楚对信息和数据的需求度以确定检索深度和广度； 利用参考资料辅助检索； 自己能有效率地完成检索

续表

指标	应知	应会
审视	当前可获取信息的类型； 不同类型信息（数字型、印刷型）的特点； 有哪些参考咨询服务可用及如何获得	明确自身信息空白点； 明确哪种类型信息最符合需要； 明确可获取的通用或学科专用检索工具； 明确所需信息可能的类型（数字型、印刷型）； 可以自行试用新检索工具
规划	检索信息所需的不同技能； 不同检索工具的区别及优缺点； 可使用复杂检索策略调整检索结果的深度和广度； 积极尝试新检索工具而非依赖某些常用资源的必要性； 根据检索结果不断调整检索词和检索策略的必要性； 受控词和分类表的价值	用合适词语概括检索需求； 用合适的关键词、限定项等制定检索策略； 选出最合适的检索工具； 用受控词及分类表辅助检索； 检索技巧的运用（简单如查索引，复杂如数据挖掘）； 根据具体检索需求不断换用合适的检索工具
搜集	数字及印刷型信息与数据的组织方式； 图书馆提供的资源入口； 网络和电子技术是信息生产和共享的重要工具； 数据收集和数据监护方面的问题； 引文各部分的含义及其提供的信息； 文摘的作用； 免费及收费资源的区别； 网络环境的风险防范； 甄别和评估检索结果的必要性	有效使用必要的检索工具和资源； 进行数字及印刷资源组合检索； 获取数字或印刷资源全文，阅读并下载网上资源及数据； 使用合适技能去收集新数据进行信息追踪； 积极与同行分享信息； 明确信息需求是否已满足； 使用数字或印刷型帮助文档，并寻得专业人士相助
评估	自身学习、科研环境中信息和数据的宏观情况； 不同信息源、数据源之间质量、准确度、可信度、偏见、声誉、相关性等方面的差异； 依据信息从评审到出版的流程制定自评过程； 持续收集数据的重要性； 引文在科研、学习环境中的重要性	区分不同信息资源及其所提供的信息； 用适当的原则筛选合适的素材； 测评信息的质量、准确度、可信度、偏见、相关性； 测评数据的可信度； 批判性阅读、找出重点内容和争议之处； 根据检索结果反思检索策略； 认真比对自己与他人检索结果的异同； 懂得控制检索的规模

续表

指标	应知	应会
管理	在信息运用及传播中的知识产权责任； 采用合适方法处理数据； 积极、合情合法地帮助他人查找及管理信息； 有条理地保存检索结果； 合情合法地存储及分享信息和数据； 专业人士（数据管理员、图书馆员等）能提供重要的建议和帮助	使用文献管理软件； 使用合适的软件和方法管理数据； 使用规范的格式撰写参考文献； 对信息和数据的知识产权保持清醒意识； 依学术道德准则行事； 寻找数据监护机会以确保数据的再利用
发布	区分信息概括和信息整合； 针对不同受众采用合适的撰文、发布方式； 数据可通过多种途径发布； 个人有责任存储、分享信息和数据； 个人有责任传播信息和知识； 科研成果的考评体系和出版流程； 论文权责归属问题； 个人可凭借纸质文献和电子技术（博客、维基等）在信息创造过程中成为积极角色	运用检索到的信息和数据解决问题； 对文档进行口头或文字的归纳总结； 将新信息融入现有知识体系； 准确地分析并发布数据； 整合不同途径获取的信息； 使用适当的体裁和文笔进行有效沟通； 有效进行口头沟通； 选择合适的出版和传播渠道； 构建人际网络，在学术圈中提升个人知名度

1.3.3 日本高等教育信息素养标准

日本国立大学图书馆协会和教育学习支援检讨特别委员会于2014年7月联合公布了日本的《高等教育信息素养标准》。该标准具体包括高等教育中信息素养应该掌握的知识、技能以及实践过程。同时，从学生、教师、大学经营者以及图书馆员的角度对该标准又分别做出了规定。该标准规定了本科生和研究生应该掌握的信息素养能力和技能，可作为信息收集、论文的写作以及发表过程环节中的评判标准。根据学生信息素养基础的不同又分为初级、中级和高级三个层次六个阶段，对各层次各阶段提出了不同的要求。见表1-5第一阶段是认识信息需求和所面临的课题。能够明确认识信息需求，能够具体确定所需要的信息范围。第二阶段是计划对所需要的信息进行合适的、有效的探索。对所需要的信息从经济、法律、道德规范的角度出发，并且制定有效的探索计划。第三阶段是准确、有效地获取信息。能够利用所掌握的获取信息的手段，准确、有效地获取所需要的信息。第四阶段是对所收集的信息进行评价、分析、整理和组织。能够评价和分析所需要的信息，使用恰当的工具处理和组织信息。第五阶段是知识体系的重新构建。对所需要的信息能够批判性地整合到自身的知识体系当中，重新构建知识体系。第六阶段是对所获取的信息进行创造性的运用和发布。能够对所获取的信息在符合法律、道德规范的前提下进行有效且创造性的利用、发布和交流。

表1–5 日本高等教育信息素养标准利用体系表（2014）

阶段	初级：能够对所指定的主题和信息进行文章的写作	中级：能够对所指定的课题亲自设定主题，借鉴先前事例，写作和发表包含自己意见的文章	高级：能够自己设定调查、研究的主题进行学术论文的写作和发表
第一阶段	能积极地致力于课题研究；能正确认识文章主题的意图	能够锁定指定课题的主题；能够亲自设定关于主题的问题；能够向其他人说明关于自己设定的主题	自己设定调查、研究主题，建立假设；能认识为了解决课题所没有掌握的知识和信息
第二阶段	了解学术信息的基本流程；了解图书、参考书、期刊、报纸、多媒体、网络等信息、媒体的种类和特点；了解借阅、预约、参考文献等以及借阅文献的相关图书馆的服务；能够理解并遵守著作权法第31条（在图书馆等的复制）	了解有关研究主题先前事例的调查方法；能够推测适合解决课题的可靠信息源；具有对同一个问题，通过多个信息源进行确认的意识；了解各种设施（博物馆、公共图书馆、档案馆、美术馆、行政机关等）的特征；获取信息时能够注意著作权法和个人信息保护法等	理解在专业领域中学术信息的来源；能够选择可靠的信息；能够控制计划的实施过程
第三阶段	能够利用所在图书馆的图书公共查询系统（OPAC）检索指定的资料；理解图书馆的文献配置和分类法；能够检索指定的信息源	能够按照课题进行文献类型（图书、期刊、报纸、多媒体、网络、人际信息源）的选择收集信息；能够确定文献检索的检索词（同义词、上位词、下位词）；能够理解布尔运算符（AND/OR/NOT）；利用数据库，能够检索需要的信息和资料；能够检查、确认信息的出处和可靠性；掌握学术性文献的构成，能够有效地选择与信息需求相符的文献；能够恰当地领会并利用参考文献	能够充分利用此前研究论文的引用文献，有计划地进行查找；在不能得到理想的信息时，能够对检索过程进行评价，重新修改数据库、检索式、关键字等检索策略；能够利用文献传递、馆际互借等图书馆的必备服务

续表

阶段	初级：	中级：	高级：
第四阶段	能够总结学术文章的中心思想； 能够对信息进行分类	能够评价获取信息的正确性、与研究主题的关联性； 能够比较过去的信息和获取的新信息； 能够制作、管理资料目录	在批判性思维的前提下，能够评价、分析获取信息的逻辑性、科学性、正确性以及关联性； 能够使用文献管理工具，对所收集的文献信息进行组织和整理
第五阶段	能够比较和分类获取的信息、数据以及意见，说明与自己想法的相同点和不同点	能够比较多个信息、数据以及意见，客观地选择与自己的想法最相符合的资料； 根据自己的上下文的连贯性，能够用自己的语言说明选择的信息、数据及意见	获取的信息、数据及意见是由一般的概念构成，由于有了新的应用，能构建新的知识体系； 以重新构建的知识体系为基础，能够说明自身的知识体系
第六阶段	理解文章的一般格式； 能够按读者的思维总结文章； 掌握正确引用的规则	理解引用和剽窃的不同； 能够区别他人的文章和自己的文章； 能够表示事实的、理论的依据，同时合乎逻辑地叙述与问题相对应的主张； 能够正确引用提交单位的要求； 能够将自己的思想通过论据用口头的形式逻辑性地发表； 在文章和口头发表的资料中能够利图表、语音、图像； 理解知识产权、著作权、个人信息保护等信息规范	能够有效地利用信息进行决策、解决问题、实验和调查； 能够对利用信息的过程以及正确与否进行控制； 能够表述学术论文； 能够在适合的媒体，以合适的形式发表论文； 能够在不同的场所，以合适的方式进行口头发表； 能够对自己所发表的信息、论文进行评价

❀ 想一想：

1. 美、英、日高等教育信息素养标准有哪些共同点？请尝试列出。
2. 对照日本高等教育信息素养标准，判断你目前的信息素养处在初级、中级、高级中的哪个等级？你需要在哪些方面加强信息素养？

1.4 大学生信息素养现状调查

1.4.1 问卷设计与调查

问卷从信息意识、信息知识、信息能力、信息道德、信息行为五个方面，将信息素养与学术活动相结合，调查广东省在校大学生的信息素养现状。除个人基本情况外，问卷主要包括两大部分内容。

一是，大学生信息素养情况。在参考借鉴国内外有一定代表性的高等教育信息素养框架和标准的基础上，设计了信息素养调查问卷的具体指标。共31道题目，其中20道测试题、9道李克特五级量表题、2道习惯调查题。二是，大学生信息素养教育活动的参与情况。有7道选择题。

2018年10月，对广东省19所高校大一至大四年级本科生进行信息素养现状调查。回收有效问卷2 125份。总体信度系数 α 值为0.715，表明该问卷的信度较好。

1.4.2 调查结果与数据分析

1. 大学生信息素养整体情况分析

问卷设计充分凸显信息能力在信息素养中的重要性，信息能力类题目在总共31道题中占54.84%。表1-6的调查结果表明：广东省大学生信息素养水平总体评价为"一般"，加权平均分为3.78；大学生信息素养个体发展不均衡，标准差为15.03，说明个体差异较大；信息素养各要素发展不均衡。广东省大学生具有良好的信息意识和信息道德，但在信息知识、信息能力方面表现一般。

表1-6 广东省大学生信息素养的整体情况（$N=2\ 125$）

项目	平均分	标准差	加权平均分	基本评价
信息意识	20.07	3.91	4.01	良好
信息知识	14.62	3.58	3.65	一般
信息能力	62.42	7.99	3.67	一般
信息道德	20.15	5.22	4.03	良好
总体	117.26	15.03	3.78	一般

2. 信息意识

主要考察大学生对信息素养的认识、对信息及信息素养重要性的认识、能否主动查找信息解决问题、是否会持续跟踪自己感兴趣的信息。调查结果如表1-7所示，学生信息意识部分总体水平为"良好"。"信息对工作、学习和生活的重要性"得分最高,平均分为 4.43。"信息素养的重要性"得分排第二,平均分为 4.38。"主动查找信息解决问题"和"持续跟踪自己感兴趣的信息"平均分分别为 4.30 和 4.13。"对信息素养的认识"平均得分最低,平均分为 2.84。这说明,大学生普遍意识到信息及信息素养对自身工作、学习和生活的重要性,能够主动查找信息解决问题,并持续跟踪自己感兴趣的信息内容;但大多数学生对"信息素养"的内涵不了解,认识上存在一定的局限和偏差。

表 1-7 信息意识维度分析 ($N = 2\,125$)

信息意识	平均分	标准差
信息对工作、学习和生活的重要性	4.43	0.881
信息素养的重要性	4.38	0.879
主动查找信息解决问题	4.30	0.873
持续跟踪自己感兴趣的信息	4.13	0.895
对信息素养的认识	2.84	1.990

3. 信息知识

考察大学生在信息检索方面的知识,包括了解参考文献著录标准及格式、布尔逻辑算符基本知识和使用方法、网络搜索引擎和图书馆信息检索系统的使用。表 1-8 的数据表明,大学生的信息知识水平总体表现一般。"网络搜索引擎"得分最高,平均分为 4.64,这表明学生比较熟悉网络搜索引擎的功能和特点。"图书馆图书检索"平均分为 3.99,有 18% 的学生不清楚 ISBN 号和索书号的区别,这表明学生对图书馆图书检索方法知识的掌握程度有待提高。"布尔逻辑算符"平均分为 3.73,正确率为 67.9%,这说明学生对布尔逻辑算符的掌握有待提高。"参考文献著录"平均分为 2.26,表明多数学生不清楚参考文献的著录规则。

表 1-8 信息知识维度分析 ($N = 2\,125$)

信息知识	平均分	标准差
网络搜索引擎	4.64	1.14
图书馆图书检索	3.99	1.74
布尔逻辑算符	3.73	1.86
参考文献著录	2.26	1.86

4. 信息能力

主要考察大学生信息需求、信息获取、信息管理、信息评价、信息交流和信息创造六个方面的能力。从表 1-9 的数据来看,大学生的信息能力总体水平表现一般。从信息能力的几个要素来看,信息管理和信息创造的平均分分别为 4.84 和 4.19,表现良好。

信息评价、信息获取、信息交流和信息需求的平均分在 3.56 到 3.11 之间，表现一般。

表 1-9 信息能力维度分析（$N=2\ 125$）

信息能力	平均分	标准差	加权平均分	基本评价
信息需求	6.22	1.93	3.11	一般
信息获取	13.26	3.48	3.31	一般
信息管理	9.67	1.35	4.84	良好
信息评价	14.23	3.27	3.56	一般
信息交流	6.45	2.19	3.23	一般
信息创造	12.58	2.05	4.19	良好
总体	62.42	7.99	3.67	一般

从表 1-10 的分析数据可知，大学生信息能力存在以下方面问题：提取课题检索词的能力较差；不清楚文献检索的步骤，对检索的先后顺序有所混淆；不能根据检索结果，有效地调整检索策略；不能选择合适的检索系统检索信息；不能从多个方面，全面评价信息的权威性；不了解信息媒体的使用原则。

表 1-10 信息能力维度题项分析（$N=2\ 125$）

信息能力维度	题项	平均分	标准差
信息需求	权衡获取所需信息的成本和收益	4.25	0.87
	明确并表达信息需求	1.98	1.72
信息获取	根据检索结果改进检索策略	4.06	0.85
	选择合适的信息检索系统获取信息	3.7	1.88
	控制检索的规模	3.34	1.97
	构思和实施有效的检索策略	2.17	1.82
信息管理	运用不同的技术管理信息	4.84	0.79
	记录有关信息	4.84	0.79
信息评价	评价信息的真实性	4.41	1.42
	评估所获得信息是否满足信息需求	4.03	0.84
	评价信息的客观性	3.82	1.82
	评价信息的权威性	1.97	1.72
信息交流	利用合适的手段进行交流	4.42	1.41
	选择合适的方法呈现信息	2.03	1.75
信息创造	提取、概括信息的主要观点和思想	4.61	1.19
	基于搜集到的信息提出新的观点	4.02	0.85
	将新信息批判性地整合到自身知识体系中	3.94	0.86

5. 信息道德

这部分主要考查学生了解与信息和信息技术有关的道德、法律和社会经济问题、遵守有关获取和使用信息资源的规章制度和法律。由表 1-11 可知，大学生信息道德总体水平良好。从调查内容来看，大学生清楚了解合法获取、存储、传播信息的形式，熟悉网络言论自由的相关规则，能够较好地保护自身的信息安全，说明学生具有良好的信息道德。但学生对著作权的相关规定、抄袭和剽窃的形式不太了解，可能存在有意识或无意识的抄袭或剽窃现象。

表 1-11 信息道德维度分析（$N = 2\ 125$）

信息道德	平均分	标准差
合法获取、存储、传播信息	4.47	1.36
明白言论自由并非毫无限制	4.27	1.55
保护个人信息安全	4.23	1.57
了解著作权的相关规定	4.01	1.73
了解抄袭和剽窃的形式	3.16	1.99

6. 信息行为

主要考察大学生信息素养活动的参与情况。由表 1-12 可知，大学生信息素养教育活动参与不足。24% 的大学生未参与过任何信息素养教育活动。除新生入馆教育参与人数超过一半外，其他的信息素养教育活动参与的人数不足 40%。这说明多数大学生未接受过专门、系统的信息素养教育及参与相关培训讲座，大学生信息能力不足与此密切相关。

表 1-12 信息活动行为分析（$N = 2\ 125$）

信息活动行为	人数	占比
新生入馆教育	1 330	62.60%
信息素养相关课程	827	38.90%
信息素养能力评测活动	686	32.30%
专题培训讲座	647	30.40%
数据库使用在线培训	614	28.90%
信息素养相关的竞赛	416	19.60%
数据库厂商线下培训	246	11.60%
未参与过上述活动	510	24%

1.4.3 大学生信息素养现状的基本结论

基于对广东省大学生信息素养现状调查与数据分析，得出以下结论。

（1）大学生信息素养的总体水平为"一般"。信息素养个体发展不均衡。

（2）大学生信息意识、知识、能力、道德间存在正相关。

（3）不同专业、年级和性别的学生信息素养水平存在显著差异。

（4）大学生信息素养教育活动参与不足。

基于相关文献的比较验证，广东大学生信息素养现状与特征，从总体上来说，是积极向上、充满生机活力的，具有良好个性的信息素养特征，充分展现了信息时代大学生的精神风貌，具有普遍性意义。但是，也存在信息能力有待提升、信息行为有待改进的共性问题。

拓展阅读：大学生信息素养调查问卷

扫一扫，阅读并填写《大学生信息素养调查问卷》，了解你的信息素养水平。

1.4.4 开展大学生信息素养教育的建议

（1）建构国家大学生信息素养评价标准。国家教育部门权威机构研究制定国家信息素养标准，加强教育、图书、情报等多领域的合作，搭建信息素养研究平台，为构建我国大学生信息素养体系培养提供指南。

（2）设置规范的信息素养必修和选修课程。学校应该提高对信息素养课程的重视程度，建设完善的信息素养课程体系，开展《信息素养》公共选修、必修通识课程的试点工作，随后逐步在全校范围内普及推广，同时结合不同学科特点开设有专业特色的信息素养课程。

（3）开展信息素养嵌入式教学服务。高校图书馆应积极开展嵌入式教学服务，推进图书馆教育与学科课程的整合。在实践过程中注重嵌入式教学服务的目标规划和课程设计，注重双目标（专业课教学目标和信息素养培养目标）、双测评（专业课知识和信息素养能力测评）的实现，充分利用新的信息环境和信息技术为教学和学习提供更好的支持。

（4）举办形式多样的信息素养教育活动。大学生参加过信息素养教育活动的比例较少。相关组织和学校可以通过开展形式多样的信息素养活动来提升大学生的信息素养。除了开展信息检索和文献综述大赛、专家讲座等形式的活动外，还需要针对信息时代的新特点，精心策划和设计形式新颖的信息素养活动，如可通过信息素养游戏化引发大学生的信息素养学习兴趣，提高学生参与信息素养活动的积极性。

（5）加强大学生学术诚信的培养。学术诚信是大学生诚信道德体系的重要组成部分，是大学生健康成长的重要品质，加强大学生的学术诚信教育尤为重要。学校应培养大学生的学术诚信意识和学术观念，制定并实施有效的学术诚信制度，坚持立德树人的教育导向。

思考与练习

1. 什么是信息素养？信息素养主要由哪几部分构成？它们之间的关系如何？
2. 根据信息素养基本构成要素，谈谈大学生应该如何提高自身的信息素养。
3. 选取美国、英国、日本高等教育信息素养标准中的一个，尝试列表分析自己的信息素养在哪些方面需要提高。
4. 信息素养与我们的生活、学习、工作、研究息息相关，请举例说明。

参 考 文 献

[1] 黄如花，冯婕，黄雨婷，石乐怡，黄颖．公众信息素养教育：全球进展及我国的对策［J］．中国图书馆学报，2020（3）：50－72．

[2] 梁正华，张国臣．日本高等教育信息素养标准及启示［J］．情报理论与实践，2015，38（8）：141－144．

[3] 彭立伟．美国信息素养标准的全新修订及启示［J］．图书馆论坛，2015，35（6）：109－116．

[4] 燕京伟，刘霞．信息素质教程［M］．武汉：武汉大学出版社，2008．

[5] 杨鹤林．英国高校信息素养标准的改进与启示：信息素养七要素新标准解读［J］．图书情报工作，2013，57（2）：143－148．

[6] 袁曦临．信息检索：从学习到研究（第5版）［M］．南京：东南大学出版社，2011．

[7] 张倩苇．信息素养与信息素养教育［J］．电化教育研究，2001（2）：9－14．

[8] 张倩苇，谭健豪，杨春霞．大学生学术导向的信息素养现状研究：以广东为例［J］．教育导刊，2020（5）：18－25．

[9] Association of College & Research Libraries (2015). Framework for Information Literacy for Higher Education ［EB/OL］. http://www.ala.org/acrl/sites/ala.org.acrl/files/content/issues/infolit/Framework/pdf

[10] The SCONUL seven pillars of information literacy: A research lens (2011). ［EB/OL］. https://www.sconul.ac.uk/groups/information_literacy/seven_pillars.html

第二部分　信息需求

第 2 章
选题的确定

学习目标

1. 了解选题的原则；
2. 了解选题的来源；
3. 掌握选题范围扩大与缩小的策略。

情境导入

为了高效地获取所需信息，首先应确定需要哪些方面的信息，即明确信息需求。具备明确信息需求的内容与范围的能力，是信息素养能力标准之一。对于学术研究而言，明确信息需求，就需要形成基于信息需求的研究课题，从而识别潜在的各种信息源。那么，如何选择研究课题呢？小龙是一名工作了5年的小学老师，最近学校教研室正组织老师们积极申报市教育科学规划课题。小龙老师也很想根据自己的教学实践选择一个研究主题尝试申报，但是发现好像与教学实践相关的主题都已经有人研究过，一时间她苦恼不知道应该选择什么研究主题，显得茫然无助。

想象一下，当你处于小龙老师的情境会怎么办，并试着回答如下问题：

1. 研究课题从哪里来？
2. 研究课题如何选取？

古人云："学贵有疑，小疑则小进，大疑则大进。"学术研究是从发现问题开始的。简单地说，学术研究就是发现问题并寻求解决问题答案的过程。问题是学术研究的起点和动力。爱因斯坦曾说："提出一个问题往往比解决一个问题更重要。因为解决问题也许仅是一个数学上的或实验上的技能而已，而提出新的问题、新的可能性，从新的角度去看旧的问题，却需要有创造性的想象力。"美国物理化学家威尔逊（E. B. Wilson）在

《科学研究方法论》一书中也说过:"所谓优秀的科学家在于选择课题时的明智,而不在于解决问题的能力。"可见,选择一个有价值、有意义的研究问题比解决问题更具挑战性。它不仅是学术研究的首要环节,也是整个研究工作具有战略意义的关键环节。因此,开展任何一项学术研究,首先必须选择并确定研究的中心问题,进而形成研究主题(简称为"选题")。只有明确研究主题,才能识别信息需求的范围,确定潜在信息源,进而为研究者开展学术研究指明正确的方向。

2.1 选题的原则

研究主题的确定并非随意的,它要受到研究的目的、价值、现实条件等各方面因素的制约。因此,这些因素就构成了研究主题选择应当遵循的基本原则。

视频2-1:选题的原则与注意事项

2.1.1 价值性原则

研究是一种探索性活动,具有强烈的目的性。认识世界归根结底是为了改造世界,为了满足人类社会文化生产的需要。选题的价值性原则,就是指选择研究主题时必须考虑社会文化生产的现实需要和学科理论创新的内在需要。通常,我们在申报项目或者课题时,都会在项目或者课题申报指南中看到对选题要求的说明。实际上,这些选题要求就是对研究主题的价值性做一个预判,究竟选题是基于学术理论创新发展的需要,还是基于社会文化生产实践的需要。例如,《国家社会科学基金项目2020年度课题指南》对选题的要求是这么规定的:"申报国家社科基金项目,要体现鲜明的时代特征、问题导向和创新意识,着力推出体现国家水准的研究成果。基础研究要密切跟踪国内外学术发展和学科建设的前沿和动态,着力推进学科体系、学术体系、话语体系建设和创新,力求具有原创性、开拓性和较高的学术思想价值;应用研究要立足党和国家事业发展需要,聚焦经济社会发展中的全局性、战略性和前瞻性的重大理论与实践问题,力求具有现实性、针对性和较强的决策参考价值。"价值性原则是研究选题首要原则,我们切忌为了研究而研究,搞一些既浪费时间又消耗精力且无多大研究价值的课题。

2.1.2 创新性原则

创新是科学研究的价值所在,没有创新就没有科学的进步与发展。选题的创新性原则包含了三层涵义:一是要保证研究主题本身内容的先进性、新颖性,也就是这个研究主题确实是前人没有解决的或没有完全解决的问题;二是要保证研究方法的创新性,既包括研究方法的移植，也包括研究方法的新创；三是要保证研究主题的预期结果的独创性、突破性，也就是通过对主题的研究能够发现或充实前人没有发现的真理或者已经发现但不完全的真理。根据这一原则，在选择研究主题时，对于基础研究，要考虑是否有可能提出新观点、创生新理论；对于应用研究，要考虑是否有可能发现新方法、研制新成果。所以，我们可以在学科发展的前沿领域中选题，在鲜有人问津的冷门领域中选题，在原有理论与新的实践应用产生矛盾冲突的领域中选题，在多学科交叉的领域中选题，还可以在前人尚未解决问题的研究领域中选题。

2.1.3 科学性原则

选题的科学性原则，是指研究主题必须有明确的指导思想和科学的理论依据。其实，科学性原则是研究选题的根本原则。倘若研究选题缺乏科学性，那么研究必然是盲目且不规范的，甚至研究选题的创新性和价值性都会成为无稽之谈。选题的科学性原则包含两层含义：一是选题要以被实践反复证实的科学事实和规律为基础；二是选题要以科学基本原理为依据。例如，历史上曾有不少人梦想设计出一种永动机，希望它消耗少，多做功，甚至不消耗也做功。尽管人们对永动机提出各种不同的设计构想，但是永动机的研究终归是徒劳的。因为，它违背了科学基本原理，无论是热力学还是能量守恒定律都早已证明，实际效率大于（甚至等于）1的任何机器是不可能制造出来的。要想选题具有科学性，我们应该充分占有和了解与研究选题相关的研究成果，把握已有的科学事实和规律；同时，我们还应该对研究选题所涉及的学科基本原理有一个比较全面的掌握，从而为选题奠定科学理论基础。

2.1.4 可行性原则

常言道："巧妇难为无米之炊"。尽管选题再有价值，再有创新，倘若缺乏完成课题的必要条件和环境，也是徒劳的。所以，可行性也是选题必不可少的原则之一。选题的可行性原则，是指根据实际具备的和经过努力可以具备的条件来选择研究主题，对预期完成研究的主客观条件尽可能加以周密的、准确的估计。其中，主观条件是指研究者为完成研究所必须具备的知识结构、研究能力、兴趣爱好以及时间和精力等；客观条件是指进行研究所需要的资料、设备、经费、环境条件等。通常，我们在申报项目或者课题时，都会在项目或者课题申报书中看到有关"研究可行性分析"的填写，实则是对项目或者课题研究的主客观条件进行全面分析。遵循可行性原则的意义在于确保研究能够顺利完成。当然，选题的可行性原则并非意味着舍弃难度较大且有重大意义的问题，一味选择那些简单且价值不高的问题；而是说我们应该研究那些既有较高价值又可以通过创造条件可能实施的问题。因此，为了确保研究是力所能及的，我们要充分考虑各方面的条件，注意扬长避短，发挥自己的优势和主观能动性。

在此，需要指出的是，除了上述四个原则，兴趣与好奇也是非常重要的。因为研究不同于一般的工作，它需要研究者进行独创性的思考和持之以恒的探索。如果研究者对于选题不感兴趣或者缺乏探索热情，则很难保证研究的持续，更不用说产生创新研究成果。

2.2 选题的类型

研究主题按照不同标准可以划分为不同类型。一般来说，按照研究的目的或目标不同，可以分为基础性研究和应用性研究。基础性研究旨在揭示基本规律与本质联系并探索新的领域的研究，目的在于推进学科体系、学术体系、话语体系的建设和创新。应用性研究指的是为基础理论寻找各种实际应用的可能性途径的研究，目的在于改变实践现象和过程。在这里，我们则按照研究的创新程度由小到大，可以将选题分为承续性主题、再生性主题、争鸣性主题、创见性主题和开拓性主题。

2.2.1 承续性主题

承续性主题是进一步研究他人已经提出的课题，在他人已经取得的成果的基础上而提出的更有深度或广度的主题。例如，他人已经通过调查分析了男女生进入中学阶段学习成绩变化的情况，发现女生学习成绩比男生波动要大。但对于为什么会出现这样的波动还缺乏深入的分析。在这种情况下，为了更充分地解释女生进入中学以后成绩波动较大而确定的课题"影响中学女生学习成绩的因素分析"，就属于承续性主题。这种类型的主题在实际研究中经常被采用。

2.2.2 再生性主题

为了进行比较，而对他人曾经提出与完成过的课题开展再研究的主题，称为再生性主题。这类主题不是简单地重复他人已经研究过的问题，而是在不同时间、不同地点等条件下，对他人已经完成的课题及其规定的同类对象进行再调查与再研究。这类主题本身没有创造性，但具体研究之后所得到的结论与他人研究的结论有比较意义，也可以使原有课题在新的研究中获得再生。例如，有关问题式教学模式的研究已经由来已久，而且问题式教学模式也基本成形，但是问题式教学是起源于医学领域，如果在其他学科领域（数学、物理、化学等）探索问题式教学模式而确定的课题，就属于再生性主题。又如，由于以往问题式教学模式的研究多数是在传统课堂环境下开展的，如果在智慧课堂环境下探索问题式教学模式而确定的课题，也属于再生性主题。

2.2.3 争鸣性主题

争鸣性主题是指某些主题已有许多人在进行探讨，但说法不一，甚至有争论，这就要在众说纷纭的基础上，提出自己的看法与意见，要有新的见解、新的突破。例如，有的研究表明小组合作学习有利于提高学生的学习效果，有的研究则表明小组合作学习反而降低学生的学习成效。因此，探讨小组合作学习对学生学习影响的程度以及小组合作学习适用的范围等而确定的课题，就属于争鸣性主题。又如，有的研究对人工智能在教育领域中的应用路径做出蓝图构建，有的研究则从技术哲学的视角对人工智能在教育领域中应用可能引发的伦理问题做出批判，若基于整体主义文化价值论对人工智能在教育领域中的应用做出合理构建而确定的课题，也属于争鸣性主题。

2.2.4 创见性主题

直接用新观点标示的主题，就属于创见性主题。这类主题的主要特点在于主题本身，而不在于对象领域，在他人曾经研究过的领域也可以提出崭新的见解，形成新的研究主题。例如，有关"人如何学习"的研究早已在心理学领域、人类学领域取得了丰硕成果。随着学习科学的发展，计算机科学、信息科学、社会学、脑科学等领域从多视角、多维度对"人如何学习"进行研究。与此同时，随着云计算、物联网、大数据、人工智能等为代表的新一代信息技术的勃兴，学习环境、学习样态、学习方式等都发生根本性变革。如何面向信息时代学习新生态构建，融合多学科领域重新挖掘学习的本质内涵，探索创新型学习环境、学习样态和学习方式，即是一种创见性主题。

2.2.5 开拓性主题

研究从未有人涉足过的对象领域的主题，即为开拓性主题。这类主题在研究对象与范围方面，具有弥补空白的性质。这类主题适用于研究新情况和新问题，以及研究长期被人忽视的早已存在的情况与问题。例如，有关"教学什么"和"如何教学"一直是教育教学研究共存的问题，但是，由于时代发展的需求，人们过多关注"如何教学"而忽视了"教学什么"。面对知识的日新月异，如何选取教学内容已经成为日益重要的问题，它将直接影响到学生经验的转化问题。所以，在新时期，探索教学内容的选择而确定的课题，就是属于开拓性主题。

2.3 选题的来源

要想确定合适的研究主题，首先要知道从哪里寻找研究主题，通过什么途径可以找到我们想要研究的主题。通常，研究主题的来源主要有以下几个方面。

2.3.1 在社会生活中选题

视频 2-2：选题的灵感从哪里来

生活就像一本知识丰富的书，一些不起眼的事物或许就能唤醒人们的思想，激活人们的思维，从而引发人们的研究灵感，正所谓"生活处处皆学问"。在日常社会生活中，我们要拥有一双智慧的眼睛，善于发现身边的问题，或者寻找自己感兴趣的事物，将其转化为研究主题进行研究。例如，某大学的大二学生，发现每当课间时候，女生卫生间就会出现"一厕难求"的尴尬情况。针对这一现象，她将解决"如厕难"的问题作为选题进行研究。具体做法是：将日常生活中在附近搜索餐厅的类似经验进行迁移，通过查阅相关研究资料，选择开发工具，开发了一个厕所定位及其使用率的微信小程序。又如，某大学的大二学生，从共享单车诚信问题出发，在社会资本理论分析框架下，通过成本—收益的经济学分析方法，提出一套增加共享单车平台用户诚信的方法，从而解决共享单车诚信问题。

> ❖ 练一练：
> 　　登录国家级大学生创新创业训练计划平台（http://gjcxcy.bjtu.edu.cn/Index.aspx），在"展示项目""我最喜爱的项目"或者"最佳创意项目"栏目中，选择三个自己感兴趣的且是来源于社会生活问题的研究项目，并记录项目名称、项目学校、项目简介、解决的问题、项目创新点。

2.3.2　在工作实践中选题

工作实践也是选题的主要来源。通常，我们从工作实践的困难和需求入手，找出需要解决的问题，这样可以最大限度地利用工作实践的各种有利因素和条件，较好地满足选题可行性原则，同时可以将研究成果转化应用于工作实践中，体现出较强的实用性。在工作实践中选题的方法有以下几种。

（1）将工作实践中迫切需要解决的问题直接转化为选题。在工作实践中，问题是层出不穷的。我们可以按照轻重缓急对这些问题进行筛选，将这些问题中最重要的、迫切需要解决的问题直接转化为选题。例如，在教育教学实践中，促进学生发展的评价是评价研究的热点话题。学习为本理念的兴起，孕育出"学习为本的评估"。由此，衍生出需要解决的具体问题有：学习为本的评估何以可能？学习为本的评估何以可行？学习为本的评估何以可致？

（2）从工作实践的矛盾或困惑中寻找研究问题。例如，在STEM教学实践中，人们发现单纯的质性或量化分析难以获得反映学生认知能力和思维水平的真实、可靠的证据。于是产生了如何对STEM教学中学生的认知能力和思维水平进行评估的研究问题，通过对工程设计中的专业思维评价、协作解决问题时的眼动轨迹分析等相关研究进行分析，从中寻找STEM教学评估的方法。

（3）凭个人的工作实践经验发现研究问题。个人经验往往也是寻找研究问题的重要途径。在工作实践中，当出现的一些现象与个人经验不相吻合、产生冲突时，我们就可以从冲突、不吻合、需要改进的地方入手，去发现可以研究的问题。例如，有些老师根据自身的教学经验发现，提高学生的自我效能感有助于明显提高学生的学业成绩。因此着手研究如何通过有效的途径来提高学生的自我效能感，以此来提高教学效率。当然，这种凭个人的工作实践经验发现研究问题的做法并非胡乱臆想，也是要求研究者具有扎实的专业知识和深厚的研究积累。

2.3.3　在文献中选题

所谓"他山之石可以攻玉"。除了在社会生活中选题、在工作实践中选题，我们还可以通过阅读文献（如：期刊论文、博硕士论文、学术会议论文等）来寻找研究问题。在文献中，我们可以了解某一领域的研究处于什么阶段、别人已经做过什么、还存在哪些没有解决的问题，我们也可以了解别人研究的不足或者错误之处。通常，一篇好的论文都会在讨论部分提到本研究尚有哪些不足，有哪些问题需要进一步探讨，还有的会指出下一步研究的建议等，这些都为我们确定选题提供了很好的来源。

此外，我们还可以通过以下的途径来启迪思路，激发灵感，确定问题：参加学术会议或聆听相关研究讲座；参考各种项目或课题的申报指南和立项名单；参考核心期刊的征稿选题；咨询专家或与老师、同学讨论；阅读报纸、杂志、网络等各种信息。

❖ **小提示：**

> 选题来源于问题，但并不是所有的问题都可以成为一个值得研究的主题。一个问题要成为研究主题必须具备以下四个标准。
>
> （1）清晰性：问题有明确的研究对象、研究目标、研究范围与研究内容。
>
> （2）有意义：问题的解决对理论发展或者应用创新有意义，避免完全重复他人的研究工作。
>
> （3）可行性：掌握问题解决所需要的专业知识、文献资料、学术水平和综合能力等。
>
> （4）有伦理：研究对人类身体和心理无伤害，对自然和社会环境无伤害。
>
> 研究问题是一种处于意义或内涵不明确、信息不充分、需要进一步探究的状态，等待研究者通过收集和分析资料来解释的待答问题。从解决问题的性质、对事物了解程度和探求的深度来看，研究问题可以分为三种类型：
>
> 1. 描述性问题
>
> 描述性问题主要是对事物或现象进行叙述，了解现状，探讨是什么（what）的问题。通常只涉及一个变量。例如，在经济欠发达地区的学校里学生与计算机的比率是多少？目前，中学课堂教学组织形式主要有哪些？
>
> 2. 相关性问题
>
> 相关性问题主要了解事物之间的相互关系、密切程度，探讨如何（how）的问题。通常涉及两个变量。例如，学生的智力与学业成绩有关联吗？家长的社会地位和学生的道德品质有联系吗？教师的自我效能感与学生的学习表现有关系吗？
>
> 3. 因果性问题
>
> 因果性问题主要了解事物之间的因果关系或规律性，探讨为什么（why）的问题。通常也涉及两个变量。例如，学习动机能提高学生的自我效能感吗？小组合作学习可以提高学生的学业成就吗？
>
> 以上各类研究问题，有的比较概括，有的比较具体，但所有问题都包含了可以操作或测量的变量，这是研究问题的基本条件。同时，作为问题，研究问题的表述必定是一种疑问句形式。

❖ 练一练：

根据选题原则，参照上述选题来源，结合自己所学专业或者感兴趣的问题，自行提出三个研究问题，并加以表述，填写下表（表2-1）。同时，结合"研究问题核查表"（表2-2）反思自己是如何发现研究问题的。

表2-1　研究问题表

选题来源	研究问题

表2-2　研究问题核查表

1	你想解决一个前人所远未解决的问题	
2	你想说明一个前人尚未说清楚的事实	
3	你想证明一个前人尚未证明过的主张	
4	你想重新定义或验证一个已发表的研究成果	
5	你想建立一个新的理论或模式	
6	如果你尚未有灵感，你可以参考学术性书籍、论文或研究报告等	
7	从最新最权威的期刊寻找题目	
8	搜寻博硕士论文	
9	参加学术演讲或研讨会	
10	从实务的研究需求切入	
11	从日常生活或社会现象中去寻找	
12	请教指导教授或专家	

2.4　选题的策略

一个选题合适与否，对研究的成功与否至关重要。通常，人们在选题时容易陷入两难境地——要么选题过大，难以完成；要么选题过小，平庸无奇。其实，选题过大，查阅文献需要花费的时间更多，归纳整理文献更困难，且容易造成研究缺乏深度；选题过小，则可能找不到足够的文献资料作为佐证，以致研究的科学性不足。不管选题过大还是过小，其研究意义和价值都难以保证。因此，在选题时，我们要正确处理好大与小的关系。一般来说，可以采用如下策略进一步聚焦、明晰主题范围。

视频 2-3：如何调整选题范围

2.4.1 扩大策略

当研究主题过小时，可以采用扩大策略。扩大策略是指将过于狭窄的研究主题进行扩充和丰富，使其具有研究的意义和价值。研究主题过小，主要表现在两个方面：一是研究内容较为单薄；二是研究不具普遍性和代表性。因此，可以采用扩展主题域和增加限定语的方法来深化研究主题。例如，以"公示语俄译的规范"这一研究主题为例，虽然这一主题非常具体，但是研究内容过于窄化，为提升研究的深度和价值，有研究者对选题做出如下调整：用"语言生态"代替"规范"，上升至语言生态学高度，这样暗指当下俄译生态环境存在问题；将"公示语"改为"服务窗口"，上升至双语服务战略，隐含"翻译"这一通俗化的表达；增加"国家形象建构"，将原先的选题与对外交流和文化走出去相结合，增强选题的立意和深度。最终确定的研究主题是"境内俄语服务窗口语言生态与中国形象建构研究"。

2.4.2 缩小策略

当研究主题过大时，可以采用缩小策略。缩小策略是指将过于宽泛的研究主题缩小到易于把握的程度。研究主题过大，主要表现在两个方面：一是研究内容庞杂且不聚焦；二是研究深度不够。因此，可以采用缩小主题域和增加限定语的方法来细化研究主题。例如，以"课堂教学有效性研究"这一研究主题为例，虽然这一主题具有很强的现实意义，但是研究内容牵涉的知识面过多，将无法研究透彻，最后可能沦为泛泛而谈的境地。有研究对选题做出如下调整：增加学科和课型的限定，改为"英语阅读课堂教学有效性研究"；增加学段的设置，改为"小学英语阅读课堂教学有效性研究"；增加地域限定，改为"农村小学英语阅读课堂教学有效性研究"；增加研究环境的设定，改为"网络环境下农村小学英语阅读课堂教学有效性的研究"。这样，通过多种限定，可以将研究主题明确化。

> **❀ 小提示：**
>
> 不管是扩展主题域还是缩小主题域，我们都可以利用文摘索引库提供的主题词表或分类表，了解研究主题所涉及的方面，从中根据实际需要，寻找上一级或者下一级的类目。注意研究主题从一般到专指的变化，选择自己愿意深入研究的方面。
>
> 当然，我们还可以在平时阅读文献的过程中，积累和记录各类研究主题之间的关系，以便为研究主题的具体确定奠定基础。

❀ 练一练：

根据 P35 练一练中提出的三个研究问题，灵活运用扩大策略或缩小策略，表述研究主题，填写下表。同时，结合"研究主题核查表"（表 2-3）反思确定的研究主题是否符合要求。

研究问题	初步拟定的研究主题	主题是否需要调整？若是，请填写采用的策略	列出具体调整的做法	最终确定的研究主题

表 2-3 研究主题核查表

1	你对这个主题真的感兴趣吗？（这是要特别强调的，因为你有兴趣的主题才会激发你的热情，并在可能颇为漫长与琐碎的研究过程中，让你保持活力与敏锐度）
2	是否符合你所属系列的专长领域？
3	主题内容是否具体明确、不会笼统空泛？
4	是否具有创意？
5	主题是否符合时代要求、不会过时？
6	研究是否切合实际？
7	是否具有研究价值？能否做出什么贡献？（例如增进既有的理论知识、提供解决问题的方法等）
8	是否具有学术与技术上的创新性？
9	是期刊或国际会议比较愿意接受的题目吗？（这可以让你的研究成果被接受度高一些）
10	是否获得足够的研究资源？
11	是你的学业或专业能力足以承担的吗？
12	研究所需的时间和经费是你足以负担的吗？
13	你设定的主题和研究方法会造成理论或道德上的争议吗？
14	题目是否切合内容且足以一语道破研究的重点？
15	题目是否太大？或太小？
16	题目会不会太长？（15 字以内为佳）
17	是否使用缩写或自创新译词？

思考与练习

1. 选题的原则有哪些？
2. 若按照选题的创新程度不同划分，选题的类型有哪些？
3. 选题的来源有哪些？你是否尝试过从其中一种来源来确定选题？如果有，请与同学分享。
4. 请说说研究问题与研究主题之间的关系。
5. 请说说为什么需要采用扩大策略或缩小策略确定研究主题。
6. 请你试一试，用下面的方法拟写一个标题。

写标题有两种策略：正向法和逆向法。

如果你还没有想好标题（或者你对现有的标题并不满意），可以先用正向法。写3～4个最能体现核心内容的关键词（别用陈词滥调），然后用这些关键词拟出至少10个标题。问为什么让你先写10个呢？因为前3个标题并不难写，但此后难度激增，你需要绞尽脑汁、跳出常规才能想得出来。

有了10个备选标题，就可以应用逆向法了。根据以下问题选出最合适的标题吧。

（1）这个标题传达出了项目的侧重点了吗？
（2）还能再缩短一点吗？
（3）还能再清晰一点吗？
（4）还能再精确一点吗？

你可以将正向法和逆向法结合起来确定标题。

7. 在全国哲学社会科学规划委员会网站（http://www.npopss-cn.gov.cn/）查找《国家社会科学基金项目2020年度课题指南》，选择3条感兴趣的课题指南，分别记录想到的研究问题，并确定研究主题，加以表述，完成下表。

课题指南	研究问题	研究主题

8. 采用扩大策略对下列研究主题做出调整，记录具体的做法。

研究主题	扩大策略的具体做法	最终确定的研究主题
医疗健康信息的分类研究		
公共运动设施的分配研究		
创客作品评价指标的建立		

9. 采用缩小策略对下列研究主题做出调整,记录具体的做法。

研究主题	缩小策略的具体做法	最终确定的研究主题
社会主义核心价值观的研究		
农村精准扶贫研究		
青少年网络成瘾研究		

参 考 文 献

［1］花芳. 文献检索与利用(第2版)［M］. 北京:清华大学出版社,2014.

［2］陶保平. 研究设计指导［M］. 北京:教育科学出版社,2004.

［3］王晓聪. 教育科研方法与实用案例分析［M］. 厦门:厦门大学出版社,2015.

［4］里策特·扬森. 申请科研基金:从科研创意到科研资助［M］. 李乃适,主译. 北京:中国协和医科大学出版社,2017.

第三部分 信息资源

第 3 章
信息资源及其选择

🔄 学习目标

1. 了解什么是信息资源，并能够用自己的话解释；
2. 了解信息资源的常见分类，熟悉常用的文献信息资源类型和特点；
3. 分辨常用文献信息资源的适用情境；
4. 掌握结合自身信息需求，确定所需信息资源类型的方法步骤。

🔄 情境导入

小明是一名大二的本科生，本学期选修了《心理学与生活》这门课，考核方式是写一篇不少于 6 000 字的小论文并进行汇报，选题与课上任意内容相关即可。作业对参考资料作了如下要求：参考的信息资源不少于 3 种，每种不少于 2 篇且必须是近 3 年发表的，并按参考文献格式注明每篇的出处。

小明在这之前没有任何论文写作经验，虽然确定了选题，但不知道该如何着手写作。他想请教老师，老师要求他先自己思考这个问题。于是他尝试分析自己遇到的问题，发现除了不了解论文写作外，还存在以下困惑，请你和他一起思考如何解决。

1. 什么是信息资源？
2. 信息资源都有哪些类型？
3. 哪些信息资源适合用到自己的课程论文中？

确定了信息需求后，接下来就可以进行信息检索，获取所需信息。但在进行检索前，如果能对信息需求加以整理归纳，确定所需信息资源的类型，将有助于提升检索效率，更好地满足需求。本章将从信息资源的概念、类型和筛选三方面介绍选择信息资源的方法。

3.1 信息资源的概念

信息资源最早出现于沃罗尔科《加拿大的信息资源》一书,是指人类在社会实践过程中,通过对信息进行获取、筛选、处理、传输并存储在一定的载体上进行利用而产生的可为人类创造新的物质财富和精神财富的信息集合。简言之,信息资源就是经过人类筛选、组织、加工并可以获取、能够满足人类需求的各种信息的集合。信息源是指信息的来源,联合国教科文组织将其定义为"个人为满足其信息需要而获得信息的来源"。自然界、人类社会及人类思维活动均可作为获取信息的渠道,存在范围广、形式多样的信息源,其中经过人类开发、组织与利用的部分就是信息资源。本书基于此,将两者等同,统一采用"信息资源"一词。

根据存在的物质形态或者信息所依附的载体,信息资源可分为文献信息资源和非文献信息资源。前者包括印刷型文献和电子资源,后者是指通过人的感官获取的实时信息,如通过交谈、讨论、报告等方式交流传播的口头信息、实物、样品或展览会展品等实物信息,以及现实存在的自然和社会现象这类实情信息等。其中,文献信息资源是我们获取信息的最重要来源。

3.2 信息资源的类型

视频 3-1:信息源的类型

扫一扫,观看《信息源的类型》,了解信息源的分类和图书、期刊、学位论文的介绍。

在所有的信息资源中,文献信息资源是获取信息和知识的主要途径。文献信息资源按不同角度可划分为不同的类型,见表 3-1。

按存储载体形式分类,信息资源可分为手写型文献、印刷型文献、缩微型文献、声像(视听)型文献和电子(数字)型文献。

按加工程度分类,信息资源可分为零次文献、一次文献、二次文献和三次文献。

一次文献和二次文献较为常用,这里作简要介绍。

表 3-1　文献信息资源常见分类

划分依据	类型
信息的存储载体形式	手写型文献、印刷型文献、缩微型文献、声像（视听）型文献和电子（数字）型文献
信息的加工程度	零次文献、一次文献、二次文献和三次文献
信息的学科特点	综合性、自然、工程科学、人文、社会科学、专门科学
信息的出版形式	图书、期刊、会议文献、学位论文、专利文献、标准文献、科技报告、政府出版物、产品资料、科技档案

一次文献也称为原始文献，是指作者以个人的科研成果为依据写作的文献。如期刊论文、科技报告、专利说明书、会议论文和学位论文等。一次文献一般都包括具体的学术研究内容，所以其内容具有新颖性和原创性，参考和使用价值较高，是最主要的文献信息源和检索对象。

二次文献又称检索性文献，是指文献工作者按照一定的规则将大量分散的、无组织的一次文献经浓缩、加工整理后形成的工具性文献。一般包括目录、题录、文摘、索引等检索工具或数据库。二次文献具有汇集性、系统性、工具性等特点，能够帮助人们在较短的时间获得较多的文献信息。

按出版形式分类，信息资源可分为图书、期刊等。较载体形式和加工程度分类方式，更适用于我们的学习和科研工作。

1. 图书

图书是指由出版社（商）出版的不包括封面和封底在内 49 页以上的印刷品，具有特定的书名和著者名，编有国际标准书号，有定价并取得版权保护的出版物。图书的内容比较系统、全面、成熟和可靠，但出版周期较长。

国际标准书号（International Standard Book Number, ISBN）是每一种正式出版的图书的唯一代码标识。根据国际标准化组织的决定，从 2007 年起，ISBN 号由原来的 10 位数字升至 13 位，分成 5 段：前缀码 - 地区号 - 出版者号 - 书序号 - 校验码。例如：由武汉大学出版社出版的《信息素质教程》一书的 ISBN 号为：978 - 7 - 307 - 06538 - 3。

> ❖ 练一练：
> 到图书馆或者网上找一本与"信息素养"相关的书籍，查看其书号、出版社和作者，并记录下来。

2. 期刊

期刊是一种定期或不定期出版的连续出版物，可分为月刊（Monthly）、双月刊（Bimonthly）、季刊（Quarterly）、年刊（Annual）等。期刊一般出版周期短，报道速度快；连续性强，随相应学科领域发展；内容新颖及时且涉及面广，但也因此不如图书成熟。

期刊所提供的信息占科技人员所用全部科技信息的70%，世界上90%的检索工具和学术库都以其为主要对象。期刊数量庞大，种类繁多，学习者查找期刊相关的文献资源时，应多加关注符合核心期刊标准的文献。常用的核心期刊标准如下：中国科学引文数据库（CSCD），中文社会科学引文索引（CSSCI），北大核心期刊目录，科学引文索引（SCI），工程索引（EI）。

连续出版物也有唯一代码标识：国际标准连续出版物号（International Standard Serial Number，ISSN），由8位数字组成，前后两段各4位，中间用连接号相连。前7位为顺序号，最后一位是校验码。ISSN可作为一个检索字段。

国内连续出版物以ISSN和中国国别代码"CN"（国内统一刊号或内部准印证）两部分组成。例如：期刊《电化教育研究》ISSN为1003-1553，CN为62-1017/G4。

❖ 小提示：
只有ISSN而无CN的期刊，不能在国内发行。

中文的"期刊"一词在英文中有多种译法，不同译法意思有所区别。比如"Periodical"是最广义的概念；"Journal"则强调所刊载文章的学术性；"Magazine"指通俗的、大众娱乐及消遣的杂志。据此，期刊又有学术与非学术之分，具体区别见表3-2。

表3-2 学术期刊与非学术期刊的区别

期刊类型	性质描述
学术期刊	原创的研究或实验报告； 论文由这个领域的一位专家或其他专家所写； 论文运用学科的专业术语； 在接受发表之前，论文采用同行评价过程以确保创造性内容； 论文的作者总是以脚注或参考书目的形式引用其来源（例如，《哲学研究》《管理科学》《教育研究》《心理学报》《文学评论》《中国青年研究》等）
非学术期刊	提供一般的信息，受众面广； 文章一般由编辑人员或自由撰稿人所写； 文章的语言表达方式面向任何受过教育的受众，无须学科专业知识； 文章通常用大量的图解，一般是照片； 无同行评价过程； 有时会引用来源，但通常无脚注或参考书目（例如，《读者》《知音》《百科知识》《中国国家地理》等）

❖ 练一练：
请到图书馆或者期刊网分别找一本你所学专业领域的学术期刊和非学术期刊。
1. 记录这两本期刊的刊名和刊号，并拍下封面。
2. 从两本期刊里各找1~2篇文章进行阅读；然后从撰稿人、所用语言、同行评价、参考文献等方面比较这两本期刊的不同。

3. 会议文献

会议文献是指各种学术会议上形成的资料和出版物，包括会议论文、文件、报告、讨论稿等，又以会议论文最为主要。会议文献大多经过同行评议，内容新颖的同时，学术性、原创性、时效性较强，缺点是会议文献没有固定的出版形式，出版周期不固定，多数不公开发行。

4. 学位论文

学位论文是指高等院校或研究机构的毕业生为取得学位，在导师的指导下完成的学术论文，是大学图书馆的特藏文献。一般分为博士学位论文、硕士学位论文和本科学位论文。学位论文具有选题新颖、引用材料广泛、阐述系统、论证详细等特点。

5. 专利文献

专利文献按一般的理解主要是指各国专利局的正式出版物，主要是指根据专利法公开的有关发现、发明、实用新型和工业品外观设计的研究、设计、开发和实验结果的有关文献。例如：专利说明书、专利公报、专利文摘、专利索引、专利分类表等。

优先权原则为专利制度所特有，发明人会据此在完成发明后的第一时间提出专利申请，因此绝大多数发明创造会首先出现在专利文献中，且80%以上的专利不会再以其他形式（如论文等）发表。与之对应，专利文献注重创新性和实用性。

6. 标准文献

标准文献是指按规定程序制订，经公认权威机构批准的一整套在特定范围（领域）内必须执行的规格、规则、技术要求等规范性文献，简称标准。按使用范围可分为国际、地方、国家、行业和企业标准。

可见，标准具有统一的产生过程，按计划贯彻执行，适用范围和用途明确，编排格式、叙述方法严格，具有一定可靠性和现实性，也具备一定的法律效力和约束力。

7. 科技报告

科技报告是描述科研活动的过程、进展和结果，并按照规定格式编写的科技文献，旨在实现科技知识的积累、传播和交流，包括专题报告、进展报告、最终报告和组织管理报告四大类型。科研人员依据科技报告中的描述能重复实验过程或了解科研结果。其特点是内容详尽、专深具体、数据完整，有严格撰写规范，出版周期不固定。

8. 政府出版物

政府出版物又称官方出版物，是指政府部门及其专门机构出版的文献。政府出版物分为行政性文件和科技性文献两种，是政府用以发布政令和体现其思想、意志、行为的物质载体，在治理国家、舆论导向和参与国际事务方面发挥特殊而重要的作用。

9. 产品资料

产品资料即各厂商为推销产品而印发的旨在介绍产品性能的出版物，主要是对产品的规格、性能、特点、构造、用途、使用方法等的介绍和说明，如产品目录、说明书、数据手册等。产品资料内容成熟且数据可靠，所提供的外观照片和结构图直观性强，但一般不会透露关键技术，应综合相关文献一起使用。

10. 科技档案

科技档案是指在自然科学研究、生产技术、基本建设等活动中形成的应当归档保存的图纸、图表、文字材料、计算材料、照片、影片、录像、录音带等科技文件材料。一般不公开发行，仅供内部使用，极少在参考文献和检索工具中引用。

3.3 信息资源的筛选

视频 3-2：信息源的筛选

视频 3-3：信息源的评价

扫一扫，观看信息源筛选和评价的方法，思考如何筛选和评价信息，以获取符合信息需求的资源。

与某个信息需求相关的信息资源有很多，但并非所有信息资源都满足信息需求。面对种类丰富、数量庞大的信息资源，如何从海量资源中选择符合自身信息需求并解决问题的最佳信息，可概括为两个"确定"：确定信息资源筛选的内容和范围；确定信息资源筛选的标准。

3.3.1 确定信息资源筛选的内容和范围

在进入正题前，我们先回顾本章故事导入中小明的作业要求：

(1) 写一篇不少于 6 000 字的小论文并进行汇报；

(2) 选题与《心理学与生活》课程任一章节的内容相关；

(3) 参考信息资源不少于 3 种，每种不少于 2 篇且必须是近 3 年发表的。

毫无疑问，小明需要一定的信息资源来帮助他完成任务。本小节将以小明的课程作业为例，从以下 4 个问题入手，分享确定信息资源筛选内容和范围的方法。

1. 为什么需要信息资源？

这个问题由信息需求的目的所主导，不同的目的对应不同的信息资源。信息资源在科研、学习、商务和生活中无处不在，对应的需求可能为申报课题、撰写开题报告、学术论文、课程论文，或者是成果查新、满足商业需求甚至是娱乐消遣。

❖ 想一想：

问：小明为什么需要信息资源？

答：完成课程论文的写作。

2. 需要什么类型的信息资源？

想要确定所需信息资源的类型，首先需要了解每一种信息资源类型适用于什么情况。上面介绍的 10 种信息资源中，图书一般适用于系统学习知识，了解关于某个知识领域的概要情况或查找某个问题的具体答案；期刊和会议论文适用于为进行学术研究，了解与自身课题相关的研究概况、了解某学科的发展水平和发展动态；学位论文适用于进行科学研究开题前的文献调研和供博硕士研究生撰写开题报告时参考；专利文献适用于开发新产品，投入新项目前查询以寻找技术方案等情况；科技报告适用于研究相关学科的最新研究课题等情境；标准文献适用于工程设计、施工等，详见表 3–3。

表 3–3 不同信息资源适用情境

信息资源	适用情况
图书	系统地学习知识； 了解关于某知识领域的概要情况； 查找某一问题的具体答案
期刊、会议文献	当进行学术研究时，了解与自己课题相关的研究状况； 了解某学科发展水平和发展动态
学位论文	科学研究开题前的文献调研； 博硕士研究生撰写开题报告
专利文献	在申请专利前，检索相关的专利文献，确定该项发明创造是否能被授予专利权； 开发新产品，投入新项目，先查专利文献，寻找技术方案； 从专利文献中了解某领域的技术水平及发展的最新动态； 开发新产品前，检索专利，了解现状，避免侵权； 利用权力情报，参谋进出口业务； 专利诉讼时，帮助寻找证据，处理专利纠纷
标准文献	产品设计、生产、检验； 工程设计、施工； 进出口贸易； 写作、文献著录等各个方面
科技报告	进行学术研究时，了解与自己的课题相关的研究状况，查找必要的参考文献； 研究尖端学科或某学科的最新研究课题
政府出版物	了解一个国家或地区的政治形势、政策方针、思想路线、科技发展战略和经济政策
产品资料	了解竞争对手某项技术或产品的生产技术、工艺； 试制、订货； 选型、仿制、设计新产品
科技档案	从事相近或相似专业的研究活动有直接参考价值； 了解科研工作、生产建设的经验和教训

了解了信息资源的适用情境，还需进一步明确信息需求所属学科、专业、关键词，这将有助于聚焦后续的信息检索范围，以及确定目标信息源的结果形式（如全文、索引或文摘；期刊论文、课件讲义或博客日志等），这有利于过滤掉不符合需求的资源。

> ❋ 想一想：
>
> 问：小明需要什么类型的信息资源？
>
> 答：小明的目的是完成一篇课程论文，选题自定，对信息资源的选择也无限制特定类别，他可根据选题自行选择相关的参考资料。
>
> 《心理学与生活》可能更偏向人文社科类学科，与心理学专业相关。关键词则需视其选题而定，假设题目是"大学生手机成瘾与人际关系、孤独感关系的研究"，其中的关键词就是"手机成瘾""人际关系"和"孤独感"。
>
> 尽管课程论文对所找资料的形式无明确要求，但信息资源最好是来自国内外权威学术机构或学者。

3. 需要什么时间范围内的信息资源？

下一步需要根据信息需求目的确定目标信息资源的时间范围。如果要查找相关课题的最新进展，则应聚焦最近一段时间的期刊、会议论文等资源。一般来说，自然科学的学术研究迭代要快于社会科学，更需关注文献的新近性。如果要了解某个学科领域的发展过程，所需信息资源的时间范围相对较宽泛，需从当前现状追溯到最初起源。不同的信息需求所需信息资源的时间范围不一。

> ❋ 想一想：
>
> 问：小明需要什么时间范围内的信息资源？
>
> 答：按作业要求必须是近3年内的文献。一般来说，参考文献以近3～5年的为佳。如果是该领域经典权威的文献资源，年份则可较为靠前。

4. 从什么渠道最方便获取信息资源？

最后，还要确定获取信息资源的渠道。不同的信息资源有不同的获取渠道，既可通过公共图书馆、政府机构等免费获取，又可通过数据库供应商付费获取。比如通过全国图书馆参考咨询联盟，任何人都可以享受该平台提供的免费文献远程传递服务，获取各类信息资源。高校教师、学生（比如小明）还可通过所在学校、机构购买的数据库资源服务，免费获取各类资源。具体的获取方法详见本书第五部分"信息获取"章节。

3.3.2 确定信息资源筛选的标准

了解信息资源筛选的内容和范围，辅以相应的信息检索技巧，就可初步得到相当数量与需求相符的信息资源。资源不多尚可逐一查看，但如果太多就无法一一穷尽，需要依据相关标准作进一步筛选。

1. 系统性

对信息资源全面系统地搜集是保证科研顺利开展的最基本条件。数据、材料或技术对自然科学领域的研究至关重要，各学派观点的交叉、延伸和发展、各领域的历史和现实演变全过程对社会科学领域的研究意义重大，都有赖于对信息资源的系统梳理，以保全面。可通过多种渠道（数据库检索、网络搜索引擎、联系原文作者等）进行检索；查找多种信息资源；同种信息资源按年份、作者、机构等依次检索的方法来实现。

【例1】 以完成题为"大学生手机成瘾与人际关系、孤独感关系的研究"的课程论文为例，为保证所检索信息资源的系统性，我们可以确定检索词后利用中国知网等数据库或百度搜索引擎等方式进行文献检索，如果相关文献无法直接下载原文，可尝试通过联系作者的方式获取；目标信息资源不应局限于期刊论文，图书专著、科技文献、政府出版物甚至是网络资源等也应纳入考虑，语种亦同；以期刊论文为例，相关作者、学术机构一般会对一个方向进行持续研究，可根据已有论文溯源和追踪，以挖掘更多相关文献。

2. 客观性

客观性指的是所获取的信息资源真实，既不偏重自己的喜好，也不从自身利益出发而提供的信息。判断信息资源的客观性可从以下方面入手：第一，明确该资源针对的受众是谁；第二，判断作品属于专业学术研究成果、知识普及还是随笔、短评或广告宣传；第三，明确资源的传播途径，是正式出版物还是非正式出版物。一般来说，专业学术研究成果客观性最强，正式出版物的可靠性要强于非正式出版物，比如上述10种信息资源要比日志博客、网络论坛、广告更客观可信。如果引用网络资源要尽可能追踪溯源，找到原始出处。

> **想一想：**
> 时下越来越多微信公众号的推文后会附上参考文献，分别从公众号本身和读者两个角度来看，这样做有什么好处？

3. 相关性

相关性指的是信息资源中各信息元素之间以及信息资源与用户需求之间的关联程度。判断信息资源的相关性可从以下方面入手：判断是否属于用户需求所在的主题范围；判断是否有利于解决当前面临的问题；判断是否适用于当前环境和条件。当面临多种可选择的信息资源时，专业型优于综合型信息资源；专题型优于一般型信息资源；权威机构、学者产出的资源优于其他机构、作者的资源，但也并非绝对。

【例2】 同样以完成题为"大学生手机成瘾与人际关系、孤独感关系的研究"的课程论文为例，为保证所检索信息资源的相关性，首先应判断所找资源与"大学生""手机成瘾""人际关系"和"孤独感"是否相关（全都涉及或只涉及其中一方面均可），相关的话再作进一步了解；接下来，明确所需信息资源旨在满足哪方面的信息需求，再判断找到的资源能否与之匹配；比如需要梳理"手机成瘾"的概念，则有对其进行概念界定和介绍的资源才为我们所需要；然后，了解信息资源的发表年份，如果年代久远，需考虑是否符合当前时代发展要求；还要考虑研究方法的适用性，比如要开展问卷调查，则应该搜索同样采用问卷调查进行研究的文献，采用其他方法（比如眼动仪等）则参考价值较小。

4. 权威性

评价权威性意味着批判性对待信息源的作者以及特定信息源的资助者和所有者，例如网站的出版者或所有者。你的目标是确定这些作者是否有资格做这件事、他们是否提供了可信的信息。网站的评价主要从作者、出版者和资助者或者所有者几个方面来考虑。

（1）作者：在许多信息资源里，作者的名字通常出现在显著位置，书的封面、扉页，期刊论文的首页，报纸和流行杂志的署名行。在网站这类信息资源里要找名字要花点功夫。在百科全书和参考资料类的信息资源里，有很多作者姓名以及一群贡献者或编委会成员的信息。①专业知识：可从作者所获学位、工作经历、已发表作品和相关研究等方面来了解。②学术背景和学历：查找作者具备写作该主题的可信的学术背景和资格。研究领域的作者通常具有相关领域的博士或者至少硕士学位。③工作相关或其他经历：一些可信的网站有个人简历，列出了作者的相关工作经历。可通过作者所在专业机构或公司的网站进行查找。例如，作者是某大学教授，你可找到其过去和现在的研究主题、所授课程和学术委员会任职。④执照或证书。在一些特定的领域，作者会有执照或者证书。例如，微软认证系统工程师（MCSE）。⑤所在机构：作者的所在机构也可查询，例如，学术机构、专业组织、政府机构等。⑥其他出版物：查找作者发表的其他出版物是有用的，通过搜索引擎输入作者全名进行查询。专著里会有作者简介，知名作者会被其他学者引用。⑦联系信息：许多公开出版物里有作者的联系方式，你可找到电子邮箱、邮寄地址、电话等。

（2）出版者。判断信息资源权威性的另一个重要指标就是出版者。出版者对出版物或网站的信息负有责任。出版者包括大学出版社、商业出版社、政府机构、非营利组织、专业出版社等。商业出版社出版的期刊和杂志在信息的评价上相对没有那么正规，一般不会采用同行评议。

5. 易获取性

易获取性指的是获取信息的容易程度。判断信息资源获取的难易程度可从以下方面入手：索取文献全文的途径、费用、时间是否在可行范围内；是否需要特殊许可才能使用。在满足信息需求的前提下，尽可能选择花费人力、物力较少且等待时间短的信息资源。

❖ 小提示：

> 国内大部分期刊文献可通过学术数据库获取（详见本书第五部分"信息获取"）；但有些信息资源不易获取，比如有些会议论文并不结集出版，难以获取；部分政府出版物有密级限制，只允许在一定范围内传播。

在选择信息资源时，可从不同维度对其进行判断。表3-4信息源核查表提供了评判的思路，同时思考可在信息资源的哪些部分可以找到相关的依据。利用这个表格对收集到的信息资源进行筛选。

表 3-4　信息源核查表

	你考虑的重点是什么？	可在信息源哪部分找？	打√
相关性	它是关于什么的？		
	它的目标受众（对象）是谁？		
	它的目的和范围		
时效性	发表日期/年份（及期数）		
	网站日期是最新的吗？		
	网址的稳定性		
权威性	作者		
	姓名		
	专业知识		
	学术背景		
	相关经历		
	资格、执照或证书		
	所在团体或组织机构		
	已发表论著		
	电话、E-mail、邮寄地址等联系方式		
	出版者		
	资助者或所有者		
	网址		
	期刊		
	正式出版		
	核心期刊		
	同行评审		
客观性	是否有偏见（带有强烈的情绪）？		
	事实准确（是否遗漏重要的）？		
	观点是否中立？		
	展示了故事的各个方面？		
	有利益冲突吗？		
	有广告吗？		
易获取性	容易获取吗？		
	需要许可吗？		

思考与练习

1. 什么是信息资源？信息资源有哪些类型？
2. 列举常用的三种信息资源，并说明相应的适用情况。
3. 把你的学科领域有用信息资源列成表，并对这些资源进行分类。
4. 如果以"大学英语口语教学与批判性思维研究综述"为题写一篇论文，我们需要哪些信息资源？请你尝试完成下列六个步骤，以确定所需信息资源的类别。

题目：大学英语口语教学与批判性思维研究综述	
1. 确定检索目的	
2. 确定课题学科、专业、关键词	
3. 确定所需信息资源的时间范围	
4. 确定所需信息资源的类型	
5. 确定目标信息资源的结果形式	
6. 确定所需信息资源的语种	

5. 筛选信息资源的标准是什么？
6. 根据本章的学习以及你自身的经验，建立一个评价信息和信息资源的核查表，请按下列步骤完成。

1. 综述各种评价信息资源的标准	
2. 为你开展研究开发一个详细的评价信息资源的核查表	

参 考 文 献

[1] 顾笑迎. 大学生信息素养教育与论文写作 [M]. 上海：华东师范大学出版社，2016.
[2] 侯延香，王霞. 信息采集 [M]. 北京：知识产权出版社，2012.
[3] 肖琼. 信息资源检索与利用 [M]. 北京：北京邮电大学出版社，2014.
[4] 许征尼. 信息素养与信息检索 [M]. 合肥：中国科学技术大学出版社，2010.
[5] 燕今伟，刘霞. 信息素质教程 [M]. 武汉：武汉大学出版社，2008.
[6] Wilson, G. Q Soloman, A. （2014） 100% *information literacy success* [M]. Delmar：Cengage Learning.

第四部分　信息检索

第 4 章
信息检索及其原理

🔄 学习目标

1. 认识到信息检索的重要性；
2. 理解信息检索的概念与类型；
3. 了解信息检索的基本原理。

🔄 情境导入

小明刚考上某学校的硕士研究生，为了进一步提升自己的学术科研能力，他准备利用假期查找专业相关的文献资源，为以后的论文写作与项目科研奠定基础。但是，确定好选题后，小明却遇到了一些问题。

1. 不懂如何检索文献、找不到需要的论文。
2. 没有应用合适的文献检索方式，检索效率低下。

无论是论文还是科研都离不开文献检索，而查阅的文献质量，以及文献与所选课题的相关度都会影响接下来的工作。那么，小明应该掌握哪些关于信息检索的知识才可以找到自己想要的资源呢？

知识分为两类：一类是我们自己知道的，还有一类是我们知道从什么地方可以找到的。在社会信息化的进程中，信息对我们生活的影响日显重要，如果按此刻的信息量衡量，我们花费一生的时间学习，也只能了解有限的一部分。随着计算机网络技术的发展，人们想要获取信息，只需上网搜索便可实现，但你真的会检索信息吗？检索到的信息是你想要的吗？你知道如何快速准确地找到所需的信息吗？

> ❖ 想一想：
> 1. 你是如何检索信息资源的？主要用来解决哪些问题？
> 2. 在利用数据库检索信息的过程中，你遇到的问题有哪些？是怎样解决的？

4.1 信息检索的概念与作用

随着大数据时代的来临，互联网成为我们生活中的一部分。通过信息处理技术，数据的获取、传送、整合、分析、使用等实现了有效的结合，极大地提升了工作效率，人们可以利用各类搜索引擎实现信息的获取。

4.1.1 信息检索的概念

信息检索是指用户根据需求从信息集合中迅速、准确地查找出所需信息的过程和方法。信息需求可以理解成人们为了解决某类问题或者达到某种目的，由此产生了获取信息的需要。一般来说，目的不同，信息需求也就存有差异，从而检索行为以及选择的检索工具都将不同。信息检索有狭义与广义之分。广义的信息检索（information retrieval）包含信息的存储与检索两个过程，是信息按一定的方式进行加工、整理、组织并存储起来，再根据用户特定的需求将相关信息查找出来的过程，又称信息的存储与检索。而狭义的信息检索仅指的是信息查询（information search）的过程，即用户采用一定的方法和策略，从信息集合中找出所需信息的过程。狭义的概念是人们通常所理解的信息检索。

信息检索的本质就是将用户的信息需求与对应的信息集合进行匹配的过程。

信息检索基于两种信息组织方式：线性组织和连接组织。大型数据库的基本组织方式是线性的，记录之间是线性关系，仅通过标引词索引提供相关关系，不能充分表达语义内容和语义关系，尤其是事物之间的本质关系。

4.1.2 信息检索的作用

1. 节省查找时间

信息检索是研究工作的基础和必要环节，成功的信息检索无疑会节省研究人员的大量时间，使用户在短时间内获取与需求紧密相关的信息，大大提高了工作效率，使其能用更多的时间和精力进行科学研究。

2. 筛选出有效信息

新时代的人才首先需要具备自学能力，网络的发展也使得人们逐渐习惯通过网上检索来寻找答案解惑。但网络检索的信息数量庞大，在保证查全率的同时，信息检索的作用之一就是帮助人们从海量的信息里提取所需的有用信息。

3. 避免重复研究或走弯路

科学研究的价值体现在继承前人的知识后，有所发明、有所创新。从事某一特定领域的学术研究时，我们需要对有关文献进行全面的调查研究，充分了解国内外研究者对相关的研究问题都做过哪些工作，取得了什么成就，以及发展动向如何，还存在哪些尚未解决的问题等。掌握信息检索的技术和方法，可大大提高科学研究工作的效率，避免造成重复劳动，导致人力、物力、财力的浪费。

> ❀ **想一想：**
> 我国某研究所用了约十年时间研制成功"以镁代银"新工艺，满怀信心地去申请专利，可是美国某公司早在20世纪20年代末就已经获得了这项工艺的专利，而该专利的说明书就收藏在当地的科技信息所。这件事说明了什么？

4.1.3 信息检索模型

信息检索从脱机检索到联机检索，再到网络检索，逐步发展形成了一些成熟的检索模型，包括布尔检索模型、向量检索模型、模糊检索模型和概率检索模型等。它们依据不同的检索理论，对检索元素有不同的描述。

1. 布尔检索模型

布尔检索模型是最简单易理解的模型，被大多数信息检索系统使用。它是基于特征项的严格匹配模型，文本查询的匹配规则遵循布尔运算的法则。它利用关键词或其他标引词描述文献，提问是检索词的布尔组配表达式，检索方法采用精确的关键词匹配方法。

该模型易实现，结构化提问语言的表达力强，但对用户构造和修改提问的能力要求较高，检索结果会随用户技能的熟练程度不同而产生很大差异。

2. 向量检索模型

向量模型将 N 个关键词看作一个 N 维空间。文献和提问信息用空间中的向量表示。一个文献向量由一组关键词及其对应权值表示，自动标引利用统计技术，将词在文献中的出现频率作为权值。提问向量中也可以给词加权。向量检索模型基于统计理论，用相似统计方法计算文献向量与提问向量之间的相关性。

该模型克服了布尔检索模型的缺点，其检索结果优于布尔检索模型，其相似计算结果可用于检索结果的排序输出。但它丢失了布尔提问表达式中的固有结构，不能表达检索词之间的逻辑关系。

3. 模糊检索模型

模糊检索模型提供了对不确定信息知识的描述方法和处理方法，较接近于客观世界，但有关理论与技术尚不完善。

由于概率检索模型中难以获得先验数据且计算复杂，不适于大规模的网络资源，这里不加叙述。

4.2 信息检索的原理

4.2.1 信息检索系统

信息检索系统是指针对某类特定信息需求，建立起来的一种用于加工信息的信息服务系统。信息检索系统的三个基本要素是人、检索工具（包括设备）和信息资料。

与传统纸质信息相比，网络资源更具便利性，但是当前网络搜索引擎自身具备的信息分类工作有待提升，提供的部分信息为无效信息，在这种情况下，使得人们在查找所需信息的过程中，由于时间问题或者其他因素，无法精准地找到对应信息。

通过信息检索系统，用户在检索终端可以查找分散保存的数据，使得任何数据都能够在网络中进行查找和应用。信息检索系统的基本结构如图 4-1 所示。

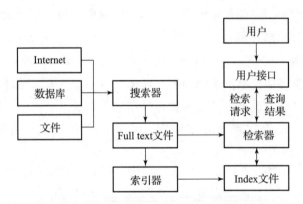

图 4-1 信息检索系统的基本结构

4.2.2 信息检索的工作原理

信息检索包括信息存储和信息查询两个过程。信息存储过程是将信息进行加工处理，按该类信息的特征（如题名、著者、主题词、分类号等）记录下来，形成一条条信息线索，并将其按照一定目的和方法加工整理成有序的信息集合的过程。信息查询过程是对用户提供的索引信息进行分析和编码，找出索引提问特征，然后利用关键词将信息与提问进行匹配，系统通过计算信息特征与提问式的相关程度而确定取舍。关键部分是信息提问与信息集合的匹配和选择，即对给定提问与集合中的记录进行相似性比较，根据一定的匹配标准选出有关信息。信息检索最初应用于图书馆和科技信息机构，后来逐渐扩大到其他领域，并与各种管理信息系统结合在一起。信息检索的工作原理如图 4-2 所示。

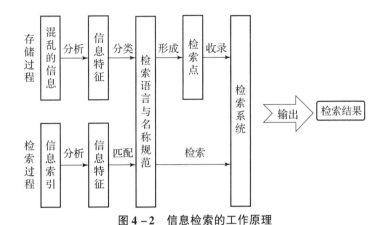

图 4-2　信息检索的工作原理

将人工智能与信息检索结合，是信息检索发展的新趋势。人们在思考和探索如何更高层次地模拟、应用人脑的智能原理，从本质上变革信息资源检索理论、方法与技术。将人工智能技术与信息技术结合，发挥人工智能的作用，由此衍生出"信息检索与知识检索的结合""数据库技术与知识库技术的结合""数据处理与知识处理的结合"等新的检索方法。因此，科学地认识和创新知识检索方法及其与信息检索技术的结合，是现代化信息检索理论研究的热点。

4.3　信息检索的类型

4.3.1　按检索对象

1. 文献检索

文献检索以文献全文作为检索对象，从文献库中查找特定文献，即从一个文献集合中查找出专门包含所需信息内容的文献。例如："关于高速公路建设经费筹措模式研究"，有哪些文献呢？一般先从"高速公路"这个文献集合体中入手，再查找有关"经费投资""经费筹措"等专门内容的文献。文献检索结果是与用户的信息需求相关的文献的线索或原文，主要利用目录、题录类检索工具。文献的检索方法主要有直查法、追溯法、工具法和综合法。一般来说，文献检索可分为以下步骤。

（1）明确查找目的与要求。

（2）选择检索工具。

（3）确定检索途径和方法。

（4）根据文献线索，查阅原始文献。

2. 事实检索

事实检索以特定事实作为检索对象，查询性质、定义或者原理等，获取以事物的实际情况为基础而集合生成的新的分析结果。如使用参考工具书查询某个字词的定义，或者查询特定事物的答案，如"世界上最长的高速公路是哪一条"之类的问题。在这里，需要将数据检索和事实检索进行区分。数据检索的结果是各种数值性和非数值性数据；而事实检索的结果是在文献检索和数据检索基础上的对有关问题的结论和判断，经过比较、判断、分析、研究得出的结果。

3. 数据检索

数据检索是以数值或者图表数据作为检索对象和检索目的的信息检索类型。包括数据图表，某物质材料成分、性能、图谱、市场行情、物质的物理与化学特性等。

4. 多媒体检索

多媒体检索是以图像、视频、音频或文字等作为检索条件，基于内容相似性度，在数据中匹配相关多媒体信息的技术。这是人们在日常生活中应用的最多的检索方式。比如用户在植物园游玩时，想知道某个植物的相关资料，即可拍照上传到网络，系统将自动地对图片内容进行智能理解和内容识别。多媒体检索技术可以有效地整合不同来源的多媒体数据，并对互联网上的碎片信息进行结构化梳理和展示，从而展示给用户更加全面、立体、多角度、全方位的信息检索结果。

4.3.2 按检索手段

1. 手工检索

手工检索是一种传统的检索方法，指使用目录、期刊、文摘等印刷型检索工具，通过手工翻检的方式来完成。手工检索不需要特殊的设备，用户根据所检索的对象，利用相关的检索工具即可进行。手工检索的方法比较简单、灵活，方便使用。但是费时、费力，特别是进行专题检索和回溯性检索时，需要翻检大量的检索工具反复查询，花费大量的人力和时间，而且很容易造成误检和漏检。

2. 机械检索

机械检索是利用某种机械装置来处理和查找文献的检索方式。主要有穿孔卡片检索和缩微品检索。

穿孔卡片检索：穿孔卡片是一种由薄纸板制成的、用孔洞位置表示信息，通过穿孔或轧口方式记录和存储信息的方形卡片。

缩微品检索：把检索标识变成黑白点矩阵或条形码，存储在缩微胶片或胶卷上，利用光电效应，通过检索机查找。

3. 计算机检索

计算机检索指用户在网络终端，通过在线信息搜索工具，查找并获取信息的行为。人们在计算机或计算机检索网络的终端机上，使用特定的检索指令、检索词和检索策略，从计算机检索系统的数据库中检索出需要的信息。计算机检索具有检索的信息量大、检索速度快、数据更新快、检索功能强、检索结果输出形式多样等特点，主要有以下几种形式。

脱机检索：成批处理检索提问的计算机检索方式。

联机检索：用户通过检索终端和通信线路，直接查询检索系统数据库的机检方式。

光盘检索：以光盘数据库为基础的一种独立的计算机检索，包括单机光盘检索和光盘网络检索两种类型。

网络检索：利用 E-mail、FTP 等检索工具，在互联网上进行信息存取。

4.3.3 按检索途径

1. 直接检索

直接检索是指直接查询、浏览阅读原文获取所需信息的检索方式。如直接翻阅报纸、杂志获取信息。

2. 间接检索

间接检索指的是先查找检索工具，获得所需信息的线索，然后以此线索为引导，索要原文或原数据的过程。比如，通过欧洲近代史指南查找特定的书籍。

思考与练习

1. 请简述信息检索的原理。
2. 相比传统的信息检索工具，利用计算机网络进行信息检索有哪些优势？
3. 结合经验，谈一谈怎样利用检索工具查找需要的中外文献？
4. 若要查找一篇期刊论文的全文，可以采用哪些检索类型？
5. 请从下列案例中判断哪些属于文献检索、数据检索、事实检索以及多媒体检索。
(1) 关于"信息素养"的研究文献有哪些？
(2) 世界上最高的塔名称是什么？该塔位于哪个国家？
(3) 用百度浏览器检索视频资源。
(4) 2020 年中国人口的出生率是多少？

参 考 文 献

[1] 祁延莉，赵丹群. 信息检索概论 [M]. 北京：北京大学出版社，2013.
[2] 张帆. 信息存储与检索 [M]. 北京：高等教育出版社，2017.

第 5 章
信息检索语言

🔄 学习目标

1. 理解信息检索语言的概念与功能；
2. 掌握信息检索语言的常见类型；
3. 了解主题词表的编写与应用；
4. 熟悉中国图书馆分类法的结构体系，并掌握馆藏图书的查找方法。

🔄 情景导入

小王是 H 大学的一名大三学生，现在正面临着毕业论文选题的苦恼。有一天，他在浏览某网站时发现，一个关于"人工智能与教师专业发展"的话题引起了热议，他对其中的讨论非常感兴趣，便计划着做这方面的研究。但面对一个新的研究领域，他有很多疑问：当前关于人工智能与教师专业发展方面的研究成果有哪些？还有哪些未被前人发现但却具有研究价值的问题？小王想到本学期在研究方法课堂上老师提及可以通过学校图书馆和电子数据库查找相关文献。但是网络资源和学校图书种类非常多，如何快速且准确地找到最适合自己研究的文献资源？为此，他陷入了苦恼。通过本章的学习，让我们一起来帮助小王解决这个问题吧！

5.1 信息检索语言的概念和功能

5.1.1 信息检索语言的概念

日常生活、工作和学习中,人们往往需要检索某些特定的文献以满足自身的信息需求。但由于我们身边文献的数量成千上万,信息的内容包罗万象,不同人群的信息需求又存在差异,要想快速、准确地从众多信息中检索出自己想要的信息,需要在检索用户与检索系统之间建立一种统一的交流"语言",使文献信息与用户之间形成一种对应关系,而这种统一的交流语言就是信息检索语言。

信息检索语言(Information Retrieval Language,简称 IRL),又称为检索语言、标引语言、索引语言或文献检索语言,是根据信息的加工、信息的存储和信息的检索需要而创建的一种人工语言。它是人们在信息检索、信息加工、信息存储中,依据一定的规则来描述信息的内容特征(反映用户信息需求的主要概念,如主题词、关键词、标题词及其同义词等)和外部特征(反映检索目标外部特征的文字、号码或数字,如书名、刊名、著者、文献类型、编号、序号、分类号、出版年、卷起页码等)或反映信息内容的标识符,是用户与检索系统借以交流与互动的媒介。

从组成要素来看,信息检索语言由字符、词汇和语法规则三部分构成。字符包含字母、数字,词汇主要有分类号、检索词和代码,而语法则是一整套正确描述记录和有效检索记录的规则,如主题词表或分类表的编制原则、组合排列次序以及在存储和检索的过程中如何根据词汇进行标引和查找的一整套规则和细则等。

> **想一想:**
> 1. 你在什么情况下会产生信息检索的需求?
> 2. 在产生信息检索需求时,你一般通过什么途径来查找所需资源?
> 3. 在查找文献资源的过程中,你使用过某种信息检索语言吗?

5.1.2 信息检索语言的功能

信息检索语言在很大程度上影响着检索系统的效率。一种检索语言的优劣主要依其检索效率来衡量。它是信息检索系统的关键要素,在信息检索与信息存储的两个过程中起着语言保证的作用,即保证它们所用的语言一致或基本一致。

在信息检索过程中,信息检索语言用来描述检索提问,从而形成提问标识。

在信息存储过程中,信息检索语言用来描述信息的内容特征和外部特征,从而形成检索标识。

> **❖ 小提示:**
> 当提问标识和检索标识完全匹配或部分匹配时,才能检索到想要的文献信息!

信息检索语言的基本功能主要表现在以下六个方面。

1. 信息检索语言具有标引文献的功能,对信息内容特征及某些外表特征加以标引,保证不同标引人员表达信息的一致性。检索语言是信息员描述信息内容特征以及部分外表特征的重要依据。信息员在分析信息的基础上,用检索语言将文献的内容特征和外表特征表述出来,形成信息标识,如分类号、主题词等,然后将其放入系统,以供用户检索使用。但需注意的是,信息标引是一种群体行为,只有标引人员与检索人员共同遵守检索规则才能保证标引信息的一致性。

2. 信息检索语言具有集中文献的功能,即对内容相同及相关的文献信息加以集中或揭示其相关性。检索语言采用等级结构等方法显示概念之间的关系,这样可将内容相同或相关的信息集中起来或揭示它们之间的相关性。

3. 信息检索语言具有信息组织的功能,使文献信息存储集中化、系统化与组织化,便于检索人员按照一定的排列次序进行有序检索。信息检索语言具有信息组织的特性,它能将表达成千上万个信息主题概念的全部信息标识排列成一个有序的系统,对大量的信息进行系统化和组织化处理,使文献信息的存储呈现出集中化、系统化与组织化的特点,从而方便信息检索者按照一定的排列次序对信息进行有序的检索,提高检索效率。

4. 信息检索语言具有一致性功能,便于将标引用语和检索用语进行相符性比较,保证不同检索人员表述相同文献内容的一致性,以及检索人员与标引人员对相同文献内容表述的一致性。一般而言,任何一种检索语言都有助于将标引用语和检索用语从整体上进行相符性比较的功能。大部分检索语言还可将标引用语和检索用语从局部上进行相符性比较,从而保证检索人员在表述相同内容时的一致性,以及检索人员与标引人员对相同内容表述的一致性。

5. 信息检索语言具有桥梁和纽带功能,在信息标引者和检索者之间发挥桥梁和纽带作用。信息检索语言是一种存在于文献信息与用户之间,具有对应关系的专用语言。为了实现信息的正确检索,检索人员必须遵守与标引人员相同的检索规则,也正是这些规则促使信息标引者与检索者联系在一起,使他们进行沟通与交流。而在沟通与交流的过程中,信息检索语言则发挥着重要的桥梁与纽带作用,使得标引者与检索者在理解和表达相同文献信息主题时能够达成一致,从而提高信息检索的准确性。

6. 信息检索语言的使用,保证检索者按不同需要检索文献时,都能获得最高查全率和查准率。

尽管信息检索语言具有以上功能和优势,但它也存在词汇管理成本高、维护和更新难度大、标引负担重、结构复杂、易用性不强,以及具有一定的滞后性等问题。

> **❖ 练一练:**
> 1. 经过上面的学习,你对信息检索语言有了哪些新的认识?请说一说,写一写。
> 2. 请尝试运用思维导图工具表示出自己对信息检索语言功能的理解。

5.2 信息检索语言的类型

由于覆盖的学科领域、文献的数量与类型以及用户的信息需求等存在差异,因而产生了不同的检索语言。即使在同一个检索系统中,为提高检索效率也经常需要同时运用多种信息检索语言,具体划分如图5-1所示。

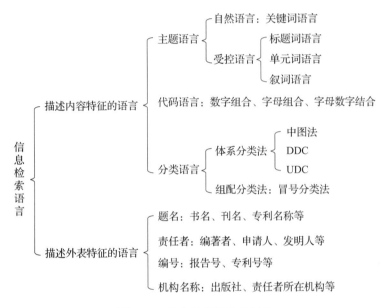

图5-1 信息检索语言的划分

按照所描述的文献信息特征的内容,可将信息检索语言分为描述文献内容特征的语言与描述文献外部特征的语言。描述文献内容特征的语言可分为分类语言、主题语言和代码语言;描述文献外部特征的语言包括题名、书名、著者、文献编号以及文献出版事项等。前者在揭示信息特征与表达情报提问方面比后者更有优势。

按照规范化程度,可将信息检索语言分为规范化语言和非规范化语言两种。规范化语言,又称受控语言,是指人为地对标引词和检索词的词义进行控制和管理的语言,如主题语言中的叙词和标题词。非规范化语言,又称自然语言,是指直接从原始信息中抽取出来的未经规范化处理,用以揭示信息主题概念的自由词,如关键词语言。

下面将重点从描述内容特征的语言,即分类语言、主题语言和代码语言三种常见检索语言进行介绍。

5.2.1 分类语言

分类语言,又称为文献分类语言或分类法语言,是指将代表各种概念的类目按照学科、专业性质的方式对其进行系统排列或组织，从而使复杂的概念能够有序化的一类检索语言。

分类语言通常采用数字、字母符号或数字与字母符号相结合的方式来标识文献主题，也就是我们所说的用分类号来表达复杂概念，它将各种概念按照学科属性的方式进行系统排列，形成一个完整的分类类目表。它反映了事物的从属、派生关系，由上至下、从总体到局部层层展开，使事物之间构成一种等级体系。

> ❈ 小提示：
> 类，也称为类目，是指具有某种共同属性的事物的集合。它既可以是具体的事物对象，如计算机、飞机；也可以是抽象的概念，如计算机语言、飞行方式控制。

分类语言不仅能帮助人们更系统地认识各种概念信息，也能对其进行有序化地组织。同时，也有利于人们从海量网络信息资源中找出所需的信息。它能将相同或相近的信息进行集中并联系在一起，而把不同的信息区别开来，从而形成一个有序的分类体系。在分类检索语言中，运用知识属性来描述和表达信息内容的处理方式又被称为分类法。

分类检索语言可分为等级体系分类语言（体系分类法）和组配分类语言（组配法）两种。

1. 等级体系分类法

它是当前应用最为广泛的一种分类法，将各种概念按照学科、专业性质进行分类和系统排列，把分类表中全部的类目列举出来，并按照特定的等级系统对信息进行组织，又称为列举式分类法、枚举式分类法、等级分类法等。

等级体系分类法最突出的优点是能体现学科知识的系统性，容易被人们理解。它的主要特点是按学科、专业集中文献，用等级来表示类目的从属性、用列举法来表示类目的完整性，并从知识分类角度揭示各类文献在内容上的区别和联系，提供从学科分类角度检索文献的途径。这种分类法有利于藏书组织，便于人们从学科分类的角度对文献进行检索。

当前，我国几乎所有的图书情报机构采用的都是体系分类法，它是世界上各种图书馆组织和检索藏书的主要依据，广泛应用于图书、资料的分类和检索。比较有影响的有《中国图书馆分类法》《中国人民大学图书馆图书分类法》《杜威十进制分类法》《中国科学院图书馆图书分类法》《美国国会图书馆图书分类法》等。

2. 组配分类法

它是指利用概念分析与概念综合的原理，将简单概念组合成复杂概念的方法，或将概念因素组合成整体概念的过程，是为了克服体系分类语言的缺点而发展起来的。

在组配分类法中，整个分类表全部由复分表组成。在具体进行信息归类和分类检索时，只要通过若干个由基本概念划分而产生的子项进行组配，便可以在任意专指度上建造出适宜的信息类目。《国际十进（制）分类法》采用的就是组配分类的方式。

5.2.2 主题语言

主题语言是指直接将某个学科中表达某一事物或概念的名词、名词性词组作为检索标识,然后将这些名词或名词性词组按字顺排列,以揭示词组间关系的一种语言。简单来说,主题语言就是以主题词作为文献内容标识和检索依据的语言。在使用主题语言对信息进行描述和表达时,主要呈现出以下特征。

1. 直接以语词作为检索标识,具有较强的直观性和灵活性

主题语言的标识是直接从信息所论述的问题和研究的具体对象中选取出来的,只要有明确表达概念的术语,就可以直接将其作为标识语言,直观性很强。同时,它也不受学科体系的约束,对于后来出现的新学科、新事物和新概念,主题语言可以随时进行增删和修改,不像分类语言在进行增删和修改时还要受学科体系固定的限制,因而具有较高的灵活性。

2. 以字顺作为主要检索途径

字顺是主题语言排检的主要依据。我国的主题检索系统通常是根据汉字的特点,按照拼音或笔画顺序进行排检的。因此,在使用主题法进行排检时,只需要知道检索对象的名称,就可以按照相应的排检方式进行查找。

3. 按文献所论述的事物集中文献,便于对某一事物进行检索

主题语言是直接将信息资源所论述的主要对象作为检索标识,采用这种方式可将文献所论述的事物集中起来,方便使用者对某一事物进行集中检索。

相较于分类语言,主题语言很难对某一学科或专业文献做出全面和系统的检索。

分类语言与主题语言的特点和优缺点对比见表 5-1。

表 5-1 分类语言与主题语言的对比

类别	特点	优点	缺点
分类语言	聚集相同学科门类和主要内容的文献,使杂乱无章的文献有序化	系统性强,适合族性检索;按学科分门别类集中文献,可揭示各类目在内容上的逻辑联系,提供从学科角度进行族性检索的途径;便于随时放宽或缩小检索范围;查全率较高	缺乏专指性,查准率不高;不能全面检索新兴学科、交叉学科和边缘学科知识;使用起来不方便,必须借助专门的分类表之类的工具书
主题语言	直接将代表文献内容特征和科学概念的名词术语作为检索词	表达概念较为准确和灵活;检索具有直接性与直观性;能将分散在各个学科中的文献信息集中起来;有利于查全和查准,便于扩检和缩检	新生概念没有适合的主题词,因此在使用主题词检索时具有一定的局限性

主题语言按照标引词的来源不同可划分为关键词语言、标题词语言、单元词语言和叙词语言四种类型。

1. 关键词语言

关键词语言是由那些直接出现在文献的标题（包含篇名、章节名）、摘要或正文中，对表征信息主题内容具有实质意义的词语构成的。几乎文献中所有有意义的词都可以作为关键词，如名词、动词和部分形容词等。而那些对文献主题表达毫无意义的词汇，如冠词、介词、连词、副词、感叹词及系动词、情态动词和助动词等，均不能作为关键词。《科学引文索引》（SCI）数据库采用的就是这种检索方法。

关键词语言的优点是易于掌握、方便检索和灵活性高，在计算机检索中有非常广泛的应用。其缺点：一是用同义词标引时容易导致漏检，二是用多义词标引时会导致误检。

【检索案例1】　漏检："Computational Thinking"有学者译为"计算思维"，也有学者译为"计算思考"。若要想查全有关"Computational Thinking"方面的文献，就必须将所有表达"Computational Thinking"的词作为检索词进行检索。若只使用"计算思维"或"计算思考"，则就会出现漏检的情况。

【检索案例2】　误检："cell"即可表示"细胞"，也可表示"电池"。如果在进行英文标识时，"细胞"和"电池"这两类完全不同的文献都用"cell"标识，当我们用"cell"查找细胞方面的文献时，电池方面的文献也会被检索出来，这时检索出来的电池方面的文献就是误检。

> ❖ 小提示：
> 为避免漏检和误检，必须对"标引词"进行规范化处理，做到一个词表达一个概念，使标引词和概念一一对应！

下面以"中国知网"为例，简单介绍关键词语言在信息检索中的具体应用。

【检索案例3】　在"中国知网"，以"高校图书馆与大学生信息素养教育"为主题进行关键词检索。

【检索过程】

第一步，选取关键词。

按照关键词语言的定义可知，"高校图书馆与大学生信息素养教育"主题中的"高校图书馆""图书馆""大学生信息素养教育"以及"信息素养教育"都是能描述这篇文献的主题词，因此，都可作为检索词。

第二步，将选取出的关键词输入到"中国知网"检索框进行检索。

第三步，进行检索，获取所需文献。

2. 标题词语言

标题词语言使用的词汇也是从文献内容中抽取出来的，但与关键词语言不同的是，它是能代表文献内容特征的规范化词语，是一种规范语言。标题词分为主标题词和副标题词，它们在标题词表中是按照某种固定的方式组合排列的。因而，在使用标题词语言进行检索之前,词与词之间的组合关系已经固定,不能随意调整,所以它的灵活性较差。

【检索案例4】 在"中国知网",以"互联网+教育"为标题词进行信息检索。

第一步,选取标题词"互联网+教育"。

第二步,将选取出的标题词输入到"中国知网"检索框进行检索。

第三步,进行检索,获取所需文献。

> ❖ **练一练:**
> 在"中国知网",以"大数据与教师专业发展"为主题,分别运用关键词语言和标题词语言检索相关的文献。

3. 单元词语言

单元词语言是在主题词语言的基础上发展起来的,是一种最基本、不能再分的单元词语,这种小的单元词语也被称为元词。它也是从文献内容中抽取出来的,且经过了规范化处理,并能代表一个独立的概念。

单元词在概念上不能分解,否则便不能表达完整的概念。比如,"化学"和"经济"是两个独立的概念,不能再分解,属于元词;而"知识经济"和"商业贸易"可进一步分解为"知识""经济"和"商业""贸易",因此就不是元词;若要对这类复合主题进行标引和检索,则必须首先将其分解为独立的元词,然后再对其进行标引。单元词是标引文献主题最基本的语词。

4. 叙词语言

叙词语言是在前三种语言基础上发展起来的,是当前应用最多的一种语言,也是主题语言的高级形式。它以概念为基础,以一些经过规范化处理的语词作为文献主题标识,然后通过概念组配的方式来表达文献主题的一种语言。CA、EI等检索工具都采用叙词法进行编排。

叙词与单元词的不同之处在于,叙词既包括单个的词,又包括词组,同时也可以用复合词来表达主题概念。此外,叙词法是概念组配,而单元词法是字面组配。

> ❖ **小提示:**
> **概念组配与字面组配的区别**
> 要表达"奥迪轿车"这个概念,必须用两个概念,即"奥迪牌产品"和"轿车",而不能直接用"奥迪+轿车"来表达,前者是概念组配,后者为字面组配。

5.2.3 代码语言

代码语言是一种人工语言,它将指定对象的某一方面特征提炼出来,然后用不同的代码,如字母、符号、数字、图形等来描述,从而形成一种新型的检索语言。常见的代码语言有数字组合的代码语言、字母组合的代码语言以及字母数字相结合的代码语言三种形式。

1. 数字组合的代码语言

生活中，常见的数字组合的代码语言主要有各种条码。例如，电子产品条码、身份证号码，还有图书条码（例如，9787301235157 是黄泰山的《我的搜主意比你多》，北京大学出版社出版）等。

2. 字母组合的代码语言

它就是指将不同的字母组合在一起来表达特定含义的语言。例如：各种化学元素的元素符号和各种物质的化学式；各类著名的机构团体或者企业的代码标志，如 ISO（国际标准化组织）、WTO（世界贸易组织）、CSSCI（中文社会科学引文索引）等。

3. 字母数字结合的代码语言

主要有国际标准书号（ISBN）、国际标准连续出版物号（ISSN）、各类专利文献等。

与分类语言和主题语言不同的是，代码语言有着自身较为明显的特点。如：按照一定的排列方式形成；检索时存在一一对应关系，即只能找到唯一的相关文献资料；同一主体的代码只有一个；包含的内容精细和丰富多彩等。

> ❖ 想一想，练一练：
> 1. 代码语言有哪些用途？
> 2. 尝试找出生活中用代码语言的例子。

5.3 主题词表

目前，主题词表尚未形成统一称呼。在国内，它被称为"主题词典"；在国外，它被称为"检索词表""检索词库"或"类属词表"，也有人称之为"关联词表"或"关键词表"。在此，本书统称为"主题词表"。不同的研究机构对主题词表的定义有不同的描述，见表 5-2。

表 5-2　不同研究机构或学者对《主题词表》的描述

研究机构/学者	描述
UNESCO（联合国教科文组织）	某一特定学科领域内，语义相关和类属相关的词汇的标准和动态的词表
ISO（国际标准化组织）	从功能上来看：主题词表是一种控制术语的工具，它可以将文献作者、标引者和检索者的自然语言转换为更加强制性的"系统语言"，同时又可以将这种"系统语言"还原为自然语言。 从结构上来看：主题词表是指某个特定的学术领域中，在语义和种属关系上具有相关性的受控与动态性的词汇表

续表

研究机构/学者	描述
渡边茂（日本）	展示检索词及其相互关系的词典
丘峰（中国）	把主题词按一定方式进行组织与展示而形成的词汇表

综合以上观点，主题词表是指通过将某个领域内具有语义或类属关系的词汇以某种方式进行排列与组织，从而形成一种可将文献、标引人员或用户自然语言转换为规范化语言的一种术语控制工具或信息检索工具。

主题词表通过概念之间的关系，来组织与展示各种词汇，是标引文献、存储文献与查找文献的重要依据，相当于文献标引人员和文献检索人员进行思想交流的工具，也是提高文献查准率与查全率的重要手段。主题词表一般由详表（包括主表和副表）、简表、索引和词图等组成。主题词表在社会生活的各个领域得到广泛应用，如政府、电商、医学、教育等。

《汉语主题词表》和《中国分类主题词表》是目前使用最为广泛，且结构上比较有特色的两类主题词表。下面将对这两种主题词表进行介绍。

5.3.1 《汉语主题词表》

《汉语主题词表》（简称《汉表》）是我国第一部大型的综合性主题词表。1980年6月，由中国科学技术情报研究所与北京图书馆主编、科学技术文献出版社公开出版了第一版《汉表》，在这版前言中记录了《汉表》的编制过程。此后，为了适应网络环境下知识组织与数据处理的需要，由中国科学技术信息研究所主持，并联合全国图书情报界相关机构，从2009年进行了《汉表》的重新编制工作，并将《汉表》分为工程技术卷、自然科学卷、生命科学卷和社会科学卷四大部分。其中，工程技术卷和自然科学卷已于2014年和2018年正式出版。

《汉表》是我国信息检索语言发展史上的一个里程碑。在我国主题标引和检索的发展过程中，具有不可替代的地位和作用。同时，它呈现出以下几方面的特点。

1. 具有较为完备的结构

由主表（字顺表）、附表、范畴索引、词族索引、轮排索引和英汉对照索引多个部分组成，它词汇控制严格、整体功能完备，是传统词表编制的一种典型模式。

2. 含有较为丰富的词汇

《汉表》在词汇收集上，既参考了当时国内外的词表，也结合了文献标引的需要，它的涉及范围广，专指度深，不仅可以满足综合性文献单位对信息进行标引和检索的需要，也可以满足一部分专业文献单位的需要。

3. 探索了词表编制的方法

《汉表》的编制总结了国内外词表编制和词汇控制的技术方法，而且还结合实践进行了广泛探索，为汉语主题词表的发展积累了经验。

4. 探索了主题词表的实际使用方法

我国标引工作者结合《汉表》的特点和实际使用的需要,既探索了它在手工检索系统中的使用,也探索了它在计算机检索系统中的使用,推动了主题词法在我国的实际应用。

但是,《汉表》在使用的过程中也存在收录词不全、英文字符标识有误、主题词命名不规范等问题。

拓展阅读 5-1:汉语主题词表及其结构介绍

扫一扫,了解汉语主题词表的详细介绍及其组成结构。

5.3.2 《中国分类主题词表》

《中国分类主题词表》(简称《中分表》)是在中国图书馆图书分类法编委会的主持下修编的大型综合性工具书。《中分表》是在《中国图书馆图书分类法》(中图法)(第3版)和《汉语主题词表》(汉表)的基础上,将分类法与主题法、先组与后组融为一体的一种文献标引和检索工具,可实现分类检索语言和主题检索语言的兼容互换。

《中分表》全表由编制说明和使用说明、《分类号—主题词对应表》与《主题词—分类号对应表》三部分组成,具有以下几方面的特点和优势。

(1) 通过将《中图法》类目与《汉表》主题词对应,建立起了一个分类语言与主题语言结合的一体化工具。通过这个工具,可以同时进行分类主题的标引和检索,简化操作程序,降低标引难度,改进标引和检索的质量。

(2) 它采用的分类法部分是将《中图法》与《资料法》融为一体的类目体系,可以同时供图书资料单位标引使用。

(3) 在主题法部分,除收入原有的叙词外,还包括近年来中文图书标引中新增的叙词和对应表编制时的新增词,以及《分类号—主题词对应表》中出现的主题词组配形式,是《汉表》叙词较为完整的版本。

(4) 该表改进了字顺表的款目结构,改进了排序方法,采用音序和字形结合排序,符合人们的查找习惯,使得编排紧凑,便于查找,易于使用。

5.4 中国图书馆分类法

《中国图书馆分类法》(Chinese Library Classification,CLC,原称《中国图书馆图书

分类法》,简称《中图法》),是中华人民共和国成立后编制出版的一部具有代表性的大型综合性分类法,是当今国内图书馆使用人数最多、应用最为广泛的分类法体系。

拓展阅读 5-2:《中图法》各版本修订细节

扫一扫,访问《中国图书馆分类法》网站,了解《中图法》每个版本及其修订细节。

《中图法》基于我国国情和文献分类特点,分为五大基本部类。这五大部类又可细分为 22 个大类。其大类是建立在科学分类的基础上,按照知识门类将全部知识进行分类而成。

《中图法》主要由分类表和标识符构成,具体如下。

1. 分类表的结构组成

《分类表》由基本部类、基本大类、简表和详表四部分组成。

(1) 基本部类:包含马列主义、毛泽东思想,哲学,社会科学,自然科学和综合性图书 5 大类。

(2) 基本大类:大类是建立在科学分类的基础上,按照知识门类将全部知识分类而成。它在部类的基础上细分为 22 个大类。五大部类和 22 个基本大类的对应关系见表 5-3。

(3) 简表:简表是在 22 个大类的基础上,按照从总到分、从一般到具体、从低级到高级、从简单到复杂的方式扩展形成的,约有 1 500 多个类目。

> ❀ **小提示:**
> 藏书在 10 万册以下的图书馆室可以使用简表分类。中小学图书馆常用简表分类图书。

(4) 详表:由简表展开的各种不同等级的类目组成,是图书分类的真正依据。

下面以《中图法》中的 G 大类为例,说明详表的划分原则。

G 大类细分为:

G0(文化理论);

G1(世界各国文化教育事业现状);

G2(信息与知识传播);

G3(科学、科学研究);

G4(教育);

G8(体育)。

每一类下继续细分,G4(教育)又可被细分为:

G40（教育学）；

G41（思想政治教育、德育）等。

以此类推，再对每一类目进行细分，最终形成完整的《中图法》分类体系。

表 5-3　《中图法》基本部类和基本大类对应表

五大基本部类	分类号	22 个基本大类
马列主义、毛泽东思想	A	马克思主义、列宁主义、毛泽东思想、邓小平理论
哲学	B	哲学、宗教
社会科学	C	社会科学总论
	D	政治、法律
	E	军事
	F	经济
	G	文化、科学、教育、体育
	H	语言、文字
	I	文学
	J	艺术
	K	历史、地理
自然科学	N	自然科学总论
	O	数理科学和化学
	P	天文学、地球科学
	Q	生物科学
	R	医药、卫生
	S	农业科学
	T	工业技术
	U	交通运输
	V	航空、航天
	X	环境科学、安全科学
综合性图书	Z	综合性图书

2. 标识符的构成

《中图法》采用汉语拼音字母与阿拉伯数字相结合的混合制标记号码，以汉语拼音标记基本部类，以汉语拼音与阿拉伯数字相组合形式标记大类及其扩展的不同等级的类目。

扫一扫，查看《中国图书馆分类法》的完整分类体系。

在此以《信息素养教育》图书为例，说明《中图法》的具体应用。

【检索案例 5】

运用《中图法》（第 5 版）查找图书馆藏图书《信息素养教育》（姚建东主编，清华大学出版社，2016 年出版。）

拓展阅读 5-3：《中图法》的完整分类体系

【检索过程】方法一

第一步：根据《中图法》（第 5 版）简表可知，"信息素养教育"类图书属于"社会科学"基本部类下的 G 大类；

第二步：根据详表可知该图书属于 G 大类下的 G202 类目；

第三步：前往图书馆找到标有 G202 编号的书架，即可找到由清华大学出版社出版，姚建东主编的《信息素养教育》图书。

除了运用《中图法》查找图书，我们还可以借助电子图书馆查询图书在图书馆中的位置。仍以上述图书为例，以"中国国家图书馆"为检索平台，简单介绍其查询方法。

【检索过程】方法二

第一步，打开"中国国家图书馆"网站，网址为 http://www.nlc.cn/，在检索框中输入"信息素养教育 姚建东"。如图 5-2 所示。点击"检索"按钮。

图 5-2 "中国国家图书馆"首页

第二步，点击所查找图书右下角的"馆藏信息"，即可获得国内收藏"信息素养教育"图书的所有图书馆，如图 5-3 所示。

第三步，任选一个图书馆，点击"书刊检索"，在检索框中输入"信息素养教育 姚建东"，点击"书目检索"，即可看到姚建东主编的《信息素养教育》在该馆的详细信息，包括分类号、馆藏地、索书号等。

信息素养：开启学术研究之门

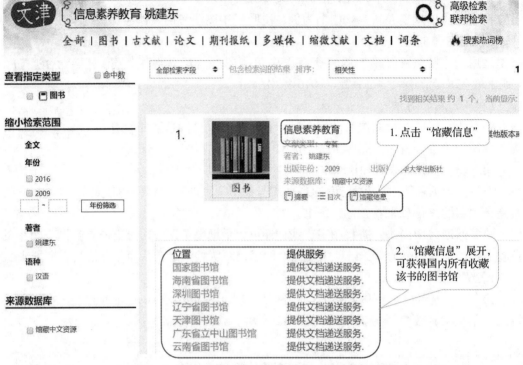

图 5-3　国内收藏《信息素养教育》图书的图书馆

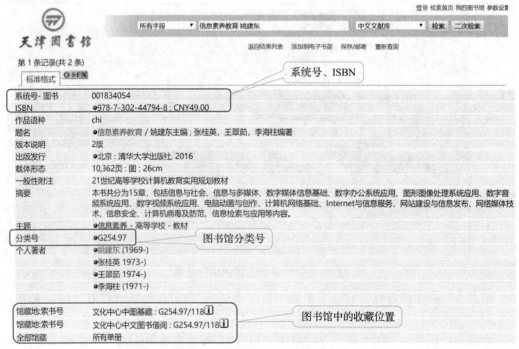

图 5-4　天津图书馆收藏《信息素养教育》图书信息

思考与练习

1. 按照描述信息内容的特征,可将信息检索语言分为哪些类型?每一种类型有什么特点和优缺点?
2. 请运用思维导图工具将本节课所学的知识表示出来。
3. 课题"计算机在情报检索中的应用"在《中图法》中的分类号和类名是什么?
4. 结合你对文献资源的检索经历,请与同学分享交流掌握信息检索语言对提高大学生信息素养有何影响?
5. 请根据《中图法》(第5版)查询《信息素养能力与教育》(张静波等编著,科学出版社,2007年出版)图书的分类号。
6. 请任选一种电子图书馆查找《信息检索教程》(李爱明、明均仁主编,华中科技大学出版社,2012年出版)图书,写出它的分类号、馆藏位置和索书号。
7. 请以"中国知网"为例,分别用关键词法和标题词法查找"人工智能与教师专业发展"方面的相关文献,写出至少三篇文献主题。
8. 请写出课题"基于CBI教学理念的混合式教学模式探析——以'商务英语'课程教学为例"中的关键词和标题词。

参 考 文 献

[1] 高俊宽. 信息检索[M]. 上海:世界图书出版社,2017.
[2] 花芳. 文献检索与利用(第2版)[M]. 北京:清华大学出版社,2018.
[3] 黄丽霞,周丽霞,赵丽梅. 信息检索教程[M]. 北京:知识产权出版社,2014.
[4] 李贵成,张金刚. 信息素养与信息检索教程[M]. 武汉:华中科技大学出版社,2016.
[5] 王勇,肖泽干,杨坤. 文献信息检索教程[M]. 中国传媒大学出版社,2015.
[6] 张永忠. 信息检索与利用[M]. 上海:复旦大学出版社,2016.
[7] 余丰民. 国内主题词表研究脉络初探[J]. 情报科学,2014(5):12-17.
[8] 贺德方.《汉语主题词表》的回顾与展望[J]. 情报理论与实践,2010(2):1-4.
[9] 王彦侨,翟军.《中国分类主题词表》与《中文主题词表》对比研究[J]. 图书馆建设,2010(8):58-60,63.
[10] 张肃,王泽蘅. 汉语主题词表[J]. 数字图书馆论坛,2019(10):15.

第 6 章
信息检索技术

学习目标

1. 理解布尔逻辑算符 AND、OR、NOT 的功能以及三者间的运算优先顺序；
2. 能够针对特定的检索课题，写出正确的布尔逻辑表达式以检索信息；
3. 了解截词检索的类型；
4. 能够根据课题检索的需要，写出正确的截词检索表达式以检索相关信息。

情境导入

小王同学在确定了论文选题后，迫不及待地想要开始检索文献。他打开中国知网，直接在检索框中输入检索词，并浏览检索结果页，发现检索结果页中的文献记录成百上千条。他想，倘若按照一条一条的文献记录去查阅，那么不仅需要耗费大量时间，而且还不一定能够查全。因此，他想是否可以增加检索词的输入来进一步精确检索的结果呢。小王通过百度搜索发现，使用"高级检索"功能可以实现这一功能。于是，他打开了中国知网的"高级检索"页面，看到检索框旁出现了"与""或""非"等布尔逻辑检索条件的字样，此时，小王产生了疑惑。

1. 什么是逻辑"与"、逻辑"或"、逻辑"非"？
2. 逻辑"与"、逻辑"或"、逻辑"非"分别对检索起到什么作用？
3. 除了布尔逻辑检索外，还有哪些常用的信息检索技术？

信息检索技术是指利用现代信息检索系统，如联机检索、光盘检索或网络检索系统，获取满足检索要求的信息所采用的技术和方法。常用的信息检索技术有布尔逻辑检索、截词检索、字段限制检索、位置检索、加权检索等。本章主要介绍布尔逻辑检索和截词检索。

6.1 布尔逻辑检索

布尔逻辑检索是指利用布尔逻辑算符将检索词、短语或代码组配成检索式进行的检索。计算机将检索式与系统中的记录进行匹配,当两者相符时则命中,并输出该文献记录。它是现代信息检索系统中最常用的一种方法。布尔逻辑算符主要有逻辑"与"(AND)、逻辑"或"(OR)、逻辑"非"(NOT) 三种。

6.1.1 逻辑"与"

逻辑"与"的运算符为"AND""*"或空格,用于表达两个或两个以上检索词之间的相交关系或限定关系运算,例如"A AND B"。其功能是缩小检索范围,提高检索的专指度和查准率,常用于连接不同意思的检索词。如果检索同时含有检索词"大学生"和"信息素养"的文献,则检索式可表示为"大学生 AND 信息素养"或"大学生*信息素养"或"大学生 信息素养",同时包含"大学生"和"信息素养"两个检索词的文献为命中结果,如图 6-1 阴影部分所示。

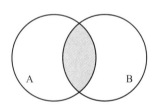

图 6-1 布尔逻辑算符关系图逻辑"与"

❖ 小提示:
不同检索系统使用的布尔逻辑运算符不同,在使用前请阅读用户手册,明确系统能够识别的布尔逻辑算符符号。

【例1】 检索式"computer AND software":检索结果必须同时包含"computer"和"software"。

【例2】 检索式"大学生 AND 信息素养 AND 标准":检索结果中必须同时包含"大学生""信息素养"和"标准"。

❖ 想一想,练一练:
1. 检索式"信息素养 AND 教育"可得到哪些检索结果?
2. 逻辑"与"可在哪些情况下使用?
3. 请以你感兴趣的选题为例,尝试列出逻辑"与"检索式。

6.1.2 逻辑"或"

逻辑"或"的运算符为"OR"或"+",用于表达两个或两个以上检索词之间的并列关系运算,例如"A OR B"。其功能是扩大检索范围,提高查全率,常用于连接同一检索词的同义词、近义词。如果要检索含有检索词"大学生"或检索词"信息素养"的文献,则检索式可表示为"大学生 OR 信息素养"或"大学生 + 信息素养"。含有检索词"大学生""信息素养"中的任意一个或两个的文献为命中结果,如图6-2阴影部分所示。

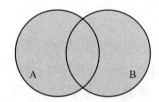

图6-2 布尔逻辑算符关系图逻辑"或"

【例3】 检索式"computer OR laptop":检索包含 computer、laptop 一个或两个检索词的所有文献。

【例4】 检索式"自行车 OR 脚踏车 OR 单车":检索包含"自行车""脚踏车""单车"中一个或多个检索词的所有文献。

> ❖ 想一想,练一练:
> 1. 检索式"手机 OR 移动电话 OR 无线电话"的检索结果是什么?
> 2. 逻辑"或"可在哪些情况下使用?
> 3. 请以你感兴趣的选题为例,尝试列出逻辑"或"检索式。

6.1.3 逻辑"非"

逻辑"非"的运算符为"NOT"或"-",用于表达在两个或两个以上检索词之间排除不需要的检索词的运算,例如"A NOT B"。其功能是排除不需要和影响检索结果的概念,提高查准率。如果要检索含有检索词"信息素养"而不含有检索词"大学生"的文献,则检索式可表示为"信息素养 NOT 大学生"或"信息素养 - 大学生",检索结果如图6-3阴影部分所示。

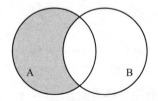

图6-3 布尔逻辑算符关系图逻辑"非"

❖ 小提示：

如果检索系统使用减号作为逻辑"非"的运算符，那么必须是英文状态下的减号。在使用时，减号前面必须有空格，减号后直接连接需要排除的检索词，如"信息素养 –大学生"，否则，系统会将检索式视为逻辑"与"处理。

【例5】 检索式"学生 NOT 大学生"：检索包含检索词"学生"而不包含"大学生"的文献。

【例6】 检索式"beverage NOT alcohol"：检索包含检索词"beverage"而不包含"alcohol"的文献。

如果一个检索式中同时含有多种布尔逻辑运算符，则它们的执行顺序是 NOT、AND、OR，同种运算符间的执行顺序是从左往右。可以用括号改变它们之间的运算顺序。例如，检索式"信息素养 AND（大学生 OR 中学生）"，表示先执行"大学生 OR 中学生"的检索，再与"信息素养"进行 AND 运算，即检索结果需包含"信息素养"和"大学生"、"信息素养"和"中学生"、"信息素养"和"大学生"以及"中学生"，如图 6-4 所示。

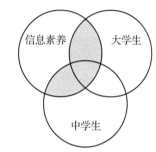

图 6-4 布尔逻辑算符检索式例举：信息素养 AND（大学生 OR 中学生）

❖ 小提示：

在使用括号改变布尔逻辑算符的运算顺序时，括号必须是英文半角状态下的括号。

❖ 想一想：

"信息素养 AND 大学生 OR 中学生"和"信息素养 AND（大学生 OR 中学生）"的检索结果有何不同？为什么？

在中国知网等数据库的"高级检索"页面中，提供了布尔逻辑检索的使用技巧。如图 6-5 所示，"并含"表示逻辑"与"，"或含"表示逻辑"或"，"不含"表示逻辑"非"。

图 6-5 中国知网的高级检索页

❋ 练一练：

使用中国知网的高级检索功能，检索"青少年信息素养教育"的相关文献。

视频6-1：布尔逻辑算符

扫一扫，观看布尔逻辑算符视频，思考如何使用布尔逻辑算符开展检索。

6.2 截词检索

截词检索是指利用检索词的词干或不完整的词形进行非精确匹配检索，凡含有截词这部分的所有字符或字符串的文献信息均被认为是命中结果。

截词检索在外文数据库中使用广泛，是在词干中可能变化的位置加上截词符号。这种检索方法既可以减少检索词的输入量，又可以扩大检索范围，提高查全率。

截词检索按截断的部位可分为右截词、中间截词、左截词，按截断的字符数量可分为有限截词和无限截词。不同系统所用的截词符不同，常用的有"？""＄""＊"等，使用时要注意查看系统使用说明或示例。以下举例中用"？"表示有限截词，用"＊"表示无限截词。

❋ 小提示：

1. 截词方法可单独使用，也可与其他方法配合使用。例如，可以同时使用布尔逻辑运算符和截词运算符构造表达式：comput＊AND technology；

2. 不同检索系统使用的截词运算符不同，在使用前请阅读用户手册，明确截词运算符号。

6.2.1 按照截断的字符数量分类

1. 无限截词

无限截词是指不限制被截断的字符数量。一个无限截词符可代表多个字符，表示可在检索词词干的前后加上任意个字符或不加字符。使用"＊logy"可检索到含有biology、psychology、technology等词的记录。

【例7】 检索式"comput＊"：检索含有computation、computations、compute、computed、computes、computer、computers、computing等词的记录。

2. 有限截词

有限截词是指限制被截断的字符数量。一个有限截词符只代表一个字符，表示这个单词中的某个字母可以任意变化。可在检索词词干的任意位置加上一个或多个有限截词符。有限截词符的数目代表词干中最多允许变化的字符个数。有时候还可以同时使用两种截词方式，以取得所要的检索结果。

【例8】 检索式"colo？r"表示在词干中有1个可变字符，可检索到含有color、colour等词的记录。

【例9】 检索式"stud？？？"：表示在词尾上有0~3个可变字符，可检索到含有study、studies、studied等词的记录。

【例10】 检索式"psych？？？？ist＊"：可检索到含有psychologist、psychologists、psychiatrist等词的记录。

6.2.2 按照截断的部位分类

1. 右截词

右截词又称前方一致检索、右截断，截词符置于检索词词尾，表示允许词尾有一定的变化。

【例11】 检索式"edit＊"：检索包含edit、editing、edition、editor、editorial、editorialist、editorship、editorially等词的记录。

> ❈ **小提示：**
>
> 右截词主要在以下四种情况下使用。
> 1. 词的单复数：如"book？"、"potato？？"。
> 2. 年代：如"198？"（19世纪80年代）、"19？？"（20世纪）。
> 3. 作者：如用"Lancaster＊"可检出所有姓Lancaster的作者。
> 4. 同根词：如用"biolog＊"可检出biological、biologist、biology等同根词。

2. 中间截词

中间截词又称中间一致、中截断。截词符置于检索词的中间，表示允许检索词中间有若干变化形式。一般来说，中间截词仅允许有限截词。

【例12】 检索式"organi？ation"：可检索到包含organization、organisation等词的记录。

【例13】 检索式"defen＊e"：可检索到包含defence和defense等词的记录。

3. 左截词

左截词又称后方一致、左截断。截词符置于检索词的前端，表示允许检索词前端有若干变化形式。

【例14】 检索式"＊computers"：可检索到包含minicomputer、microcomputer等词

汇的结果。

> **小提示：**
> 左截词主要在以下三种情况下使用。
> 1. 检索化学化工文献。
> 2. 检索复合词较多的文献。
> 3. 进行一个学科的不同应用领域的检索。

此外，在同一个检索表达式中还可以综合运用上述三种截词检索方法。

【例15】 检索式"＊construct＊"：可检索出含有construction、constructive、reconstruct等词的记录。

思考与练习

1. 布尔逻辑算符的逻辑"与"、逻辑"或"、逻辑"非"在检索中分别起到什么作用？
2. 截词检索在检索中的作用是什么？
3. 如果要检索以"ist"或"psy"为词根的单词，检索式是什么？
4. 使用以下检索式，可以检索到哪几篇文献？
（1）信息素养 AND 教育
（2）信息素养 NOT 大学生
（3）大学生 NOT 信息素养
（4）大学生 AND（信息 OR 数字）AND 素养
文献列表：
A. 中学生信息素养现状调查与分析
B. 基于批判性思维和创造力的我国大学生信息素养教育模式研究
C. 基于微课视角的大学生数字素养培养策略
D. 大学生信息素养教育的"慕课"化趋势
E. "互联网＋"时代大学生数字素养评价研究
F. 大学生数字素养的现状分析及培养路径
G. 初中学生信息素养跨国比较研究
H. 从数字素养到数字能力：概念流变、构成要素与整合模型
I. 高中学生信息素养现状调查与分析
J. 世代特征，信息环境变迁与大学生信息素养教育创新
5. 请列出图中阴影部分的布尔逻辑检索式。

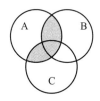 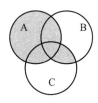 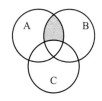

6. 请根据以下检索结果写出截词检索表达式。

（1）Polymer、polymers、polymeric、polymerizes、polymerase

（2）Color、colour、colonizer、colorimeter

（3）Construction、constructive、reconstruct

7. 根据所学专业，自拟研究课题，分别在谷歌学术（或百度学术）、中国知网、Springer 中运用布尔逻辑算符、截词运算符构造检索式，并进行检索。

参 考 文 献

[1] 陈氢，陈梅花. 信息检索与利用（第 2 版）［M］. 北京：清华大学出版社，2012.

[2] 黄如花. 网络信息的检索与利用［M］. 武汉：武汉大学出版社，2002.

[3] 刘婧. 网络信息资源检索与利用［M］. 北京：电子工业出版社，2018.

[4] 饶宗政. 现代文献检索与利用［M］. 第 2 版. 北京：机械工业出版社，2016.

[5] 孙福强. 网络信息检索与利用［M］. 北京：北京理工大学出版社，2014.

[6] 曾健民，孙德红，高薇. 信息检索技术实用教程［M］. 第 2 版. 北京：清华大学出版社，2017.

第 7 章
信息检索策略

🔄 学习目标

1. 理解常用的信息检索方法的含义、适用范围和优缺点;
2. 能够根据检索课题的需要,运用合适的信息检索方法检索信息;
3. 了解信息检索的一般步骤,能够遵循检索的步骤检索所需的信息;
4. 掌握确定检索关键词的方法,能够确定具体研究课题的检索关键词。

🔄 情境导入

朝晖是大学二年级学生,这学期选修了《在线教学》课。期末作业按照老师的要求,朝晖所在的小组同学打算写一篇关于"国内在线学习投入的研究进展与启示"的综述论文。朝晖知道写好综述论文的前提是查找好文献。朝晖和同学作为学术新手,此前从未学过如何检索文献。

想象一下,如果你是朝晖,你是否也对以下问题感到困惑。

1. 检索信息的方法有哪些?
2. 检索信息包括哪些步骤?

通过本节内容的学习,相信能够解决你的困惑。

信息检索策略是针对检索提问、运用检索方法和技术而设计的信息检索方案,其最终目的是检索出所需信息。对于一个具体的检索课题来说,要达到什么目标、采用什么检索方法、要求什么限制范围、选择什么检索系统、通过什么检索途径、选择什么检索标识和逻辑组配方法以及需要哪些反馈调整措施等,这一系列问题的考虑和具体查询步骤的安排,都属于检索策略关注的内容。

7.1 信息检索的方法

信息检索方法就是为实现某个检索计划所采用的具体操作方法，其目的在于寻找一种以最少的时间、最佳的途径获得最满意的检索结果的方法。常用的信息检索方法有顺查法、倒查法、抽查法、追溯法和循环法。

7.1.1 顺查法

顺查法是以课题研究的起始年代为起点，利用检索工具由远及近（由过去到现在）查找文献，直到查到当前发表的相关文献为止。

例如，要使用顺查法查找我国"信息素养教育"主题的相关文献。首先通过查找相关资料，了解到我国信息素养教育的研究始于 1995 年金国庆发表的《信息社会中信息素养教育概述》一文。然后，以 1995 年为时间起点在中国知网中进行检索，按发表时间的先后顺序对检索结果进行排列，逐年对检索结果进行筛选，直到当前发表的最新文献为止。

> ❀ **小提示：**
> 使用顺查法查找文献的关键之处在于要摸清课题的起始年代。这种方式特点是检索全面、不易漏检，但费时费力。一般适用于检索范围较大、时间较长的复杂课题。

> ❀ **想一想，练一练：**
> 试以"移动学习"或"计算思维"为例，在数据库使用顺查法检索文献，看看二者最早出现的年份分别在哪一年？

7.1.2 倒查法

倒查法与顺查法相反，是由最近发表的文献开始，由近及远（由现在到过去）检索文献，直到所需资料足够为止。该方法多用于查找新课题或有新内容的老课题，因此是由新向旧去查找。

例如，要使用倒查法查找我国"大学生信息素养教育"主题的相关文献，可在中国知网中检索该主题的相关文献，并将检索结果按时间从近到远进行排列，逐条对检索结果进行筛选，直到所需资料足够为止。

> ❀ **提示：**
> 倒查法的特点是可以快速获取新资料，反映课题研究的最新水平和动向，比较省力；但查得的文献不够全面，可能漏检有用的资料。

> ❈ 想一想，练一练：
> 试以"移动学习"或"计算思维"为例使用倒查法在数据库对最近五年的文献进行检索，与顺查法的检索结果进行对比。

7.1.3 抽查法

抽查法是针对有关学科专业发展的特点，根据检索要求，重点抓住学科专业发展鼎盛和文献发表数量较多的时期，抽出一个或几个时间段进行查找的方法。这种方法的特点是可以用较少的时间获得较多的文献，检索效率较高。

例如，要使用抽查法查找我国"信息素养教育"主题的相关文献，可首先通过前期的文献调查，了解我国信息素养教育研究发展的主要阶段分为起步阶段（1998—2005年）、发展阶段（2006—2013年）、繁荣阶段（2014年至今）；并根据自身的研究需要，查找特定时间段中的文献。

> ❈ 提示：
> 使用抽查法的前提是对有关学科、专业的发展状况十分了解。否则，如果时间段选择不当，很可能发生较大的漏检。

7.1.4 追溯法

追溯法也称引文法，是查找一篇文献被哪些文献引用，或者利用文献所附的参考文献、相关书目、引文注释等追溯查找原始文献的方法。文献之间的引证和被引证关系揭示了文献之间存在的某种内在关系，在一定程度上反映了某一课题研究的轨迹。这些材料指明了与读者需求最为密切的线索，往往会包含相似的观点、思路、方法等，对研究具有启发意义。

追溯法分为两种方式。第一，由远及近地追溯：即找到一篇有价值的文献后，进一步查找该文献被哪些文献引用，以了解后续对该文献的评论、据此所做的进一步研究、该领域的最近研究进展。第二，由近及远地追溯：利用文后所附的参考文献或注释，不断追溯获取相关文献，直到满足需求为止。这种方法适用于历史研究或对背景资料的查询。这种方法的缺点是文献越查越旧，并且容易漏检。

例如，要使用追溯法检索"信息素养教育"主题的相关文献，首先通过查找，得到一篇价值性较高的文献《大数据时代信息素养教育拓展研究》；通过该文献的参考文献列表，获取《美国信息素养标准的全新修订及启示》《数据素养教育：大数据时代信息素养教育的拓展》等文献，并进一步查找这些文献的参考文献列表，追溯获取相关文献；重复上述操作，直到资料满足需求为止。

7.1.5 循环法

循环法是综合运用上述的所有方法。具体来说，在检索文献信息时，首先利用检索工具查找课题几年内的文献资料,然后根据这些文献所附的参考文献进行追溯查找。一般来说,文献对五年内的重要文献引用较多,因此通常可以追溯五年左右的文献,然后再用检索工具查出一批文献进行追溯,如此交替进行查找,直到满足需求为止。这种方法能够克服检索工具不齐全的限制,可以查找到全面而准确的信息。

例如,使用循环法查找"大学生信息素养教育"主题的相关文献,首先可使用倒查法在数据库中查找近五年的文献;然后使用追溯法,通过文献的参考文献列表找到被该文献引用的文献;重复上述操作,直到资料满足需求为止。

> ❖ 小提示:
> 　　没有一种能够适用于一切检索课题的检索方法,各种检索方法均有其优点和局限性。最关键的是根据检索课题的具体目的和要求,有针对性地采用合适的检索方法。

> ❖ 练一练:
> 　　根据所学专业,自拟检索课题,使用合适的检索方法检索文献,并截图记录检索到的文献结果。

7.2 信息检索的步骤

信息检索主要包括分析检索课题、选择检索工具、确定检索词、构造检索式并检索、调整检索策略、获取原始文献六个步骤,如图7-1所示。

视频7-1:信息检索的过程和策略

扫一扫,观看信息检索的过程和策略视频,了解信息检索的一般过程。

7.2.1 分析检索课题,明确信息需求

分析检索课题是信息检索过程中最重要的一步,是制定检索策略的前提和基础。在正式检索文献之前,对课题要进行认真分析,明确课题检索要求。在分析检索课题的过程中,应考虑以下因素。

(1) 明确课题所需要的信息类型。不同的检索工具收录的信息类型不同,课题性质不同,所需要的信息类型也不同。在检索前,要明确课题是需要全文信息还是文摘信息,是期刊、图书还是专利信息。

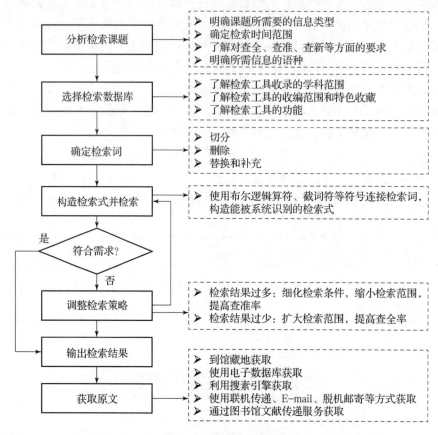

图 7-1 信息检索步骤

（2）确定检索时间范围。每个学科、每项技术都有其起源、形成和发展的过程，检索时应了解研究课题发展的阶段，以确定检索范围。

（3）了解课题对查全、查准、查新等方面的要求。

（4）明确课题需要哪类语种的信息。

表 7-1 列出了课题类型的特点及检索要求。

表 7-1 课题类型特点及检索要求

课题类型	要解决的问题	检索要求	文献搜集重点	检索思路
攻关型	解决生产技术难题。如某种产品的制造方法以及生产工艺	查准	专利、期刊和会议文章、产品说明书及标准等	先通过试探性检索获得一批相关文献，从中找出核心分类号、主题词、作者以及相关期刊等，然后正式检索
普查型	目的在于了解研究现状	查准并查全	期刊和会议论文、专利、综述文章、科技成果公报	检索策略的优化及文章的比较分析

续表

课题类型	要解决的问题	检索要求	文献搜集重点	检索思路
探索性	跟踪最新研究动态	查准且要新	期刊和会议论文	利用数据库的 Alert 服务进行文献跟踪，也可以定期浏览专业网站，以获得最新的信息

> **想一想：**
> 如果要了解大数据领域的前沿热点话题，你将如何确定信息需求呢？请采用思维导图的方式加以列出。

7.2.2 选择检索工具

在对检索课题进行了分析后，下一步就是选择合适的检索系统作为检索工具。检索工具的正确选择必须建立在全面了解可利用资源的基础之上，同时充分认识各种检索系统的内容、意义和功能。检索工具选择是否恰当，将会直接影响检索效率和质量。选择检索工具时应从以下几个方面考虑。

1. 了解检索工具收录的学科范围

学科属性是选择检索工具时应该考虑的首要因素。任何一个检索系统在收录信息时总会有一定的学科范围，选择时应与检索课题的学科保持一致。其次应考虑所选资源在该学科领域的权威性如何，应尽量使用权威的专业检索工具。

2. 了解检索工具的收编范围和特色收藏

首先，应考虑检索工具收录的信息类型，要查找期刊论文、专著、学位论文、会议论文，应该分别选择期刊、图书、学位论文、会议论文方面的数据库。其次，要了解系统收录的信息跨越的历史年代。再次，要了解系统收录的语种类型，如要查找中文文献和英文文献，则必须相应地选择中文数据库和外文数据库。

3. 了解检索工具的功能

在选择检索工具时，应了解系统所提供的检索语言、检索途径、检索方式、资源质量等。

> **想一想：**
> 1. 要检索专利、图书、期刊文献，分别可使用哪些数据库？
> 2. 要检索工程科学类的文献，可使用哪些数据库？
> 3. 要检索人文社科类的文献，可使用哪些数据库？

7.2.3 确定检索词

检索词是构成检索式的基本要素。检索词选择是否恰当，将直接影响检索结果的查全率和查准率。根据课题的主题语句提炼出主要概念、次要概念，排除不具有实质性检索意义的不相关概念，从而确定有实质性检索意义的检索词。确定检索词的方法有以下几种。

1. 切分

切分是将课题的主题语句分割成一个个独立的自由词，将其由课题语句转换为检索词。

例如，"国内在线学习投入的研究进展"课题语句可切分为以下自由词：

国内｜在线学习｜投入｜的｜研究｜进展

> ❖ 小提示：
>
> 如果词组切分后失去原来的意思，则不能进行切分，即切分时要保证词组意思的完整性。如"在线学习"不能切分为"在线"和"学习"，"中国科学院"不可切分为"中国"和"科学院"。不能进行分割的词一般为专业名词。

2. 删除

删除是对课题语句中不具有实质性检索意义的词语进行删除。这些词语包括：虚词（如介词、连词、副词等），使用频率较低的词，专指性太高或过于宽泛的词，过于具体的限定词、禁用词，不能表达课题实质的高频词，存在蕴含关系可以合并的词。

例如，可以对上述例子中的"国内""的""研究""进展"这些词语进行删除，可以得到"在线学习""投入"这两个词。

3. 替换和补充

在进行拆分和删除后，可以通过替换和补充操作，进一步完善检索词集合，减少漏检。替换是将表达不清晰或者容易造成检索误差的词用更具体、更明确的词替换。补充是进行同义词、近义词的扩充词形变化，缩写词、翻译名等方面的查漏补缺。

例如，"在线学习"可补充以下同义词、近义词：网络学习、E-learning、远程学习、网络课程、MOOC、慕课、大规模开放课程。

"投入"替换为更具体的"学习投入"，并补充同义词、近义词"学习参与"。

> ❖ 想一想：
>
> 试以"社交媒体对总统选举的影响"为例，列出其关键词、同义词、近义词。

7.2.4 构造检索式并实施检索

在确定了检索词集合后，要对检索词之间的概念关系进行分析，使用布尔逻辑算符、截词符等符号连接检索词，构造有确切意义、能够被检索系统识别检索式。一般来说，不同意思的检索词间用逻辑"与"连接，同一检索词的同义词、近义词用逻辑"或"连接。

检索式是信息检索的过程中用于表达用户提问的逻辑表达式，检索式构造的好坏将直接决定检索的效率和检索的质量。构造检索式的重点在于构造一个既能明确表达自身信息需求,又能被检索系统识别的检索式。

> ❈ 小提示:
> 　　不同检索系统所支持的检索方式和检索语言各不相同,在开展检索前请查看检索系统提供的操作指南。

例如,在上述例子中,可构造如下检索式:(在线学习 OR 网络学习 OR E-learning OR MOOC OR 慕课 OR 大规模开放课程) AND (学习投入 OR 学习参与)。

> ❈ 想一想,练一练:
> 　　试以"社交媒体对总统选举的影响"为例,在列出其关键词、同义词、近义词的基础上列出检索式。

7.2.5　调整检索策略

检索式的构造通常不是一次就可以完成的,因为用初次构造的检索式进行检索时,得到的检索结果有时不一定能够满足自身的信息需求。此时,需要观察系统的检中结果,据此调整检索策略。

通常,用户在检索中可能会存在如下情况:与信息需求相关或不相关的信息量过多、与信息需求相关的信息量过少、没有与信息需求相关的信息量。当出现这些情况时,用户必须重新思考并修改检索式,优化检索策略。

检索策略的优化主要包括检索的细化与检索的扩展两个方面。具体地说,当检索结果的信息量过多时,则需要细化检索条件,缩小检索范围,提高查准率;当检索结果的信息量过少时,则需要扩大检索范围,提高查全率。检索结果的优化策略将在"8.2 检索效果的提高"中进行介绍。

7.2.6　获取原始文献

获取原始文献是信息检索的最后一个步骤。在获取原始文献前,必须识别出文献的类型及其出处,并按相关度对检索结果进行排序,从而得到与检索结果最相关的信息。获取原始文献的方式有:利用图书馆馆藏目录或公共联机目录系统查找文献馆藏地,到文献馆藏地借阅、复印文献资料;利用相关数据库,检索、下载、打印原始文献;利用联机信息系统或网络信息系统,用联机传递、E-mail、脱机邮寄等方式获取原始文献;利用搜索引擎,获取有用的原始文献;通过图书馆文献传递服务,索取原始文献等。

> ❈ 小提示:
> 　　中国知网文献的下载提供了 CAJ 和 PDF 两种文件格式,CAJ 格式的文件需用中国知网专用的软件打开,PDF 格式的文件可用通用的软件打开。因此,在中国知网下载文献时建议首选 PDF 格式。

在进行了文献检索后,请根据表 7-2 的信息检索策略核查单对检索过程进行评价。

表 7-2 信息检索策略核查单

要求	检查结果
1. 分析检索课题,明确信息需求	
明确了所需搜集的信息类型(如全文、文摘,以及期刊、专著等)	
明确了检索的时间范围	
明确了课题对查全、查准、查新等方面的要求	
明确了需要搜集哪类语种的信息	
2. 选择检索工具	
检索前明确了检索工具收录资料的学科范围	
检索前明确了检索工具收录的资料类型	
3. 确定检索词	
能够正确地将课题的主题语句切分成一个个独立的自由词	
能够正确地删除自由词集合中不具有实质性检索意义的词语	
能够将检索词集合中表达不清晰或者容易造成检索误差的词语予以替换	
能够正确地补充检索词的同义词、近义词、缩写词等	
4. 构造检索式并实施检索	
使用布尔逻辑算符、截词符等符号构建能够被检索系统识别的检索式	
使用逻辑"与"连接不同意思的检索词	
同一检索词的同义词、近义词用逻辑"或"连接	
5. 调整检索策略	
检索结果是否过小	
检索结果是否过大	
能够根据检索结果调整检索式	
6. 获取原始文献	
知道在何处获取所需要的文献	
使用合适的方式获取所需的文献	

思考与练习

1. 信息检索有哪些方法?每一种方法的特点是什么?

2. 信息检索一般包括哪些步骤？每一个步骤应注意哪些事项？

3. 如果要检索"跨国公司管理"主题的相关文献，检索式是什么？请构造检索式。

4. 如果要检索"论 WTO 框架下的中国旅游事业的发展"主题的相关文献，检索式是什么？请构造检索式。

5. 如果要了解"中学生信息素养培养"的最新研究动态，如何查找文献？请在中国知网中尝试操作。

6. 请根据你的研究兴趣确定研究课题，并填写表 7-3。

表 7-3 文献信息检索表

研究选题	
选题所需的信息类型、信息时间范围和语种	
信息类型：□全文资料　□文摘资料 文献类型：□期刊　□专著　□专利　□学位论文　□报纸　□其他_____ 时间范围：_____ 语种：□中文　□英文　□其他_____	
选题涉及的主要概念及其同义词、近义词	
关键词	关键词的同义词、近义词
概念 1	
概念 2	
概念 3	
概念 4	
选择的数据库	
□中国知网　□维普　□万方　□Springer　□ScienceDirect　□Wiley　□其他	
根据所列的主要概念及其同义词、近义词，构造能够被上述检索系统识别的检索式	
检索策略的调整	
检索结果数量：_____ 检索结果的信息量：□过大　□过小　□适中 检索结果是否与预设的相符：□是　□否 调整后的检索式：_____	
使用调整后的检索式进行再次检索，检查调整后的检索式是否满足信息检索的需求	
检索结果数量：_____ 检索结果的信息量：□过大　□过小　□适中 检索结果是否与预设的相符：□是　□否 调整后的检索式：_____	

参 考 文 献

［1］陈氢．信息检索与利用［M］．北京：清华大学出版社，2011．
［2］笪佐领，沈逸君．网络信息检索实用教程［M］．南京：南京大学出版社，2016．
［3］花芳．文献检索与利用［M］．第2版．北京：清华大学出版社，2014．
［4］刘芳，朱沙．大学生信息素养与创新教育［M］．武汉：华中科技大学出版社，2017．
［5］庞慧萍．信息检索与利用［M］．北京：北京理工大学出版社，2017．
［6］饶宗政．现代文献检索与利用［M］．第2版．北京：机械工业出版社，2016．

第 8 章
信息检索效果评价

🔄 学习目标

1. 理解查全率、查准率及相互关系；
2. 能够使用查全率、查准率对检索效果进行评价；
3. 能够根据检索的效果，优化检索策略。

🔄 情境导入

小明在中国知网进行检索后，在检索结果页中获得了 1 000 多条文献记录。小明逐条浏览检索结果页中的文献记录，发现一些文献记录是与自己所要检索的内容相关的，还有一些与自己所要检索的内容不太相关。同时，小明也发现，如果逐条浏览文献记录，会花很多时间，检索效率很低。

想象一下，当你处于小明的情境会怎么办，并试着回答如下问题。

1. 如果你要对检索效果进行综合评价，你可以使用哪些指标？这些指标分别可以评价检索效果的哪些方面？

2. 如果你觉得检索结果中含有许多与自己检索需要无关的信息，你可以使用哪些策略进一步聚焦检索结果？

信息检索效果是指用户利用检索系统进行检索时所产生的有效结果。用户希望在最短的时间内检索到最满意的信息。但在实际检索过程中，受检索系统的质量、检索费用、所花时间等因素的影响，通常只能检索出一部分相关信息，而漏掉一部分相关信息。因此，需对检索效果进行评价，以便分析和找出检索中存在的问题，以及影响信息检索效果的各种因素，进一步提高检索的有效性。

8.1 衡量检索效果的指标

衡量检索效果的指标有查全率、查准率、漏检率、误检率等,其中查全率和查准率是最主要也是最常用的指标。

8.1.1 查全率

查全率(Recall Ratio,简称 R)是检索结果中的相关信息量与数据库中相关信息总量的比值,是衡量检索系统在实施某一检索式时检出相关文献能力。它反映所需信息量在多大程度上被检索出来。理想情况下查全率为100%,但现实中是不可能达到的。因为在检索系统中,针对某一检索式的全部相关信息量无法精确获知,查全率的计算结果通常为近似值。一般情况下,查全率增加,查准率会降低。查全率的计算公式为:

$$R = \frac{检出的相关文献量}{检索系统中相关文献总量} \times 100\%$$

例如,要利用某个检索系统查询某课题,假设在该系统文献库中,共有相关文献50篇,只检索出40篇,则查全率等于80%。

> ❖ 想一想:
> 1. 查全率受哪些因素的影响?
> 2. 如何提高查全率?

8.1.2 查准率

查准率(Pertinency Ratio,简称 P)是检索结果中相关信息量与检出信息总量的比值,是衡量检索系统检索精确度的尺度,是测量检索系统拒绝非相关文献能力大小的指标。理想情况下查准率为100%,但现实中不可能达到。通常情况下,查准率增加,查全率会降低。查准率的计算公式为:

$$P = \frac{检出的相关文献量}{检出的文献总量} \times 100\%$$

例如,检出的文献总篇数为80篇,经审查确定其中与课题相关的只有70篇,另外10篇与该课题无关,那么,这次检索的查准率就等于87.5%。

> ❖ 想一想:
> 1. 查准率能否进行准确的计算?为什么?
> 2. 如何提高查准率?

8.1.3　查全率和查准率的关系

查全率和查准率是衡量检索效果最主要和最常用的指标。查全率描述的是系统中的全部信息量在多大程度上被检索出来,是对检索全面性的考察。查准率描述的是检索到的信息中有多少是相关的,是对检索准确性的考察。

1. 查全率和查准率的关系

J. W. Perry 和 A. Kent 在 1957 年最早提出了查全率和查准率的概念。C. W. Cleverdon 在 1962 年首次将这两个概念运用于信息检索系统的评价实验中。实验表明,查全率和查准率之间呈互逆关系,如图 8-1 所示。

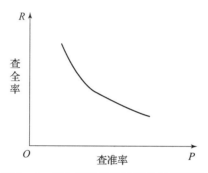

图 8-1　查全率和查准率的关系示意图

理想的检索结果是查全率和查准率均达到 100%,但这种情况实际上是不可能的。在实际检索过程中,查全率和查准率呈互逆关系。如果追求过高的查全率,就会降低查准率。当查全率接近 100% 时,查准率则显著降低。可见,想要同时提高查准率和查全率在一般情况下是不可能的。

> ❖ **小提示:**
> 查全率和查准率间存在着一个最佳比例关系,查全率在 60%~70%,查准率在 40%~50% 时,处于检索的最佳状态。

2. 查全率和查准率的局限性

查全率和查准率虽然是目前用来衡量检索效果相对合理的指标,但它们却存在着难以克服的局限性。

查全率的局限性表现在,它等于检索结果中相关信息量与数据库中相关信息总量的比值,但相关信息总量实际上是一个无法准确计算的模糊量,只能大致估算。另外,查全率具有"假设"的局限性,"假设"是指检索出的相关信息对用户来说具有相同价值,无好坏之分,这与实际情况不符。

查准率的局限性表现在,如果检索结果为题录式而不是全文式信息,由于题录内容简单,用户很难判断信息是否符合需要,必须找到该题录的全文,才能真正判断信息是否需要。另外,查准率中所讲的相关信息,也具有"假设"的局限性。

> ❉ 小提示：
> 　　查全率和查准率必须结合使用。在实际检索过程中，用户需要根据具体的检索课题不断调整查全率和查准率，往往需要经过几次检索的调整才能达到合适的查全率和查准率。在大多数情况下，应在查全的基础上逐步提高查准率。

8.2　检索效果的提高

8.2.1　影响检索效果的主要因素

影响检索结果的因素主要有客观和主观两个方面。

（1）检索语言不能全面显示文献主题概念之间的等级和相互关系，没有排除检索语言中的同一现象，造成同一主题文献分散而导致漏检。

（2）检索系统收录文献不全，检索途径不全。

（3）文献的标引深度不够，前后不一致或遗漏了原文中的重要概念或选词不当等。

（4）用户不具备选择合适的检索词以表达文献主题以及把将选出的检索词有机组合在一起的能力。

8.2.2　提高检索效果的措施

1. 提升自身的信息素养

检索策略的制定是一项技术性要求较高、技巧性较强的工作，检索策略是否有效直接影响检索的效果。因此，为了能在浩如烟海的信息海洋中有效获取自己需要的信息，需要提升自身的信息素养，能够准确选取检索词，灵活运用各种检索方法和检索途径，制定出科学合理、全面的检索策略，并能根据不同检索课题的需要，适当调整对查全率和查准率的要求。

> ❉ 想一想：
> 　　你的信息素养水平如何？可以从哪些方面提升自身的信息素养？

2. 优选检索工具和数据库

用户根据自身具体的检索目的，选择恰当的检索工具是保证检索效率的重要措施。检索工具的类型多样，各种检索工具在收录文献学科范围、类型、国别、语种等方面有所区别。同时，各种检索工具之间存在着严重的重复交叉现象。选择检索系统及检索工具，应从以下几个方面考虑。

（1）检索工具及检索数据库收录文献的学科范围、时间范围、语种范围。

（2）收录的信息量、信息类型以及更新周期是否符合检索需求。
（3）数据库提供的功能是否完善以及使用的便捷性如何。

❈ 想一想：
　　如何最快检索到2015年中国人口自然增长率的数据？

3. 精选检索词

检索词的选择是否正确也将直接影响检索效果。由于检索词选择不恰当，可能检出大量与检索内容不相关的文献。可从以下三个方面精选检索词。

（1）优先选用检索系统及数据库提供的规范化词表中的专业词汇作为检索词。

（2）检索词的选择要尽可能考虑到各种可能的表达方式，注意同义词、全称与缩写形式，以减少漏检。

（3）注意检索词的内涵与外延，在没有确切表达课题内容的主题词时，可采用自由词检索。

❈ 想一想：
　　要检索"新冠肺炎"的相关文献，可以使用什么检索词？

4. 优化检索策略

检索策略的优化就是在检索过程中，根据检索结果随时调整检索策略，不断完善、优化检索过程。通常情况下，仅通过一次检索难以满足检索的需要，需要多次修改检索策略，才能得到较满意的结果。不同的检索课题对文献信息的需求不同，用户应根据课题的需要，适当调整查全率和查准率，优化检索策略，提高检索效果。

文献检索经常遇到两种情况：一是结果的信息量过多，容易造成误检，此时需要细化检索条件，缩小检索范围，提高查准率；二是检索结果的信息量过少时，则需要扩大检索范围，提高查全率。

提高查全率的方法有以下几种。
（1）增加同义词或近义词，并用逻辑"或"连接。
（2）减少逻辑"与"、逻辑"非"运算符的使用。
（3）检索式中多用截词符和通配符。
（4）修改已有的字段限制、位置算符限制。
（5）使用上位词或相关词。
（6）删除某个不太重要的检索词。

提高查准率的方法有以下几种。
（1）减少同义词或近义词。
（2）采用下位词或更专指的词。
（3）增加限制检索技术，比如限定检索。
（4）使用字段限定，将检索词限定在题目、主题词等主要字段。

(5) 使逻辑"非"算符,排除无关概念。

(6) 使用逻辑"与"连接检索词。

(7) 进行二次检索。

(8) 改模糊检索为精确检索。

❖ 想一想:

以"信息素养教育"为主题词在中国知网中进行跨库检索,得到7 521条记录。这样的检索结果合适吗?为什么?应该如何处理?

思考与练习

1. 什么是查全率和查准率?二者的关系如何?如何提高查全率和查准率?

2. 如果检索结果过多或过少,其可能原因是什么?应如何调整检索策略?

3. 根据所学专业,自拟研究课题,分别在中国知网、维普和万方数据库中使用同一检索式进行检索,从检索结果的查全率、查准率和数量以及收录范围等方面进行评价。

4. 在第3题的基础上,选择一个最符合研究课题检索需求的数据库,对检索结果进行优化。

参 考 文 献

[1] 何晓萍. 文献信息检索理论、方法和案例分析 [M]. 北京:机械工业出版社,2014.

[2] 李平. 信息检索分析与展示 [M]. 北京:清华大学出版社,2012.

[3] 彭奇志. 信息检索与利用 [M]. 北京:中国轻工业出版社,2013.

[4] 饶宗政. 现代文献检索与利用 [M]. 第2版. 北京:机械工业出版社,2016.

[5] 王瑜,张丽英,高彦静. 文献信息检索与案例分析(学术硕士分册)[M]. 北京:科学出版社,2018.

[6] 夏红. 数字信息资源检索与利用 [M]. 合肥:中国科学技术大学出版社,2013.

第五部分　信息获取

第 9 章
图书文献的获取

🔄 学习目标

1. 了解图书馆 OPAC 的功能；
2. 掌握图书馆 OPAC 的使用方法；
3. 掌握电子图书的检索方法。

🔄 情境导入

了解文献有哪些类型，并知道各种不同类型的文献从何处找到，仅仅是开展研究的第一步。如何针对各种不同类型的文献，有效获取文献信息才是开展研究的关键环节。图书是文献中历史最悠久、种类最多、数量最多的一种形式，也是开展研究必不可少的一种文献类型。那么，如何检索和获取图书文献呢？小萌是某大学教育技术学专业的一名大一学生。最近老师将组织班里的同学开展一次"你眼中的翻转课堂"读书分享活动，要求每一位学生都查找关于翻转课堂的图书文献进行阅读，并对图书中的核心观点进行记录、分享和交流。其中，需要查找的图书文献包括：一本学校图书馆馆藏的纸质图书和一本网络上获取的电子图书。小萌作为刚入校门的一名大学生，此前从未学过如何检索图书文献。

想象一下，当你处于小萌的情境，你会怎么办，并试着回答如下问题。

1. 图书有哪些类型？
2. 纸质图书可以从哪里获取？
3. 电子图书可以从哪里获取？

国际标准化组织在《文献情报术语国际标准（草案）》（ISO/DIS5127/Ⅱ）中规定：凡篇幅达 48 页以上并构成一个书目单元的文献称为图书。图书具有观点成熟可靠、内容系统全面、论述深入具体等特点。因此,图书是人们获得系统性知识的主要来源。若按照功能分类,图书可以分为阅读型和工具型两大类。阅读型图书包括教科书、专著、文集等。它们提供系统、完整的知识,有助于人们全面了解某一个领域的历史与现状。工具书包括词典、百科全书、手册、年鉴等。它们提供经过验证和浓缩的知识,是事实与数据的重要来源。若按照表现形式分类,图书可以分为纸质图书和电子图书。随着信息技术的发展及其数字图书馆的建立,用户可以方便快捷地查找到各种图书文献。了解图书文献的检索途径,掌握图书文献的检索方法,往往可以起到事半功倍的效果。

9.1 图书馆 OPAC 的使用

OPAC(Online Public Access Catalogue,联机公共目录查询系统),是用户利用联机终端查询图书馆书目信息和馆藏信息的检索系统。20 世纪 70 年代初,它发端于美国一些大学图书馆和公共图书馆。随着信息技术的发展,OPAC 已逐渐从替代卡片、书目式目录检索转向融合资源检索与图书馆服务为一体的系统。当前,OPAC 已经成为数字图书馆建设的重要组成部分,也是网络环境下对纸质文献信息资源进行组织管理和检索利用的一种重要工具。

视频 9-1:使用 OPAC 检索馆藏信息资源

9.1.1 图书馆 OPAC 的基本功能

在内容检索上,OPAC 不仅限于对书目信息进行检索,而是扩展到对图像、声音和视频等多种媒体信息进行检索;在服务对象上,OPAC 从面向馆内读者扩展至馆外读者,乃至全球的读者用户。目前,每一个图书馆基本上都有自己的 OPAC,根据服务对象的不同,收录不同类型的馆藏信息资源。

大多数 OPAC 都采用了面向对象的设计思想,基于图形用户界面加以实现,使之更具人性化、便利性和实用性,方便读者操作使用。尽管 OPAC 的开发平台不同,但是,一般而言,OPAC 都具有如下基本功能。

(1) 查询最新入藏和已入藏图书信息,如馆藏册数、馆藏地点、是否在馆、索书号等,并可进行预约、预借图书登记。

(2) 查询馆藏期刊订购和入藏信息,如馆藏地点、索书号等。

(3) 查询读者所在图书馆的借阅权限以及预约、预借、超期欠款的情况,并可办理、超期还款的手续。

不同图书馆的 OPAC 除了基本功能相似以外,有些图书馆 OPAC 还会为读者推荐热门图书信息。与此同时,读者也可以推荐需要订购的图书信息,以便图书馆更好地为读者服务,满足读者的个性化需求。

> **想一想:**
> 1. 你是否使用过图书馆 OPAC?
> 2. 你使用的是学校图书馆 OPAC 还是公共图书馆 OPAC?
> 3. 你在图书馆 OPAC 中查找过什么文献信息资源?
> 4. 你使用图书馆 OPAC 的目的是什么?

9.1.2 图书馆 OPAC 的使用方法

下面以中国国家图书馆为例,简要阐述图书馆 OPAC 的使用。

1. 中国国家图书馆简介

国家图书馆是国家建立的负责收集和保存本国出版物、担负国家总书库职能的图书馆。中国国家图书馆是综合性研究图书馆,是国家总书库和书目中心,全面收藏中国国内正式出版物,是世界上收藏中文文献最多的图书馆。同时,外文文献的馆藏量也居全国之首,是中国国内最大的外文文献查询中心。此外,中国国家图书馆还编辑出版国家书目和联合书目,共建共享书目数据资源和文献资源。

中国国家图书馆馆藏资源不仅雄厚丰富,而且富有特色。例如:学位论文是中国国家图书馆特色专藏之一,是国务院学位委员会指定的全国唯一负责全面收藏和整理我国学位论文的专门机构,也是人事部专家司确定的唯一全责全面入藏博士后研究报告的专门机构;善本特藏是中国国家图书馆特色专藏之一,收藏了包含南宋以来等历代皇家藏书和传统的经、史、子、集等古籍近 27.5 万册,还收藏上起殷商、下至当代的重要稀世珍宝;国际组织和外国政府出版物也是中国国家图书馆特色专藏之一,无论从收藏的历史、品种还是数量均为国内之最,是国内最早成立的联合国文献保存馆。除此以外,还包括民国时期文献、少数民族语言文献、台港澳文献、地方文献、海外中国学文献等多类特色专藏。随着信息载体的变化与发展,中国国家图书馆入藏了大量缩微资料、音像资料及其他数字资源。正可谓包罗万象、应有尽有,可以为中央和国家机关、各级教育科研单位、图书馆业界以及社会公众提供全方位、多渠道的专业服务。图 9-1 为中国国家图书馆主页 (http://www.nlc.cn/)。

作为全国馆际互借中心,中国国家图书馆目前已经与全国 34 个省市自治区的 600 余家图书馆和世界 63 个国家、500 多个图书馆建立了馆际互借关系,年受理借阅请求量达 3 万余册次。馆际互借服务对象包括:中央与国家机关;各省、市、区(县)公共图书馆;各地市级高等院校图书馆;中国科学院、中国工程院系统以及地市级科研单位图书馆(区县以下科研单位由当地区县公共图书馆代办);国家企事业单位图书馆、资料室或信息部门;解放军各总部、各大军区、各兵种、武警部队图书馆;国家图书馆核准通过的其他机构。凡是同中国国家图书馆建立馆际互借关系的单位,都需签订馆际互借协议,并由馆际互借中心提供一个卡号和密码。各单位登录国家图书馆联机公共目录查询系统 (http://opac.nlc.cn/F),凭卡号和密码自行发送借书申请。

图 9-1 中国国家图书馆主页

扫一扫,阅读中国国家图书馆馆际互借协议、馆际互借规则和馆际互借系统操作方法。

中国国家图书馆还设有文献提供中心。该中心以国家图书馆宏富的馆藏资源和各类数据库为基础,以其他图书馆和各个情报机构为外延,由专业的图书馆员为读者用户提供个性化的文献检索与传递服务。具体服务包括:原文提供,即根据用户提供的文献出处,获取原文;定题服务,即提供相关学科最新期刊、图书的篇名目次信息;补藏业务,即根据用户特定的需求,提供有关文献的收集及复制服务。用户可以通过登录中国国家图书馆馆际互借与文献传递系统(http://wxtgzx.nlc.cn:8111/gateway/login.jsf)直接提交网上申请,也可通过 E-mail、电话、传真、到馆委托等多种途径递交文献申请。在受理申请后,文献提供中心通过普通邮寄、挂号、EMS、E-mail 等形式将文献资料传递给用户。

拓展阅读 9-1:
中国国家图书馆
馆际互借方法

2. 中国国家图书馆 OPAC 的使用方法

中国国家图书馆提供了读者登录和匿名登录两种方式，以读者登录方式进入后可以查询到读者自己的信息。在此，我们选择匿名登录的方式。进入中国国家图书馆主页，可以看到馆藏文献信息资源类目，如图书、期刊、报纸、论文、古籍、音乐、影视、缩微。页面上还提供了搜索方式的检索渠道。其中，单击"馆藏目录检索"即可进入中国国家图书馆 OPAC 的检索界面，如图 9-2 所示。

图 9-2　中国国家图书馆 OPAC 检索界面

在中国国家图书馆 OPAC 检索界面中，提供了中文文献、外文文献和全部文献三种检索文献来源。用户可以在选择一种检索文献来源的基础上，通过所有字段、正题名、其他题名、著者、主题词、中图分类号、论文专业、论文研究方向、论文学位授予单位、论文学位授予时间、出版地、出版者、丛编、索取号、ISSN、ISBN、ISRC、条码号、系统号等检索字段进行简单检索。

【检索案例1】　在中国国家图书馆 OPAC 中利用简单检索查询"信息素养"方面的中文图书文献。

【检索过程】　进入中国国家图书馆 OPAC 界面，选择"中文文献"，选择"正题名"检索字段，在检索框中输入"信息素养"检索词，点击"书目检索"，检索结果如图 9-3 所示。

在检索结果中，可以看到标题含有"信息素养"检索词的图书文献信息，包括图书文献的名称、格式、作者、出版社、年份、馆藏复本、已借出复本等。其中，点击"馆藏复本"，可以查询到该图书文献的馆藏位置和索书号。对于检索结果，用户可以点击"二次检索"，对初次检索到的文献信息从检索字段、检索词、语言、年份、资料类型、分馆等方面进行检索限制，方便用户多途径查找书目信息并了解其在图书馆的收藏分布情况，如图 9-4 所示。

信息素养：开启学术研究之门

图9-3 以"信息素养"为检索词的检索结果界面

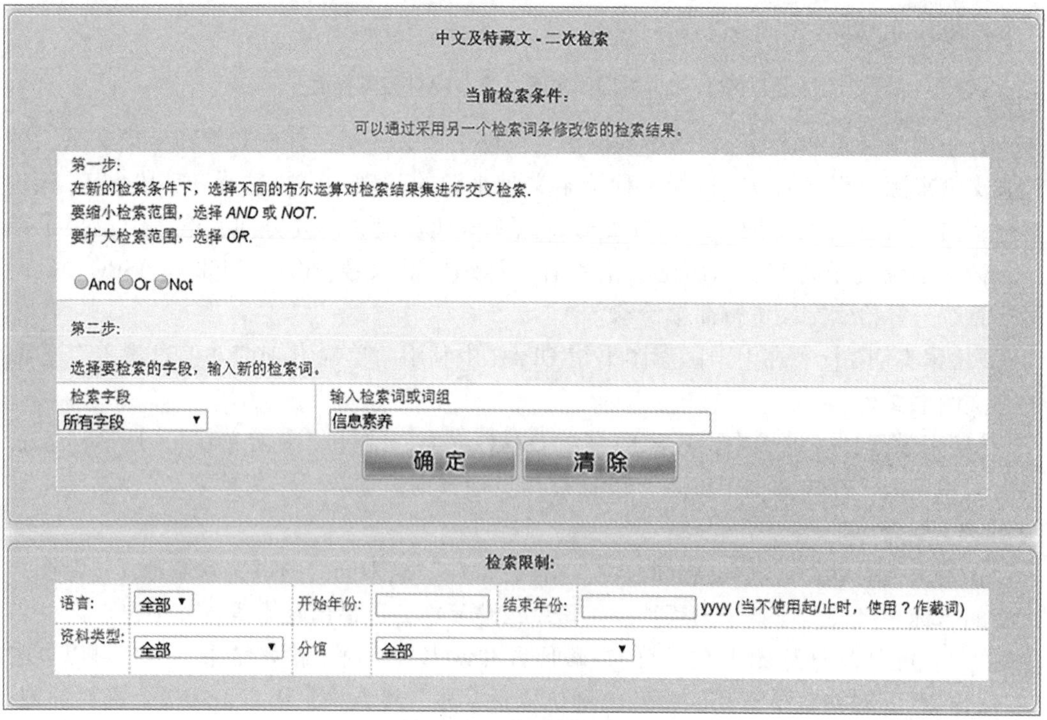

图9-4 二次检索的界面

> ❖ **练一练：**
> 　　进入中国国家图书馆 OPAC 检索界面，根据所学专业，自拟检索词（如"翻转课堂"），运用简单检索方式查询中文图书文献。在检索结果中，选择 3 本图书文献，分别记录书名、格式、作者、出版社、年份、索书号的信息。

　　除了简单检索，在中国国家图书馆 OPAC 检索界面中，用户还可以单击"高级检索"，在多字段检索、多库检索、组合检索、通用命令语言检索、浏览、分类浏览等多种检索方式中，根据自己的需要进行更为详细的检索。如果需要基于多个字段的检索，用户可以选择多字段检索或者组合检索，如图 9-5 和图 9-6 所示。用户还可以选择通用命令语言进行更灵活地检索，如图 9-7 所示。如果需要分别显示多个数据库的检索结果，可以选择多库检索，如图 9-8 所示。如果只是浏览，可以选择浏览或者分类浏览查询。

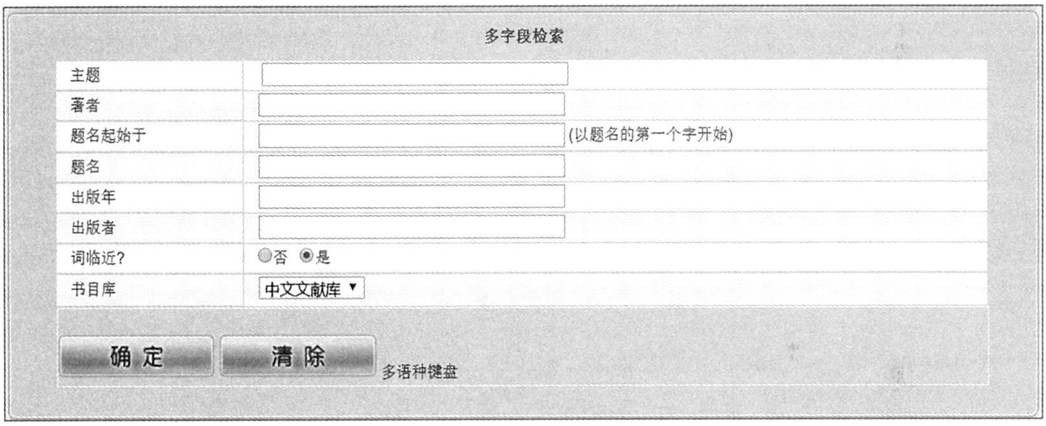

图 9-5　多字段检索界面

图 9-6　组合检索界面

　　【检索案例 2】　　以大学生信息素养为主题，在中国国家图书馆 OPAC 中利用高级检索查询中文图书文献。

　　【检索过程】　　进入中国国家图书馆 OPAC 界面，点击"高级检索"，选择"组合检索";在第一行的检索字段中,选择"主题词",在相应的检索词(或词组)框中键入"信息素养",词邻近选择"是";在第二行的检索字段中,选择"主题词",在相应的检索词(或词组)框中键入"大学生",词邻近选择"是";然后数据库选择"中文文献库",点击"确定"。

> ❈ **小提示**:
> "词邻近"选择为"是",表示检索词或词组完整地出现在检索字段中;"词邻近"选择为"否",表示检索词或词组可以分开位于检索字段中。

> ❈ **想一想**:
> 除了"组合检索",你还可以采用哪种检索方式查询到相关的中文图书文献?将检索结果与"组合检索"的检索结果对比,你发现了什么?

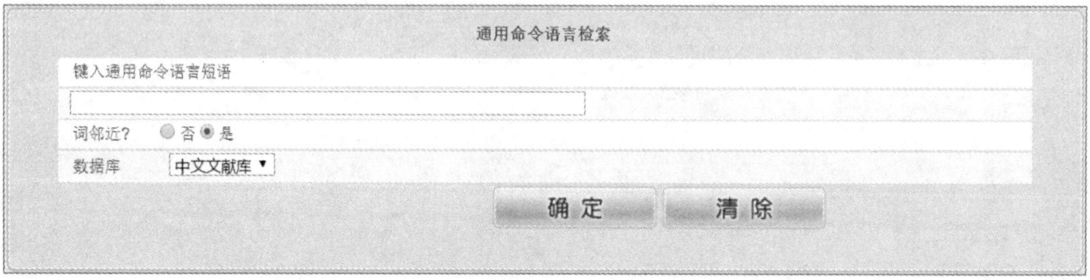

图 9-7　通用命令语言检索界面

> ❈ **小提示**:
> 在通用命令语言检索界面,可以采用三种检索方式。
>
> 1. 布尔检索
>
> 用"AND"表示"与",用"OR"表示"或"。
>
> 2. 截词检索
>
> 用"?"或"*"在单词的开始或结尾代替单词的其他部分,可以代替任意一个或者任意多个字符。例如,?ology 可检索到 anthropology、archaeology、biology、psychology、technology 等。需注意,? 不能同时用于单词的开始和结尾。
>
> 用"?"在单词的中间,可以查找单词的不同拼写方式。例如,alumi?m 可以匹配美式拼写 aluminum 和英式拼写 aluminium。
>
> 3. 词位置检索
>
> "%"与一个数字联用,表示出现在两个检索词之间的单词个数小于该参数,检索词出现的顺序不固定。"!"与一个数字联用,表示两个检索词之间固定出现若干个单词,检索词出现的顺序与输入顺序相同。需注意,使用%和!时,"词邻近"必须选择"是"。

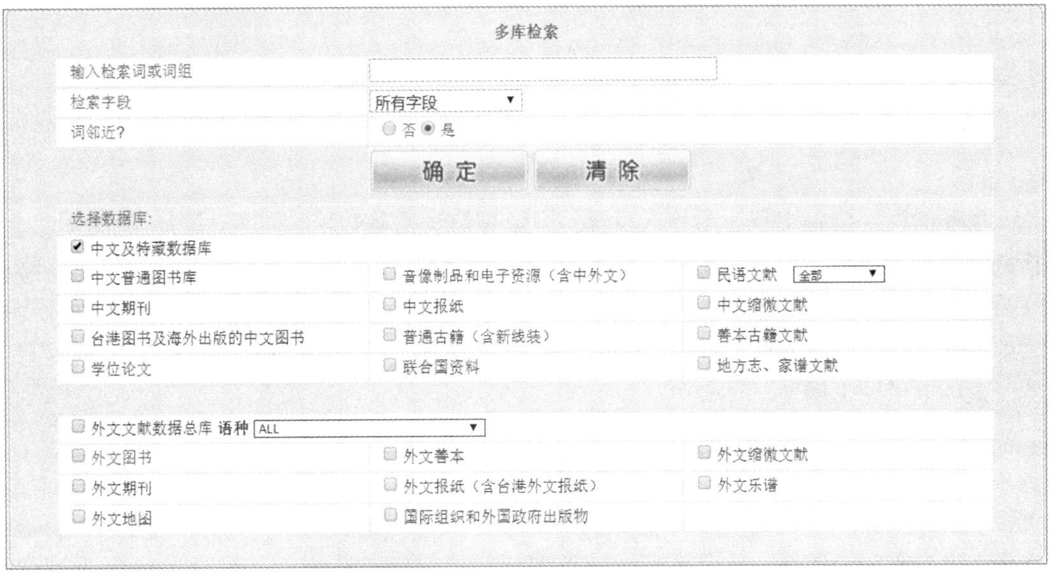

第五部分　信息获取

图 9-8　多库检索界面

❖ 练一练：

　　进入中国国家图书馆 OPAC 检索界面，以"翻转课堂在学校教学中的应用"为主题，分别采用多字段检索、组合检索、通用命令语言检索进行高级检索，检索出相关的图书文献，并记录每种检索方式选择的检索项和相应使用的检索关键词（短语）以及检索结果数。

高级检索方式	检索项、检索关键词（短语）和检索结果数描述
多字段检索	
组合检索	
通用命令语言检索	

拓展阅读 9-2：中国国家图书馆文津搜索系统

　　文津搜索系统是由中国国家图书馆开发，有效整合国家图书馆自建数据和部分已购买服务的各类数字资源，可实现资源的一站式发现与获取的搜索系统。它使国家图书馆资源向世界范围内的读者用户提供高效、精准、专业的图书馆领域元数据统一式搜索服务。

　　扫一扫，进入文津搜索系统进行自主体验。

9.2 电子图书的获取

电子图书是指将文字、图片、声音、影像等信息内容数字化的出版物。电子图书包括两种类型,一种是将印刷型的图书转换为数字式、用计算机存储和阅读的电子读物;一种是以电子文本出版的原生数字图书,存储和阅读方法与第一种相同。目前,电子图书的获取方式主要有三种:一是利用电子图书数据库,二是利用搜索引擎,三是利用免费开放的电子图书网站。

9.2.1 利用电子图书数据库获取电子图书

电子图书数据库通常采用 IP 控制访问权限。使用时一般有以下四个步骤:下载安装电子图书全文阅读软件、注册登录、分类浏览或检索电子图书、在线浏览全文或下载。尽管各个电子图书数据库显示的界面各不相同,但是使用方法大同小异。下面以超星电子图书数据库(华南师范大学镜像)和 Springer 电子图书数据库(华南师范大学镜像)为例,介绍如何利用电子图书数据库获取中英文电子图书。

1. 超星电子图书数据库

超星电子图书数据库是由北京超星公司推出的新一代电子图书数据库的管理和使用服务平台,功能齐全、检索便捷、易于阅读。数据库共有电子图书 100 余万种,涵盖包括 22 个学科分类,涉及哲学、宗教、社科总论、自然科学总论、经济学、教育、文学、艺术等各个学科门类,是全球最大的中文电子图书数据库,图 9-9 所示为超星电子图书数据库(华南师范大学镜像)首页。

超星电子图书数据库提供了两种检索方式,分别是分类浏览和字段检索。

(1) 分类浏览

超星电子图书数据库的图书根据中图分类法分类,分为三级类目,用户可以逐级检索,其层级的多少视该类图书书目的多寡而定,单击到最后一级分类即可看到具体的书目,单击书名下方的阅读按钮即可进入阅读状态。图 9-10 是分类浏览结果界面。

(2) 字段检索

超星电子图书数据库允许用户采用字段检索的方式进行简单检索和高级检索。其中,简单检索提供了书名、作者、目录和全文检索四个字段,高级检索还提供了主题词、分类、中图分类号、年代等字段,并支持多个字段组合检索,如图 9-11 所示。

【检索案例 3】 在超星电子图书数据库中利用高级检索查询 2000~2020 年信息素养方面的中文电子图书。

【检索过程】 进入超星电子图书数据库界面,点击"高级检索",在检索字段"书名"中键入"信息素养"检索词,在检索字段"年代"的下拉列表选择 2000 年至 2020 年,点击"检索",检索结果如图 9-12 所示。

图 9-9　超星电子图书数据库（华南师范大学镜像）首页

图 9-10　分类浏览结果界面

图 9–11 字段检索的界面

图 9–12 2000~2020 年信息素养方面的中文电子图书检索界面

对于检索到的每一本电子图书,可以单击"PDF 阅读"或"网页阅读"进行在线全文阅读,也可以单击"阅读器阅读",利用事先下载安装的超星电子图书阅读器进行在线全文阅读。该阅读器还具有管理功能，可用来管理个人借阅的电子图书，包括电子图书下载、归类和收藏。此外，还可以单击右下方"下载本书"，将整本电子图书下载到本机上，利用超星电子图书阅读器进行离线阅读。

> ❈ 练一练：
> 1. 进入你所在学校的超星电子图书数据库，根据所学专业，自拟检索词（如：翻转课堂），查询一本中文电子图书，记录书名、图书简介、作者、出版社、中图分类号，并下载阅读。
> 2. 若你所在学校没有超星电子图书数据库，你可以任选学校图书馆购买的一个电子图书数据库，根据所学专业，自拟检索词，查询一本中文电子图书，记录书名、图书简介、作者、出版社、中图分类号，并下载阅读。

其实，除了超星电子图书数据库，方正 Apabi 高校教学参考书数据库、书生之家电子图书、圣典 E - BOOK（高等教育版）等都是常见的中文电子图书数据库。

2. Springer 电子图书数据库

Springer 是全球最大的在线科学、技术、医学领域学术资源平台。Springer 电子图书数据库包括各种 Springer 图书产品，如专著、教科书、手册、参考工具书、丛书等。这些图书涉及的学科有化学与材料、数学与统计学、资源环境与地球科学、计算机科学、生命科学、医学、物理学、经济学、商业与管理、心理学、人文社科、法律、教育学、哲学等。图 9 – 13 为 Springer Link（华南师范大学镜像）首页。

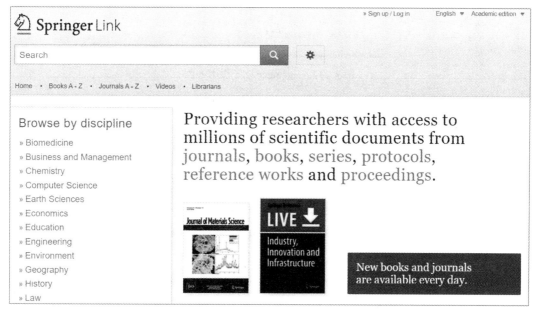

图 9 – 13　Springer Link（华南师范大学镜像）首页

由于 Springer 电子图书数据库被整合于 Springer Link 平台，所以我们可以通过单击 Springer Link 首页的 books、series、reference works 分别浏览相应的电子图书产品。下面以 books 检索为例进行简要介绍。打开 Springer 电子图书界面，如图 9-14 所示，我们可以采用两种检索方式查询电子图书，分别是分类浏览和分段检索。

(1) 分类浏览

Springer 电子图书数据库的图书按照学科分类。在图 9-14 中，我们可以看到左边的学科类目，分为一级学科（Discipline）和二级学科（Subdiscipline）。每个学科分类都列出了图书数量。用户可以先点击选择一级学科类目，接着点击选择二级学科类目，然后在右边列出的书目中进行逐本检索。

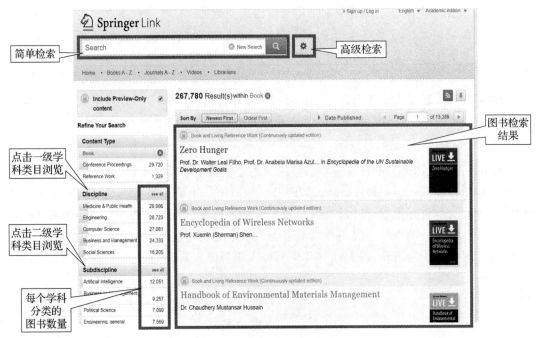

图 9-14　Springer 电子图书界面

❖ 小提示：

在 Springer 电子图书界面左边列出的学科类目中，点击"see all"，展开更多的学科类目，用户可以根据自己的需要进行选择。

(2) 字段检索

Springer 电子图书数据库允许用户采用字段检索的方式进行简单检索和高级检索。在图 9-14 的搜索框中输入检索词，单击"Search"就可以完成书目的简单检索。

❖ 小提示：

在 Springer 电子图书数据库的简单检索中，默认的字段选择是"主题"，检索结果按照相关程度由高到低排序呈现。

单击"Advanced Search"，进入 Springer 电子图书的高级检索界面，如图 9-15 所示。高级检索还提供书名、作者和年代字段供用户进一步准确检索。其中，with **all** of the words、with the **exact phrase**、with at least **one of the words** 和 **without** the words 是针对主题字段检索词的逻辑关系而设置的，在相应搜索框中键入检索词，其代表的逻辑关系是不同的。with **all** of the words 代表逻辑"与"，指的是检索包含所有检索词的主题书目，但是检索词的顺序和结构可以改变。with the **exact phrase** 代表精确检索，指的也是检索包含所有检索词的主题书目，但是检索词的顺序和结构不可以改变。with at least **one of the words** 代表逻辑"或"，指的是检索包含任一个检索词的主题书目。**without** the words 代表逻辑"非"，指的是检索不包含检索词的主题书目。

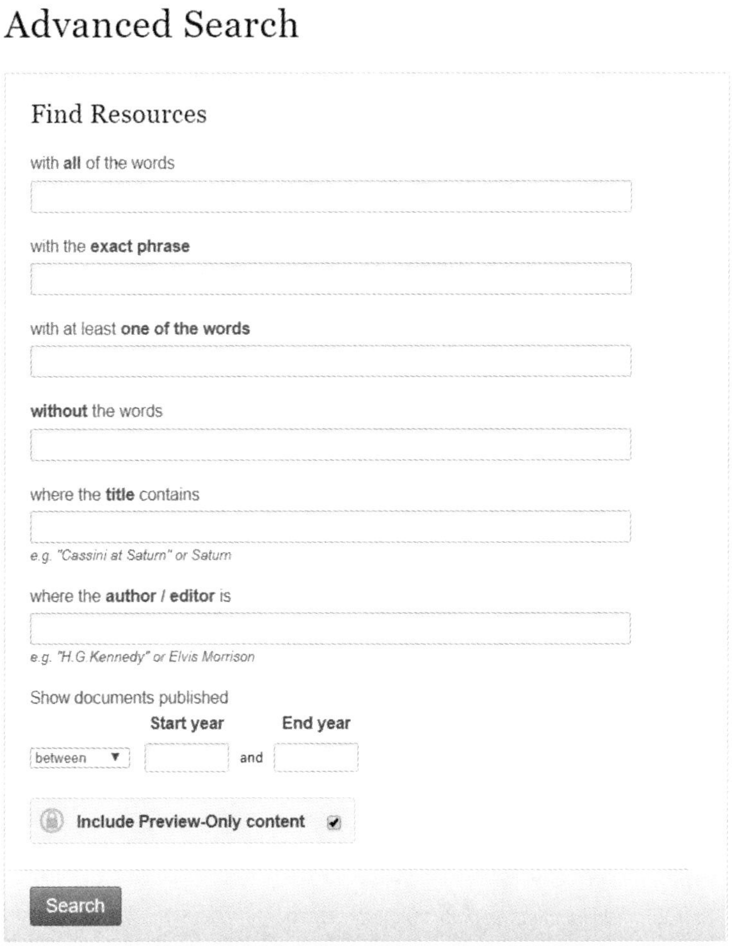

图 9-15　Springer 电子图书的高级检索界面

❖ 练一练：

进入你所在学校的 Springer Link 平台，在首页选择 books 进入 Springer 电子图书数据库，单击"Advanced Search"进入高级检索界面。根据所学专业，自拟检索词（如 instructional design），分别在 with **all** of the words、with the **exact phrase**、with at least **one of the words** 和 **without** the words 中键入检索词，检索英文图书文献，并对比检索结果数。

【检索案例4】 在 Springer 电子图书数据库中利用高级检索查询教学设计方面的英文电子图书。

【检索过程】 进入 Springer 电子图书数据库，单击"Advanced Search"进入高级检索界面。在 where the title contains 的搜索框中输入"Instructional Design"，点击"Search"，检索结果如图 9-16 所示。

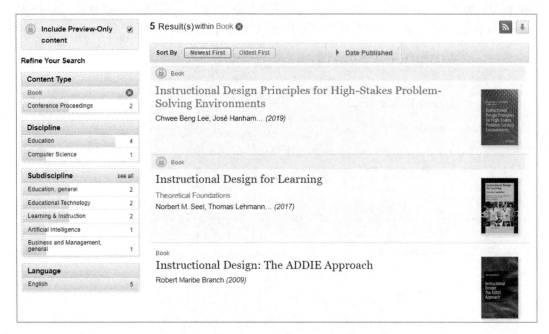

图 9-16　教学设计方面的英文电子图书检索界面

> ❖ 想一想：
> 1. 如果在 where the **title** contains 的搜索框中输入"instructional design"，结果会怎样？
> 2. 如果在 with **all** of the words 或 with the **exact phrase** 的搜索框中输入"instructional design"，结果又会怎样？

在检索结果界面，如果标记锁头符号，表明该本图书不可以下载，但是可以点击图书标题进入图书详细信息界面了解相关信息。在"About this book"中，用户可以了解图书简介、作者、关键词、出版社、数字对象唯一标识符（DOI）等信息。在"Table of contents"中，用户可以了解图书各个章节的摘要和关键词，还可以进行在线试读。通常，每个章节只能试读前两页。如果没有标记锁头符号，表明该图书可以整本下载。同样地，点击图书标题进入图书详细信息界面，除了了解图书的详细信息，还可以点击"Download book PDF"或"Download book EPUB"进行下载阅读。

❖ 练一练：

1. 进入你所在学校的 Springer Link 平台，根据所学专业，自拟检索词（如 learning environment），查询一本英文电子图书，记录书名、图书简介、作者、出版社、DOI，并下载阅读。

2. 若你所在学校没有 Springer Link 平台，你可以任选学校图书馆购买的一个英文电子图书数据库，根据所学专业，自拟检索词（如 learning environment），查询一本英文电子图书，记录书名、图书简介、作者、出版社、DOI，并下载阅读。

其实，除了 Springer 电子图书数据库，EBSCO 电子图书数据库、Ebrary 电子图书数据库、Wiley 电子图书数据库、ProQuest 电子图书数据库、牛津学术专著电子书数据库等也是常见的英文电子图书数据库。

9.2.2 利用搜索引擎获取电子图书

搜索引擎是互联网最流行的检索工具。目前，有专门用于网上搜索电子图书的搜索引擎，如读秀搜索。下面以读秀搜索为例，介绍如何利用搜索引擎获取电子图书。

读秀是由海量全文数据及资料基本信息组成的超大型数据库，其以 430 多万种中文图书、10 亿页全文资料为基础，为用户提供深入内容的章节和全文检索，部分文献的原文试读，高效查找、获取各种类型学术文献资料的一站式检索，以及周到的参考咨询服务，是一个真正意义上的学术搜索引擎及文献资料服务平台。一站式检索实现了馆藏纸质图书、电子图书、学术文章等各种异构资源在同一平台的统一检索，通过优质的文献传递服务，为用户提供了获取最全面准确的学术文献资源的捷径。图 9-17 是读秀搜索（华南师范大学镜像）首页。在首页中，可以看到读秀提供了知识、图书、期刊、报纸、学位论文、会议论文、音视频、文档等多维检索频道。点击"更多"，会展开更多的检索频道，如标准、专利、百科、词典、电子书等。

图 9-17　读秀搜索（华南师范大学镜像）首页

读秀支持多种登录方式,如 IP 自动登录、账号登录、单点认证、读秀卡登录等,用户可以根据自己的实际情况进行选择。读秀为用户提供了四种检索电子图书的方式,分别是简单检索、高级检索、专业检索和分类导航。

(1) 简单检索

简单检索是读秀搜索引擎主页默认的检索方式。点击"图书"检索频道,打开图书检索界面。在搜索文本框中直接输入检索词,检索词可以定位到全部字段、书名、作者、主题词、丛书名或目次,然后单击"中文搜索"或"外文搜索"即可。在检索结果中,用户还可以点击"在结果中检索"进行二次检索。

【检索案例 4】 在读秀搜索引擎查找书名为"现代教育技术"的电子图书。

【检索过程】 打开读秀搜索引擎,打开图书检索界面。在搜索框中输入"现代教育技术"检索词,选择字段"书名",单击"中文搜索",检索结果如图 9 - 18 所示。

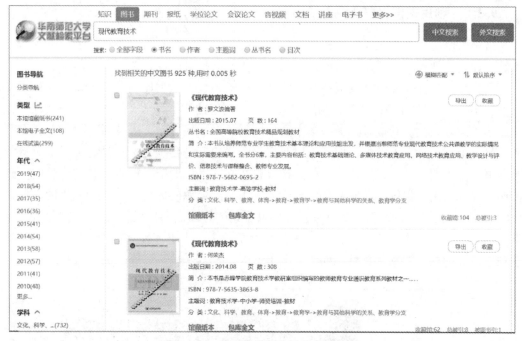

图 9 - 18 读秀图书简单检索结果界面

在检索结果界面,单击每本书的书名,可以进入图书详细信息页面,如图 9 - 19 所示。在页面中,可以看到该书的详细信息,如作者、出版社、ISBN、主题词、中图法分类号、内容提要等。读秀还提供了图书的书名页、版权页、前言页、目录页、正文部分页在线试读。

在页面中,用户可以单击"包库全文阅读"进行在线全书阅读,如果事先安装了电子图书阅读器(如超星),还可以将整本书下载离线阅读。对于不能直接在线全文阅读的用户,还可以单击"图书馆文献传递",进入图书馆参考咨询服务页面,如图 9 - 20 所示。在这里,用户填写想要获取的本书正文页码范围,并正确填写邮箱地址和验证码,然后点击"确认提交"即可。几分钟后登录您填写的邮箱,就可以看到读秀发送的图书信息。读秀可以为用户提供每本图书最多 50 页的原文传递服务,且咨询内容有效期为 20 天。在此需要说明的是,若是搜索外文图书,则只能查询图书的基本信息,而不能进行在线阅读和下载。

图 9-19　读秀图书详细信息页面

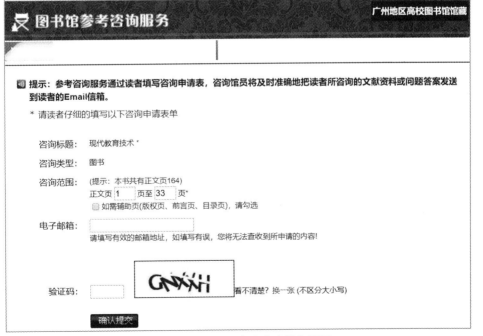

图 9-20　图书馆参考咨询服务页面

> ❖ 想一想：
>
> 　　在上述检索结果中，我们发现凡是书名包含有"现代教育技术"关键词的电子图书都会被检索到。如果只想精确检索以"现代教育技术"为书名的电子图书，可以怎么做？

（2）高级检索

　　高级检索并不是所有的检索频道都可以使用，只适用于图书、期刊、报纸、学位论文、会议论文等检索频道。点击"图书"检索频道，打开图书检索界面。单击"高级检索"，进入读秀图书高级检索界面，如图 9－21 所示，包括书名、作者、主题词、出版社、ISBN、分类、中图分类号、年代等多个检索字段，用户可以将多字段组合进行更加准确的检索。

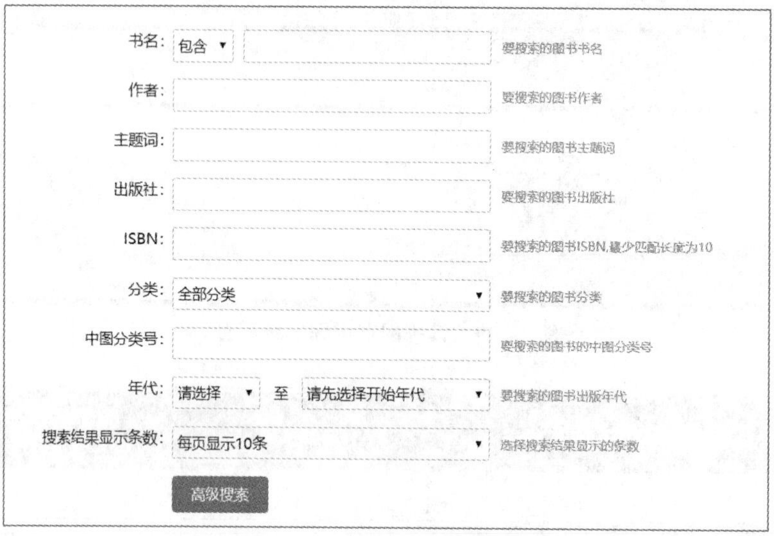

图 9－21　读秀图书高级检索界面

> ❖ 小提示：
>
> 　　在高级检索中，字段"书名"旁的下拉列表中可以选择"包含"或"等于"。"包含"表示会查询到书名包含有检索词的所有电子图书，"等于"表示只会查询到书名为检索词的电子图书，即精确检索。

（3）专业检索

　　点击"图书"检索频道，打开图书检索界面。单击"专业检索"，进入读秀图书专业检索界面，如图 9－22 所示，可以按照检索框下方的说明和规则进行更加精确的检索。

（4）分类导航

　　点击"图书"检索频道，打开图书检索界面。单击"分类导航"，进入读秀图书分类导航界面，如图 9－23 所示，可以看到按照中图分类法设置的分类。点击一级分类或二级分类的链接，可以看到属于相应类别的图书及其子分类的链接。

中文图书专业检索

搜索

说明：
T=书名，A=作者，K=关键词，S=摘要，Y=年，BKs=丛书名，BKc=目录

检索规则说明（以下符号均为半角符号）：
(1) 逻辑符号：* 代表并且，| 代表或者，- 代表不包含；
(2) 其他符号：() 括号内的逻辑优先运算，= 后面为字段所包含的值，> 代表大于，< 代表小于，>= 代表大于等于，<= 代表小于等于；
(3) 大于小于符号仅适用于年代Y，如果只有单边范围，字段名称必须写两边，如 Y < 2013，不允许写出 2013 > Y
(4) 年代不允许单独检索；
(5) 如：题名或关键词中含有"图书馆"，且出版年范围是2000至2013年（含边界），表达式为：
(T=图书馆|K=图书馆)*(2000<=Y<=2013)

图 9-22　读秀图书专业检索界面

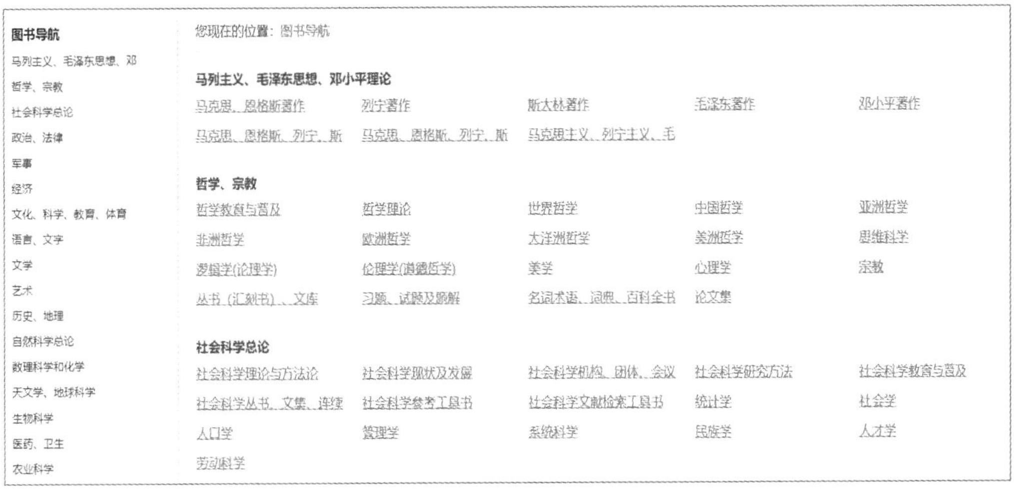

图 9-23　读秀图书分类导航界面

> **❖ 练一练：**
> 打开你所在学校的读秀搜索，根据所学专业，自拟中英文检索词，分别查询一本中文电子图书和一本英文电子图书，分别记录书名、作者、出版社、ISBN。

9.2.3　利用免费开放的电子图书网站获取

除了上述两种方式，互联网上还有一些免费开放的中英文电子图书网站供用户查询。当用户需要某类或者某本图书时，也可以尝试直接访问这些相关的电子图书网站，看看是否能够查询到想要的图书。表9-1为一些免费开放的中英文电子图书网站的介绍。

表 9–1 免费开放的中英文电子图书网站的介绍

网站名称	网址	简介
Gutenberg（古腾堡数字图书馆）	http://www.gutenberg.org/	Gutenberg 数字图书馆是 Gutenberg 计划的产物。该计划由志愿者参与，致力于将文化作品的数字化和归档，并鼓励创作和发行电子书。是互联网上最早的可以自由流通的电子文本的创造者。至今为止，网站已经收录超过 58 000 本电子书，内容涵盖农业、教育、艺术、法律、政治、地理、科学、技术、语言等。这些书可免费供用户下载阅读
NAP 网站	https://www.nap.edu/	The National Academies Press（NAP）是美国国家科学院下属的学术出版机构，主要出版美国国家科学院、国家工程院、医学研究所和国家研究委员会的报告，其电子图书内容涵盖环境科学、生物学、医学、计算机科学、地球科学、数学和统计学、物理、化学、教育等领域。电子图书以 PDF 形式呈现，用户可以免费在线阅读。网站还提供全文检索功能
Internet Archive（互联网档案馆）	https://www.archive.org/	Internet Archive 是一个非营利性组织，它像纸质图书馆一样，为互联网用户提供免费访问和下载。至今为止，网站已经收录 2 000 万册图书。在该网站中，还可以查询到 1923 年以前出版的书籍
The Online Books Page（在线书网站）	http://onlinebooks.library.upenn.edu/	网站收录了 25 000 种免费电子图书供用户在线阅读和下载。网站还提供了多种检索功能，如按照书名、作者、主题检索等
Library Genesis	http://gen.lib.rus.ec/	Library Genesis 是一个拥有 80 多万本英文图书的网站。图书内容以科学技术方面的著作为主。网站提供了多种检索功能，如按照书名、作者、主题检索等
ManyBooks	http://manybooks.net/	ManyBooks 是一个专门提供免费电子书下载的网站。目前，它提供的免费电子书超过 20 000 本。所有电子书都可以下载保存为几十种电子书格式，比如 Doc、PDF、RTF、TXT 等

续表

网站名称	网址	简介
Bibliomania	http://www.bibliomania.com/	Bibliomania 拥有超过 2 000 本在线经典文学图书，如小说、戏剧、诗歌、短篇小说、书籍摘要和参考书籍等
宾夕法尼亚大学在线图书	http://digital.library.upenn.edu/books/	宾夕法尼亚大学在线图书是一个在线图书收藏网站，收录了 200 万本可免费访问的电子图书。用户可按照书名或者作者进行检索
Bookfere（书伴）	https://bookfere.com/ebook	Bookfere 是一个集合 Kindle 免费电子图书的网址资源，提供包含如 azw3、epub、mobi 等各种格式的 Kindle 免费电子图书下载
书格	https://new.shuge.org/	书格是一个自由开放的在线古籍图书馆，致力于开放式分享、介绍、推荐有价值的古籍善本，并鼓励将文化艺术作品数字化归档。书格发布的书籍主要以高清彩色影像版本 PDF 格式
亦凡公益图书馆	http://www.shuku.net	亦凡公益图书馆收录了大量中英文电子图书，包括现当代文学、科幻小说、古典文学、外国文学、英文经典、儿童文学、散文随笔等。用户可以免费在线阅读

思考与练习

1. 图书的类型有哪些？
2. 给出几种自己经常使用的图书类型名称，并说说它们的特点。
3. 你使用过自己学校图书馆 OPAC 的哪些功能？
4. 你使用过自己学校哪些中文电子图书数据库？
5. 你使用过自己学校哪些英文电子图书数据库？
6. 你使用过免费的中英文电子图书网站吗？如果有，请与同学分享。
7. 利用中国国家图书馆 OPAC 检索 2015 年由华东师范大学出版社出版的《学习环境的理论基础》，记录索书号和馆藏位置。
8. 利用中国国家图书馆 OPAC 检索 2000～2020 年期间馆藏的书名含有"Artificial Intelligence"的英文图书，选择 3 本记录其书名、作者、出版社、出版时间。

9. 利用你所在学校图书馆 OPAC 查找 2000 年以后出版的,题名包含有"智慧教育"的图书,共有多少本。

10. 朋友给小王推荐一本书,但小王忘记了书的全名,好像是关于科学技术哲学的,是一个大学出版社出版的。请利用你所在学校图书馆 OPAC 帮小王找到这本书,并提供索书号。

11. 利用超星电子图书数据库检索主题为信息素养的教育类图书,记录检索字段、检索词和结果数。选择一本打开全文阅读,并尝试下载到本地硬盘。

12. 利用 Springer 电子图书数据库检索由 J. H. L. Koh 等人编著的 *Design Thinking for Education*,记录这本书的简介、关键词和各章的标题。

13. 利用读秀搜索引擎检索书名含有"数字图书馆"但不含有"规范"关键词的中文图书,选择 3 本记录其书名、作者、出版社、ISBN。

14. 在表 9-1 中任选一个网站,根据所学专业和自己的兴趣,检索一本电子图书,并记录其书名、作者和检索步骤。

参 考 文 献

[1] 陈小玲,倪梅,刘晓建. 信息检索与利用 [M]. 哈尔滨:哈尔滨工程大学出版社,2016.

[2] 花芳. 文献检索与利用 [M]. 第 2 版. 北京:清华大学出版社,2014.

[3] 李瞳. 信息检索与利用 [M]. 南京:南京大学出版社,2006.

[4] 马桂琴. 网络信息检索 [M]. 北京:中国铁道出版社,2011.

[5] 王丽萍,杨波,林建. 文献信息检索与利用 [M]. 广州:华南理工大学出版社,2013.

[6] 王细荣. 文献信息检索与论文写作 [M]. 第 6 版. 上海:上海交通大学出版社,2017.

[7] 张怀涛,黄健,岳修志. 信息检索新编 [M]. 武汉:武汉大学出版社,2013.

第 10 章
网络信息资源的获取

学习目标

1. 掌握网络学术搜索引擎的使用方法；
2. 了解常见的开放学术资源网站；
3. 掌握网络学术论坛的使用方法。

情境导入

随着计算机技术和网络技术的迅速发展，互联网上的信息资源呈现出指数级急剧增长的态势。面对浩如烟海的网络信息资源，您是否有过这样的经历感受：一方面沉浸在互联网中遨游所带来的欢畅感，另一方面却苦恼于在互联网中摸索所带来的迷失感。的确，互联网作为一个纷繁复杂的信息海洋，找到自己需要的且有利用价值的信息资源并非易事。小林是一名信息技术老师，近年来一直在关注和从事创客教育方面的实践。最近她想申报有关创客教育方面的课题，但是她不知道应该从何处获知课题申报的信息。此外，她还想上网了解已有关于创客教育方面的研究成果，但是她用百度搜索引擎查询时却发现，查询结果并不是与创客教育研究密切相关的文献资源。对此，她很苦恼！

想象一下，当你处于小林老师的情境会怎么办，并试着回答如下问题。

1. 在互联网上，是否有搜索学术信息资源的专门工具或网站？如果有，分别是哪些？
2. 这些工具或者网站提供哪些类型的学术信息资源？
3. 如何利用这些工具或者网站获取学术信息资源？

互联网不仅是世界上最大的信息资源世界，而且也是人们学习研究的重要工具和获取信息的主要渠道。网络信息资源获取成为互联网时代一种新型的检索模式。网络信息资源是指通过计算机网络可以利用的各种信息资源的总和,即以数字化形式记录的、以多媒体形式表达的、分布式存储在网络计算机的存储介质以及各类通信介质上,并通过计算机网络通信方式进行传递的信息内容的集合。网络信息资源具有数量庞大、类型多样、表达丰富、分布广泛、传播迅速等鲜明的特点。网络信息资源获取就是指以互联网为检索平台,利用相应的网络信息资源检索工具,运用一定的网络信息资源检索技术和策略,从网络信息资源集合中查找出所需信息的过程。网络信息资源纷繁复杂,如何在浩瀚的互联网世界中,快速有效地获取所需的专业性强的学术信息资源,是人们开展研究不可或缺的基本技能。

10.1 网络学术搜索引擎的使用

搜索引擎是根据一定的策略、运用特定的计算机程序搜集互联网上的信息,在对信息进行组织和处理后,为用户提供检索服务的系统。按照搜索引擎的工作机理,可以将其分为全文搜索引擎、目录搜索引擎和元搜索引擎三种类型。目前,搜索引擎已经成为人们生活、工作、学习必不可少的重要工具。但是,由于没有统一的网络信息资源分类标准,普通搜索引擎对专业性信息资源索引的针对性不强,所以,网络学术搜索引擎应运而生。网络学术搜索引擎以学术资源为索引对象,一般涵盖互联网上免费的学术资源和以深层网页形式存在的学术资源,通过对这类资源的抓取、索引,以统一的接口向用户提供服务。目前,网络学术搜索引擎有很多,下面以 Google Scholar 搜索和读秀搜索为例介绍网络学术搜索引擎的使用。

视频 10 - 1:使用搜索引擎检索网络信息资源

10.1.1 Google Scholar 搜索

Google Scholar 搜索是 Google 公司推出的一个免费的、专门搜索学术资源的搜索引擎,图 10 - 1 为 Google Scholar 搜索首页 (https://scholar.google.com/)。Google Scholar 搜索可为全球用户提供丰富的学术资源搜索服务,囊括来自学术出版商、专业学会、高等院校、图书馆以及其他学术机构提供的图书、同行评议的期刊论文、学位论文、文摘、技术报告等学术资源,内容包括医学、物理学、经济学、计算机科学、教育学等多个学科领域。

图 10 - 1 Google Scholar 搜索首页

Google Scholar 搜索包括简单学术搜索和高级学术搜索。

1. 简单学术搜索

Google Scholar 搜索引擎的简单学术搜索与 Google 网页的搜索类似，其搜索界面为一个简单的搜索框。图 10 – 1 的 Google Scholar 搜索首页即为 Google Scholar 简单学术搜索的界面。在搜索框中输入需要检索的关键词，点击"检索"既可以完成简单学术搜索。

【检索案例 1】　在 Google Scholar 搜索引擎中，搜索"大规模开放在线课程"的相关文献资源。

【检索过程】　进入 Google Scholar 简单学术搜索的界面，在搜索框中输入"大规模开放在线课程"，点击"检索"，搜索结果如图 10 – 2 所示。

图 10 – 2　以"大规模开放在线课程"为关键词的简单学术搜索结果界面

在搜索结果界面中，可以看到凡是与关键词相关的文献资源全部列出，不管是关键词出现在标题中，还是出现在文中。这意味着 Google 会自动将"大规模开放在线课程"划分为"大规模""开放""在线""课程"四个关键词，只要包含这四个关键词的文献资源都会被搜索到，相当于搜索"大规模 AND 开放 AND 在线 AND 课程"。在搜索结果界面，用户可以对搜索结果按照相关性或者时间排序，以便快速找到自己需要的文献资源。每一篇文献资源都会包括以下链接：一是标题，链接到文章摘要或者整篇文章；二是被引用次数，既可以看到该篇文献被引用多少次，也可以链接看到引用该篇文献资源的其他论文，但是与专业引文数据库相比，其提供的引文信息不够完全、不够准确；三是相关文章，查找与该篇文献类似的其他论文；四是文献版本，通过已建立联属关系的图书馆资源找到该篇文献的电子版本。

采用简单学术搜索的优点在于只要与关键词相关的文献资源都会被搜索到，便于用户掌握相关的研究动态。但是缺点在于搜索出来的文献资源数量太多，用户甄别、筛选、利用需要耗时耗力。因此，为了使得搜索到的文献资源更加有针对性且满足用户的实际需要，关键词的选择对搜索结果起到至关重要的作用。

> **❖ 想一想：**
> 1. 在刚才的搜索中，我们发现凡是与"大规模开放在线课程"关键词相关的文献资源都会被搜索到。如果只想搜索题目含有"大规模开放在线课程"关键词的文献资源，应该怎么做呢？
> 2. 在刚才的搜索中，如果只想搜索到含有"大规模开放在线课程"关键词的 PDF 文献资源，应该怎么做呢？

在 Google Scholar 简单学术搜索中，关键词除了可以是主题词以外，还可以是题名、作者、会议或者刊物名等。此外，除了采用直接输入关键词进行搜索，Google Scholar 搜索还可以使用布尔逻辑算符实现关键词之间的组配，以便找到更加有针对性的文献资源。例如，如果想要查找某个作者某个方面的文章，可以在搜索框中同时输入作者名和文章关键词进行搜索，以提高检索文章的准确性。

【检索案例 2】 在 Google Scholar 搜索引擎中，搜索 Jonassen 关于建构主义方面的文献资源。

【检索过程】 进入 Google Scholar 简单学术搜索的界面，在搜索框中输入"Jonassen AND constructivism"，点击"检索"，搜索结果如图 10 - 3 所示。

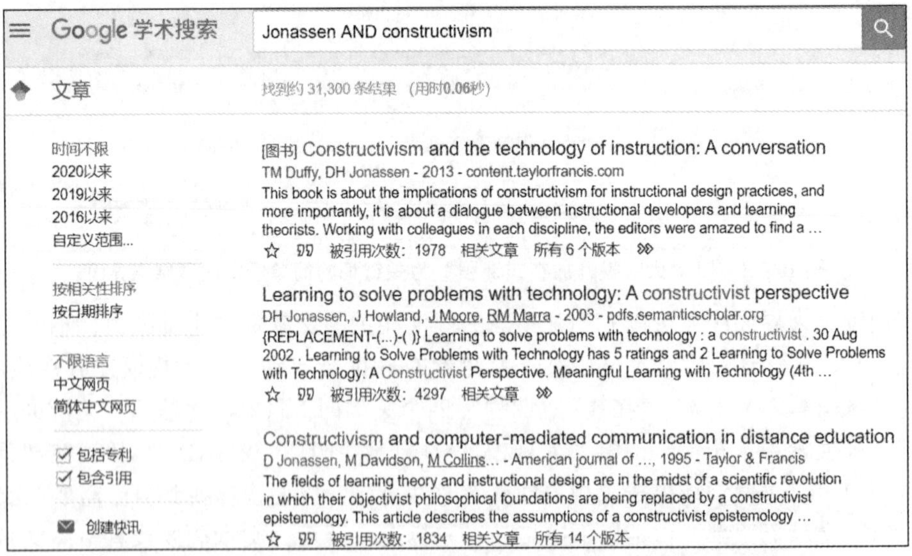

图 10 - 3 利用 Google Scholar 搜索某个作者的文章的搜索结果界面

> **❖ 小提示：**
> 若使用布尔逻辑算符进行关键词组配搜索时，输入的布尔逻辑算符的字母必须是大写的，即"与"要输入"AND"，"或"要输入"OR"，"非"要输入"NOT"，否则系统会将其视为一个关键词纳入检索结果中。

第五部分 信息获取

❖ **想一想**：

如果某个词既是人名又是普通名词，例如搜索作者为 Flower 的文献资源，可以怎么做呢？

为了精确检索，可以采用两种方式：一是给关键词加引号（注意：引号必须是英文状态的），这样就可以搜索到以关键词为标题的文献资源；二是使用特定的检索命令。

❖ **小提示**：

在 Google Scholar 搜索中，可以使用的检索命令有以下几种。

1. intitle

表示所有搜索结果的 title 中都要含有指定的关键词。如"intitle：移动学习"。

2. filetype

表示限定搜索结果的文件类型。如"移动学习 filetype：pdf"，即搜索标题含有移动学习关键词的文献资源，且文献类型是 pdf。

3. site

表示搜索结果限定于某个具体网站。如"精准教学 site：edu. cn"，即搜索中文教育科研网站（edu. cn）中含有"精准教学"关键词的页面。

4. author

表示搜索某个作者的文献资源。如"author：Flower"，即搜索名为 Flower 的作者的文献资源。在此需要注意的是，由于国外文献作者姓名多用简称，姓氏用全称、名简写，在查找外文文献是，输入的作者名要注意使用名的首字母。例如，如果要检索物理学家史蒂芬·威廉·霍金（Stephen William Hawking）的文献，输入"SW Hawking"，而不是"Stephen William Hawking"。如果输入后者，会漏检很多文献。

5. related

用户在利用搜索引擎搜索信息资源时，应合理看待那些可能在用户阅读时已成为死链的地址。死链不代表信息的终止，而是代表信息的变化。用户可以根据原资源所提供的信息提炼关键词，采用"related：已知资源网址"，由已知网站发现更多有价值的相似网站。

注意：上述检索命令的英文不区分大小写，所有字母和符号为英文半角字符。

❖ **练一练**：

在 Google Scholar 搜索中，利用简单学术搜索，按照如下要求搜索资源。

1. 分别搜索屠呦呦和 Lev Vygotsky 的文献资源，并记录搜索结果数量。
2. 搜索标题含有"创客教育"的 pdf 文献资源，并打开一篇进行阅读。
3. 搜索 Robb Lindgren 有关具身方面的文献资源（提示："具身"可以译为 embodiment）。

2. 高级学术搜索

在 Google Scholar 搜索首页,单击左上方"高级搜索",打开 Google Scholar 高级学术搜索界面,如图 10-4 所示。

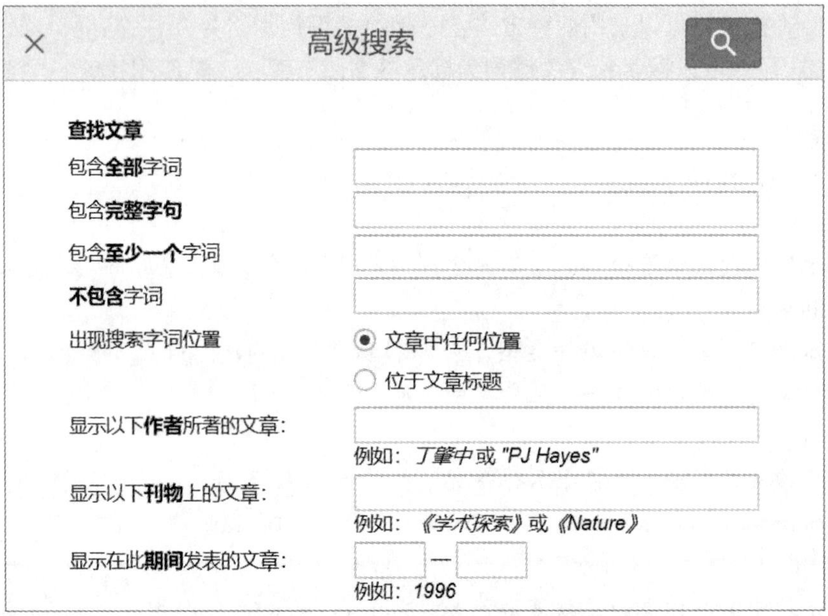

图 10-4 Google Scholar 高级学术搜索界面

在高级搜索中,除了关键词限定以外,还可以通过关键词的位置、作者、刊物名、时间进行组合限定。

> ❀ **练一练:**
> 在 Google Scholar 搜索中,利用高级学术搜索,按照如下要求搜索资源。
> 1. 根据所学专业,选择一本学术期刊,搜索该期刊 2019~2020 年的文章。选择 3 篇文章,分别记录其文章名和作者。
> 2. 根据所学专业,选择一本学术期刊,自拟关键词,搜索该期刊发表的含有关键词作为标题的文章,记录搜索结果数量。

10.1.2 读秀搜索

在第 9 章中,我们已经介绍了如何利用读秀搜索获取电子图书。其实,利用读秀搜索还可以在知识、期刊、报纸、学位论文、会议论文、音视频、文档等多维频道搜索,搜索方式与电子图书的搜索方式类似。

【检索案例 3】 在读秀搜索引擎中,搜索《电化教育研究》近四年发表的文章。

【检索过程】 打开读秀搜索引擎,打开期刊检索界面,单击"高级检索",进入期刊高级检索界面。选择字段"刊名",在搜索框中输入"电化教育研究",在限定年度范围的下拉列表中选择"2017 年"至"2020 年",然后单击"高级检索",搜索结果如图 10-5 所示。

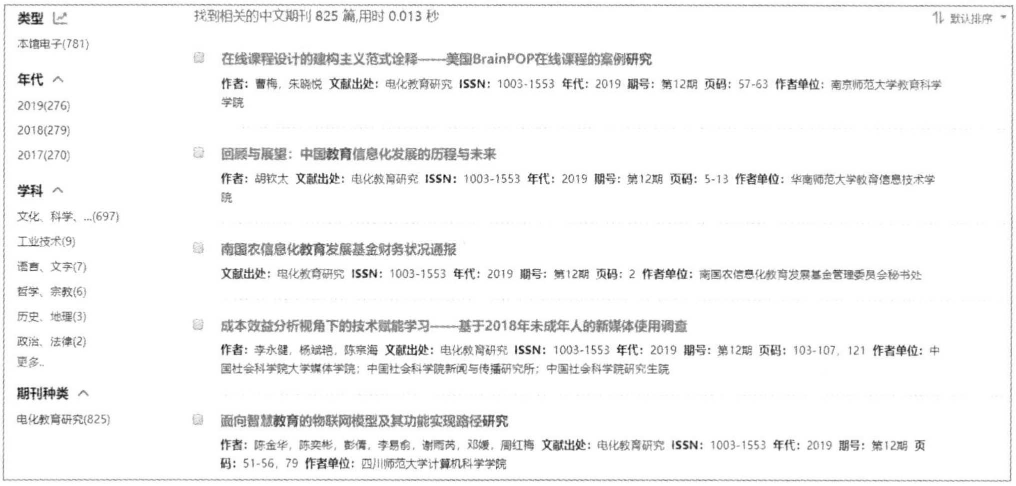

第五部分　信息获取

图 10-5　读秀期刊搜索结果界面

在搜索结果界面中，可以看到每一篇文章的基本信息，包括标题、作者、文献出处、ISSN、年代、期号、页码、作者单位。单击每一篇文章，打开文章的详细信息界面，如图 10-6 所示，在该界面中，用户可以单击"获取途径"处的"电子全文"，打开该篇文章的全文进行在线浏览或者下载。也可以单击"相似文档"了解与该篇文章主题相关的其他文献资源。值得一提的是，有些文献资源若无法在线浏览或者下载，读秀期刊搜索也提供了"邮箱接收全文"的方式方便用户获取全文。

图 10-6　文章详细信息界面

❖ 练一练：

在读秀搜索引擎中，按照如下要求搜索资源。

1. 查找史蒂芬威廉霍金（Stephen William Hawking）在 Science 发表的论文，记录论文名、发表日期、论文摘要。

2. 查找《广州日报》有关新型冠状病毒的报纸文献，选择 2020 年 1 月至 2 月的两份报纸，记录报纸日期、版次、正文内容。

3. 查找普洱茶储存方法专利，选择一条专利，记录专利名称、专利类型、专利申请人、IPC。

与传统数据库检索最大的不同之处在于，读秀搜索是基于元数据整合的多面检索。每次搜索的过程都是在元数据库索引中进行的，而不是像传统数据库检索那样需要在多个数据库中进行跨库搜索，极大地解决了搜索速度和结果查重排序的问题。在读秀搜索中，搜索任何关键词时，同时可以得到相关的图书、期刊、报纸、学位论文、会议论文、音视频、专利、标准等信息，便于用户全面获取相关的学术信息资源。因此，读秀搜索引擎最有特色的地方就是知识搜索。知识搜索为全文检索，是在图书的章节内容中搜索包含有检索词内容的知识点，为用户提供了突破原来一本本图书翻找知识点的新的搜索体验，更有利于资源的汇聚与查找。

【检索案例4】 在读秀搜索引擎中，以"核心素养"为关键词进行全文搜索。

【检索过程】 打开读秀搜索引擎，打开知识检索界面，在搜索框中输入"核心素养"关键词，单击"中文搜索"，检索结果如图10-7所示。搜索结果界面显示所有包含关键词的章节、内容页以及相关的图书信息。在搜索结果的右上方点击"在结果中搜索"，可以进一步缩小搜索范围。在每个具体的知识条目中，用户可以选择PDF下载或者阅读两种形式浏览资源。

图10-7 读秀知识搜索结果界面

在搜索结果界面右边的栏目中，凡是与关键词相关的其他检索频道的信息资源都会列出，用户可以在更大范围内查询到自己需要的信息资源。

拓展阅读10-1 其他学术搜索引擎

名称	网址	二维码
微软学术搜索	http://academic.microsoft.com	

续表

名称	网址	二维码
搜狗学术搜索	http://scholar.sogou.com	
Glgoo 学术搜索	http://scholar.glgoo.com	
必应学术搜索	http://cn.bing.com/academic	
比菲尔德学术搜索	http://www.base-search.net	
360 学术搜索	http://xueshu.so.com	
OALib 学术搜索	http://www.oalib.com/	
DOAJ 学术搜索	http://www.doaj.org/	
CiteSeer 学术搜索	http://citeseer.ist.psu.edu/	

续表

名称	网址	二维码
HighWire 学术搜索	http://highwire.stanford.edu/	
E 读学术搜索	http://www.yidu.edu.cn/	

10.2 开放学术资源网站的使用

开放获取是20世纪90年代在国外发展起来的一种新的出版模式，旨在促进学术交流，应对学术文献信息资源日益商业化的趋势。它指的是某文献在公共网络领域里可以被免费获取，任何用户均可阅读、下载、拷贝、传递、打印、检索、超级链接该文献，并为之建立索引，用作软件的输入数据或其他任何合法用途。目前对于开放资源的分类并没有统一权威的标准。若从信息内容来划分，开放资源涵盖开放期刊、开放图书、开放学位论文、开放会议论文、开放科学数据、重大项目网站、学术论坛等。若从信息来源来分，开放资源分为出版类资源、仓储类资源和交互类资源。随着网络信息资源的普及，除了利用专门的网络学术搜索引擎获取学术信息资源，用户还可以利用一些开放获取的学术资源网站及时了解研究发展动态、研究最新成果、科研项目申报信息等。

10.2.1 出版社数据库

随着计算机和网络技术在出版领域的应用和普及，出版社为学术资源的开放获取提供了可能，出现了一些旨在利用互联网促进学术信息资源的交流与传播的出版社数据库。

1. 美国科学研究出版社数据库

美国科学研究出版社致力于国际学术交流和知识的传播，从事英文图书和学术会议论文集的出版与检索，以及专业学术期刊的出版发行，内容涵盖物理、化学、医学、通信与网络、计算机、能源、工程、生物、管理等领域。已出版文章超过10 000篇，多个期刊已被CAS、EBSCO、CAB Abstracts、ProQuest、Index Copernicus、Library of Congress、

Gale 和 CSP 等数据库全文或摘要收录。图 10-8 为美国科学研究出版社开放获取数据库首页（https://www.scirp.org/）。

图 10-8　美国科学研究出版社首页

美国科学研究出版社开放获取数据库提供了简单检索和分类检索两种获取资源的形式。在简单检索中，用户可以在检索框中输入题名、关键词、作者等检索词，选择所需要的文献类型，即可进行检索。在分类检索中，用户可以单击"Journals"进入期刊分类导航页面，也可以单击"Books"进入图书分类导航页面，如图 10-9 和图 10-10 所示。

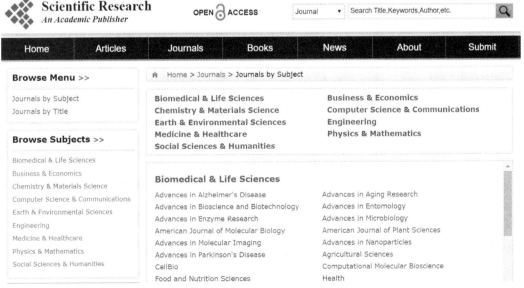

图 10-9　期刊分类导航页面

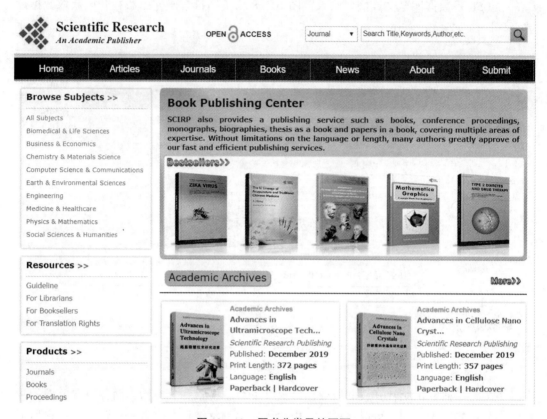

图 10 – 10　图书分类导航页面

2. 美国学术出版社数据库

美国学术出版社主要发布由美国国家科学学会、国家工程学会、国家医学学会等机构的论文和报告等，内容涉及医学、生物、计算机、经济、法律、物理、数学、心理学、化学、历史、社会学、环境科学、哲学、语言学、地理等学科领域。图 10 – 11 为美国学术出版社数据库首页（https://www.nationalacademies.org/）。

用户可以单击首页的"Resources"版块打开资源检索的页面，如图 10 – 12 所示，通过简单检索和主题检索的方式获取资源。其中，在简单检索的检索框中可以输入题名、主题、ISBN 和 DOI 等即可进行检索。在主题检索中，点击"BROWSE BY TOPIC"，在页面的左边会弹出主题选择列表，用户可以根据自己的需要在学科主题中选择。搜索到的文献资源大部分都可以进行在线阅读或者免费下载。

在 Resources 页面下方，还提供了美国学术出版社数据库收录的有特色的主题资源、最近发布的资源以及下载最多的资源等，供用户参考使用。

> ❖ **练一练：**
> 　　根据所学专业，自拟关键词，在美国科学研究出版社数据库或美国学术出版社数据库搜索 3 篇文献，分别记录文献名、作者和文献类型。

图 10-11　美国学术出版社数据库首页

图 10-12　美国学术出版社数据库的 Resources 检索界面

10.2.2 学术机构网站

国内外许多从事科学研究的学会、协会、研究中心或者部门等学术机构都会在网上构建专门的网站,这些网站称之为学术机构网站。它们主要介绍其研究领域、在研项目以及相关成果,有的学术机构网站还提供全文电子版学术刊物。定期访问这些网站,用户可以及时得到大量相关学科专业的学术资源,下面将介绍几个常见的学术机构网站。

1. 国家科技图书文献中心

国家科技图书文献中心是科技部联合财政部等六部门,经国务院领导批准成立的一个基于网络环境的科技文献信息资源服务机构。由中国科学院文献情报中心、中国科学技术信息研究所、机械工业信息研究院、冶金工业信息标准研究院、中国化工信息中心、中国农业科学院农业信息研究所、中国医学科学院医学信息研究所、中国标准化研究院标准馆和中国计量科学研究院文献馆九个文献信息机构组成。

中心的主要任务是:统筹协调,较完整地收藏国内外科技文献信息资源;制订数据加工标准、规范,建立科技文献数据库;利用现代网络技术,提供多层次服务;推进科技文献信息资源的共建共享;组织科技文献信息资源的深度开发和数字化应用;开展国内外合作与交流。图10-13为国家科技图书文献中心首页(http://www.nstl.gov.cn/index.html)。

图10-13 国家科技图书文献中心首页

国家科技图书文献中心的主要功能有文献服务、特色资源、特色服务和专题服务。

(1) 文献服务

国家科技图书文献中心提供的文献服务主要包括两种形式:一是文献浏览,二是文献检索。打开国家科技图书文献中心首页,单击"文献浏览"版块,用户可以看到各种文献类型,如期刊、会议论文、报告、文集汇编、图书、学位论文、专利、标准、计量规程。点击任何一种文献类型,用户可以按照学科分类、年份、语种等方式浏览文献资源。图 10-14 和图 10-15 分别是期刊和学位论文的文献浏览界面。

图 10-14 期刊文献浏览界面

图 10-15 学位论文文献浏览界面

在国家科技图书文献中心首页中,也可以看到文献检索页面。用户可以直接在检索框中输入关键词进行简单检索,也可以单击"高级检索"进行多字段组合检索。检索到的文献,可以通过全文传递和在线下载两种方式获取。全文传递,即根据用户的请求,以信函、电子邮件、传真等方式提供全文复印件。此项服务是收费服务项目,要求用户注册并支付预付款。在线下载,即用户可以在线以网页的形式阅读文献。图 10-16 是以"人工智能"为关键词的检索结果界面。

图 10-16 以"人工智能"为关键词的检索结果界面

（2）特色资源

国家科技图书文献中心为用户提供特色资源,包括外文回溯资源、外文现刊数据库、开放获取资源、外文科技图书和部分开通数据库,用户可根据需要进行相关查询。

（3）特色服务

国家科技图书文献中心为用户提供特色服务,包括国际科技引文服务、元数据标准服务、预印本、代查代借。

（4）专题服务

国家科技图书文献中心为用户提供专题服务,包括重点领域信息门户、国家重大战略信息服务平台、专题信息产品。其中,重点领域信息门户是由国家科技图书文献中心组织建设的网络信息资源服务栏目之一,面向科学研究团队、科研管理工作者、情报服务人员等不同人群,可按领域专题定制的知识服务平台。国家重大战略信息服务平台主要为用户提供"一带一路""长江经济带"和"京津冀协同发展"三大战略的政策信息和情报资源。专题信息产品主要是聚焦国家重点项目领域介绍进展动态和发展态势。

2. 国家科技成果信息服务平台

科技成果信息是国家重要的战略信息资源，集中反映了我国科技创新活动所取得的进展和达到的水平。及时、准确、完整并广泛共享的科技成果数据是促进科技创新和科技成果转化的信息保障。国家科技成果信息服务平台是由科技部创建和国家科学技术奖励工作办公室管理的一个科技成果发布、展示、交流的国家级科技成果信息服务平台。图 10-17 为国家科技成果信息服务平台首页（https://www.tech110.net/portal.php）。

图 10-17 国家科技成果信息服务平台首页

国家科技成果信息服务平台的主要功能有成果查询服务、基地服务、科技对接服务等。

（1）成果查询服务

国家科技成果信息服务平台提供的成果查询服务主要包括两种形式：一是成果浏览，二是成果检索。打开国家科技成果信息服务平台首页，在左边栏目，用户可以按照成果类别、专家和机构来浏览成果。在上方的检索框中，用户也可以直接输入关键词进行成果检索。图 10-18 是以"阅读障碍"为关键词的检索结果界面。

在检索结果界面，用户可以按照成果类别、成果获得单位所在省市、课题来源、成果所属高新技术类别、应用状态、推广形式等进一步查询。

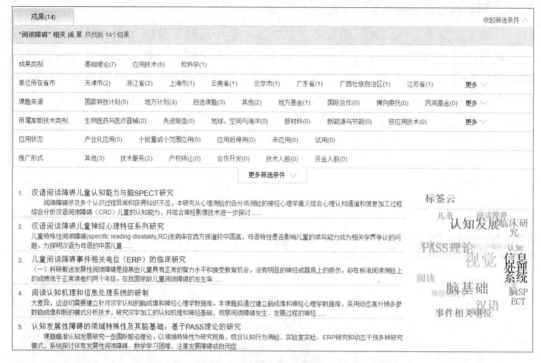

图10-18 以"阅读障碍"为关键词的检索结果界面

(2) 基地服务

为进一步整合、开发和利用国家科技成果资源,国家科学技术奖励工作办公室于2010年启动"国家科技成果转化服务示范基地"建设,依托国家科技成果信息服务平台和有关科技成果转化服务机构,围绕区域科技创新工作,开展国家科技成果转化信息服务及相关延伸服务。

(3) 科技对接服务

国家科技成果信息服务平台依托国家科技成果登记工作体系,整合了95万科技成果的完成人和评审专家,形成了120万科技专家资源总库、20万核心专家库和1.5万服务专家库。企业在线提出需求申请,国家科技成果信息服务平台从专家库进行检索和匹配,将企业需求向候选专家进行精准对接,从而为企业科技创新和成果转化提供高效支持。图10-19为科技专家对接服务界面。

3. 国家哲学社会科学文献中心

国家哲学社会科学文献中心立足全国哲学社会科学领域,由国家投入和支持,开展哲学社会科学文献信息资源建设和服务。该中心由中宣部指导,中国社会科学院牵头,教育部和国家新闻出版广电总局等相关部委配合,其他社科机构参与,共同建设和管理,依托社科院图书馆开展具体工作。该中心为全国哲学社会科学工作者提供开放型、公益性、权威性和学术性的文献保障与知识服务。图10-20为国家哲学社会科学文献中心首页。(http://www.ncpssd.org/index.aspx)

图 10-19　科技专家对接服务界面

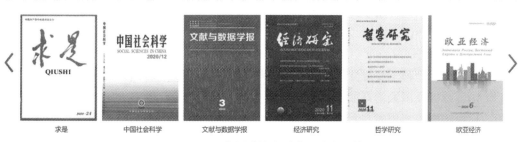

图 10-20　国家哲学社会科学文献中心首页

国家哲学社会科学文献中心的主要功能有文献服务和专题服务。

(1) 文献服务

国家哲学社会科学文献中心提供的文献服务主要包括两种形式：一是文献浏览，二是文献检索。打开国家哲学社会科学文献中心首页，单击"资源"版块，用户可以看到各种文献类型，如中文期刊、外文期刊、古籍。点击任何一种文献类型，用户可以按照学科分类、核心期刊等方式浏览各种期刊文献。图 10 - 21 和图 10 - 22 分别是中文期刊和外文期刊的文献浏览界面。单击任何一本期刊，可以打开期刊详细信息介绍界面。用户在界面的左边按照发表时间可以查询期刊每一期收录的论文。图 10 - 23 为《世界哲学》这本期刊的详细信息介绍界面。

图 10 - 21　中文期刊文献浏览界面

在国家哲学社会科学文献中心首页中，也可以看到文献检索页面。用户可以直接在检索框中输入关键词进行简单检索，也可以单击"高级检索"进行多字段组合检索。检索到的文献，可以通过全文下载和阅读全文两种方式获取。在检索结果界面，用户可以在左上方进一步限定检索项进行更有针对性的检索。图 10 - 24 是以"情境感知"为关键词的检索结果界面。

(2) 专题服务

国家哲学社会科学文献中心为用户提供专题服务，包括治国理政、智库建设。其中，治国理政涉及国家治理的核心主题，如党建、和平发展、中国特色社会主义、依法治国、反腐倡廉、实现中华民族伟大复兴的中国梦、不忘初心、牢记使命、生态文明等，里面收录了国家领导人的重要讲话、期刊文章和活动动态。

第五部分　信息获取

图10-22　外文期刊的文献浏览界面

图10-23　《世界哲学》这本期刊的详细信息介绍界面

信息素养：开启学术研究之门

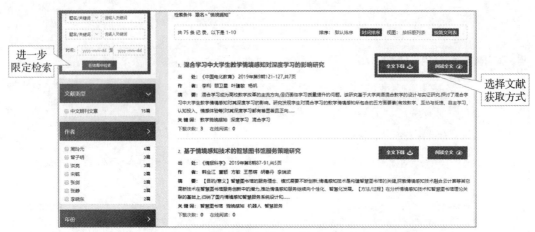

图 10 – 24　以"情境感知"为关键词的检索结果界面

> ❖ **练一练：**
> 　　1. 在国家科技图书文献中心查询 2018 年收录的关于眼动追踪方面的学位论文，记录检索结果数。
> 　　2. 在国家哲学社会科学文献中心查询《法学研究》这本期刊，记录期刊的详细信息。
> 　　3. 在国家科技成果信息服务平台检索有关城市垃圾分类的成果，选择 3 条成果信息进行记录。

拓展阅读 10 – 2　国内外主要的学会（协会）机构网站

名称	网址	二维码
中国科学技术协会	http://www.cast.org.cn/	
美国物理学会	https://www.aps.org/	
国际光学工程师学会	http://spie.org/	

续表

名称	网址	二维码
英国电气工程师学会	https://www.theiet.org/	
国际测量和控制学会	http://www.isa.org/	
制造工程师学会	https://www.sme.org/	

10.2.3　科研基金网站

科研基金网站的内容主要以基金项目的信息发布和组织管理、专业领域的最新研究动态介绍、国家在专业领域的政策或标准规范的发布，以及专业领域召开的会议介绍为主。一般来说，如果按照科研基金项目的级别，科研基金项目网站有国家级、省级、市（区）级之分；如果按照科研基金项目的类别，科研基金项目网站也有相应不同的类别。下面介绍几个常见的国家级科研基金网站。

1. 国家自然科学基金委

国家自然科学基金委员会是管理国家自然科学基金的副部级事业单位，由科学技术部管理。科学技术部负责管理国家自然科学基金委员会，依法对国家自然科学基金工作进行宏观管理、统筹协调和监督评估。国家自然科学基金委员会依法管理国家自然科学基金，相对独立运行，负责资助计划、项目设置和评审、立项、监督等组织实施工作。

国家自然科学基金委员会的主要职能是：①根据国家发展科学技术的方针、政策和规划，按照与社会主义市场经济体制相适应的自然科学基金运作方式，运用国家财政投入的自然科学基金，资助自然科学基础研究和部分应用研究，发现和培养科技人才，发挥自然科学基金的导向和协调作用，促进科学技术进步和经济、社会发展；②负责国家自然科学基金管理，制定和发布基础研究和部分应用研究指南，受理课题申请，组织专家评审，择优资助，着力营造有利于创新的研究环境；③协同科学技术部拟定国家基础研究的方针、政策和发展规划，接受委托，对国家高科技、应用研究方面的重大问题提供咨询并承担相关任务；④支持国内其他自然科学基金的工作；⑤同外国的政府科技管理部门、科学基金会及有关学术组织建立联系并开展国际合作。图10-25为国家自然科学基金委员会首页（http://www.nsfc.gov.cn/）。

图10-25 国家自然科学基金委员会首页

国家自然科学基金委员会网站的主要功能涉及三大方面，即项目信息发布、项目检索与查询、成果传播。

(1) 项目信息发布

国家自然科学基金委员会网站负责国家自然科学基金项目信息发布。在网站首页，单击"项目指南"版块，可查看2015~2020年国家自然科学基金各类项目的申报指南和通知，如图10-26所示。

(2) 项目检索与查询

国家自然科学基金委员会网站提供用户检索与查询获批立项项目的服务。在网站首页，单击"申请资助"版块，选择"项目检索与查询"，即可打开项目检索与查询界面，如图10-27所示。用户可以进行多字段组合检索。

(3) 成果传播

国家自然科学基金委员会网站提供资助项目的成果介绍，便于优秀科研成果的传播与交流，也便于用户查询了解相关领域科研项目的研究动态。在网站首页，单击"资助成果"版块，即可打开资助成果的界面。

图 10-26　国家自然科学基金委员会网站"项目指南"版块界面

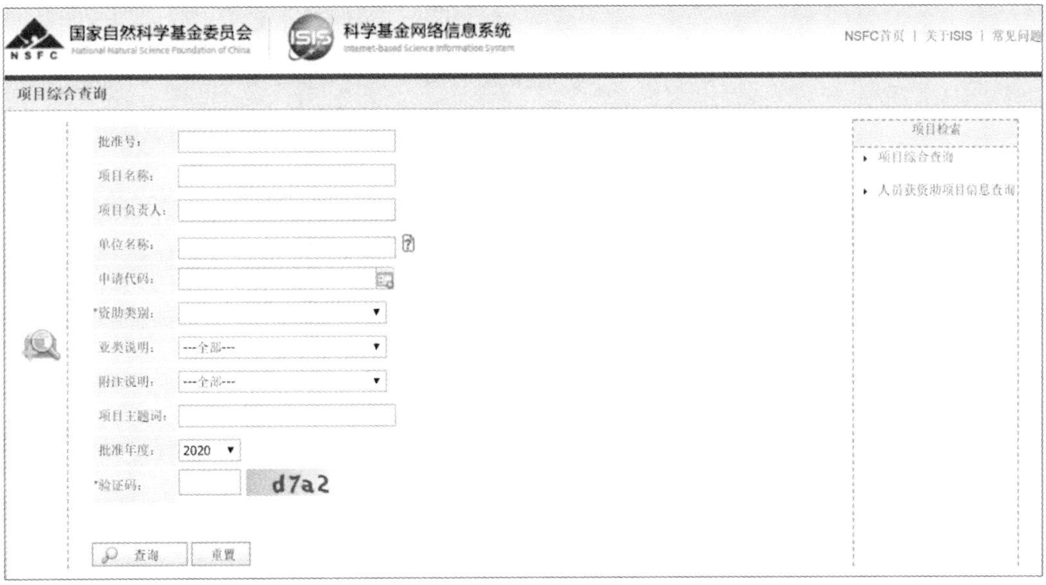

图 10-27　国家自然科学基金委员会网站"项目检索与查询"界面

2. 国家社会科学基金

国家社会科学基金现由全国哲学社会科学工作办公室负责管理。全国哲学社会科学工作办公室是全国哲学社会科学工作领导小组的办事机构。其主要职责是：①负责督促落实中央关于哲学社会科学工作的决策部署；②分析研判全国哲学社会科学发展状况并提出工作建议；③负责联系协调全国哲学社会科学队伍和研究力量，组织实施哲学社会科学创新工程、人才工程等相关工作；④负责联系协调全国性社会科学学术社团，加强对社团建设和重大活动的指导管理；⑤负责组织开展国家高端智库建设工作，协调推动中国特色新型智库建设；⑥负责管理国家社会科学基金，组织基金项目评审和成果转化应用等工作。图10-28为国家社会科学基金首页（http://www.npopss-cn.gov.cn/GB/index.html）。

图10-28　国家社会科学基金首页

国家社会科学基金网站的主要功能为项目信息发布、项目管理和成果传播。

（1）项目信息发布

国家社会科学基金网站负责国家社会科学基金项目信息发布。在网站首页，单击"通知公告"版块，可查看国家社会科学基金各类项目的申报公告和立项名单，如图10-29所示。

图 10-29　国家社会科学基金网站"通知公告"版块界面

(2) 项目管理

国家社会科学基金网站开辟科研创新服务管理平台，用于对国家社会科学基金各类项目的管理，包括项目申报系统、预算填报系统、项目中后期管理系统、项目评审鉴定系统。凡是申报或者在研的国家社会科学基金项目都需要登录该平台进行相关信息填报。在网站首页，单击"基金管理"版块，即可打开该平台，如图 10-30 所示。

图 10-30　国家社会科学基金网站科研创新服务管理平台

(3) 成果传播

国家社会科学基金网站提供资助项目的成果介绍，便于优秀科研成果的传播与交流，也便于用户查询了解相关领域科研项目的研究动态。在网站首页，单击"成果荟萃"版块，即可打开资助成果的界面。同时，单击"基金专刊"，可以了解国家级报刊对重大科研成果的报道。

3. 中国高校人文社会科学信息网

中国高校人文社会科学信息网是中国人民大学主管、主办的，为人文社会科学服务的专业性门户网站。其目标是成为人文社会科学的资料信息中心、网络出版中心、信息发布中心、网络管理中心和咨询服务中心。该网站以服务人文社会科学研究、服务社科研究管理、服务人文社科资源及成果推广应用为宗旨。通过建设全国性的网络平台，为高校及全国社会科学研究工作者提供社科研究的信息服务；充分利用人文社科资源与成果，为人文社会科学服务社会提供平台；向海内外整体介绍和展示我国高校人文社会科学的发展动态、研究成果及其他信息。图10-31为中国高校人文社会科学信息网首页（http://www.sinoss.net）。

图10-31　中国高校人文社会科学信息网首页

中国高校人文社会科学信息网的主要功能包括项目信息发布、成果检索与查询、文献服务、机构查询。

(1) 项目信息发布

中国高校人文社会科学信息网负责教育部人文社会科学项目信息发布，包括立项项目、结项项目、项目指南、项目管理规章、项目相关资料等。在网站首页，单击"管理"版块，即可在打开的界面中看到这些信息。

(2) 成果检索与查询

中国高校人文社会科学信息网提供资助项目的成果介绍，便于优秀科研成果的传播与交流，也便于用户检索与查询相关领域科研项目的研究动态。在网站首页，单击"项目成果库"版块，用户可以按照项目分类或者学科分类浏览项目成果，也可以在检索框中输入关键词检索相关的项目成果，如图10-32所示。

图10-32　中国高校人文社会科学信息网"项目成果库"界面

（3）文献服务

中国高校人文社会科学信息网提供期刊文献服务，主要包括两种形式：一是文献浏览，二是文献检索。在网站首页，单击"在线期刊"版块，用户可以按照学科门类浏览期刊论文，也可以在期刊检索框中按照标题、作者、关键词等字段检索期刊论文，如图10-33所示。

（4）机构查询

中国高校人文社会科学信息网提供全国各地高校的人文社会科学研究基地或者机构的查询服务，用户可以在此查询基地或者机构信息。

4. 全国教育科学规划领导小组办公室

全国教育科学规划领导小组办公室是教育部全国教育科学规划领导小组的常设办事机构。作为全国哲学社会科学规划单列学科管理部门，业务上接受全国哲学社会科学规划办公室的指导。其主要职能是：①负责制定全国教育科学规划及课题指南；②负责制定全国教育科学规划课题管理办法；③负责全国教育科学规划各类课题的评审、检查与鉴定工作；④负责编制重点课题经费预算；⑤负责组织优秀科研成果和先进管理单位的评选奖励工作；⑥负责课题成果的宣传、交流和推广活动。图10-34为全国教育科学规划领导小组办公室首页（http://onsgep.moe.edu.cn/）。

图 10-33　中国高校人文社会科学信息网"在线期刊"界面

图 10-34　全国教育科学规划领导小组办公室首页

全国教育科学规划领导小组办公室网站的主要功能是项目信息发布、成果发布与公告。

（1）项目信息发布

全国教育科学规划领导小组办公室网站负责全国教育科学规划项目信息发布。在网站首页，单击"项目申报"版块，可以查询全国教育科学规划各类项目的申报指南和申报通知；单击"立项数据"版块，可以查询2006～2019年获批立项项目名单。

（2）成果发布与公告

全国教育科学规划领导小组办公室网站不仅对项目成果的完成情况进行发布，而且也会遴选优秀项目成果进行公告。在网站首页，单击"成果管理"，可以了解每一年立项课题的成果鉴定情况，其中对于重大项目的鉴定情况会在"重大项目"版块发布。在网站首页，单击"优秀成果"版块，可以查看全国教育科学规划项目的优秀成果，便于研究成果的传播与交流。

10.3 网络学术论坛的使用

网络学术论坛属于交互式开放资源，一般是介绍学术动态，交流学术研究成果、经验，探讨某些学术问题的综合科研服务网站。它为用户提供了快速便捷的学术交流途径，通过文献互助，打破学术信息使用权限限制，共享高质量原创信息。

网络学术论坛通过分类导航，对所有用户发布的信息进行整理，形成不同的消息版块。用户登录后，往往针对某一个感兴趣的问题在论坛与他人进行讨论，这些问题通常是某一个学科领域的热点或疑难问题。可以说，网络学术论坛是集许多学科信息于一体的学术资源集合体，其出版活动没有同行评议、专家评审的参与，主要依靠学术水平来确保其公信力与权威性。

目前，国内较有代表性的网络学术论坛有：医学、药学、生命科学专业论坛——丁香园（http://www.dxy.cn），建筑论坛（http://abbs.com.cn/），综合性学术论坛——小木虫（http://muchong.com/bbs/）。

❀ 想一想：

1. 你是否使用过网络学术论坛？
2. 你使用网络学术论坛的目的是什么？
3. 你认为网络学术论坛是否能够帮助你解决问题？

思考与练习

1. 什么是网络学术搜索引擎？
2. 请用思维导图归纳网络学术搜索引擎的使用方法和步骤。
3. 什么是开放资源？
4. 开放资源有哪些类型？
5. 你使用过开放学术资源吗？如果有，请与同学分享。
6. 利用 Google Scholar 搜索近一年来标题中含有"信息素养"的 PDF 英文文献。
7. 利用 Google Scholar 搜索 2014 年诺贝尔化学奖得主威廉姆·艾斯科·莫尔纳尔（William Esco Moerner）在单分子光谱和荧光光谱领域发表的文献。
8. 利用读秀搜索引擎检索《中国图书馆学报》关于知识图谱方面的文献，并解释什么是知识图谱以及知识图谱的发展脉络是怎样的。
9. 利用本章介绍的出版社数据库查找有关"自我效能感"方面的期刊文献，选择 3 篇文献，分别记录文献名、作者、发表刊物、发表时间、DOI、页码。
10. 在国家科技成果信息服务平台检索广东省城市防洪方面的科技成果信息，记录检索结果数和成果名称。
11. 请在"全国图书馆参考咨询联盟"平台（http://www.ucdrs.superlib.net/）注册一个账号，登录后在该平台查找一本你感兴趣的图书；点击该图书的文献传递链接；注册邮箱接收该图书的链接后尝试下载其 PDF 文档。
12. 某生需要自学"信息素养：开启学术研究之门"慕课，请帮助该生找到该课程的网址。
13. 根据自己的专业，选择国家科技图书文献中心或者国家哲学社会科学文献中心，自拟关键词，检索 2015～2020 年期间收录的 3 篇中文/英文期刊文献，并记录文献名、作者、发表刊物。
14. 查找 2020 年度国家自然科学基金和国家社会科学基金的课题指南，并下载。
15. 查找 2020 年度教育部人文社会科学立项项目名单，并记录与自己所学专业相关的课题数量。

参 考 文 献

[1] 张敏生，吴太斌. 信息检索与利用 [M]. 西安：西安电子科技大学出版社，2018.
[2] 陈有富. 网络信息资源的评价与检索 [M]. 郑州：河南人民出版社，2018.

[3] 高新陵, 吴东敏. 科技文献信息与科技创新 [M]. 南京: 河海大学出版社, 2013.

[4] 柳宏坤, 杨祖遂, 苏秋侠, 玄永浩. 信息资源检索与利用 [M]. 上海: 上海财经大学出版社, 2017.

[5] 刘伟成. 数字信息资源检索 [M]. 武汉: 武汉大学出版社, 2018.

[6] 黄如花, 胡永生. 图书情报与信息管理实验教材 [M]. 武汉: 武汉大学出版社, 2017.

[7] 程娟. 信息检索 [M]. 天津: 天津大学出版社, 2014.

[8] 庞慧萍. 信息检索与利用 [M]. 北京: 北京理工大学出版社, 2017.

[9] 徐庆宁, 陈雪飞. 新编信息检索与利用 [M]. 第4版. 上海: 华东理工大学出版社, 2018.

第 11 章
全文数据库资源的获取

🔄 学习目标

1. 了解常见的中外文全文数据库；
2. 掌握中文全文数据库的使用方法；
3. 掌握外文全文数据库的使用方法。

🔄 情境导入

在开展学术研究中，我们是否时常会思考这样一些问题：我所做的研究在国内外是否已有相关研究？我所做的研究与国内外相关研究对比，有哪些创新？小新是 H 大学计算机专业的一名大二学生，最近学校组织同学们积极申报"大学生创新创业训练计划项目"。小新一直对虚拟现实技术和教育游戏有着浓厚的兴趣，他想借此机会尝试申报一个基于虚拟现实技术的教育游戏设计与开发的项目。他饶有兴致地请教老师。老师对于他的想法给予充分肯定和鼓励，同时建议他系统地收集有关基于虚拟现实技术的教育游戏研究的中文文献和外文文献进行阅读分析，把握国内外基于虚拟现实技术的教育游戏研究的现状，以此确定自己的项目研究重点。对此，小新犯难了。

想象一下，当你处于小新的情境会怎么办，并试着回答如下问题。
1. 要全面了解国内相关研究现状，应该获取哪一类文献资源？
2. 要全面了解国外相关研究现状，应该获取哪一类文献资源？
3. 这些文献资源可以从哪里获取？

当查找学术信息资源时，也许你会想到学术搜索引擎。的确，学术搜索引擎能够帮助我们搜索到各种不同的学术信息资源。但是，借助学术搜索引擎检索到的学术信息资源通常只占整个网络学术信息资源的很小部分，绝大部分的资源对这些搜索引擎是不可见的。这些资源恰恰是对学术研究极为重要的,它们被收录在各类中外文全文数据库中,是科研人员进行科学研究、科技查新、论文写作的重要信息来源,也是学术信息资源的重要代表。全文数据库是一种存储文献全文或其中主要部分内容的数据库,收录的信息资源主要有书籍报刊、法律法规、政府文件、科技报告等。为了及时了解学科前沿动态,快速掌握学科发展状况,我们需要学习全文数据库资源的获取方法。

11.1 中文全文数据库的使用

中国知网(简称"CNKI")、维普中文期刊服务平台(简称"维普")和万方数据知识服务平台(简称"万方")是国内影响力和利用率很高的综合性中文全文数据库。这三个数据库已经成为广大高等院校、公共图书馆和科研机构文献信息保障系统的重要组成部分。

视频11-1:中文数据库的
检索方法和技巧(上)

视频11-2:中文数据库的
检索方法和技巧(下)

11.1.1 中国知网的使用

中国知网,又称为中国知识资源总库、中国学术文献网络出版总库,是由清华大学、清华同方光盘股份有限公司、中国学术期刊电子杂志社等单位共同研制开发。文献内容覆盖自然科学、工程技术、农业科技、医药卫生科技、哲学与人文科学、经济与管理科学、信息科技等领域。

1. 中国知网收录资源简介

中国知网主要包括中国学术期刊全文数据库、中国优秀博硕士学位论文全文数据库、中国重要会议论文全文数据库、中国重要报纸全文数据库、中国年鉴网络出版总库、中国专利全文数据库、海外专利摘要数据库、标准数据总库、中国科技项目创新成果鉴定意见数据库等子数据库,可以检索到学术期刊、优秀博硕士论文、重要会议论文、专著、报纸、年鉴、专利、标准、工具书、古籍等类型的文献资源。各个子数据库收录的文献年代和范围见表11-1。中国知网还收录了部分外文文献的数据库,所以在中国知网中也可以查询到部分外文文献资源。

表 11-1　中国知网各个子数据库收录的文献情况

子数据库名称	收录年份	收录范围
中国学术期刊全文数据库	1915年至今，部分期刊回溯至创刊	以学术、技术、政策指导、高等科普及教育类期刊为主，内容覆盖自然科学、工程技术、农业、哲学、医学、人文社会科学等各个领域。收录国内学术期刊8 000余种，全文文献总量5 600万篇。核心期刊收录率96%；特色期刊（如农业、中医药等）收录率100%；独家或唯一授权期刊共2 400余种
中国优秀博硕士学位论文全文数据库	1984年至今	收录全国483家培养单位的博士学位论文和766家硕士培养单位的优秀硕士学位论文。覆盖基础科学、工程技术、农业、医学、哲学、人文、社会科学等各个领域
中国重要会议论文全文数据库	1953年至今	收录1999年以来，中国科协系统及国家二级以上的学会、协会，高校、科研院所，政府机关举办的重要会议以及在国内召开的国际会议上发表的文献。其中，国际会议文献占全部文献的20%以上，全国性会议文献超过总量的70%，部分重点会议文献回溯至1953年。目前，已收录出版国内外学术会议论文集3万本，累积文献总量300万篇
中国重要报纸全文数据库	2000年至今	收录中国国内公开发行的500多种重要报纸刊载的学术性、资料性文献
中国年鉴网络出版总库	1949年至今	收录中国国内出版的中央、地方、行业和企业等各类年鉴。内容覆盖基本国情、地理历史、政治军事外交、法律、经济、科学技术、教育、文化体育事业、医疗卫生、社会生活、人物、统计资料、文件标准与法律法规等各个领域
中国专利全文数据库	1985年至今	收录专利1 000多万条，内容涉及发明专利、实用新型专利、外观设计专利3个字库，其来源于国家知识产权局知识产权出版社
海外专利摘要数据库	1970年至今	收录国外专利题录信息，包含美国、日本、英国、德国、法国、瑞士、世界知识产权组织、欧洲专利局、俄罗斯、韩国、加拿大、澳大利亚、中国香港及中国台湾的专利
标准数据总库		收录了所有的中国国家标准（GB）、国家建设标准（GBJ）、中国行业标准的题录摘要数据，共计标准约13万条；收录了世界范围内重要标准，如国际标准（ISO）、国际电工标准（IEC）、欧洲标准（EN）、德国标准（DIN）、英国标准（BS）、法国标准（NF）、日本工业标准（JIS）、美国标准（ANSI）、美国部分学协会标准等题录摘要数据，共计标准约31万条；收录了由中国标准出版社出版的，国家标准化管理委员会发布的所有国家标准，占国家标准总量的90%以上；收录了现行、废止、被代替以及即将实施的行业标准；收录了由人力资源和社会保障部职业能力建设司编制，由中国劳动社会保障出版社出版的国家职业标准汇编本，为各级职业技能鉴定机构及职业教育培训机构、职业院校等开展职业教育培训和职业技能鉴定工作提供了重要依据

续表

子数据库名称	收录年份	收录范围
中国科技项目创新成果鉴定意见数据库	从1978年至今,部分成果回溯至1920年	收录正式登记的中国科技成果,按行业、成果级别、学科领域分类。每项成果包含了与该成果相关的最新文献、科技成果、标准等信息,可以完整地展现该成果产生的背景、最新发展动态、相关领域的发展趋势,可以浏览成果完成人和成果完成机构更多的论述以及在各种出版物上发表的文献

除了个别数据库以外,中国知网数据库内容分为10个专辑,各个专辑名称及覆盖学科范围见表11-2。

表11-2 中国知网数据库内容专辑及覆盖学科范围

专辑名称	学科范围
理工A(数理科学专辑)	数学、力学、物理、生物、天文、地理、气象、地质、海洋、生物等
理工B(化学化工及能源材料专辑)	化学、化工、矿冶、金属、石油、天然气、煤炭、轻工、环境、材料等
理工C(工业技术专辑)	机械、仪表、计量、电工、动力、建筑、水利工程、交通运输、建筑科学、航空航天、原子能技术等
农业专辑	农业、林业、畜牧兽医、渔业、水产、植保、园艺、农田水利、农机、生态等
医药卫生专辑	医学、药学、卫生、保健、生物医学等
文史哲专辑	语言、文学、历史、考古、音乐、艺术、体育、哲学、美术等
政治军事与法律专辑	政治学、思想政治教育、军事、法律、党建、外交等
教育与科学社会专辑	各类教育、社会学、心理学、统计、人口、人才等
电子技术与信息科学专辑	电子、无线电、激光、半导体、计算机、自动化、通信、新闻出版、图书情报、广播、电视等
经济与管理专辑	经济、金融、保险、审计、管理学等

2. 中国知网的文献检索方法

中国知网提供四种用户登录方式：个人用户、包库用户、镜像站点用户和机构年卡用户。图11-1为中国知网（华南师范大学镜像）首页。

（1）按库检索

在中国知网首页上,我们可以清楚地看到,用户可以按库进行单库检索或跨库检索。只要勾选所需要检索的数据库,就可以进入相应数据库的页面。

信息素养：开启学术研究之门

图 11-1 中国知网（华南师范大学镜像）首页

【检索案例1】 在中国知网中，选择"学术期刊"，检索查询 2010~2020 年期间智慧教育方面的期刊文献。

【检索过程】 进入中国知网首页，勾选"学术期刊"，打开中国学术期刊全文数据库页面，如图 11-2 所示。中国学术期刊全文数据库提供了多字段组合、时间限定、来源期刊、来源类别、支持基金等检索条件。其中，多字段组合、来源期刊、支持基金还有模糊和精确两种形式。在本案例中，用户可以选择"篇名"检索字段，在检索框中输入"智慧教育"检索词；选择从"2010年"到"2020年"，点击"检索"，检索结果如图 11-3 所示。

图 11-2 中国学术期刊全文数据库页面

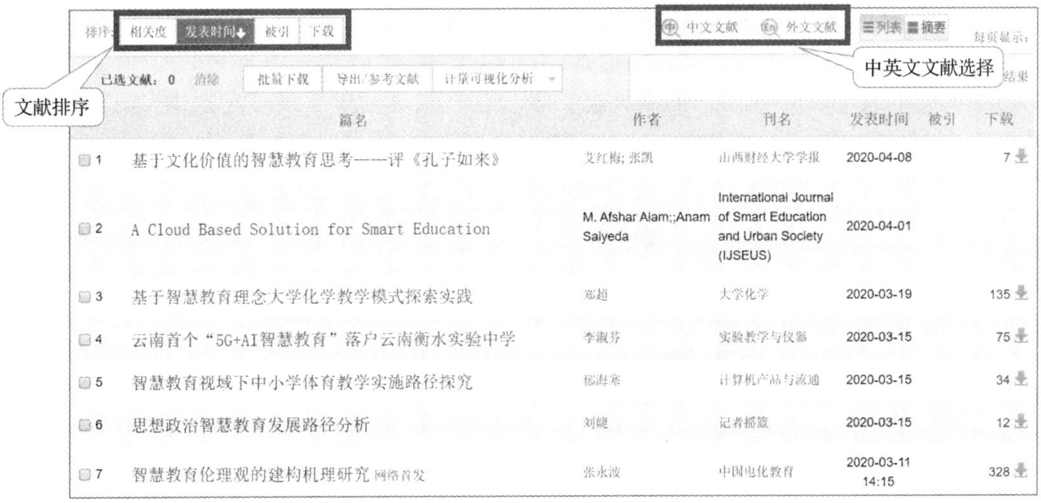

图11-3 期刊文献检索结果

在检索结果中,可以看到检索到的篇名含有"智慧教育"检索词的期刊文献共有1 188条结果,每一篇文献都列出了篇名、作者、刊名、发表实践、被引次数、下载次数。用户可以按照相关度、发表时间、被引次数或者下载次数进行排序。正如前文所提及,中国知网包含部分外文文献数据库,所以在检索结果中,检索到的中文文献信息和外文文献信息会一并显示。如果用户想单独在中文文献或者外文文献中进一步查询,可以单击选择图11-3中的"中文文献"或"外文文献"。

在图11-3中,我们可以看到,中国学术期刊全文数据库提供"批量下载",允许用户同时下载多篇文献;还提供"导出/参考文献",允许用户快速导出所选文献的题录信息;还提供"计量可视化分析",允许用户对所选文献的总体趋势和主题分布进行简单分析,便于用户快速把握相关研究的整体情况。图11-4为"导出/参考文献"页面,用户可以根据研究需要将文献题录信息导出为不同引文格式,将其复制到剪贴板、打印、保存到Excel或Word中。

图11-4 "导出/参考文献"页面

选择任何一篇文献信息的篇名,即可打开该篇文献的页面,页面包括篇名、作者、作者单位、摘要、关键词、收录期刊的时间和页码等信息。用户可以在页面中选择"CAJ 下载"或"PDF 下载"下载该篇文献。在文献页面中,系统还提供了几个有用的信息。①参考文献:给出了该篇文章的部分参考文献列表(系统仅列出了中国知网中,中国学术期刊全文数据库有全文的参考文献,而不是文章的全部参考文献)。②共引文献:给出了与该篇文章至少有一篇相同参考文献的文献列表。③引证文献:给出了中国知网中,中国学术期刊全文数据库引用该篇文章的文献列表。④同被引文献:给出了与该篇文章同时被引用的文献列表。⑤相似文献:给出了与该篇文章主题相近或内容相似的不同类型的文章,包括期刊、学位论文、会议文献等。

❋ 练一练:

1. 在中国知网的中国学术期刊全文数据库中,查找钟南山院士发表的有关呼吸疾病的文献。在检索结果中,分别选择被引次数和下载次数最高的一篇文献进行下载阅读,记录其篇名、收录期刊的时间和页码,以及摘要和关键词信息。

2. 在中国知网的中国学术期刊全文数据库中,查找有关在线开放课程方面的文献,记录检索结果。按照 GB/T 7714—2015 引文格式导出前 20 篇文献的题录信息,将其保存到 Word 中。

3. 在中国知网的中国学术期刊全文数据库中,以"双师课堂"为检索词,分别在"主题""关键词""篇名""摘要""全文"等检索字段中进行检索,记录对比检索结果,说说你发现了什么?

【检索案例2】 在中国知网中,选择"博硕论文",检索查询有关情感计算方面的学位论文。

【检索过程】 进入中国知网首页,勾选"博硕论文",打开中国优秀博硕士学位论文全文数据库页面,如图 11-5 所示。中国优秀博硕士学位论文全文数据库提供了多字段组合、学位年度、学位单位、支持基金等检索条件。其中,多字段组合也有模糊和精

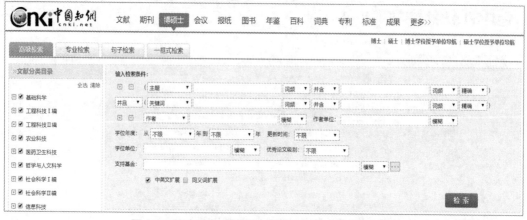

图 11-5 中国优秀博硕士学位论文全文数据库页面

确两种形式。在本案例中，用户可以选择“题名”检索字段，在检索框中输入“情感计算”检索词；点击“检索”，检索结果如图 11 -6 所示。

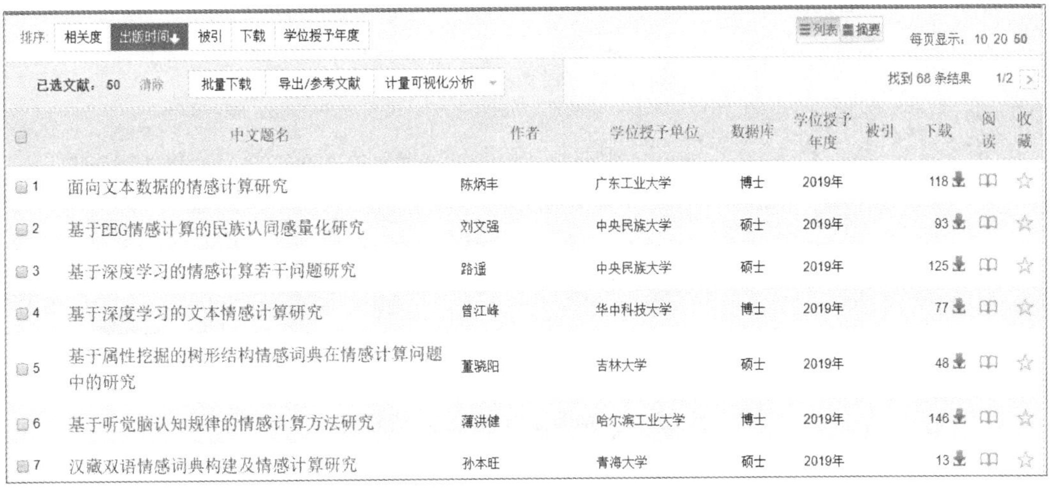

	中文题名	作者	学位授予单位	数据库	学位授予年度	被引	下载	阅读	收藏
1	面向文本数据的情感计算研究	陈炳丰	广东工业大学	博士	2019年		118		
2	基于EEG情感计算的民族认同感量化研究	刘文强	中央民族大学	硕士	2019年		93		
3	基于深度学习的情感计算若干问题研究	路遥	中央民族大学	硕士	2019年		125		
4	基于深度学习的文本情感计算研究	曾江峰	华中科技大学	博士	2019年		77		
5	基于属性挖掘的树形结构情感词典在情感计算问题中的研究	董晓阳	吉林大学	硕士	2019年		48		
6	基于听觉脑认知规律的情感计算方法研究	薄洪健	哈尔滨工业大学	博士	2019年		146		
7	汉藏双语情感词典构建及情感计算研究	孙本旺	青海大学	硕士	2019年		13		

图 11 -6　学位论文检索结果界面

在检索结果中，可以看到检索到的题名含有“情感计算”检索词的优秀博硕士学位论文共有 68 条结果，每一篇学位论文都列出了题名、作者、学位授予单位、学位授予年度、被引次数和下载次数。用户可以按照相关度、出版时间、被引次数、下载次数或者学位授予年度进行排序。

选择任何一篇学位论文题名，即可打开该篇论文的页面，页面包括论文题名、作者、学位授予单位、摘要、关键词、导师等信息。用户可以在页面中选择“整本下载”“分页下载”“分章下载”或“在线阅读”等方式阅读论文。

想一想：

如果想查找某所学校某个导师指导的博硕士论文，应该如何操作呢？如北京师范大学陈丽教授。

用户可以采用类似的检索方法在中国重要会议论文全文数据库、中国重要报纸全文数据库、中国图书全文数据库等子数据库中查找会议论文、报纸、图书等相关文献信息。

（2）按检索功能检索

中国知网提供了高级检索、专业检索、作者发文检索、句子检索、一框式检索等多种检索方式，极大地满足用户多样化的文献检索需求。高级检索是多字段组合检索，如图 11 -7 所示；专业检索是使用布尔逻辑算符的专业检索表达式检索，如图 11 -8 所示；作者发文检索是以作者姓名和作者单位为组合的检索；句子检索是对全文某一句话或某一段话的精确检索；一框式检索实为简单检索。

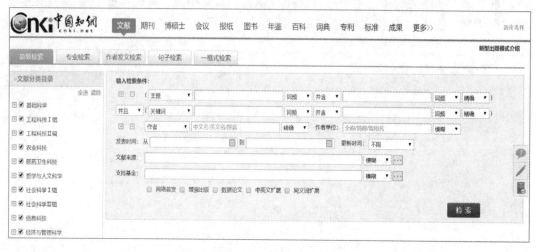

图 11-7　中国知网的高级检索页面

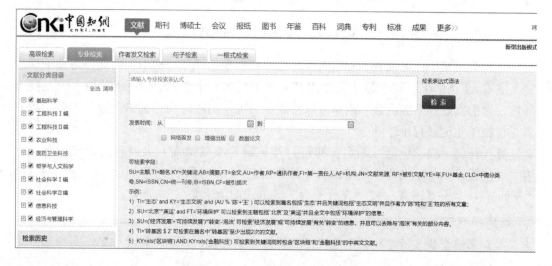

图 11-8　中国知网的专业检索页面

【检索案例3】　在中国知网中，利用专业检索方式检索有关区块链在教育中应用的中英文文献。

【检索过程】　进入中国知网首页，点击"高级检索"，选择"专业检索"，在检索框中输入检索式：TI = xls('区块链') AND TI = xls('教育')。

❀ 小提示：

　　专业检索用于图书情报专业人员查新、信息分析等工作，使用逻辑运算符和关键词构造检索式进行检索。专业检索式的规范与否，直接决定了专业检索结果的精确与否。用户在专业检索之前，可以点击"检索表达式语法"，了解如何使用运算符构造规范的检索式。

在检索过程中，要想获取更多的相关文献信息，用户不仅可以根据每一篇文献页面提供的参考文献、共引文献、引证文献和同被引文献进行扩大检索，还可以利用中国知网提供的引文检索功能。

在中国知网首页上，点击"引文检索"的"中国引文数据库"，即可打开中国引文数据库页面，如图 11-9 所示。在中国引文数据库中，用户可以进行被引文献、被引作者、被引机构、被引期刊等检索。同样地，有简单检索和高级检索两种方式。

图 11-9　中国引文数据库页面

【检索案例4】　在中国知网中，检索查询北京师范大学武法提教授 2018 年在期刊《中国电化教育》上发表的篇名为"学习行为投入：定义、分析框架与理论模型"的文章被其他期刊文章引用的情况。

【检索过程】　进入中国知网首页，打开中国引文数据库页面。在"被引文献"选项卡中选择"被引题名"检索字段，在检索框中输入文章篇名，点击"检索"，即可查看该篇文章被引用的情况，如图 11-10 所示。点击被引篇数，进入引用文献的页面，如图 11-11 所示。

图 11-10　被引用文献的检索结果界面

```
《学习行为投入:定义、分析框架与理论模型》全部的引证文献：    (总被引频次：29，总他引频次：--)
[1] 李艳燕,彭禹,康佳,包昊罡,苏友. 在线协作学习中小组学习投入的分析模型构建及应用[J]. 中国远程教育. 2020(02) :40-48+77.
[2] 许欢. 国内高校在线课程建设理念演化研究[D]. 西南大学. 2019.
[3] 张屹,郝琪,陈蓓蕾,于海恩,范福兰,陈珍. 智慧教室环境下大学生课堂学习投入度及影响因素研究——以"教育技术学研究方法课"为例[J]. 中国电化教育. 2019(01) :106-115.
[4] 王维,董永权,胡明. 基于解释结构模型的学生学习行为投入评价因素研究[J]. 数学的实践与认识. 2019(09) :107-116.
[5] 毛刚,周跃良. 学习者习惯性行为中的元认知投入水平计算研究[J]. 电化教育研究. 2019(06) :68-75.
[6] 王志军,冯小燕. 基于学习投入视角的移动学习资源画面设计研究[J]. 电化教育研究. 2019(06) :91-97.
[7] 江秀叶. 混合学习活动中促进学习者的学习投入策略研究[J]. 教育信息化论坛. 2019(05) :165-166.
[8] 代建军. 基于聚类和关联分析的大学英语混合式学习行为研究[J]. 教育现代化. 2019(58) :141-143.
```

图 11-11　引用文献的页面

❖ **练一练：**

1. 在中国知网的中国引文数据库中，查找 2010~2020 年期间北京师范大学武法提教授所发表文章被引用的情况。选择被引次数最高的一篇文献，记录其被引题名、被引来源和发表时间，并截取引用该篇文献的其他文献页面。

2. 在中国知网的中国引文数据库中，查找 2010~2020 年期间《开放教育研究》期刊被引用的情况。选择被引次数最高的一篇文献，记录被引题名、被引作者和发表时间。

❖ **小提示：**

1. 在查找被引作者时，要注意别除同姓名的作者。用户可以在高级检索中，通过进一步在"被引单位"中加以限定。

2. 在查找被引期刊时，对于刊名变更，用户可以在高级检索中，将更名前后的期刊名称作为同义词进行检索。

11.1.2　维普中文期刊服务平台的使用

维普中文期刊服务平台是在《中文科技期刊数据库》基础上研发而来的。平台是以中文期刊资源保障为核心基础，以数据检索应用为基础，以数据挖掘与分析为特色，面向教、学、产、研等多场景应用的期刊大数据服务平台。

1. 维普中文期刊服务平台收录资源简介

《中文科技期刊数据库》是重庆维普资讯有限公司开发的数字期刊论文数据库。诞生于 1989 年，累计收录期刊 15 000 余种，现刊 9 000 余种，文献总量 7 000 余万篇。是我国数字图书馆建设的核心资源之一，是高校图书馆文献保障系统的重要组成部分，也是科研工作者进行科技查证和科技查新的必备数据库。目前，《中文科技期刊数据库》收录文献覆盖的学科包括社会科学、自然科学、工程技术、农业科学、医药卫生、经济管理、教育科学和图书情报 8 个专辑，见表 11-3。

表11-3 《中文科技期刊数据库》学科专辑及覆盖内容

专辑名称	覆盖内容
社会科学	马克思主义、列宁主义、毛泽东思想、邓小平理论、哲学、宗教、社会科学总论、政治、法律、军事、语言、文字、文学、艺术、历史、地理
自然科学	自然科学总论、数理科学和化学、天文学、地球科学、生物科学
工程技术	一般工业技术、矿业工程、石油、天然气工业、冶金工业、金属学与金属工艺、机械、仪表工业、武器工业、能源与动力工程、原子能技术、电工技术、无线电电子学、电信技术、自动化技术、计算机技术、化学工业、轻工业、手工业、建筑科学、水利工程、交通运输、航空、航天、环境科学、安全科学
农业科学	农业基础科学、农业工程、农学（农艺学）、植物保护、农作物、园艺、林业、畜牧、动物医学、狩猎、蚕、蜂、水产、渔业
医药卫生	预防医学、卫生学、中国医学、基础医学、临床医学、内科学、外科学、妇产科学、儿科学、肿瘤学、神经病学与精神病学、皮肤病学与性病学、耳鼻咽喉科学、眼科学、口腔科学、外国民族医学、特种医学、药学
经济管理	经济学、世界各国经济概况、经济史、经济地理、经济计划与管理、农业经济、工业经济、信息产业经济、交通运输经济、旅游经济、邮电经济、贸易经济、财政、金融
教育科学	教育、体育
图书情报	文化理论、世界各国文化与文化事业、信息与知识传播、科学、科学研究

2. 维普中文期刊服务平台的检索方法

维普中文期刊服务平台提供了包括期刊导航、期刊评价报告、期刊开放获取、简单检索和高级检索等检索期刊论文的方法。图11-12 为维普中文期刊服务平台（华南师范大学镜像）的首页。

图11-12 维普中文期刊服务平台（华南师范大学镜像）首页

(1) 期刊导航

打开维普中文期刊服务平台,进入"期刊导航"界面,如图11-13所示。在页面中,可以看到各个学科期刊的数量和具体期刊有哪些。用户可以按照学术期刊名字的首字母排序来查找,也可以按照学术期刊所属省市来查找,还可以按照学术期刊的主题类别来查找,还可以在检索框中直接输入学术期刊的名字来查找。

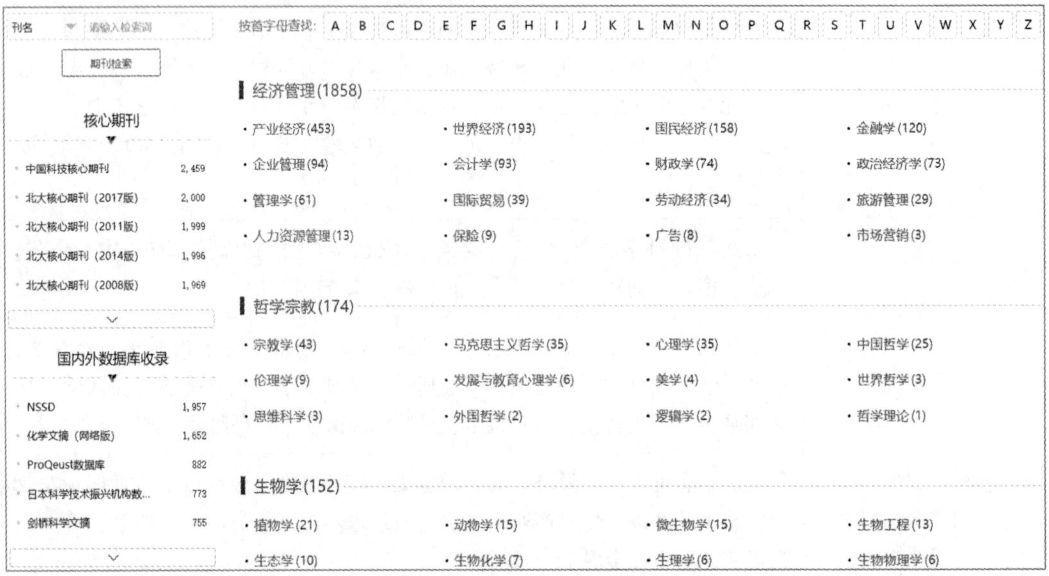

图11-13 维普中文期刊服务平台"期刊导航"界面

(2) 期刊评价报告

打开维普中文期刊服务平台,进入"期刊评价报告"界面。在页面中,可以看到2008~2018年间各个学科学术期刊的评价指标,如被引次数、影响因子、发文量、期刊他引率、平均引文率等,便于用户对学术期刊的质量和水平有一个综合判断。在这个页面中,用户可以按照学科分类或者地区查找学术期刊,也可以在检索框中直接输入学术期刊的名字来查找。

(3) 期刊开放获取

维普中文期刊服务平台为用户提供了开放获取的期刊资源。在维普中文期刊服务平台,点击打开"期刊开放获取"页面,如图11-14所示,可以看到各个学科的开放获取的学术期刊。用户可以在线浏览,也可以按照学科分类或者地区查找学术期刊。值得一提的是,维普中文期刊服务平台在"期刊开放获取"页面还提供了国内外一系列期刊开放获取平台链接,如图11-15所示,极大地提高了获取学术资源的便捷性。

(4) 简单检索和高级检索

在维普中文期刊服务平台首页中,用户可以任意选择题名、关键词、作者、刊名、分类号等检索字段,在检索框中输入相应的检索词进行简单检索。如果想更加精确地查找文献资源,用户可以点击首页的"高级检索"。在高级检索页面,如图11-16所示,

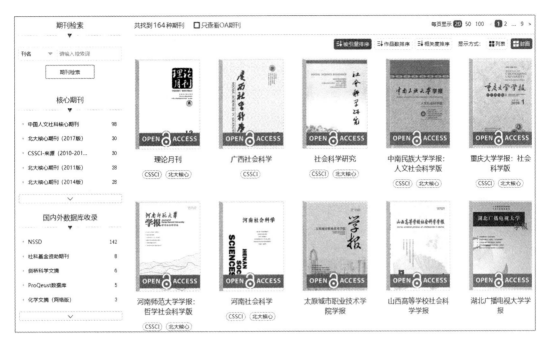

图 11-14　维普中文期刊服务平台"期刊开放获取"页面

图 11-15　维普中文期刊服务平台的期刊开放获取平台链接

用户可以采用多字段组合检索，如限定题名、关键词、作者、机构、刊名、分类号等检索字段，限定发表时间、期刊范围和学科范围等。其中，在检索字段限定时，允许用户添加同义词扩展来扩大检索范围。

图11-16 维普中文期刊服务平台高级检索页面

【检索案例5】 在维普中文期刊服务平台中，检索查询清华大学发表的有关碳纳米管方面的文献。

【检索过程】 进入维普中文期刊服务平台，在首页中点击"高级检索"，在高级检索页面中，选择"题名"检索字段，在检索框中输入"碳纳米管"，选择"机构"检索字段，在检索框中输入"清华大学"，两个检索字段的关系设为"与"，然后点击"检索"，检索结果如图11-17所示。

图11-17 检索结果界面

在检索结果中，用户可以按照年份、学科、主题、收录期刊类型、期刊来源、作者等进行分类浏览，也可以进一步增加检索词以"在结果中检索"或"在结果中去除"的方式对检索结果进行二次检索。在图11-17中，我们可以看到维普中文期刊服务平台中提供"导出题录""引用分析"和"统计分析"。"导出题录"，允许用户按照不同的引文格式快速导出所选文献的题录信息;"引用分析",允许用户对所选文献的参考文献和引证文献进行分析,以便用户及时获取与所选文献相关的其他文献;"统计分析",允许用户对所选文献的总体趋势、主要发文作者、主要发文机构、文章涉及主要学科、主要期刊等进行统计分析,便于用户快速把握相关研究的整体情况。在检索结果中,每一篇文献都提供"在线阅读"和"下载 PDF"两种方式。除了高级检索,用户还可以选择"检索式检索"进行专业检索。

> **练一练:**
> 1. 在维普中文期刊服务平台中,利用检索式检索方式查找有关脑机接口技术在康复领域中应用的文献,并列出检索式,记录检索结果。
> 2. 在维普中文期刊服务平台中,检索自己所学专业的影响因子排名前三名的三本学术期刊,分别记录期刊的名称、被引次数、发文量、期刊他引率和平均引文率。

11.1.3 万方数据知识服务平台的使用

北京万方数据股份有限公司是国内较早以信息服务为核心的股份制高新技术企业,是在互联网领域,集信息资源产品、信息增值服务和信息处理方案为一体的综合信息服务商。万方数据资源系统是万方数据股份有限公司在中国科技信息研究所的信息服务资源的基础上开发的大型科技信息平台,2009 年升级为万方数据知识服务平台。

1. 万方数据知识服务平台收录资源简介

万方数据知识服务平台集成期刊、学位、会议、科技报告、专利、标准、科技成果、法规、地方志、视频等十余种知识资源类型,覆盖自然科学、工程技术、医药卫生、农业科学、哲学政法、社会科学、科教文艺等全学科领域,实现海量学术文献统一发现及分析,支持多维度组合检索,适合不同用户群研究。表 11-4 列出了各类知识资源收录的文献信息。

表 11-4 万方数据知识服务平台各类知识资源收录的文献信息

知识资源类型	文献信息
期刊资源	包括国内期刊和国外期刊。其中,国内期刊共 8 000 余种,涵盖自然科学、工程技术、医药卫生、农业科学、哲学政法、社会科学、科教文艺等多个学科;国外期刊共包含 40 000 余种世界各国出版的重要学术期刊,主要来源于 NSTL 外文文献数据库以及数十家著名学术出版机构,及 DOAJ、PubMed 等知名开放获取平台
学位论文资源	包括中文学位论文,年增 30 余万篇。涵盖基础科学、理学、工业技术、人文科学、社会科学、医药卫生、农业科学、交通运输、航空航天、环境科学等各学科领域。文献收录来源:经批准可以授予学位的高等学校或科学研究机构

续表

知识资源类型	文献信息
会议资源	包括中文会议和外文会议。中文会议收录始于1982年，年收集约3 000个重要学术会议，年增20万篇论文。外文会议主要来源于NSTL外文文献数据库，收录了1985年以来世界各主要学会协会、出版机构出版的学术会议论文共计766万篇全文（部分文献有少量回溯），年增论文约20余万篇
专利资源	涵盖超过一亿条专利数据，范围覆盖十一国两组织专利。其中，中国专利2 200余万条，收录时间始于1985年；外国专利8 000余万条，最早可追溯到18世纪80年代
科技报告资源	包括中文科技报告和外文科技报告。中文科技报告，收录始于1966年，源于中华人民共和国科学技术部，共计2.6万余份；外文科技报告，收录始于1958年，源于美国政府四大科技报告（AD、DE、NASA、PB），共计110万余份
科技成果资源	科技成果源于中国科技成果数据库，收录了自1978年以来国家和地方主要科技计划、科技奖励成果，以及企业、高等院校和科研院所等单位的科技成果信息，共计91余万项
标准资源	包括国内标准与国际标准。其中，国内标准资源来源于中外标准数据库，涵盖了中国标准、国际标准以及各国标准等在内的200余万条记录，综合了由浙江省标准化研究院、中国质检出版社等单位提供的标准数据。全文数据来源于中国质检出版社、机械工业出版社等标准出版单位，文摘数据来源于浙江省标准化研究院。国际标准来源于科睿唯安国际标准数据库（Techstreet），涵盖国际及国外先进标准，包含超过55万件标准相关文档，涵盖各个行业
法规资源	涵盖了国家法律、行政法规、部门规章、司法解释以及其他规范性文件，信息来源权威、专业
地方志资源	地方志，即按一定体例，全面记载某一时期某一地域的自然、社会、政治、经济、文化等方面情况或特定事项的书籍文献。通常按年代分为新方志、旧方志。新方志收录始于1949年，共计4.7万册；旧方志收录为中华人民共和国成立之前，8 600余种，10万多卷
视频资源	万方视频是以科技、教育、文化为主要内容的学术视频知识服务系统，现已推出高校课程、会议报告、考试辅导、医学实践、管理讲座、科普视频、高清海外纪录片等适合各类人群使用的精品视频。目前，已收录视频3.3万余部，近100万分钟

2. 万方数据知识服务平台的检索方法

与中国知网类似，万方数据知识服务平台提供了资源分类检索、简单检索和高级检索三种检索方法。图11-18为万方数据知识服务平台（华南师范大学镜像）的首页。

图 11-18　万方数据知识服务平台（华南师范大学镜像）首页

(1) 按资源分类检索

在万方数据知识服务平台中，用户可以根据自己的实际需求，自由选择期刊、学位、会议、科技报告、专利、标准、科技成果、法规、地方志、视频等资源进行浏览检索。图 11-19 为期刊资源的浏览检索界面，用户可以按照主题、期刊名首字母或者期刊收录类型浏览期刊，也可以直接在检索框中输入期刊名检索期刊。

图 11-19　期刊资源的浏览检索界面

(2) 简单检索

在万方数据知识服务平台中，用户可以直接在首页选择题名、作者、作者单位、关键词、摘要等检索字段，然后在检索框中输入检索词进行简单检索。

(3) 高级检索

若用户想更加精确地收集信息资源，还可以在万方数据知识服务平台首页选择"高级检索"。在高级检索页面，如图 11-20 所示，用户可以在文献类型中选择资源来源，在检索信息中选择多字段组合，以模糊或者精确的方式匹配，在发表时间中限定资源时间。同时，还可以选择中英文扩展和主题词扩展两种智能检索方式，以帮助用户获取更加全面的检索结果。中英文扩展，即基于中英文主题词典及机器翻译技术，扩展英文关键词检索；主题词扩展，即基于超级主题词表，扩展同义词、下位词检索。此外，万方数据知识服务平台的高级检索还提供了专业检索和作者发文检索。

图 11-20　万方数据知识服务平台高级检索页面

与中国知网和维普中文期刊服务平台类似，万方数据知识服务平台可以实现对检索到的文献及其题录信息的批量导出，也可以实现对检索到的文献进行可视化统计分析。

11.2　外文全文数据库的使用

目前，常用的综合性外文全文数据库有 EBSCO、Elsevier（Science Direct）、Springer Link，它们在国内都设立了镜像站点，国内用户可以直接登录镜像站点使用数据库资源。

11.2.1　EBSCO 的使用

EBSCO 是目前世界上最大的提供学术文献服务的专业公司之一，提供数据库、期刊、文献订购及出版等服务。它实际是出版社与图书馆之间的中介机构，把出版社的出版物以读者最容易接受的方式提供给图书馆。

1. EBSCO 收录资源简介

EBSCO 开发了多个在线文献数据库产品，收录的文献资源各有侧重，表 11-5 是 EBSCO 部分在线文献数据库产品收录文献资源信息的介绍。

表 11-5 EBSCO 在线文献数据库收录的文献资源信息

在线文献数据库	文献资源信息
Academic Search Premier（学术资源数据库）	包括自然科学和社会科学的综合性期刊数据库，主要收录全文期刊（含专家评审期刊）、非期刊类全文出版物（如图书、报告及会议论文等）。收录的文献主要涉及语言文学、哲学、历史、社会学、教育、法律、生命科学、数学、物理、化学、信息科学、环境科学、心理学、历史学、传播学、公共管理、经济金融与管理等主题
Business Source Premier（商业资源数据库）	收录了所有商业学科的期刊全文，也收录了一些研究机构与咨询机构提供的数据资料与研究报告，是行业中使用最多的商业研究数据库。收录的文献主要涉及金融、银行、国际贸易、经济学、财务金融、能源管理、信息管理、保险、税收、企业经营、市场营销等主题
Education Resource Information Center（教育资源信息中心）	收录文摘刊物和与教育相关期刊的文摘以及引用信息
Newspaper Source（报纸资源）	收录美国及国际出版的报纸的精选全文，还包含来自电视和收音机的全文新闻副本以及报纸的精选全文
History Reference Center（历史文献中心）	收录历史参考书和百科全书的全文、历史杂志的完整全文、历史资料、历史人物传记、历史照片和地图、历史影片和录像
MEDLINE（医学文献）	由美国 National Library of Medicine 创建，收录医学期刊的文摘
Teacher Reference Center（教师文献中心）	收录教师和管理者期刊的索引和摘要，旨在为专业教育者提供帮助服务
GreenFile	收录全球变暖、绿色建筑、污染、可持续农业、再生能源、资源回收等有关人类对环境产生影响的研究。主要涉及农业、教育、法律、健康和工程技术等学科
Library, Information Science & Technology Abstracts	收录期刊、图书、研究报告，主题涉及图书馆学、分类学、在线信息检索、信息管理等

2. EBSCO 的文献检索方法

EBSCO 提供了关键词检索、出版物检索、图像检索和索引检索四种途径，每一种途径又可以分为基本检索（Basic Search）和高级检索（Advanced Search）两种方式。

图 11-21 为 EBSCO 数据库（华南师范大学镜像）首页。

图 11-21　EBSCO 数据库（华南师范大学镜像）首页

(1) 关键词检索

①基本检索。EBSCO 数据库首页默认的检索方式是关键词的基本检索。在图 11-21 中，用户可以首先单击"选择数据库"，选择数据库进行限定；其次直接在检索框中输入关键词，也可以输入词组，单击"Search"即可完成检索。

❖ 小提示：

若想检索的结果更加准确，用户可以点击检索框下面的"检索选项"（Search Options）设置检索条件。

1. 在"检索模式和扩展条件"（Search Modes and Expanders）中可以对检索关键词或者词组进行设置。

(1) 布尔逻辑/词组（Boolean/Phrase）：支持 3 种逻辑运算和扩展运算（一般为截词运算和位置运算）。

(2) 查找全部检索词语（Find all my search terms）：查找全部检索词，相当于逻辑"与"运算。

(3) 查找任何检索词语（Find any of my search terms）：查找任何检索词，相当于逻辑"或"运算。

(4) 智能文本搜索（Smart Text Searching）：可以输入或者粘贴大段文字（包括空格最多为 5 000 个字符）进行检索。

(5) 运用相关词语（Apply related words）：调用数据库的同义词库。

(6) 同时在文章全文范围内检索（Also search within the full text of the articles）：在默认字段和全文中检索。

2. 在"限制结果"（Limit your results）中可以对检索结果进行设置。

(1) 全文（Full Text）：只检索全文的文章。

（2）学术（同行评审）期刊（Scholarly (Peer Reviewed) Journals）：只检索有专家评审的期刊。

（3）有参考文献（References Available）：只检索有参考文献的文章。

（4）出版物（Publication）：在限定的出版物中检索。

（5）出版日期（Published Date）：限定出版物的出版时间。

（6）图像快速查看类型（Image Quick View Types）：限定图像类型。

其实，在"检索选项"中，用户还可以对 EBSCO 数据库的子库进行特定的限制性设置，这样可以更加精确地找到所需要的文献。

②高级检索。在 EBSCO 数据库首页，点击"高级检索"（Advanced Search），打开高级检索页面，如图 11-22 所示。类似中文全文数据库的高级检索，EBSCO 数据库高级检索主要是提供多字段组合检索。具体包括：TX(All Text)——全文；AU(Author)——作者；TI(Title)——题名；SU(Subject Terms)——主题词；SO(Source)——文献来源；AB(Abstract)——摘要；IS(ISSN)——国际统一刊号；IB(ISBN)——国际统一书号。在字段与字段之间，以布尔逻辑运算供用户构建检索关系。

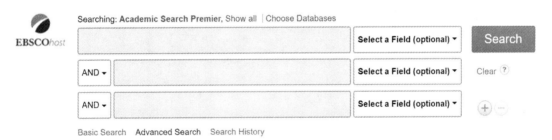

图 11-22　EBSCO 数据库高级检索页面

【检索案例 6】　在 EBSCO 数据库中，检索查询有关 K-12 教育中计算思维研究的文献。

【检索过程】　在 EBSCO 数据库中，进入高级检索页面。在第一个检索框中输入 computational thinking，选择字段 TI，在第二个检索框中输入 K-12，选择字段 TI，两个检索词之间用 AND 组配，点击"Search"，检索结果如图 11-23 所示。在图 11-23 中，我们可以初步了解文献的类型（如期刊论文、会议论文、报告等）、作者姓名、来源、主题等信息。有些文献提供 PDF 全文链接，有些文献提供 HTML 全文链接，有些文献同时提供两种链接方式，还有些文献提供全文来源。

单击文献名称，打开义献详细信息页面，如图 11-24 所示，包括文献名称、作者姓名、来源、主题、摘要、关键词、作者单位、DOI 等。不同类型的文献，其详细信息页面也会有所不同。在页面右边，点击"Cite"，用户可以看到按照不同引文格式标注的文献题录信息，点击"Export"，可以将题录信息导出为不同引文格式。

图 11-23　EBSCO 数据库高级检索结果页面

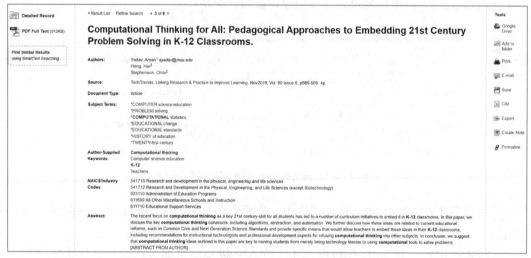

图 11-24　文献详细信息页面

(2) 出版物检索

在 EBSCO 数据库首页，选择"出版物"（Publications），打开出版物检索页面。在检索框中直接输入完整的出版物名称即可查找特定期刊，也可以采用"按字母顺序"（Alphabetical）、"按主题和说明"（By Subject & Description）或"匹配任何关键字"（Match Any Words）的方式查找相关主题期刊。

【检索案例 7】　在 EBSCO 数据库中，检索查询名为 *Educational Technology Research & Development* 的期刊。

【检索过程】　在 EBSCO 数据库中，进入出版物检索页面，在检索框直接输入"Educational Technology Research & Development"，检索结果如图 11-25 所示。在图 11-25

中，我们可以初步了解期刊的收录目次、全文收录时间起止以及全文链接（有些期刊提供 PDF 全文链接，有些期刊提供 HTML 全文链接）。

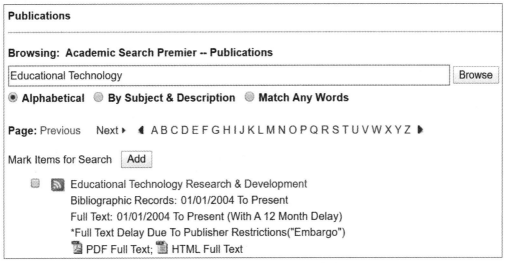

图 11-25　EBSCO 数据库出版物检索结果页面

单击期刊名称，打开期刊详细信息页面，如图 11-26 所示，包括期刊名称、ISSN、出版社、出版物类型、主题、刊次、是否为同行评审的学术期刊等信息。用户可以点击全文链接（Full Text）直接打开期刊全文，也可以在右边 All Issues 列表中按照每一年的刊次进行针对性浏览。

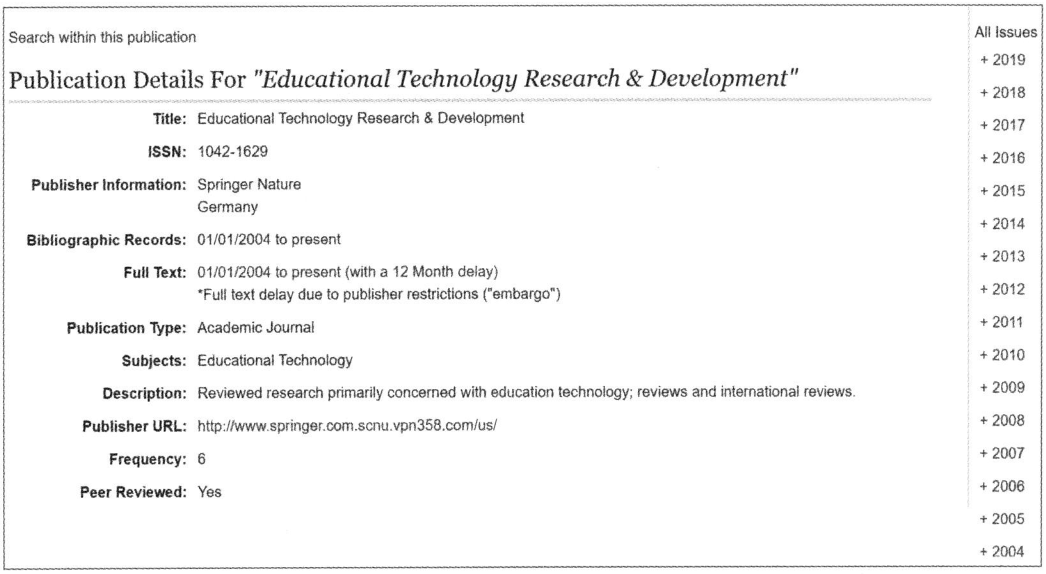

图 11-26　期刊详细信息页面

（3）图像检索

EBSCO 数据库提供两种图像检索方式：一是在全部图像库中检索（Image Collection），

二是在图像快速查看库中检索（Image Quick View Collection）。若是前者，用户可以在"检索选项"中限定检索的图像类型，如人物图像、自然科学图像、地点图像、历史图像、地图、标志。若是后者，用户同样可以在"检索选项"中限定检索的图像类型，如黑白图像、彩色图像、图形、地图、图表、图解、插图。当设置完成后，用户在检索框中输入检索词，检索词之间可以用逻辑算符组配，即可完成图像检索。

（4）索引检索

EBSCO 数据库自建的数据库索引包括作者（Author）、刊名（Journal Name）、ISSN 号、语种（Language）、收录日期（Entry Date）、主题词汇（Subject Terms）、出版年份（Year of Publication）等索引字段。用户选择索引字段，然后在检索框中输入关键词，点击"浏览"（Browse）。系统列出数据库收录的所有该范围的条目，可以通过这些条目来浏览，也可以在结果中选择一个或者多个条目进一步检索。

> ❖ 小提示：
>
> 1. 当以单个词作为检索词时，不可用冠词、代词和连接词，也不可以使用没有实质含义的普通名词和动词。
>
> 2. 当检索时，可以使用双引号（英文状态）实现精确检索。
>
> 3. 当检索时，对于不确定的字母可使用"?"来查询。比如，输入"re?d"，可找到"read""reid""reed"。
>
> 4. 当检索时，在关键词后面加上"*"，可以找到词干相同的词。比如，输入"learn"，可找到"learning""learned"等。
>
> 5. 当检索时，使用"Nn"和"Wn"位置算符可以表示多个检索词之间的位置临近关系。"Nn"表示多个检索词最多相隔 n 个字符，而它们在文章中出现的顺序与输入的顺序无关。"Wn"表示多个关键词最多相隔 n 个字符，而它们在文章中出现的顺序必须与输入的顺序相同。

> ❖ 练一练：
>
> 1. 在 EBSCO 数据库中，检索与自己所学专业相关的 3 篇来自学术（同行评议）期刊的论文并下载阅读，分别列出检索词和检索字段，记录每篇论文的题录信息。
>
> 2. 在 EBSCO 数据库中，检索与自己所学专业相关的 3 本期刊，分别记录刊名、ISSN、主题、出版社信息。
>
> 3. 在 EBSCO 数据库中，检索 3 张世界排球比赛的人物图像，并记录来源。

11.2.2　Elsevier（Science Direct）的使用

Elsevier Science 是一家历史悠久的跨国科学出版公司，致力于学术文献的出版、整合与传播，其出版的学术图书和期刊大部分都被 SCI、SSCI、EI 收录，是世界上公认的高品位学术文献。

1. Elsevier (Science Direct) 收录资源简介

Elsevier Science 开发了多个在线数据库，包括 Science Direct、Scopus、Elsevier Research Intelligence、Geofacets 等。其中，Science Direct 数据库是全球最大的科学文献全文数据库之一，涵盖了理科与工程学（Physical Sciences and Engineering）、生命科学（Life Sciences）、健康科学（Health Sciences）、社会科学与人文科学（Social Sciences and Humanities）四大一级科目，每个科目下又设多个二级科目。

2. Elsevier (Science Direct) 的文献检索方法

Science Direct 数据库提供浏览和检索两种途径。在首页中，点击"Journals & Books"或者"Search"即可进入相应的页面，如图 11-27 所示。

图 11-27 Science Direct 数据库（华南师范大学镜像）首页

（1）文献浏览

进入文献浏览页面，如图 11-28 所示，我们可以按照图书或期刊名字的字母顺序排列浏览，也可以在左边的导航栏中按照学科、出版物类型、获取方式等进行分类浏览，还可以在检索栏中直接输入完整的图书或期刊名字加以检索。

（2）文献检索

在 Science Direct 数据库首页，用户可以直接进行快速检索。检索时只需要在页面相应字段后的检索框中输入检索词，单击"Search"即可实现快速检索。快速检索字段包括关键词、作者姓名、期刊或图书名称、卷号、期号、页码。为了更加精确地找到想要的文献，用户可以点击"Advanced Search"进入高级检索页面，以实现多字段组合检索。除了快速检索中的检索字段限定外，在高级检索中，用户可以限定关键词在题名、摘要或者全文中，也可以限定文献时间，还可以限定文献类型等。检索到的文献提供在线浏览和 PDF 下载两种方式。

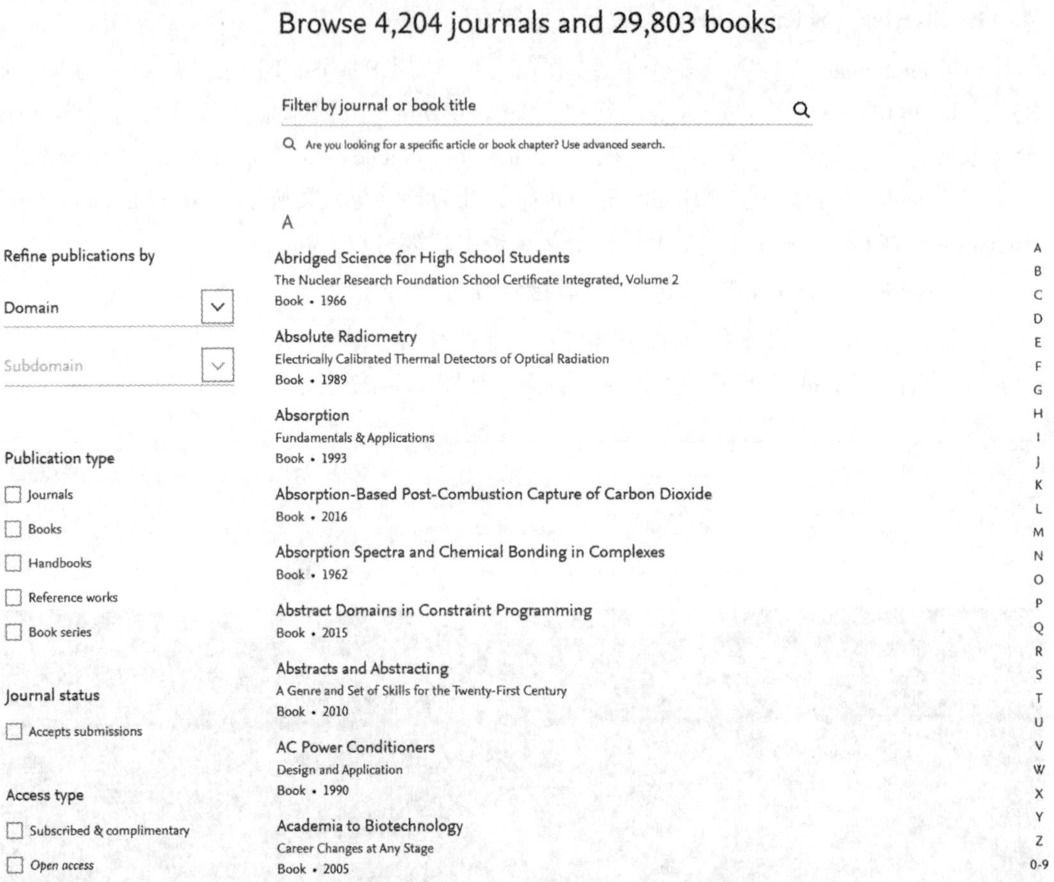

图 11-28　Science Direct 数据库文献浏览页面

11.2.3　Springer Link 的使用

在第 9 章中，我们介绍过如何使用 Springer Link 数据库获取电子图书。与电子图书的获取方式类型，本章我们学习如何在 Springer Link 数据库中获取期刊全文信息。

1. Springer Link 收录资源简介

Springer 出版社以出版学术性出版物而闻名于世，它也是最早将纸本期刊做成电子版发行的出版商。Springer 出版 2 000 多种经同行评议的学术期刊，大部分回溯期刊提供自第一卷第一期起的所有期刊。这些期刊文献资源涉及的学科范围包括建筑与设计、行为科学、生物医学与生命科学、计算机科学、地球和环境科学、医学、人文社会科学、商业和经济学等。

视频 11-3：英文数据库的检索与利用

2. Springer Link 的文献检索方法

（1）分类浏览

在 Springer Link 数据库首页，点击右边页面的"Journals"字样，即可打开期刊浏览页面，如图 11-29 所示。我们可以看到左边的学科类目，分为一级学科（Discipline）和二级学科（Subdiscipline）。每个学科分类都列出了期刊数量。用户可以先点击选择一级学科类目，接着点击选择二级学科类目，然后在右边列出的期刊中进行逐本检索。

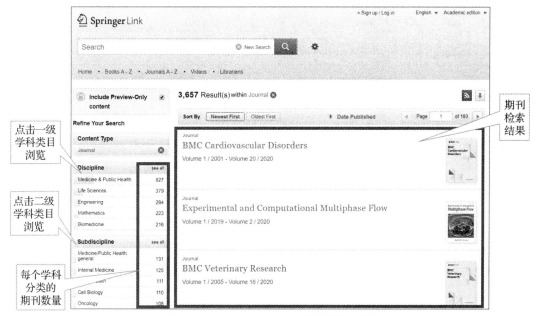

图 11-29　Springer Link 期刊浏览页面

如果想快速找到某一本期刊，可以在图 11-29 中的检索框中直接输入期刊名称，点击"Search"即可查找到。

（2）文献检索

在 Springer Link 数据库首页，点击左下页面的"Articles"字样，即可打开期刊文献检索页面，如图 11-30 所示。在检索框中输入检索词，点击"Search"即可完成简单检索。

> ❀ 想一想：
>
> 在第 9 章中，我们提示在 Springer Link 数据库的简单检索中，默认的字段选择是"主题"，检索结果按照相关程度由高到低排序呈现。那么，按照上述方式检索出来的期刊文献只是主题含有检索词的文献信息，往往检索结果非常多。倘若想更加精确地查找到期刊文献，你会怎么操作呢？

【检索案例 8】　在 Springer Link 数据库中，查询 2010~2020 年间题名为"virtual reality"的期刊文献。

【检索过程】　打开 Springer Link 数据库，在首页点击"Advanced Search"进入高级检索页面，在 where the **title** contains 检索框输入"virtual reality"，在 Show documents published 中限定 **Start year** 为 2010 和 **End year** 为 2020，点击检索显示如图 11-31 的检索结果页面。在检索结果页面的左栏"Content Type"中选择"Article"，即可以查找到

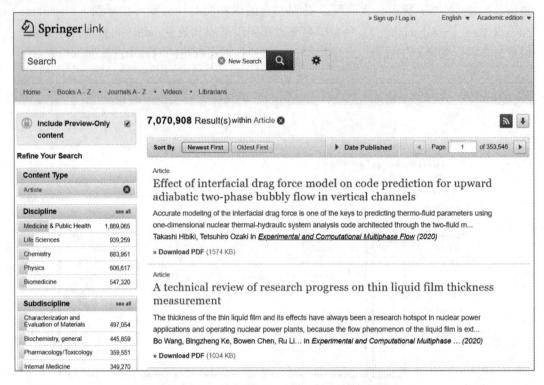

图 11 – 30　Springer Link 期刊文献检索页面

收录在库的 2010～2020 年间题名为"virtual reality"的期刊文献。用户还可以进一步在"Discipline"和"Subdiscipline"中加以限定，更加精确地查找到所需要的文献信息。检索到的文献提供在线浏览和 PDF 下载两种方式。

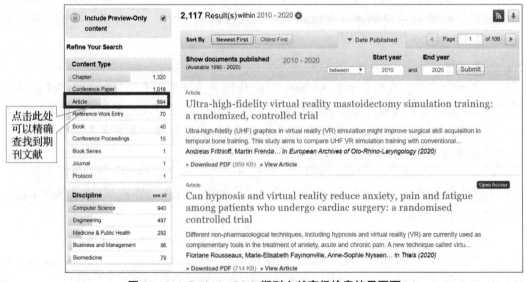

图 11 – 31　Springer Link 期刊文献高级检索结果页面

思考与练习

1. 中国知网提供哪几种检索方式？

2. 中国知网的文献检索结果中有参考文献、共引文献、引证文献和同被引文献，请说说它们分别指的是什么？

3. EBSCO 数据库提供哪几种检索方式？

4. 利用 EBSCO 数据库检索英文文献，检索式 Title（"mobile learning"）、Title（mobile AND learning）、Title（mobile AND learn?? g）的含义分别指什么？

5. 在中国知网中按下列要求检索文献。

（1）运用专业检索方法查找有关在线学习生态方面的文献，列出检索式，并记录检索结果。

（2）查找含有"信息技术对教育具有革命性影响"这句话的文献。在检索结果中，记录前 3 篇文献的作者、来源、发表时间。

（3）查找清华大学 2010～2020 年期间获得国家自然科学基金资助发表论文的情况，提供检索式和检索结果。

（4）查找华东师范大学祝智庭教授在 2010～2019 年期间指导的博士毕业论文，提供检索式和检索结果。

6. 在维普中文期刊服务平台，查看所学专业被该库收录的核心期刊有多少种？给出 3 种期刊的名称及 ISSN 号。

7. 在万方数据知识服务平台分别查找发光二极管的热阻测量和汽车发动机故障诊断的文献，分别提供检索式和检索结果。

8. 在 EBSCO 数据库中按下列要求检索文献。

（1）查找题名为"在线开放课程"，且来自学术（同行评审）期刊的全文文献，列出检索式，并记录检索结果，导出其中一篇文献的题录信息。

（2）查找题名为"分布式计算"期刊，提供检索式，并记录刊名、ISSN、主题、出版社信息。

（3）查找新型冠状病毒的图表，提供检索式和检索结果，并记录其中一个检索结果的来源。

9. 在 Elsevier（Science Direct）数据库中，查找 2002 年在 *Computer & Chemistry* 第 26 卷第 2 期刊登的一篇预测蛋白质亚细胞位置的人工神经网络模型的文章。请给出文章的篇名、第一作者姓名及单位，并给出文章的摘要和关键词。

10. 在 Springer Link 数据库中，查找 2005～2020 年期间能源领域有关生物柴油生产方面的期刊文献，提供检索式和检索结果。

参 考 文 献

[1] 陈小玲，倪梅，刘晓建. 信息检索与利用 [M]. 哈尔滨：哈尔滨工程大学出版社，2016.
[2] 陈有富. 网络信息资源的评价与检索 [M]. 郑州：河南人民出版社，2018.
[3] 花芳. 文献检索与利用 [M]. 北京：清华大学出版社，2009.
[4] 高俊宽. 信息检索 [M]. 西安：世界图书出版公司，2017.
[5] 徐红云. 网络信息检索 [M]. 广州：华南理工大学出版社，2018.
[6] 刘伟成. 数字信息资源检索 [M]. 武汉：武汉大学出版社，2018.
[7] 唐伦刚，储冬红. 大学生信息素养教育 [M]. 武汉：华中科技大学出版社，2015.
[8] 杨家燕，杨颖，汤伟. 大学生信息素养 [M]. 成都：电子科技大学出版社，2014.

第 12 章
特种文献的获取

学习目标

1. 掌握专利信息的检索方法；
2. 掌握科技查新报告的获取方法。

情境导入

发展小学四年级学生林健腾同学在班里做值日时，发现同学们经常忘记关灯，于是他想发明一种装置，能够让电灯自动开关。在参加学校科技小组活动时，林同学向指导老师提出构想：设计一个自动装置，让教室的灯光随着自然光的变化而自动开关。老师启发他，要想进行发明创造，要先查一下别人有没有相同的或相近的发明。于是，林同学开始从互联网寻找相关的参考资料，得知目前还没有相关发明时，他便兴冲冲地开始动手设计了。在老师的指导下，他设计的智能照明电路控制器获广东省青少年科技创新大赛二等奖，该项发明还获得了国家专利。有人会好奇，林同学是如何在网上查找相关发明的专利信息的呢？结合本案例，思考并尝试回答下列问题。

1. 什么是专利？专利有哪些类型？
2. 可以在哪些网站找到专利信息？
3. 专利检索的步骤是怎样的？

12.1 专利文献的获取

12.1.1 专利概述

1. 专利定义

专利（Patent）是专利权的简称，是国家按专利法授予申请人在一定时期内对其发明创造成果享有独占、使用和处理的权利。专利的概念包含三层意思。

第一，从法律角度理解，是指专利权人对发明创造享有的专利权，即国家依法在一定时期内授予发明创造者或者其权利继受者独占使用其发明创造的权利。专利权具有独占的排他性，受法律的保护。非专利权人要想使用他人的专利技术，必须依法征得专利权人的授权或许可并支付一定的费用；否则，就是侵权，要负法律责任。

第二，从技术角度理解，指受到专利法保护的发明创造，是受国家认可并在公开的基础上进行法律保护的专有技术。

第三，从文献角度理解，是指专利局颁发的确认申请人对其发明创造享有专利权的专利证书，或指记载发明创造内容的专利文献，指的是具体的物质文件。

专利权是无形财产权的一种，与有形财产相比，专利具有独占性、时间性、地域性等特点。

2. 专利种类

专利的种类在不同国家和地区有不同规定。我国专利法中规定有：发明专利、实用新型专利和外观设计专利三种类型。部分发达国家分为发明专利和外观设计专利。三种专利的举例说明见表12-1。

表12-1 三种专利举例说明

类型	定义	举例
发明专利	是指对产品、方法或者其改进所提出的新的技术方案	电话
实用新型专利	是指对产品的形状、构造或者其结合所提出的适于实用的新的技术方案	壁式电话
外观设计专利	指对产品的形状、图案或其结合以及色彩与形状、图案的结合所做出的富有美感并适于工业应用的新设计	把电话做成卡通外观或者动物外观

❖ 想一想：
什么是专利？专利有哪些类型？试举例。

12.1.2 中国专利检索

中国建立了专门专利网站,将知识产权信息资源放在网上供用户免费检索,使专利的发布、传播和检索非常方便,同时有利于开发和利用专利信息资源。专利检索的网站主要有中华人民共和国国家知识产权局专利检索网站(专利检索及分析系统 SIPO)、中国知识产权网(CNIPR 专利信息服务平台)。

> ❖ 想一想:
> 林同学是在哪个网站上查找专利信息的?

1. 中华人民共和国国家知识产权局(SIPO)专利检索网站

中华人民共和国国家知识产权局(State Intellectual Property Office of the People's Republic of China,SIPO)专利检索系统是政府官方网站。该网站提供与专利相关的多种信息服务。例如,专利申请、专利审查相关信息,近期专利公报、年报的查询,专利证书发文信息、法律状态、收费信息查询等。还可以直接链接到国外主要国家和地区的专利数据库、国外知识产权组织或管理机构的官方网站、国内地方知识产权局网站等。

(1)SIPO 概述

SIPO 专利检索系统于 2001 年 11 月开通。数据库内容包括发明、实用新型、外观设计三种类型专利,收录了自 1985 年 9 月 10 日以来已公布的全部专利信息,包括著录项目、摘要、各种说明书全文及外观设计图形,非注册用户免费查询,注册用户免费查询和下载,提供中、英文版本,具有较高的权威性。网站提供以下功能。

① 检索功能:常规检索、表格检索、药物专题检索、检索历史、检索结果浏览、文献浏览、批量下载等。

② 分析功能:快速分析、定制分析、高级分析、生成分析报告等。

③ 数据范围:专利检索及分析系统共收录了 103 个国家、地区和组织的专利数据,同时还收录引文、同族专利、法律状态等数据信息,其中涵盖了中国、美国、日本、韩国、英国、法国、德国、瑞士、俄罗斯、欧洲专利局和世界知识产权组织等。

④ 数据更新:专利检索及分析系统的数据更新周期分为中国专利数据、国外专利数据、引文、同族专利以及法律状态等几个方面。中国专利数据,每周三更新,滞后公开日 7 天;国外专利数据,每周三更新;同族专利数据、法律状态数据,每周二更新;引文数据,每月更新。

(2)SIPO 专利检索及分析系统

SIPO 专利检索及分析系统提供常规检索、高级检索、法律状态和 IPC 分类检索 4 种检索方式。这里主要介绍"常规检索"和"高级检索"。

> ❖ 想一想:
> 专利检索的步骤是怎样的?

① 常规检索

在地址栏键入"http://www.cnipa.gov.cn",进入"中华人民共和国国家知识产权局"检索网站主页后,在导航栏点击"专利检索"链接,或者直接在地址栏键入"http://www.pss-system.gov.cn/",在弹出的"免责声明"中单击"同意"按钮,即可进入"专利检索及分析"页面。在该页面的正中间可以看到常规检索信息输入框,如图12-1所示。用户注册账号并登录网站后,只需在常规检索信息输入框中键入检索词和逻辑关系运算符,单击"检索"按钮即可得到检索结果。

图 12-1　SIPO 数据库常规检索页面

❖ **小提示:**

常规检索信息输入框中,多个检索词之间可用空格间隔。比如,智能 手机。系统默认二目逻辑运算符是 AND,如输入"智能 手机",系统按照"智能 AND 手机"进行检索。

❖ **练一练:**

1. 进入"中华人民共和国国家知识产权局"检索网站的常规检索界面,根据所学专业,自拟检索词(如智能手机)进行专利检索。在检索结果中,选择3个专利,分别记录申请号、申请日、公开(公告)号、公开(公告)日、IPC分类号、申请(专利权)人、发明人的信息。

2. 变换检索词(比如,将"智能手机"换为"智能 手机"),即在原检索词中间插入一个空格间隔,使之成为两个检索词,再次进行常规检索,将检索到的结果和之前的结果进行比较。看看有什么不同。

② 高级检索

在常规检索的基础上增加了更多的检索条件选项,可以在单一字段、多个字段进行布尔逻辑运算检索,也可以限定检索的地域和专利类型,使检索结果更加精确。

在常规检索信息输入框右边点击"高级检索",或"我的常用功能"中点击"高级检索"图标皆可进入高级检索页面，如图 12-2 所示。

图 12-2　SIPO 数据库高级检索页面

专利范围筛选。专利范围筛选包括专利类型、地区、国家 3 个选项。可供检索的专利类型有 3 种：中国发明申请、中国实用新型、中国外观设计。可选择单一专利类型检索，也可以全选，默认的类型是全选。地区范围设置 3 个选项：中国、主要国家和地区、其他国家和地区。每个选项内提供若干个专利组织和专利国家可供选择。

选择检索字段。该检索系统将所有检索字段以表格形式提供，包括申请号、发明名称、摘要、关键词、说明书、IPC 分类号等 14 个字段。在没有准确已知条件情况下，通常使用发明名称、摘要和关键词字段，其中说明书、摘要字段比发明名称和关键词字段的检索范围更大一些。

键入检索词。在各个字段后面查询框内键入检索词。可将全部检索词/词组，甚至短语键入在同一字段内，也可以分别键入到不同的字段。关键词字段默认在发明名称、摘要和权利要求内容中跨字段检索。

例如，检索有关"电动汽车的电池制造"方面的文献。在各个字段后面的查询框内键入检索词。该例选用的检索词有汽车、轿车、电动、电池、制造。选用"发明名称"和"摘要"两个字段，可将全部检索词键入在某个字段内，也可以分别键入不同的字段。

确定布尔逻辑运算或组配关系。系统支持同一查询框布尔逻辑运算和不同查询框之间逻辑运算组配检索。同一查询框检索词之间可使用布尔逻辑运算。检索时可选择其中一种运算方式,也可使用多种运算方式的组配。发明名称、申请(专利权)人、摘要、说明书、IPC 分类号、发明人、权利要求、关键词字段键入两个或两个以上检索条件时,两个检索条件之间用空格分隔,例如"电动 汽车",加英文双引号,系统按照逻辑"AND"运算;若不加英文双引号,系统按照逻辑"OR"运算。如果输入运算符,需要在保留的运算符两边加英文双引号。例如,电动"and"汽车,系统按照逻辑"AND"运算。不同查询框之间检索词逻辑组配关系默认为"and"。括号"( )"称为优先处理运算符,用于改变逻辑运算的优先次序。

检索。完成上述操作后,单击"检索"按钮开始检索。检索结果按照题录方式列表显示。页面上方显示检索结果数量,并提供其他显示方式、排序方式选项,亦可按照显示字段、文献类型、日期筛选、显示语言过滤检索结果。

每件专利题录显示发明名称、申请号等内容。提供详览、法律状态、申请人、分析库、收藏、翻译等功能链接。

浏览文摘。在专利名称列表中进行浏览、比较、筛选。单击选中的某件专利"详览"按钮,即可查看包括文摘在内的专利详细著录数据。

检索结果全文下载。可免费浏览专利说明书全文,分为全文文本和全文图像两种文件格式。

2. 中国知识产权网(CNIPR)

中国知识产权网(China Intellectual Property Right Net, CNIPR)是由国家知识产权局知识产权出版社于 1999 年 6 月 10 日创建的知识产权类专业性网站,集资讯、专利信息产品与服务于一体,重点为国内外政府机构、企业、科研机构等提供专业、全面的服务平台。该平台集成了专利检索、专利分析、专利预警等信息系统,可提供全方位的专利信息服务。

(1) CNIPR 概述

CNIPR 作为中国专利文献法定出版单位,拥有及时、权威、准确的专利数据资源,并提供专业、务实的资讯内容,使用户及时了解行业前沿和掌握实用的相关技能。CNIPR 独立开发了"CNIPR 专利信息服务平台",主要提供对中国专利和国外专利的检索。

"CNIPR 专利信息服务平台"包括专利信息采集、加工、检索、分析、应用等部分。收录了自 1985 年 4 月 1 日以来公开(授权)的全部中国发明专利、中国实用新型、中国外观设计、中国发明授权,美国、日本、欧洲专利局、世界知识产权组织、德国、法国、英国、瑞士在内的六国两组织专利数据,以及 100 余个国家的数据资源,包括专利说明书文摘和权利要求书。提供免费用户检索和会员检索两种服务层次。从 2017 年 6 月 6 日开始,中国专利公报、中国发明公开、中国发明授权、中国外观设计和中国实用新型每周二、周五更新两次。

平台主要提供以下几种功能服务。

检索功能:包括中外专利检索、法律状态检索、失效专利检索、运营信息检索、热点专题。检索方式除了默认检索、智能检索外,还提供高级检索、二次检索、过滤检索、重新检索、同义词检索等辅助检索手段。

机器翻译功能：针对英文专利，特别开发了机器翻译模块，方便用户检索。由于机器翻译是由无人工介入的英译中工具软件完成，翻译结果仅供参考。

分析和预警功能：对专利数据进行深度加工及挖掘，分析整理出其所蕴含的统计信息或潜在知识，以直观易懂的图或表等形式展现出来。这样，专利数据升值为专利情报，便于用户全面深入地挖掘专利资料的战略信息，制定和实施企业发展的专利战略，促进产业技术的进步和升级。

个性化服务功能：包括用户自建专题库、用户专题库导航检索、用户的专利管理等功能。

（2）CNIPR 的特点

CNIPR 与 SIPO 为中国两大专利检索网站。CNIPR 的特点在于以下几方面。

①用户注册后，平台提供的专利检索及其他功能更加完善。2017 年 7 月 27 日起，关闭在线注册功能，在线注册的用户需要联系客服或发送个人信息到指定邮箱，由网站工作人员协助开通账户。

②支持中文全文图像数据。提供同族专利、引文、对比文献、法律状态、申请（或专利权）人等基本信息。

③提供美国、日本、中国香港、中国台湾等国家和地区及欧洲、国际等组织专利检索数据及部分同族专利、部分字段的统计分析功能。

④提供 IPC 分类、关联词、双语词、同族、引文、机构代码等多个辅助功能库。

⑤支持双语检索，有中英互译功能。

（3）CNIPR 专利信息服务平台

CNIPR 专利信息服务平台提供 7 种检索方式：检索（默认）、高级检索、智能检索、失效专利检索、法律状态检索、运营信息检索、热点专题。这里主要介绍"检索"和"高级检索"。

① 检索

在地址栏键入"http://www.cnipr.com"，进入"中国知识产权网"主页。在页面右边的导航服务栏中找到"CNIPR 专利信息服务平台"并点击进入该页面。在页面的正中间可以看到检索信息输入框，如图 12 - 3 所示。用户注册账号并登录网站后，只需在检索信息输入框中键入检索词和逻辑关系运算符，单击"检索"按钮即可得到检索结果。

② 高级检索

高级检索是在检索的基础上增加了更多的检索条件选项，并可在单一字段、多个字段中进行布尔逻辑运算的一种检索，也可限定检索的专利类型，使检索结果更加精确。该页面提供 22 个检索字段、3 种专利类型（中国发明申请、中国实用新型、中国外观设计）及 3 个专利范围的选择项。检索时，可根据需要选择相应的专利类型，然后在相应字段中键入信息。在 CNIPR 专利信息服务平台默认检索信息输入框右边点击"高级检索"（图 12 - 3），进入高级检索页面，如图 12 - 4 所示。各部分功能如下。

图 12-3　CNIPR 专利信息服务平台默认检索页面

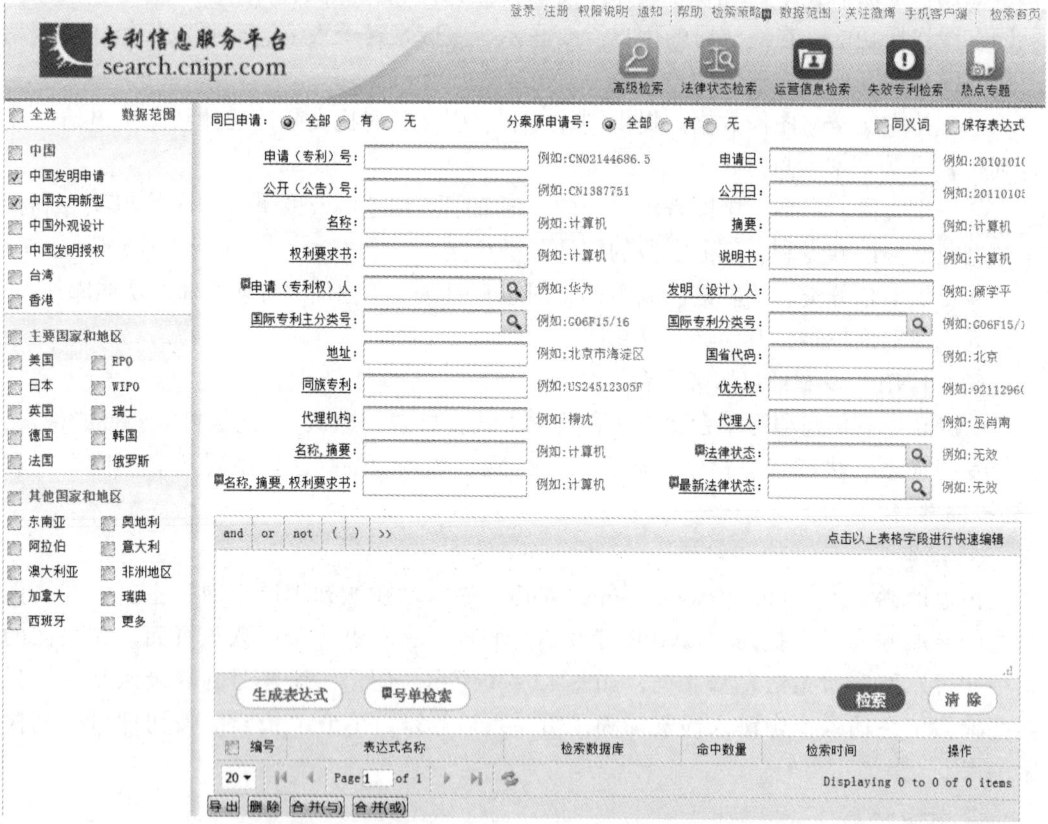

图 12-4　CNIPR 专利信息服务平台高级检索页面

选择专利类型和范围。可供检索的中国专利类型有 4 种：中国发明申请、中国实用新型、中国外观设计、中国发明授权。专利范围提供：中国（台湾、香港）、主要国家和地区、其他国家和地区 3 个选项。单击"更多"展开，可以检索包括美国、日本在内的 100 余个国家的外国专利。既可选择单一专利类型/国家检索，也可以全选。

在检索之前，还可以进行同义词检索设置。系统自带的同义词库中所有键入检索词的一个或多个同义词被同时检索。

> ❋ 想一想：
>
> 　　小明有凳子的专利，小聪有椅子的专利，而且凳子和椅子的市场都不错，小睿一直想进入这个市场。于是，他开动脑筋，继续在凳子和椅子的基础上进行研究改进。他在椅子上增加扶手，变成了扶椅，并申请了扶椅的专利。这样一来，你就想到，如果继续进行改进，把椅子的靠背改进成可以平放的，让椅子变成多功能的躺椅，是不是也可以申请专利呢？想法虽好，但还是需要到网上查找一下是否已经有相关的专利。根据以上信息，请问在 CNIPR 专利信息服务平台高级检索页面，你应该如何选取检索词并进行高级检索设置，才能全面、精确地检索到相关的专利信息呢？

选择检索字段。默认检索模式将所有检索字段以表格形式提供，分为号码、日期、关键词、人物、分类、地址、法律状态 7 个一级字段。每个一级字段下包括若干个二级字段。

号码字段：申请（专利）号、公开（公告）号、同族专利、优先权；

日期字段：申请日、公开日；

关键词字段：名称、权利要求书、名称/摘要、名称/摘要/权利要求书、摘要、说明书；

人字段：申请（专利权）人、发明（设计）人、代理机构、代理人；

分类字段：国际专利主分类号、国际专利分类号；

地址字段：地址、国省代码；

法律状态字段：法律状态、最新法律状态。

键入检索词。在各个字段后面的查询框内键入检索词。可将全部检索词/词组，甚至短语键入在同一字段内，如"名称"字段；也可以分别键入不同的字段，如"名称"和"摘要"字段。

确定布尔逻辑运算或组配关系。"AND""OR""NOT" 3 种逻辑关系含义与上一小节的 SIPO 专利检索及分析系统高级检索部分中的相同，此处不赘述。

检索。完成上述操作后，单击"检索"按钮开始检索。检索结果列表显示，内容包括专利名称、申请号、文摘等详细著录数据。页面提供按照专利类型浏览，并提供每页显示 10、20、30 条记录设置。

检索结果排序。检索结果排序方式有 5 种：默认排序、按公开日升序或降序排序、按申请日升序或降序排序。用户可根据自己的需要选择排序方式，也可以将普通浏览模式切换至图文浏览模式。

浏览更多著录项目。在检索结果列表显示页面进行浏览、比较、筛选。单击选中的某一专利名称，均可查看该专利更多著录项目数据。包括摘要、主权项、摘要附图、说明书附图、法律状态、引证文献、同族专利、收费信息、高亮词设置、权利要求书、说明书内容。

检索结果全文下载。专利说明书全文有 TIFF 图、XML 文档和 PDF 下载 3 种格式。如果计算机没有安装此程序,可将该网站提供的专用浏览器下载、安装,也可使用其他可以浏览"TIFF"格式文件的软件。单击"下载"链接,付费用户可查看专利说明书全文。

逻辑检索。与上面的"高级检索"相并列的"逻辑检索"是一种使用检索语言通过逻辑组配的高级检索方式。允许用户直接在快速编辑框中一次性键入完整的、复杂的检索表达式(策略),指定在哪些字段中检索哪些关键字,并支持模糊检索和逻辑运算(注意当使用快速编辑框时,上面的表格检索框失效,此时所有检索结果以快速编辑框里的输入为准)。对于熟悉检索系统使用和掌握一定检索技巧的用户来说是非常方便的一种检索方式。

逻辑检索表达式是指根据检索目的,运用逻辑运算符将检索字段进行逻辑组配得到的运算式。逻辑检索表达式中的字段名称可以直接用中文表示,或者用"字段名称"中字段的英文代码表示。检索字段代码见表12-2。

例如, 名称=火花塞 AND 申请(专利权)人=(本田 OR 丰田)
(电动汽车 OR 汽车)/TI AND 充电/TI AND 智能/TI

表12-2 检索字段代码

名称/TI	申请号/AN	申请日/AD
公开(公告)号/PNM	公开(公告)日/PD	申请(专利权)人/PA
发明(设计)人/IN	主分类号/PIC	分类号/SIC
地址/AR	摘要/AB	优先权/PR
专利代理机构/AGC	代理人/AGT	同族专利/FA
国际申请/IAN	国际公布/IPN	颁证日/IPD
分案原申请号/DAN	国省代码/CO	权利要求书/CLM
说明书/FT		

3. SIPO 与 CNIPR 的比较

SIPO、CNIPR 专利数据库各有特色,检索途径、检索方法、专利文献主题标引质量均有不同,用户可视其收录范围、提供的信息量、检索途径及自己的实际情况等加以选择。在检索过程中注意配合交叉使用,发挥专利数据库各自优势,使检索达到最好的效果。

目前,国家知识产权局专利检索系统收录专利范围最广、种类最全,中国知识产权网中外专利信息服务平台位列第二。两个网站各项数据比较见表12-3。

表12-3 SIPO、CNIPR 专利检索网站各项数据比较

	SIPO	CNIPR
专利类型	中国发明申请 中国实用新型 中国外观设计	中国发明申请 中国实用新型 中国外观设计 中国发明授权

续表

	SIPO	CNIPR
专利范围	港澳台、214个国家和组织	港台、100余个国家和组织
专利法律状态	已公布	已公开
数据库类型	全文	摘要/全文
检索费用	全文/文摘均免费	Guest文摘/全文首页免费；全文收费
检索方式	常规检索 高级检索（含逻辑检索） 导航检索 命令行检索 检索功能： 　过滤检索（辅助）	检索（主要） 高级检索（主要）（含逻辑检索和号单检索） 智能检索 失效专利检索 法律状态检索 运营信息检索 热点专题 检索功能： 　二次检索（辅助） 　过滤检索（辅助） 　重新检索 　同义词检索（辅助）
检索字段	14个	22个
数据时间范围	1985/9/10 公布	1985/9/10 公开
更新周期	周（星期三）	二次/周（星期二、星期五）

12.1.3 国外专利检索

许多国家知识产权局网上都设有专利数据库，提供免费专利信息查询服务。比较典型的有美国专利商标局、欧洲专利局、世界知识产权组织等。

1. 美国专利商标局

美国专利商标局（United States Patent and Trademark Office，USPTO）是美国负责专利和商标事务的非商业性行政机构，主要服务内容是办理专利和商标信息。它在Internet上设立了官方网站，向公众提供全方位的专利信息服务，网址为http://www.uspto.gov，网站如图12-5所示。

（1）USPTO数据库概述

USPTO数据库将美国1790年以来的各种专利论文数据在其网站上免费提供给用户查询。数据内容每周二更新一次。

（2）USPTO数据库检索

USPTO专利授权数据库提供快速检索（Quick Search）、高级检索（Advanced Search）、专利号检索（Number Search）3种检索方式。这里主要介绍"快速检索"。

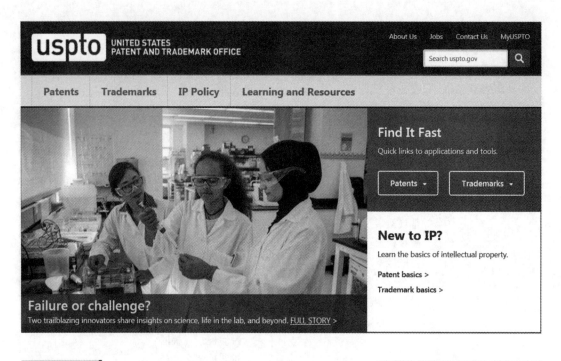

图 12-5　美国专利商标局（USPTO）门户网站

快速检索是系统提供的默认检索方式，检索方法如下。

登录网站。在地址栏键入"http://patft.uspto.gov"，进入 USPTO 专利数据库主页面（图 12-6），依次单击页面上方"PatFT：Patents"和"Quick Search"链接，进入快速检索页面，如图 12-7 所示。

快速检索提供两个检索查询框："Term 1："和"Term 2："。与两个检索入口对应的是两个相应检索字段选项："in Field 1："和"in Field 2："。在快速检索的两个检索字段之间有一个布尔逻辑运算符选项。在检索查询框"Term 2："下方有一个年代选择项"Select Years"。所有选项均以下拉式菜单供用户根据检索需求选择所需的检索字段和检索年代，并在两个检索字段之间用布尔逻辑运算符构造一个完整的检索式。

键入检索词。在两个检索查询框内分别键入检索词，可将全部检索词/词组，甚至短语键入在同一字段内，也可以分别键入到不同的字段。

选择检索字段。在"in Field 1："和"in Field 2："下拉菜单中选择检索字段。系统提供 Title（专利名称）、Abstract（文摘）、Issue Date（公布日期）、Patent Number（专利号）、Application Date（申请日期）等 56 个可检索字段，系统默认字段是 ALL Fields（所有字段）。专利中各字段的缩写、意义、格式、举例可以从 USPTO 网站帮助信息中的"Tips on Fielded Searching"获得。

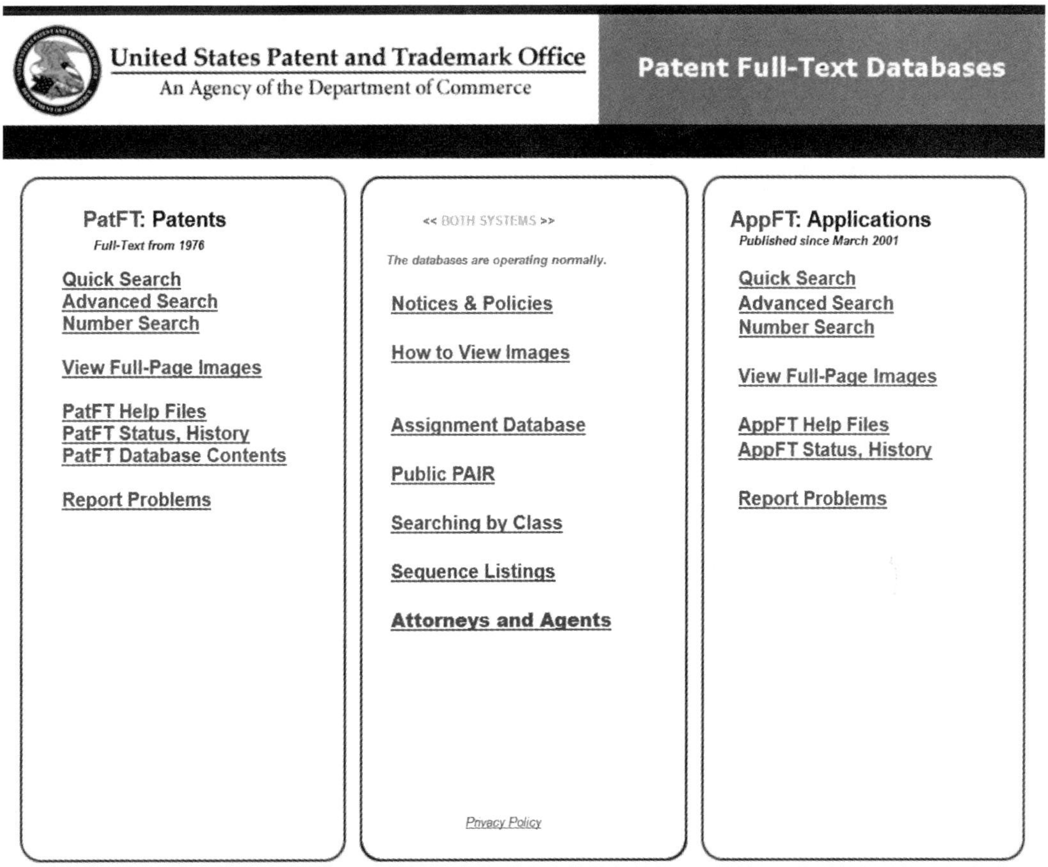

图 12-6　USPTO 专利数据库主页面

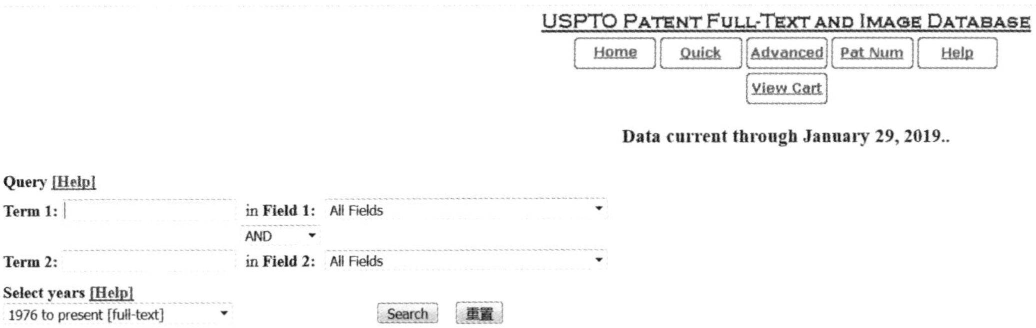

图 12-7　USPTO 专利数据库快速检索页面

确定布尔逻辑运算或组配关系。系统支持同一查询框内检索词之间布尔逻辑运算。在相应的查询框键入多个检索词时,每个检索词之间插入一个空格,系统即执行默认的逻辑"AND"运算关系。对于不同查询框,系统支持使用 3 种布尔逻辑运算"AND""OR""NOT"进行组配检索。

截词运算。快速检索支持截词运算(Truncation)。截词符"＄"表示可以代替无限个字符,检索所有同词根的词,所有被包含的不同词缀的检索词自动匹配为逻辑关系

"OR"。例如：键入"robot＄"，可以检索 robot、robots、robotic、robotics 等所有词根为 robot 的词汇。

需注意的是，截词运算仅支持后截词（右截词），而不支持左截词或中间截词的字母。如果对一个特定字段检索，截词后字符串长度不能少于 3 个字母；如果是全部字段（ALL Fields），截词后字符串长度不能少于 4 个字母。使用短语检索时不能使用通配符。

截词符号要正确使用。例如，键入"tele＄"，检索结果将所有包含 television（电视）、telephone（电话）和 telecommunications（电信）的词均视为有效提问，这样会带来很大的误检率。所以如果只想检索有关电话方面的内容，则有效的截词长度应该是 telephon＄。

短语检索。若使用短语进行检索时，短语须用双引号""标注。例如，检索"computer aided design"，加注双引号，3 个词将被视为一个词处理，否则短语中的各词被视为逻辑 AND 的关系，在引号内使用截词符号"＄"无效。

选择检索时间范围。在"Select Years"下拉菜单中选择检索年代或年代范围，包括 3 个选项：1976 to present [full-text]、1790 to present [entire-database]、TEST DATA [full-text]，默认的年代范围是从 1976 年到现在。

检索。完成上述操作后，单击"Search"按钮开始检索。检索结果显示专利号（PAT. No.）、T（Full-Text 图标）、专利名称（Title）列表。

浏览文摘和专利说明书全文。在专利号（PAT. No.）、专利名称（Title）列表中进行浏览、比较、筛选。单击选中专利号（PAT. No.）或专利名称（Title）链接，进一步浏览包括题录数据、文摘（Abstract）、权利要求（Claims）及专利说明书（Description）内容等详细信息。

2. 欧洲专利局

（1）EPO 概述

1977 年 10 月 7 日，欧洲专利局（European Patent Office，EPO）建立。这是一个政府间组织，主要职能是负责欧洲地区的专利受理和审批工作。EPO 是世界上实力最强、最现代化的专利局之一。从 1998 年开始，EPO 在 Internet 网上建立了免费 Espacenet 和 Epoline，用户可以便捷、有效地获取免费专利信息。使用 Espacenet 可以免费检索世界上数十个国家、地区和国际专利机构 9 500 多万件专利文献的著录项目、文摘、说明书、法律状态和同族专利等，能进行专利全文说明书的浏览、下载和打印。使用户便捷、有效地获取免费专利信息资源。使用 Epoline 可以查找特定国家专利申请的法律状态及其中间文件。

（2）主要专利数据库

Espacenet 提供 3 个主要专利数据库检索，申请可以是 3 种官方语言（英语、法语和德语）中的任意一种。

① Worldwide 全球专利数据库

从 1998 年开始，Espacenet 用户能够检索欧洲专利组织任何成员国、欧洲专利局和世界知识产权组织公开的专利题录数据。

Worldwide 可检索世界范围内的专利。截至 2017 年 4 月底，该数据库收录了 1836 年以来全球范围内 100 多个国家专利文献著录项目，1970 年以后收集的专利有英文标题和摘要。该数据库中的数据类型包括题录数据、文摘、文本式的说明书及权利要求，扫描图像存储的专利说明书的首页、附图、权利要求及全文。由于收录的范围广、年代久，使得该数据库成为世界上免费专利资源中最重要的数据库之一。

② 使用不同语种申请专利公开数据库

Worldwide EN – collection of published application in English 专利数据库：已公开的用英语字符或单词申请的完整集合。

Worldwide FR – collection des demandes publiees en français 专利数据库：已公开的用法语字符或单词申请的完整集合。

Worldwide DE – Sammlung veroffentlichter Anmeldungen auf Deutsch 专利数据库：已公开的用德语字符或单词申请的完整集合。

（3）Espacenet 数据库

Espacenet 专利检索系统提供 Smart search（智能检索）、Advanced search（高级检索）、Classification search（分类检索）3 种方式。并且在每种检索方式的页面上都配有快速帮助信息，能有效地指导用户完成检索。这里主要介绍智能检索和高级检索。

① 智能检索

在地址栏键入"https://worldwide.espacenet.com"，进入 Espacenet 专利检索系统主页面（图 12 - 8），在页面靠上部分就是智能检索（Smart search）信息输入框。智能检索适合初学者使用。使用者可以在智能检索页面的输入框中最多输入 20 个检索词（每个著录项目数据最多 10 个检索词），并以空格或适当运算符分隔，多个检索词可以使用布尔逻辑算符，在没有优先算符的情况下，系统默认从左到右运算。无须区分检索词所属的字段，系统可以根据检索词的格式自行判断其所属的字段。例如，输入"Siemens""EP""2015" 3 个检索词，用空格分隔，系统就会自动在发明人/申请人字段搜索"Siemens"，在申请号/公布号/优先权号字段搜索"EP"，在公布日期字段搜索"2015"，并将同时满足这 3 个条件的专利检索出来。

② 高级检索

高级检索可任意使用所提供字段进行检索，点击 Espacenet 专利检索系统主页面左边的第二个标签"Advanced search"，进入高级检索页面，如图 12 - 9 所示。

选择检索页面语言。EPO 成员国 38 个，包括德国、英国、法国等国家和欧洲专利局。单击右上角"Change Country"按钮，可以展开为各个成员国提供的 34 种检索语言页面列表，用户可以选择熟悉的检索语言环境。其中 China（中国）、Japan（日本）、Korea（韩国）、Latvia（拉脱维亚）、Serbia（塞尔维亚共和国）为非成员国。

选择数据集合。Espacenet 专利检索系统包含 1 个数据库和 3 个数据集合选项库，每一个数据库都有自己的数据收录范围。从"Select the collection you want to search in"下拉列表中选择您希望检索的专利数据库：可以使用英语、法语和德语检索 EPO 的数据库（Search the EPO's databases in English, French and German）。默认数据库为 Worldwide。

信息素养：开启学术研究之门

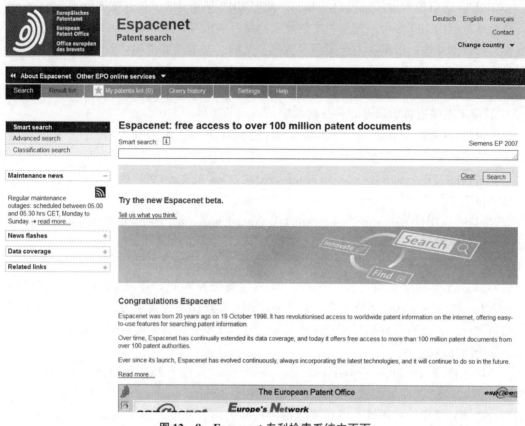

图 12-8　Espacenet 专利检索系统主页面

选择检索字段。提供 10 个检索字段：标题中的关键词、标题或摘要中的关键词、公开号、申请号、优先权号、公开日、申请人、发明人、CPC（联合专利分类）、IPC（国际专利分类）。这 10 个检索字段的输入方式可以参考后面的示例或者左侧的"快速帮助（Quick Help）"提供的内容。

键入检索词。每个检索字段中最多可输入 10 个检索词，并以空格或适当运算符分隔。检索世界数据库时将忽略特殊字符（变音符号、重音符等）。在 EPO 和 Worldwide 数据库中检索说明书和权利要求书全文时，可以用英语、德语和法语输入检索词。

确定布尔逻辑运算或组配关系。检索时，可以使用布尔运算符 AND、OR 或 NOT 对多个检索词进行逻辑组配，以扩大/缩小检索范围。每个字段中最多可输入 3 个运算符，并且在一次检索任务中，最多输入 20 个运算符。例如，在标题字段输入"car OR automobile OR vehicle"进行检索。

使用多个字段联合检索时，各字段之间默认运算符为 AND。对于词组检索，则需要将词组置于双引号中，例如"computer control"。

通配符：系统支持使用通配符进行检索，但只能在"Title""Title or Abstract" "Inventor""Applicant"检索框中使用。有 3 种通配符可供使用，即"*"代表任何长度的字符串，"?"代表 0 或 1 个字符，"#"代表 1 个字符。例如，要查找标题中含有

car 或 cars 的专利，可以在该字段中键入"car?"。

图 12-9　Espacenet 专利数据库高级检索页面

可以使用优先算符——圆括号改变运算顺序。圆括号内的内容将先被执行，而后是圆括号外的内容。例如，在标题字段中输入"crush and (dynamic or kinetic)"，检索引擎将会检出标题中包含检索词 dynamic 或 kinetic、并同时包含 crush 的专利文献。

检索。单击"检索"按钮开始检索。

浏览文摘和其他内容。单击某条专利的名称，即可浏览文摘和该件专利的其他内容。其他功能：在文摘浏览页面上，系统还给用户提供了许多其他功能按钮选项。单击不同的功能按钮，可以分别查找 Bibliographic data（著录数据）、Description（说明书）、Claim（权利要求）、Mosaics（说明书附图）、Original documents（原始文献）、Cited documents(被引文献)、Citing documents(引用文献)、INPADOC legal status(法律状态)、INPADOC patent family(同族专利)等检索。查看专利引文对了解产品或技术的起源及发展情况非常有帮助。

3. 世界知识产权组织

1967 年 7 月 14 日，世界知识产权组织（World Intellectual Property Organization, WIPO）成立。1974 年 12 月，WIPO 成为联合国 15 个专门机构之一，总部设在日内瓦，现有 175 个成员。中国于 1983 年 6 月 3 日加入该组织。

（1）WIPO 概述

WIPO 是一个联合国（UN）的专门机构和政府间国际组织，致力于世界范围内知识产权的推广和使用，建立了专利、商标和工业品外观设计国际注册体系。在该体系里，申请人不再需要以多种语言提交多份国际申请，而只需要使用一种语言提交一份单独的申请，并且只交纳一项申请费，即可同时在各签约国获得对一项发明的保护。

（2）WIPO 在线专利信息检索服务

WIPO 官方网站提供了免费的"Databases WIPO GOLD"一站式检索门户，集合了全球范围内可检索的知识产权数据。网上免费数据库——在线专利信息检索服务（Patentscope），允许用户访问 6 424 万件国际和国家专利文献，是重要的技术资源库。"Patentscope"常常用来查询以 PCT 申请形式首次公开的新技术信息，集合了 25 个参与国家的国家专利和地区专利。通过该数据库可以检索 PCT 申请公开、工业品外观设计、商标和版权的相关数据。

"Patentscope"系统提供专利的"Search/检索"和"Browse/浏览"两种方式。其中"Search/检索"可细分为 Simple（简单检索）、Advanced search（高级检索）、Field Combination（字段组合）、Cross Lingual Expansion（跨语种扩展）共 4 种检索方式；"Browse/浏览"亦可细分为 Browsed by Week（PCT）（按星期（专利合作条约）浏览）、Sequence listings（序列表）、IPC Green Inventory（IPC 环保清单）（中文页面不提供此种检索方式）、专利登记簿门户（Portal to patent registers）等 4 种方式。这里主要介绍"字段组合"检索。

字段组合检索，也称域组合检索，是一种更加有针对性的检索方式。在这个检索页面，可以使用诸多检索字段组合，对特定检索条件（如标题、摘要、说明书等）进行检索。检索内容的输入不区分大小写。短语检索以半角格式的""进行限制。支持右截词检索、邻近词检索和布尔逻辑表达式检索。检索方法如下。

登录网站。在地址栏键入"http://www.wipo.int"，进入 WIPO 网站主页。单击页面导航条上"Knowledge"下拉列表中的"PATENTSCOPE"，进入数据库选择页面。再点击"Access the PATENTSCOPE database"，进入专利检索服务页面（以上页面均可单击"中文"链接，设置成中文页面，网站提供 9 种语言检索页面）。在"search/检索"下拉选项中，单击"Field Combination/字段组合"链接，即可进入域/字段组合检索页面，如图 12-10 所示。

图 12-10　PATENTSCOPE 数据库字段组合检索页面

选择检索字段。可检索字段包括全部名称（All Names）、全部号码和标识符（All Numbers and IDs）、申请人全部数据（Applicant All Data）、英文摘要（English Abstract）、英文权利要求书（English Claims）、英文说明书（English Description）、英文标题（English title）、国家（Country）、国际分类（International Class）、发明人全部数据（Inventor All Data）、法律代表名称全部数据（Legal Representation All Data）、国家阶段的所有数据（National Phase All Data）、局代码（Office Code）、在先 PCT 申请号（Prior PCT Application Number）、优先权全部数据（Priority All Data）、公布日（Publication Date）等共 48 个字段。页面默认查询框 12 个，单击"（+）Add Another Search Field（-）Reset Search Field"，可增加/减少查询框数量，最多可增至 14 个。

键入检索词。在检索查询框内分别键入检索词。可将全部检索词/词组，甚至短语键入在同一字段内，也可以分别键入不同的字段。

确定布尔逻辑运算或组配关系。系统支持同一查询框内检索词之间布尔逻辑运算。在相应的查询框键入多个检索词时，每个检索词之间插入一个空格，系统即执行默认的逻辑"AND"运算关系。对于不同查询框，系统支持使用 3 种布尔逻辑运算"AND""OR""NOT"进行组配检索。支持同一词语中的单字符和多字符通配符检索。要执行单字符通配符检索，使用"?"符号；要执行多字符通配符检索，使用"*"符号。

词根检索。如果想限制检索的确切性，取消复选框中的勾选"Stem：□"，只检索与查询框中检索词完全一致的结果；勾选复选框"Stem：√"，将执行查询框中检索词词根检索的运算。

查询语言。在"Language"折叠选项中，提供19种查询语言供选择，包括 Arabic（阿拉伯语）、Chinese（中文）、English（英语）、French（法语）、German（德语）等。

专利机构。专利机构可选择所有机构"Office：All"或指定专利机构"Specify"。指定专利机构包括 PCT、Africa（非洲）、Americas（美洲）、LATIPAT、Asia–Europe（亚欧）等地区的专利管理机构。

检索。单击"search"按钮开始检索。检索结果以列表显示。内容包括专利国、专利名称、申请号、公布日期、国际专利分类、申请人、发明人、部分文摘等详细著录数据。

检索结果排序、显示、翻译。检索结果排序"Sort by："方式有5种：相关度（Relevance）、公开日降序（Pub Date Desc）、公开日升序（Pub Date Asc）、申请日降序（App Date Desc）、申请日升序（App Date Asc）。

检索结果显示"View"方式有 Simple（简要格式）、Simple + Image（简要格式 + 图像）、All（所有内容）、All + Image（所有内容 + 图像）、Image（图像）共5种。

页面显示检索结果数量"List Length"设置：提供每页显示10、50、100、200条记录设置。

如果检索结果页面设置成非英文状态，可选择"T机器翻译"，由 Google 翻译，自动将专利名称和文摘翻译成页面设置的语言。

浏览文摘和专利说明书全文。在检索结果列表中进行浏览、比较、筛选。单击选中的某件专利"WO公布号"，页面上部还有一组按钮，可进一步浏览包括 PCT 著录事项（PCT Biblio. Data）、说明书（Description）、权利要求书（Claims）、国家阶段（National Phase）、通知（Notices）、文件（Documents）的信息。

12.2 科技查新报告

12.2.1 科技查新定义

科技查新，简称查新，是为了避免科研课题重复立项和客观正确地判断科研成果的新颖性而设立的一项工作。具体来说，是指查新机构根据查新委托人提供的需要查证其新颖性的科学技术内容，按照《科技查新技术规范》（GB/T 32003—2015）进行操作，经过文献检索与对比分析，做出结论，出具查新报告，为科研项目的评审专家提供全面、准确、客观、公正的"鉴证性客观依据"。科技查新是科学研究、产品开发和科技管理等活动中的一项重要基础工作。

12.2.2 科技查新程序

科技查新工作有规范和固定的查新程序。查新机构的查新流程如图 12-11 所示,主要包括了办理查新委托手续、检索和出具查新报告三大部分。各部分的具体工作程序和要求如下。

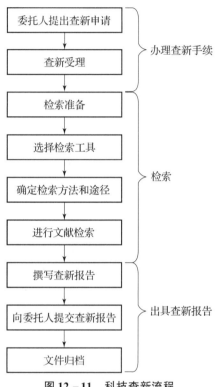

图 12-11 科技查新流程

1. 办理查新委托手续

(1) 查新委托人

查新委托人到指定的查新单位下载并按提示填写"查新课题委托书"。查新委托书应由课题负责人或掌握课题全面情况的研究人员填写。需要据实、完整地表述课题的主要技术特征、发明点、创新点、参数、主要技术指标等;尽可能提供描述课题内容的中英文对照检索词,包括规范的主题词、关键词、概念词、同义词、缩略词、分子式和化学物质登记号等;并提供检索式供查新人员参考。查新委托人填好委托书并签字后,要加盖单位公章。另外需要提供的一些相关资料包括参考文献、国内外同类科学技术和相关学科的背景资料等。

(2) 查新受理机构

查新人员要确认委托人提交的材料是否齐全,根据委托人提供的相关资料确定是否可以受理,确认是否能满足委托人的查新要求,确定完成查新的时间。如果可以接受委托,要有受理人签字和受理机构盖章。

(3) 科技查新对象

① 申报国家级或省（部）级科学技术奖励的人或机构；
② 申报各级各类科技计划、各种基金项目、新产品开发计划的人或机构；
③ 各级成果的鉴定、验收、评估、转化；
④ 各级科研项目的申请立项、技术引进等；
⑤ 国家、地方或企事业单位有关规定要求查新的。

2. 检索

(1) 检索准备

在实施查新之前，查新人员要进行课题分析，并与委托人进行细致交谈，全方位了解委托人查新目的和对查新任务的具体要求，尽可能多地了解课题的研究情况，正确把握查新、查全、查准的辩证关系，在查全的基础上力求查准、查新。

(2) 文献检索范围

这是查新过程中最重要的技术环节。文献检索范围的确定应考虑以尽可能短的时间，尽可能全面、准确地检出与查新项目内容相关的文献资源为原则。中文查新一般使用综合数据库（也称通用基本数据库），再加上与此查新项目相关的专业数据库；外文查新是通用基本数据库再加上与此查新项目相关的专业数据库；还可以使用国际联机"Dialog 系统 411 号文档"进行扫描，命中率高的数据库基本上都是与所查课题相关的。

(3) 实施检索

根据查新课题的主题选择检索平台，确定相应的检索文档或数据库，制定检索策略，根据课题学科特点确定检索年限，进入数据库实施检索，并输出相应的检索结果。

3. 出具查新报告

(1) 科技查新"新颖性"的判断与确定

科技查新"新颖性"的判断与确定是查新工作的核心。新颖性指的是在查新委托日期以前，查新项目的科学技术内容部分或者全部没有在国内外出版物上由他人公开发表过。公正地判断和确定课题的"新颖性"，需要查新人员对课题专业内容有深入领悟与准确判读，全面准确地检索相关文献信息，针对每一个查新课题的整体、局部、查新点与现有技术进行分析和对比，采用相同排斥、单独对比、突破传统、新用途的判断原则，得出查新课题的科学技术内容全部、部分或某查新点是否具有相关文献报道的"新颖性"结论。

(2) 完成查新报告

查新报告是查新机构用书面形式就查新事务及其结论向查新委托人所做的正式陈述，也是体现整个查新工作质量和水平的重要标志。查新人员要对查新课题内容及查新点与检索到的结果（相关文献反映出的现有研究或技术水平）进行比较，实事求是地做出文献评述论证结论。

12.2.3 科技查新与一般文献检索的异同

科技查新不只是一项课题的文献检索和查询，更是一项专题信息咨询。

一般文献检索（课题查询）只针对课题的需要，提供有关该课题内容的相关信息，包括原文或二次文献，而不需要提供对课题进行更加深入的分析、评价与鉴证工作。

科技查新则是文献检索（课题查询）和情报研究相结合的一项工作，它以文献为基础，以文献检索（课题查询）和情报研究为手段，以检出结果为依据，通过综合分析，对查新项目的新颖性进行情报学审查，写出有依据、有分析、有对比、有结论的查新报告。也就是说，查新是以通过课题查询过程中检出文献的客观事实来对项目的新颖性做出结论。因此，查新有较严格的年限、范围和程序规定，要求检索范围全面性、系统性和连续性，有查全、查准的严格要求。由于查新要求给出明确的结论，因此选择的对比文献要具有代表性、针对性与可比性，给出的查新结论要具有科学性、客观性和鉴证性，但不做水平评价，因而不是全面的成果评审结论。这些都是单纯的文献检索所不具备的，也有别于专家评审。

12.2.4　科技查新委托书的撰写

1. 科技查新委托书样例及各组成部分介绍

以华南理工大学科技查新机构的科技查新委托书为范例（图 12－12），简要介绍如何填写一份查新委托书。

项目编号：

华 南 理 工 大 学

科 技 查 新 委 托 书

查新项目名称		中文：				
		英文：				
委托单位	名　称					
	通信地址					
	邮政编码		电子信箱			
	负责人		电　话		传　真	
	联系人		电　话		手　机	
查新机构	机构名称	教育部科技查新工作站(L20)				
	通信地址	广州市天河区五山华南理工大学图书馆信息咨询部				
	邮政编码	510640	电子信箱	liqb@scut.edu.cn		
	负责人	***	电　话	020-87110035	传　真	
	联系人	***	电　话1	020-87110035	电　话2	
委托日期		年　月　日	要求完成日期	年　月　日		

一、查新项目的科学技术要点(概要写出项目所属技术领域、背景技术、要解决的技术问题、采用的技术方案、主要技术特征、技术效果及成果应用情况等)

研究内容：

研究方法：

主要目标(或技术路线)：(项目申报填写)

主要成果：(成果鉴定、项目鉴定填写)

二、　查新点与查新要求

1、创新点

2、查新要求：☐国内外查新　☐国外查新　☐国内查新

三、查新目的

☐ 科研立项(申请______________项目)

☐ 成果查新　☐ 奖励申报　☐ 专利申请

☐ 其它 ____________

四、　关键词、名称和术语的解释（国外查新加注英文关键词）

五、　参考文献

六、履行方式：通过以下方式交付查新报告

（1）委托人自取(✓)

（2）查新机构邮寄（邮费由委托人自付）( )

图 12－12　科技查新委托书样例

科技查新委托书一般包含查新项目名称、委托单位信息、查新机构信息、委托日期、查新项目科学技术要点、查新点与查新要求、查新目的、关键词信息和参考文献等主要内容。这里仅对委托书关键内容的填写进行介绍说明。

(1) 查新项目名称

拟进行查新的科研立项、成果鉴定或申报奖励的项目名称,该名称应与申报材料中的项目名称保持一致,有字数限制,需分别用中、英文对照填写。

(2) 委托单位信息

需将项目负责人和其所在单位、电话、通信地址、邮政编码等填写清楚,应尽量提供手机号码,以便联系。查新项目的负责人,可以是项目的主要成员,或者是熟悉项目技术内容、能解释项目技术要点的人。

(3) 查新项目科学技术要点

科学技术要点一般为200~800字,概要地写出项目所属技术领域、背景技术、要解决的技术问题、采用的技术方案、主要技术特征、技术效果及成果应用情况等。"主要目标(或技术路线)"与"主要成果"两项须根据查新目的来选填。

(4) 查新点与查新要求

指需要查证的内容要点、技术创新点,即查新项目的创新内容或与他人研究的不同之处(本项将作为查新结论对比分析的依据),应简明扼要地列出需要进行国内外对比分析的查新点和查新咨询要求,注明查新的范围(包括国内、国外或国内外三种)。

(5) 查新目的

查新目的主要分为立项查新和成果查新两类。立项查新包括申报各级、各类科技计划,科研课题开始前的资料收集等。成果查新包括为开展成果鉴定、申报奖励等;需注明具体申报内容,如申报国家科技进步奖、863计划等。

(6) 关键词信息

由查新委托人详细提供检索关键词(含规范词、同义词等,国外查新需加注英文关键词),词的来源应是课题相关的专业惯用词。查新人员将根据用户提供的主题词进行复核后,确定最终使用的检索关键词。

(7) 参考文献

指与查新项目相关的国内外参考文献,以及该课题组成员发表的与本课题相关的文献,并注明文献的著者、题目、刊名、年、卷、期、页码等。

2. 科技查新委托书填写注意事项

填写"科技查新委托书"需注意以下三点内容。

(1) 项目科学技术要点

项目的"科学技术要点"可理解为项目的"主题",具体概括项目所属技术领域、背景技术、要解决的技术问题、采用的技术方案、主要技术特征、技术效果及成果应用情况。

一是科学技术要点一般为200~800字,留白空间不够可增加附页。

二是按《GB/T 32003—2015 科技查新技术规范》,一个查新项目限于一个主题,只有当多个主题有一个密不可分的特定技术特征时才被允许出现在同一查新项目中。

三是如果是合作申报的项目,须写明合作单位或个人,并提供相关的证明材料。

(2) 创新点

查新项目的创新点是贯穿查新过程始终的焦点,是文献检索、结果分析对比、查新结论立足的依据。因此,创新点的提出最为重要,应注意以下几点。

一是准确地抽提项目的创新点,逐条列示各创新点。

二是文字表述时要精练明确、条理清楚(不要把查新项目中的一般性技术特征列为创新点)。

三是文字表述时要用词科学、准确(杜绝生僻词、自创词),逻辑严密(杜绝歧义)。

四是创新点一经确定后,不能随意更改;若更改项目的创新点,则按新项目重新计费,委托时间从修改之日起计算。

(3) 关键词、名称和术语的解释

委托人需要详细提供检索关键词(含规范词、同义词等),词的来源应是课题相关的专业惯用词;关键词的提供应尽可能全面,要考虑到一物多名,注意到词的全称、中外文缩写。查新人员根据用户提供的主题词进行复核后确定。

思考与练习

1. 列举获取专利信息的国内外平台、网站。
2. 简述科技查新的流程。
3. 简述科技查新与一般文献检索的异同。
4. 在中华人民共和国国家知识产权局专利检索网站——专利检索及分析系统 SIPO 中,分别利用"常规检索"和"高级检索"功能,检索有关"电动汽车的电池制造"方面的专利文献,分析比较两种检索方式的结果,并说明其异同。
5. 在中国知识产权网的 CNIPR 专利信息服务平台中,分别利用"检索"和"高级检索"功能检索有关"电动汽车的电池制造"方面的专利文献,分析比较两种检索方式的结果,并说明其异同。
6. 比较上述两个练习的检索结果,结合自己的检索实践,说明上述两大专利数据库的优势,总结出使检索达到最好效果的方法。
7. 利用中国知识产权网或美国专利数据库,查找下列主题的最新专利,请记录专利号、专利名称、发明人、专利权人、相同及相关专利信息,以及专利的引用情况。

(1) 可调节的办公用椅。
(2) 智能电饭煲。
(3) 海尔公司的空调。
(4) 华为公司在我国申请了多少件智能手机的专利,这些专利的法律状态如何?
(5) 北京大学的王选院士共申请了多少件专利,这些专利的法律状态如何?

参 考 文 献

［1］马三梅，王永飞，孙小武．科技文献检索与利用［M］．北京：科学出版社，2019．
［2］谢新洲，周静．新编科技查新手册［M］．北京：人民出版社，2015．
［3］杨守文，杨健安．科技查新典型案例解析［M］．北京：化学工业出版社，2015．
［4］杨云川．信息元素养与信息检索［M］．北京：电子工业出版社，2018．
［5］华南理工大学科技查新［EB/OL］．http://www.lib.scut.edu.cn/cxjj/list.htm

第六部分　信息管理

第 13 章 信息分析与评价

学习目标

1. 理解批评性阅读的概念和特征；
2. 掌握批评性阅读学术文献的方法与技巧；
3. 掌握做笔记的方法与技巧；
4. 掌握对学术文献和网络信息进行评价的主要原则和方法。

情境导入

飞飞是一名教育技术学的研二学生，这学期选修了一门《文献综述写作》课程。授课教师要求大家在结课前提交一篇主题与专业相关且不低于 6 000 字的文献综述。飞飞顺利地确定了论文题目并收集到数量可观的参考文献，目前已进入文献阅读和整理阶段。然而这个过程却未能按照飞飞预期稳步推进，因为她在阅读文献的过程中，总是要反复阅读数次才能把握文献的内容结构和核心观点；而且不同作者对同一个主题持有不同观点，她不知道该采取哪一种；也无从判断一篇文章写得好还是不好。为此，她感到十分苦恼。

你是否也遇到过飞飞目前面对的难题？你能从以下三个方面给她提供一些建议吗？
1. 阅读文献时，如何快速抓住文献的内容结构和核心观点，并找出其不足之处？
2. 在准备学术写作时，该如何以批判性阅读的方法探究先前的文献？
3. 有哪些具体的方法可以帮助我们进行批判性阅读，具体的步骤又是什么呢？

信息经过搜索、获取、整理后，就进入分析与评价环节。信息分析是指从繁杂的信息中萃取对自己有用的信息、从离散的信息中识别出聚类的信息、从显性的信息中揭示隐藏的结构和变化规律。因此，信息分析是一个知识发现的过程。针对同一信息，不同的分析者得出的分析结果也不尽相同,这除了受到分析者的知识和经验影响外,也与分析者所采用的思维方式和分析方法相关。

在文献资料分析中,批判性阅读是一种常用的有效方法,尤其是在当前信息资源极为丰富、观点层出不穷、知识更新周期不断缩短的信息时代,掌握和养成批判性阅读方法和思维,能让我们敢于质疑、善于求证、去伪存真,并生成解决问题的新观点、新思路和新方法。

13.1 批判性阅读

13.1.1 批评性阅读的概念与特征

批判性阅读是指在充分理解所读文本语言和内容、不曲解作者持有观点基础上,通过分析和综合、假设和推理、质疑和反思、权衡和评估等一系列批判性思维活动,对文本传递的观点、态度进行分析和评价,从而形成自己观点和态度的阅读活动。

按照阅读目的和认知参与程度,阅读可以分为四个层次:基础阅读、检视阅读、分析阅读、批判性阅读。批判性阅读不同于一般性阅读,具有"理性、主动性、评估性、建构性"等特征,是一种复杂和高级的认知活动。

1. 理性

理性是在阅读中形成概念,进行判断、分析、综合、比较、推理、计算等方面的基础性能力。具备理性能力的读者能基于当下已知的条件,按照事物规律,通过严密的逻辑推理去获得结论,包括对文献观点保持既充分理解又适度分离的中正态度;为了做出决策而收集信息的认知倾向;根据证据矫正已有观点的倾向;寻求细微差别以避免绝对论的倾向等。

2. 主动性

主动性体现在批判性阅读活动的全过程。积极、主动、专注地阅读文本;收集大量相关信息资料并加以甄别、分析、综合、推理;遇到质疑和挑战时积极反思并开辟出多种独特的方式和路径,不断地推进讨论的进程;最终求证假设的真伪或实现既定目标。

3. 评估性

评估贯穿整个阅读活动之中。作者的主张和支持是需要检验和评估的核心,"主张"传达的是作者希望读者接受的结论,包含想法、意见、评断或观点。"支持"包含理由(共同的信念、假说、价值观)和实证(事实、实例、统计数字、权威),可提供让读者接受该结论的基础。读者对文献所采用的一系列方法、证据、推论过程、定论等进行仔细检视并评价其合理性时,批判性阅读才得以产生。

4. 建构性

批判性阅读的价值体现在"我"之观点建构上,每一次进行批判性阅读,都是自我监控、善于求证、主动调整、加工制作、积极建构的过程，并在这个过程中，建构起新的知识经验。

综合以上批评性阅读特征来看，一个完整的批判性阅读过程应该包括以下过程：理解、分析、综合、推理、质疑和反思、权衡和评估、建构价值、得出观点。

视频 13-1：批判性阅读

视频 13-2：文献阅读的方法与技巧

13.1.2 批评性阅读的步骤及核查单

学术文献的批判性阅读大致可以参照以下步骤进行：

（1）找出作者假设和主要观点；

（2）评价作者的观点（判断相关性、是否存在逻辑关系）；

（3）提出问题（实际的证据和它的表象一样吗？证据的来源是否可靠？有没有潜在的假设？是不是给出了所有必需的信息，或者其他细节有没有可能引起不同的结论？除了明显的原因，有没有可能存在其他的解释？）；

（4）识别证据；

（5）评价证据（分析日期、信息源，注意模糊词"大多数""许多"等，警惕滥用或不实的统计数据，判断样本量及其代表性、样本能推断总体研究对象）；

（6）找出结论（隐含的结论：语境和推理中得出）；

（7）评价证据是否支持结论。

【案例 1】Plopper 博士的批评性阅读方法

关于科技类文献的批判分析阅读，Plopper 博士在《Guide To Critical Reading of Primary Literature》中认为，科学原稿包含了高密度的信息，其阅读方式不能像读报纸和小说那样简单地从头到尾阅读每个单词。为此，他提出了一种纲领性的批评阅读方法及步骤。那么，他的具体建议是什么呢？

1. 读题

文献作者将数月（甚至数年）的工作浓缩到一句话内，因此题目中的每个单词都极有分量。建议花至少 5 分钟来阅读题目，并将你期望在文献中能看到的实验列出一个清单：会有哪些实验？数据会是什么样子？作者怎样得出他们的结论？等等。把这些清单记下来。如果最终发现你的实验清单与作者根本不一样，那就非常有指导性了：你遗漏了关键点吗，或者是（有时确实是这样）作者遗漏了？他们的题目误导了你吗？无经验和有经验的读者间的差别在于他们草拟实验清单的难易之分。清单列出后，通过阅读论文的其余部分来找出作者实际上做了什么实验来检验自己的想法了。在开始下一步之前，通过阅读摘要中的结果概括对此预先了解。

2. 读摘要

摘要通常包含有浓缩性的引言、解释实验的基本原理、简短的数据概括、实验方法、结论句等。这一步主要是寻找实验的方法和原因,弄清你的清单与他们的相近程度。不要重写你的清单,仅记住你的实验和他们相近或不同之处。

3. 读结论部分

(1) 阅读正文的结果部分,不评价数据。关键是完整透彻地理解作者思维的轨道,包括该实验是什么,他们做了什么,为什么做这些实验,他们认为的结果是什么。在这一步,把你的清单与他们的比较,写下其中的差别,注意你的实验清单不同的原因。

(2) 读图并仔细阅读图片说明。从图片中理解作者声称已发生的结果。并批判性地假设他们试图在欺骗你:那个实验的对照组是什么?你如何知道结果的发生不是因为别的原因?你认为他们省略了什么?他们为什么省略?

4. 读引言

为他们所做的实验寻找一个明确的原因。他们认为正在解答的主要问题是什么?

5. 比较

比较作者的主要问题、数据与结论。他们是否回答了他们的问题?他们是否做了正确的实验来说明他们的问题?如果你列出的实验目录与他们的不同,他们的实验体系是否更好?你会怎样做?是否会借鉴他们的实验?等等。

6. 读讨论

对这篇论文的品质有了自己的见地后,再阅读他们对自己工作的辩护。讨论中,一般会说明他们的工作为何重要,及他们是如何在该领域取得了进展。当你读到这些时,你会清楚地知道这篇论文的薄弱之处了:他们是否预先考虑到了你的问题,并实际上做出回答了吗?如果是这样,考虑他们的回答;如果没有,你应该满意,因为你已十分彻底地阅读并批判性评价了这篇论文。

7. 展望未来

现在你进入了作者的思想中,想象下自己与他们并肩工作。如果你明天加入了这个实验室,为了推进该研究,你会建议下一步做什么?研究中存在着漏洞需要填补吗?或者你能够向下一篇论文的发表挺进吗?

表13-1列出了批判性阅读的核查单。

表13-1 批判性阅读核查单

框架	批判性问题	对文章的分析
文献回顾	1. 研究必要性和重要性是否有说服力?	
	2. 作者是否作充足的文献回顾?	
	3. 作者从过往研究中推导出的假设,是否有站不住脚之处?	

续表

框架	批判性问题	对文章的分析
方法论	4. 作者挑选受测者的方法,是否有可能导致样本偏差?	
	5. 测量方法是否有瑕疵?	
	6. 变量有哪些?自变量为何?因变量为何?	
	7. 实验设计是否符合研究目标?如果未符合,作者可以如何改进?	
研究过程	8. 推理主线是什么?	
	9. 用了什么主要证据来支持论点?证据给出的方法能推出论点的同时清楚地引出结论吗?	
	10. 使用的证据是什么时候产生的?是最新的吗?跟现在还有关系吗?	
	11. 证明论点的证据充分吗?证据相关吗?有没有遗漏哪些部分?	
	12. 有没有更好地呈现证据的方法,能加强推理?	
研究结果	13. 作者的研究论点,是否受到支持?研究结果是否真如作者所称的显著?	
	14. 有没有企图通过煽动感情来说服读者?解读、使用证据的方法是否正确?	
	15. 考虑该研究的目标,作者的分析是否切题?	
讨论	16. 整体而言,作者提出的结论是否有依有据?	
	17. 论文是否有不明确之处?	
	18. 作者有没有充分考虑到其他观点?请举例。	

❋ **想一想**:

你认为批评性阅读与一般的阅读活动有何不同?批判性阅读具有哪些明显特征?

❋ **练一练**:

针对你当前研究主题中的某篇文献,按照表14-1中的核查单进行批判性阅读,并按"文献回顾、方法论、研究过程、研究结果、讨论"等将自己对文献的分析逐项填入到表格中。

13.2 文献阅读笔记的策略

13.2.1 文献阅读笔记的重要性

对于初学者来说,阅读文献时常常会遇到这样的情形:刚开始看学术文献时,认为文献枯燥乏味,静不下心来看;每次看文献或者查资料看完之后就觉得有收获,但是很快就混淆了,再返回去找出处又很麻烦;今天看过的文献,过几天就没有印象,过一个月就忘得一干二净,所有的努力都化为乌有,令人沮丧。这些情形充分说明做文献阅读笔记的重要性。

1. 防止阅读文献后遗忘

再聪明的人,记忆力再好的人,也不可能记得两年之前读过的一篇学术文章的全部重要细节。记了笔记之后,我们可以随时调出来查看文章的重要内容,而不需要回去把几十页的文章重新看一遍。

2. 教会我们怎么读文章

如果你能清楚哪些东西应该记在笔记里、哪些可以不记,那么你也就逐渐知道了看文章的时候要重点看什么,略看什么,不用看什么。不同学科的学术论文通常各有其独特的结构,通过多记笔记,你会大大提高自己读这类文章的效率,写出类似结构的好文章。

3. 需要引用文献时可信手拈来

记完笔记后,通过按主题分类和管理,可以极大方便我们在之后写文章时的引用效率,写作和构思中想到了哪篇文章观点、方法、结论就可以随时手到擒来。

13.2.2 菲利普"阅读密码表"

将文献阅读过程中的个人思考、心得、灵感、备注等以笔记的方式进行记录,是对文献内容理解后归纳、关联、提炼和再创造的过程。因此做笔记的方式和策略在一定程度上会影响文献阅读的效率和效果。

在这里介绍菲利普(Phillip)博士针对社会科学期刊文献提出的"阅读密码表"笔记策略。菲利普通过将一篇文献进行分解得到内容的核心要点,并将这些要点的名称、含义、缩写、在文中的位置等进行了说明,制成阅读密码表,见表13-2。

正如菲利普所说:"阅读密码为你提供了文本、认知和概念方面的边界,使你免受盲目阅读和无序阅读之苦。"阅读一篇文献就是一次解密,得到一张解密表。对于在文献调研中需要阅读大量资料的读者来说,这是一种很好的提高效率的方法。阅读完一篇文献,在文献旁标注好这些密码,然后将其整理成笔记,这其实是一个对文献进行深度理解、思路梳理、并进一步对文献的优缺点进行评述的过程。

表 13-2 菲利普博士针对社会科学期刊文献的阅读密码表

密码在文中的位置	密码编写	名称	含义
前言	WTD	他们要做什么（What They Do）	作者（们）声称要在论文/书中做什么；这一密码提炼出了作者在文本中提出的主要问题
文献综述	SPL	现有文献综述（Summary of Previous Literature）	该句、该段或该页给出了前人研究结果的简要综述。该过程要求大量的提炼工作，要理解复杂的观点并把它们浓缩为几段话或几句话，本领高超的作者甚至将其浓缩为一句话
文献综述	CPL	现有文献批评（Critique of Previous Literature）	作者评论先行学者著述的学术文献并指出其局限。CPL 与 POC，GAP 以及 SPL 都有概念联系，因为已有文献在理论、方法论和分析工具方面的不足正是目前研究的必要性之所在。CPL 常常会紧随 SPL，因为作者首先要提供一些思想作为靶子才能进行批评
文献综述	GAP	空白（Gap）	作者（可能以某种有系统的方式）指出现有文献中缺失的成分。如果 GAP 和 CPL 得以恰当操作，那么读者就应该能够在作者明示之前就预测出 RAT
文献综述	RAT	理论依据（Rationale）	作者在此提出依据，证明其研究是必要的，有理由的。作者给出现有文献的 CPL 和 GAP 后，应该顺理成章地、逻辑清晰地在其后推导出 RAT
研究结果/讨论	ROF	研究结果（Result of Findings）	描述该文的主要研究结果。该密码常常先后出现在摘要、研究结果和结论部分，因为在大多数社会科学期刊中，要求对这一点反复强调至少三次
讨论	RCL	与现有文献观点一致的研究发现（Result Consistent with Literature）	描述该文和现有文献观点一致的研究发现。也就是说，作者自己的研究工作支持其他人已经做出的研究工作
讨论	RTC	与现有文献观点相反的研究发现（Results to the Contrary）	描述该文和现有文献观点不一致的研究发现。也就是说，作者自己的研究工作并不支持其他人已经做出的研究工作

续表

密码在文中的位置	密码编写	名称	含义
结论	WTDD	他们做了什么（What They Did）	作者（们）在文章/书中做了什么；这是由WTD顺理成章导出的姊妹问题。这一密码提炼出了作者在文本中已经回答的主要研究问题，作者正是借此对该主题的相关文献做出自己的一份贡献
	RFW	对未来研究的建议（Recommendations for Future Works）	目前的研究工作还不完善；作者针对目前文献仍存在的研究空白（GAP）提出路线图，借此对其他研究者的未来研究提出建议
我的阅读评述	POC	批评点（Point of Critique）	现有文章或文献中的一个缺陷，可供你（学生写作者）批评，并在未来论文中针对其加以弥补
	MOP	明显的遗漏点（Missed Obvious Point）	你所阅读的文献的作者明显忽视了与先前文献的理论、概念或分析方法上的某一联系（MOP常常是由于文章作者文献阅读不充分或不全面所致）
	RPP	待探讨的相关问题（Relevant Point to Pursue）	有待我另文探讨。尽管这一密码未能指出现有文献的任何局限性或空白点，但该点提出后可以成为未来文章的POC。很明显，RPP的出现一定意味着相应的MOP和GAP的存在
	WIL	能否（Will）	将这一理论或概念联系加以逻辑梳理，以得出相应结论，来化解文章中随处可见的矛盾和待解决问题

【案例2】"阅读密码表"使用实例（表13-3）

文献来源：Hew K F. Promoting engagement in online courses: What strategies can we learn from three highly rated MOOCS [J]. British Journal of Educational Technology, 2016, 47（2）: 320-341.

通过该方法，读者可以抓住文献的重点和要点，避免对已读文献要点和细节的遗漏，也避免因遗忘文献内容再次重复阅读而浪费时间。阅读密码整合表能帮助读者较清晰直观地对相关文献的观点进行差异比较。

表 13-3 文献阅读密码表整合实例

作者年份	ROF	SPL	CPL/GAP	RFW	POC/RPP
Hew, K. F. (2016)	5 个提升在线学习参与度的策略按重要程度排序分别是：(1) 以问题为中心的学习，有明确的论述；(2) 教师的可及性和激情；(3) 主动学习；(4) 同伴互动；(5) 使用有用的课程资源	1. 在线学习参与度包含三个维度：行为参与、情感参与和认知参与。2. "参与度"有时可与"动机"互通。3. 传统在线课程中，可能影响学生参与的因素有：教师的可及性、教师的幽默、反馈的可得性、活动的选择、课外资源和积极的学习。4. 与 MOOC 相关的文献中，研究学生参与度的研究大致可分为三大类：MOOC 的注册阶段、活动阶段和完成阶段	许多 MOOC 教师主要利用学生辍学率或完课率衡量学生的参与程度。这种定量方法不能充分解释参与者参与整门课程或只参与课程某些部分的原因	1. 本研究的参与者样本量太小，结论可能不够有说服力。作者目前参与分析其他学科的其他高度评价的 MOOC，以验证本研究提出的参与影响因素是否成立，并研究是否存在其他影响因素。2. 目前的研究主要集中在学生的 MOOC 参与度，找出哪些因素将降低学生的参与度将能为 MOOC 研究提供新的信息。3. 有必要对其他一些没有在平台发表意见的参与者进行调查以降低研究结果可能存在的偏见	1. 学生发表的内容是否涵盖所有要回答的问题？2. 受限于篇幅，学生回答的质量如何保证？

13.2.3 文献综述矩阵

在文献阅读中，也可以使用论文阅读表（文献综述矩阵）来对文献进行梳理和批判性阅读，表 13-4 为矩阵表模板。

【案例3】文献综述矩阵法的笔记实例（表 13-5）

文献来源：张樨樨，李勤，高紫琪. 全面二孩政策引发的职业女性就业歧视新思考 [J]. 山西大学学报（哲学社会科学版），2018（5）：105-113.

其实，前面讲述的批判性阅读，在操作上就这样被简化到阅读密码表之中了。

表 13 –4　论文阅读表（文献综述矩阵）

序号	作者/年份	文献综述	已有研究空白	研究目的	研究对象	研究方法	研究结果	研究结论/对策
1								
2								
3								

13.2.4　做文献阅读笔记的注意事项

1. 做文献笔记不是机械抄写

遵循 80∶20 法则，筛选出重要文献。重要的文献一定要精读，做笔记时要关注以下几点：笔记是否涵盖了一篇文章的核心内容？笔记是不是记录了不重要内容？笔记记录了你阅读时相关的思考和评价？比如，某个作者在某篇文章里采用了"结构方程模型"，你同意应该使用这种方法吗？你觉得有更好的方法吗？作者的某个结论，让你想起了哪篇别人的什么文章吗？这两篇文章得出了相同的结论吗？哪些文章会反对这篇文章的观点呢？如果是你来做这个研究，你会把这个研究设计得不同吗？文献阅读笔记积累到一定量时，就需要对相关的文献进行归类整理。只有这样记笔记才能锻炼和提高我们的文献阅读能力。建议每篇论文的笔记最好控制在 1 页纸内，最多不超过 3 页。

2. 做文献笔记是给你自己看的

每个成熟的学者都有一套自己的文献记录和管理系统，这个系统越早建立越好。记文献笔记可能有时候是为了完成任务、交作业，然而最终它是为自己而记的，使用者和受益者都是你自己。为此，记笔记的时候，我们可以使用自己习惯的格式、缩写和语言，怎么好用怎么记，只要自己将来能看懂就行。同时，注意适当记录自己的想法。譬如说，有人喜欢用 Excel 记笔记，也有人喜欢用 Word 做笔记，列表记录，或者按照不同层级的标题记录文献要点，便于后期通过导航窗口查询。当然用软件记笔记也是不错的选择。

3. 做文献阅读笔记需要长期积累

读文献和记笔记有一个从量变到质变的过程，需要坚持不懈。日久天长，阅读量大了，积累多了，自己肚子里的"货"就会逐渐充实起来，需要总结的方面就多，取用时就会非常自如。只要用心付出，迟早会实现从初学者向专家的转变。建议你从现在开始首先练习用有效的方法做文献笔记。记文献阅读笔记的方法虽然在读文章的时候会耗去一些时间，但放长远来看会让你受用无穷。所有的文献笔记都不是"白"记的，慢慢地你会发现最"笨"的办法才是最有效的办法。正所谓，"只要功夫深，铁杵磨成针"。

表 13-5 论文阅读表（文献综述矩阵）样例

作者年份	文献综述	已有研究空白	研究目的	研究对象	研究方法	研究结果	研究结论/对策
张樨樨、李勤、高紫琪，2018.5，山西大学学报（哲学社会科学版）	（一）女性就业歧视的内涵；（二）女性就业歧视的原因；（三）女性就业歧视的度量分析；二、女性就业歧视的理论分析；（一）歧视性雇主效用函数变化分析；（二）歧视原因的经济学解析：1. 职业中断；2. 人力资本贬损	前期研究多采用定性分析进行原因探究，定量分析多集中于性别工资差异，新生育背景下的职业女性就业歧视演变的理论解析较为罕见；女性就业歧视影响因素的多元评价体系有待更新，原有评价指标维度有待提升；最新二手调数据缺乏，运用计量模型对女性就业歧视在新生育背景下的再评估研究迟存空白	辨析全面二孩政策下职业女性就业歧视变化趋势，度量就业歧视程度及其影响因素	19～50岁、有工作且收入不为0的职业女性1 600人	问卷调查	（1）年龄、已育子女数量、月平均工资、育后福利、育后晋升、工作社会竞争力、工作时间灵活度是职业女性影响的关键性因素；（2）雇主的支持与优惠政策、男性雇员父育假的普及均可显著降低就业歧视；（3）高人力资本储备职业女性的歧视敏感度较高；（4）针对女性雇员育后支持政策对歧视的影响均不显著	对策（一）完善雇主与女性雇员双重支持政策，助推生育成本社会化。1. 通过直接补贴与税收减免，切实减轻雇主负担；2. 搭建支持照料体系框架，弱化女性雇员生育代价。（二）转变雇主观念，构建专项资本储备的灵活就业模式，推广女性持宽容态度。1. 对高人力资本储备的女性持宽容态度，推广灵活就业模式。2. 构建针对育后女性的专项福利体系

4. 注意记录文献的相关信息

阅读文献时,一定要记录清楚文献的题目、出处、全体作者、发表年份、期卷、起止页码等信息。这些信息是以后引文时必须用到的,不能嫌麻烦,往往是"书到用时方恨少"。

13.3 信息的评价

从各种渠道收集到的信息,在进行整理或分析的过程中,还要对信息的价值进行鉴定,原始资料的正确性和可靠性直接关系到最终研究成果的质量。

13.3.1 学术文献资料的评价

对学术文献资料评价主要从可靠性、先进性、适用性等三个方面进行。

1. 可靠性

衡量文献资料的内容是否真实可靠,通常包括完整性、科学性。可靠性可以从以下几个方面来进行评价。

(1) 作者身份。主要看作者所属机构、是否是该领域的专家或权威、或者作者在该领域发表相关文献的数量、研究时间的长短等。一般来说,有名望的专家和学者有较系统、严格的基本功训练,学术研究较为严谨,所发表文献的可靠性也较高。

(2) 引文情况。文献中所引用的文献资料,如果较为全面、大多来自权威刊物、且年代较新,说明作者前期的调研比较扎实,研究基础牢靠,研究问题较为前沿,文献的可靠性比较大。

(3) 文献被引情况。若被引频次较高,说明该文献得到领域内学者的一致认可,可靠性较大。

(4) 出版物类别与级别。期刊论文、会议论文、专题报告等一般经过筛选和评议,较为成熟可靠;专利、标准文献要求较高,较为严谨,比一般的书刊可靠性要高。出版物级别和被检索的类别也能大致反映文献的可靠性,比如外文文献中,被 WOS 收录(含 SCI、SSCI、EI)的文献比一般的文献可靠性更高。

(5) 出版机构。官方机构和政府出版的出版物较为可靠。国家级出版社、著名高校出版社对出版工作要求较高,出版经验丰富,出版物的质量也较高。

(6) 文献内容本身。文献内容是否观点鲜明、逻辑结构严谨、论据充分、引文规范、内容完整、用词准确严谨等,都是判断文献是否可靠的依据。

2. 先进性

衡量文献资料中是否有新观点、新理论、新方法、新技术等。对原有理论、方法和技术加以创造性的开发和利用来判断,或者反映人们在生产生活、科学实验以及其他社会实践的新进展、新突破的信息，都可以认为具有先进性。先进性可以从以下几个方面进行评价。

(1) 文献类型。一般来说，最新发表的专利文献、研究报告等具有较强的先进性。
(2) 发表时间。最近发表的文献信息一般比旧文献的先进性要强。
(3) 信息老化规律。根据文献所属学科的信息老化规律来判断其先进性。
(4) 文献内容本身。文献内容中是否有新观点、新理论、新方法；应用上，有无新设计、新工艺、新方案等，都是判断文献是否先进的依据。

3. 适用性

适用性是指文献信息在特定条件下对读者的适用程度。适用性一般是在对文献进行可靠性和先进性评价的基础上进行的。原始文献的适用性取决于文献内容的难易程度、研究条件、用户的吸收能力、用户近期和远期发展目标的需要、综合利用的可能性等因素。

13.3.2　网络信息评价

网络上的学术信息资源因其数量大、类型多、传播范围广，对于学术研究，其重要性不可估量。但网络资源没有统一的管理机制，存在信息发布自由、分布零乱无序、质量参差不齐的问题。这使得我们在利用网络信息资源开展学术研究时，必须首先对其进行有效的评价。

对网络信息资源的评价，目前一般从资源的权威性、准确性、目的性、时效性和全面性等五个方面进行。

1. 权威性

考察信息来源，包括信息的编写者（个人或团体）、编写者的学术声望、网站域名的可靠性等。

2. 准确性

考察网络资源是否经过加工、可信度如何。是否存在拼写、语法、常识性错误，以及专业术语表达是否正确等。考察和区分其是已正式出版（发表）还是非正式出版（发表）资料。

3. 目的性

考察网络信息资源的发布（出版）目的是什么，是属于学术性还是商业性目的？为哪些用户出版或服务？

4. 时效性

考察网站的更新与维护情况、资源的发布日期或转载日期，尤其是要看该资源的原始发布日期。

5. 全面性

考察网络信息资源是否包含完整的"五个W"要素：时间、地点、事件、人物、原因等；考察内容有无常识性错误，有无背离人们的基本认知等。访问或获取信息是否需要付费等。对于一些网络资源，也可以在评论区结合网友的评价或发帖内容综合考察。

【案例4】 通过各类网络检索工具，查找我国近3年（2017~2019）城镇总人口的增长情况，要求按照网络信息评价的原则进行分析，得到最可靠的信息。

从查询要求可知，这属于目标信息查询。所谓目标信息，是指在检索结果的众多相关信息中与用户期望值最接近的信息。因此，需要从资源的权威性、准确性、目的性、时效性和全面性等方面对不同信息源进行对比分析，从中选择可信度较高的信息。

第一步，选择网络检索工具。首先利用搜索引擎找出与题意相关的信息源。在Google 高级检索中以"中国历年城镇人口"为检索词，包括关键词"2017""2018""2019"，找到相关网页约 300 万篇。

第二步，目标信息选择。根据检索结果，发现大多数相关信息来源来自博客、新闻网、商业情报网等，虽然这些网页提供有切题的事实数据，但大都没有注明统计数据的来源。那如何判断这些信息来源的可靠性呢？

第三步，追踪查询。在对上述部分检索结果的浏览过程中，发现某些经济类网站有提供上述数据的来源依据，即中华人民共和国国家统计局网站和《中国统计年鉴》。通过追踪查询，在国家统计局网站的"统计公报"中，"年度统计数据"的总人口相关指标里，查到 2017 年为 81 347 万、2018 年为 83 137、2019 年为 84 843 万。这些数据虽然跟博客、情报网等提供的数据不大一样，但它是最可靠、最可信赖的数据来源。

> **想一想：**
> 对网络信息资源，有哪些一般性的评价原则？对学术信息资源的评价除了这些一般性评价原则之外，你认为还具有哪些特殊原则？如何将这些原则应用到我们日常的网络信息或学术文献检索和评价中？

思考与练习

1. 什么是批判性阅读？开展批判性阅读的主要步骤有哪些？
2. 评价学术文献的标准有哪些？
3. 为什么要做文献阅读笔记？做文献阅读笔记的方法有哪些？做文献阅读笔记的注意事项是什么？
4. 使用菲利普博士的"阅读密码表"笔记策略，围绕主题选择 4~5 篇文献填写文献阅读密码整合表。

文献阅读密码整合表

文章序号	作者，年份	ROF	SPL	CPL	GAP	RFW	POC/RPP
1							
2							
3							
4							
5							
……							

5. 在完成第4题的基础上，尝试将文献阅读密码表整合成提纲。

6. 针对新冠肺炎疫情期间出现的"气温升高后新冠病毒将自行消失"网络信息，你会从哪些方面来对这条网络信息的可靠性进行评价？

参 考 文 献

[1] 丁敬达. 人文社会科学网络学术信息资源评价理论与方法研究 [M]. 武汉：武汉大学出版社，2017.

[2] 董毓. 批判性思维原理和方法 [M]. 北京：高等教育出版社，2010.

[3] 菲利普·钟和顺. 会读才会写：导向论文写作的文献阅读技巧 [M]. 韩鹏，译. 重庆：重庆大学出版社，2015.

[4] 罗清旭，杨鑫辉.《加利福尼亚批判性思维技能测验》的初步修订 [J]. 心理科学，2002，(6)：740-741.

[5] 莫提默·J. 艾德勒，查尔斯·范多伦. 如何阅读一本书 [M]. 郝明义，朱衣，译. 北京：商务印书馆，2004.

[6] Plopper, G. Dr. Plopper's guide to critical reading of primary literature [DB/OL]. http://orzo.union.edu/~curreyj/BME-331_files/Dr%20Plopper%27s%20How%20to%20Read%20a%20Paper.pdf.

第 14 章 信息组织与管理

学习目标

1. 了解文献管理工具的基本功能结构;
2. 熟练掌握一款文献管理工具,能将该工具应用于文献的检索和管理、成果发现、主题分析以及论文写作等科研环节中,提高科研工作效率。

情境导入

小新为了能够成功申报"大学生创新创业训练计划项目",投入了很多精力。他在请教指导老师后,立刻着手并收集了大量国内外有关基于虚拟现实技术的教育游戏研究的文献。但正准备阅读文献时,他又犯了难。在下载文献的过程中,小新看到合适的文献就不加分类地放进电脑文件夹,以至于时常忘记读过的文献放在哪里。在阅读文献的过程中,做了笔记但无法将笔记与文献关联并快速提取归类,时常论文看完了但不知所云。在尝试写作时,为了插入正确的参考文献格式而耗费大量时间和精力。

小新的烦恼是否也同样困扰着你呢?我们不妨一起探讨以下问题:
1. 有没有哪些管理工具能帮助我们事半功倍地管理和组织文献呢?
2. 文献管理工具一般都有哪些基础功能?
3. 应在何种情境以及如何充分地使用文献管理工具?

俗话说,"好记性不如烂笔头"。面对浩如烟海的文献,只靠记忆来管理文献变得越来越不现实了。我们在聚合和消费各类学术文献的同时也会产生一些稍纵即逝的灵感,如何对这些信息进行科学有效地记录、管理、索引、利用,成为信息社会中学术研究工作者的一种基本素养。利用信息化手段对繁芜的信息和文献进行管理,可以避免耗费大量二次寻找信息的时间;文献组织与管理的过程更是一个去芜存菁、对信息进行开发和利用的过程。为此,各类专业化的文献管理软件相继面世。

14.1 文献管理软件介绍

文献调研是学术和科研工作的重要基础,对已有文献的研读和分析所花费的时间和精力会占到整个科研活动的很大一部分。利用文献管理软件对获取的文献资料进行科学、合理地管理,对提高学术研究的效率和质量都大有裨益。

文献管理软件是研究者用于保存、组织和调阅引用文献的计算机软件程序。通过文献管理软件,研究者可以快捷、准确地检索、管理和利用各类信息和文献,提升学习和写作的效率,并促进最终研究成果的产出。

目前常用的国产文献管理软件有 NoteExpress、知网研学（原 CNKI E-Study）、Notefirst 等；国外文献管理软件有 Mendeley、EndNote、RefWorks 等。

14.1.1 NoteExpress

NoteExpress 是北京爱琴海乐之技术有限公司开发的一款专业级别的文献检索与管理系统,其核心功能涵盖知识管理中"采集、管理、应用、挖掘"等主要环节。用户可以直接登录爱琴海官方网站 http://www.inoteexpress.com/aegean/ 免费下载 NoteExpress 的安装程序。该软件主要包括"检索、管理、发现、分析、写作"五大功能,功能结构如图 14-1 所示。

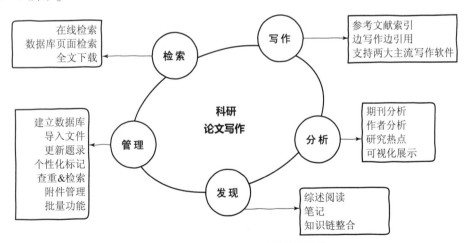

图 14-1 NoteExpress 功能结构图解

检索：支持知网、万方、维普、Elsevier、ScienceDirect、ACS、OCLC、美国国会图书馆等数以百计的全球图书馆书库和电子数据库的文献检索。

管理：可以分门别类管理百万级的电子文献题录和全文,虚拟文件夹功能便于开展多学科交叉的现代科研。多种标识标签可实现对文献的快速定位和个性化管理。

分析：对检索结果进行多种统计分析，帮助研究者更加快速地了解某领域里的重要专家，研究机构，研究热点等。

发现：与文献相互关联的笔记功能，可以在阅读文献的过程中随时记录，方便日后查看和引用。检索结果可以长期保存，并自动推送符合特定条件的相关文献，对于长期跟踪某一专业的研究动态提供了极大便利。

写作：支持 Word 和 WPS，在论文写作时可以随时引用保存的文献题录，并自动生成符合要求的参考文献索引。系统内置 3800 种国内外期刊和学位论文的格式定义。支持多国语言模板功能，可以自动根据所引用参考文献语言不同差异化输出。

14.1.2　EndNote

EndNote 是 Clarivate Analytics（科睿唯安）公司发行的基于个人电脑使用的参考文献管理工具，由 Thomson Corporation 下属的 Thomson ResearchSoft 开发。其主要作用是帮助用户以数据库的形式有效组织、管理已获取的文献信息，方便查看已有的文献信息，同时还是研究者写作、出版和共享的有效工具。但它对中文文献支持不足，更适合用于外文文献的管理。EndNote 非常强大，随着版本更新迭代，新增了多种媒体参考文献类型；甚至能够结合研究者文章的引用情况和 Web of Science 中的引文数据，为其提供适合投稿的期刊名单。不过 EndNote 最为常用且实用的功能分别是文献管理与辅助写作功能。

1. 文献管理功能

主要包括七大功能，分别为标记、排序、查找、去重、分组、统计分析和全文下载。研究者能够在本地建立个人数据库，随时查找收集到的文献记录；通过检索结果，可以准确调阅所需 PDF 全文、图片和表格；还可将数据库与他人共享，对文献进行分组、分析和查重，自动下载全文。

2. 辅助写作功能

主要是可根据研究者自身需要，选择创建期刊模板，以及自动引用参考文献。研究者可随时调阅、检索相关文献，将其按照期刊要求的格式插入文后的参考文献；迅速找到所需图片和表格，将其插入论文相应的位置；在转投其他期刊时，可迅速完成论文及参考文献格式的转换，省时省力。

14.1.3　知网研学（原 E – Study）

知网研学（原 E – Study）是中国知网推出的一款探究式学习工具，旨在展现知识的纵横联系，洞悉知识脉络。软件内置了多种搜索功能，比如 CNKI 学术搜索、CNKI 总库检索、学者搜索、科研项目检索、工具书检索、学术概念检索、翻译助手、统计指标检索、学术图片检索、学术表格检索这几种搜索功能。用户可以直接登录官方网站 http://elearning.cnki.net/免费下载 CNKI 知网研学（原 E – Study）的安装程序。CNKI 知网研学具有以下功能。

1. 一站式阅读和管理平台

支持目前全球主要学术成果文件格式，包括：CAJ、KDH、NH、PDF、TEB 等，以及 Word、PPT、Excel、txt 等格式将自动转化为 PDF 文件进行管理和阅读。

2. 文献检索和下载

支持 CNKI 学术总库检索、CNKI Scholar 检索等，将检索到的文献信息直接导入到学习单元中；根据用户设置的账号信息，自动下载全文，不需要登录相应的数据库系统。

3. 深入研读

支持对学习过程中的划词检索和标注，包括检索工具书、检索文献、词组翻译、检索定义、Google Scholar 检索等；支持将两篇文献在同一个窗口内进行对比研读。

4. 记录数字笔记，实现知识管理

支持将文献内的有用信息记录笔记，并可随手记录读者的想法、问题和评论等；支持笔记的多种管理方式，包括时间段、标签、笔记星标；支持将网页内容添加为笔记。

5. 写作和排版

基于 Word 的通用写作功能，提供了面向学术等论文写作工具，包括插入引文、编辑引文、编辑著录格式及布局格式等；提供了数千种期刊模板和参考文献样式编辑。

6. 在线投稿

撰写排版后的论文，作者可以直接选刊投稿，即可进入期刊的作者投稿系统。

7. 浏览器插件

支持 Chrome 浏览器、Opera 浏览器；支持将题录从浏览器中导入、下载到知网研学（E – Study）的"浏览器导入"节点；支持的网站包括中国知网、维普、百度学术、Springer、Wiley、ScienceDirect，点击即可下载浏览器插件。

8. 云同步

支持学习单元数据（包括文献夹、题录、笔记等信息）和题录全文的云同步。使用 CNKI 个人账号登录即可在实现 PC 间学习单元同步。

14.2 文献管理软件使用

以国内主流软件 NoteExpress 为例，概要性地介绍和说明其使用流程和技巧，方便读者理解和掌握软件的思想。

视频 14 – 1：NoteExpress
文献管理软件的使用

视频 14 – 2：知网研学（原 E – Study）
文献管理软件的使用

观看视频"NoteExpress 文献管理软件的使用",边学边练,熟悉并能熟练使用 NoteExpress 文献管理软件。

1. NoteExpress 的功能区域

NoteExpress 的主界面包括工具栏、文件夹、题录列表、标签云、题录预览等功能区域,如图 14-2 所示。

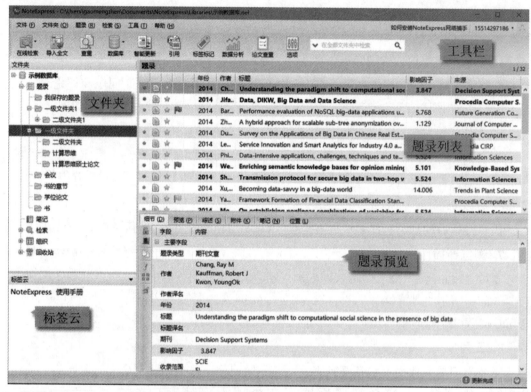

图 14-2　NoteExpress 主要功能区域

工具栏:汇集了 NoteExpress 所有常用的功能按钮以及快速搜索框。

文件夹:展示当前打开数据库的目录结构,NoteExpress 支持建立多级文件夹结构,支持同时打开多个数据库。

题录列表:展示当前选中文件夹内存储的题录,题录是 NoteExpress 管理文献的基本单位,由文献的元数据信息、笔记和附件三部分构成。

题录预览:快速查看和编辑当前选中题录的元数据信息、综述、笔记、附件、预览格式化引文样式和在数据库中的位置。

标签云:展示当前数据库中题录含有的所有标签,并可以通过标签组合进行快速筛选。

2. 新建数据库

数据库是 NoteExpress 存储文献的基本单位,用户可以把不同研究方向的文献分别存储在不同的数据库中,所以新建一个数据库是使用 NoteExpress 的第一步。NoteExpress 安装完毕后，首次启动会打开自带的示例数据库，该数据库存放在"我的文档"目录下，供新用户练习使用。建议用户正式使用时建立新的数据库，操作步骤如下。

（1）首先点击工具栏上的［数据库］按钮，选择［新建数据库］，如图 14-3 所示。

图 14-3　NoteExpress 中新建数据库

（2）指定数据库文件的存储位置，并录入文件名。数据库文件扩展名为 nel，为避免系统崩溃或重装系统时，导致数据库文件丢失，建议不要把数据库文件存储在系统盘，如图 14-4 所示。

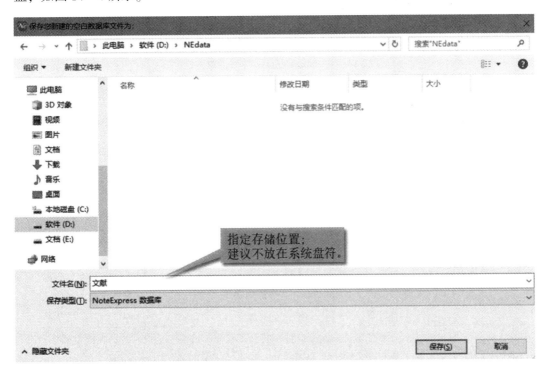

图 14-4　制定数据库存储位置

（3）选择附件操作：题录是 NoteExpress 管理文献的基本单位，由文献元数据字段信息、笔记和附件三部分构成。其中元数据字段信息和笔记都存储在数据库文件中，附件则单独存储在一个附件文件夹中。附件文件夹与数据库文件在相同目录，名称是"数据库文件名"+".attachments"。向题录添加附件时,会对要添加的附件文件进行操作,这里推荐选择[复制文件到附件文件夹]或[移动文件到附件文件夹],这样数据库的所有附件都集中存储在一起,便于管理,如图14-5所示。

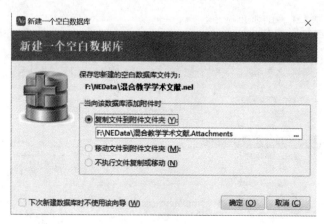

图 14-5 附件操作方式

3. 文献资料采集

NoteExpress通过题录(文献、书籍的条目)对文献进行管理,建立新的题录数据库后,可以通过多种方式采集文献数据,见表14-1。

表 14-1 NoteExpress 数据采集方式

方式	操作步骤
格式化文件导入(即过滤器导入)	选择导出格式→[导出]→[文件]→[导入题录]→选择文件、过滤器
全文导入	选择文件夹并右击→[导入文件] 或者直接将全文文件或者文件夹拖入目标文件夹
智能识别	选择题录,点击鼠标右键→[在线更新]→[智能识别]
更新	选择题录,点击鼠标右键→[在线更新]→[手动更新]→选择数据库→更新题录
在线检索	点击[在线检索]→选择数据库→输入检索词→选择要保存的文件和文件夹
浏览器插件导入(青提收藏)	下载 WeCite.crx 插件→打开浏览器扩展页→拖放安装→在浏览器中打开某一搜索窗口(如知网)→点击已安装的插件图标→勾选所需文件→点击[保存]→返回 NoteExpress 软件界面→点击[下载]→保存在浏览器中勾选的文献题录
内嵌浏览器	点击[检索]→选择在浏览器中检索
手工录入	新建题录→编辑题录→保存

下面以全文导入和格式化导入两种常见的文献采集方法为例,介绍详细的操作过程。

(1) 全文导入

大多数用户在使用 NoteExpress 之前,或多或少在电脑上存储了一些文献的全文文件,在创建了数据库之后,面临的首要问题就是如何将本地的文献全文文件导入到 NoteExpress 中进行管理。这里 NoteExpress 提供了两种导入方式。

①文件夹导入:如果全文文件都存储在电脑的一个根文件夹中,或在根文件夹中又通过子文件夹进行分类管理的,建议使用文件夹导入,如图 14-6~图 14-7 所示。

图 14-6 文件夹方式导入文献

②拖拽导入如图 14-8 所示。

在导入全文之后,NoteExpress 会从全文中提取标题或者 DOI 信息,智能更新补全题录的元数据字段信息(需要联网),有部分全文文件识别的信息会有错误,此时需要用户把正确的标题或 DOI 填入题录对应的字段,保存后,点击工具栏里的 [智能更新] 按钮,完成题录元数据字段信息的补全,如图 14-9 所示。

(2) 格式化文件导入

几乎国内外所有的数据库都会提供检索结果的格式化导出功能,只是格式不尽相同,常见的有 RIS、BibTeX、Refworks 等,国内主要的数据库还会提供 NoteExpress 的格式。格式化文件导入最重要的步骤就是过滤器选择,NoteExpress 的过滤器多数是以格式化文件的名字或数据库名字命名的,只有选择了正确的过滤器,才能成功导入。这里以 CNKI 为例,说明从数据库导出的格式化文件如何导入 NoteExpress,如图 14-10~图 14-13 所示。

信息素养：开启学术研究之门

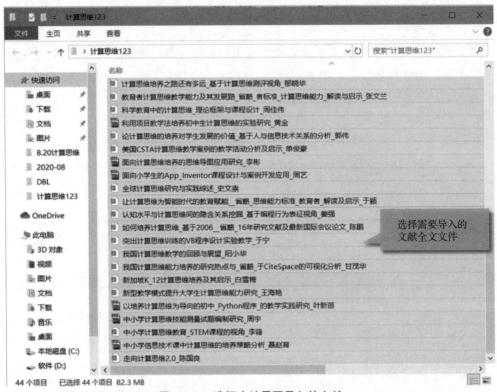

图 14-7　选择本地需要导入的文献

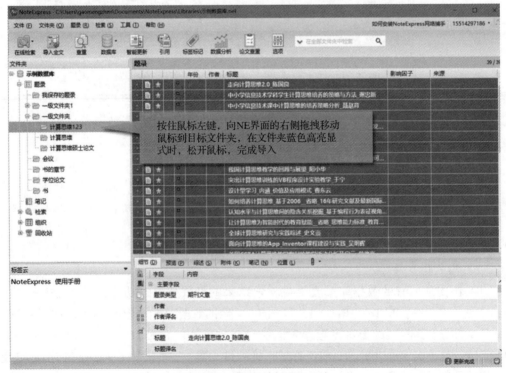

图 14-8　拖拽方式导入文献

第六部分 信息管理

图 14-9 自动识别及智能更新

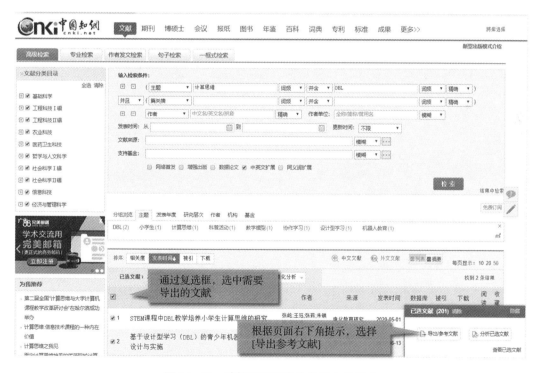

图 14-10 选择需要导出的参考文献格式

信息素养：开启学术研究之门

图 14-11　选择文献导出格式

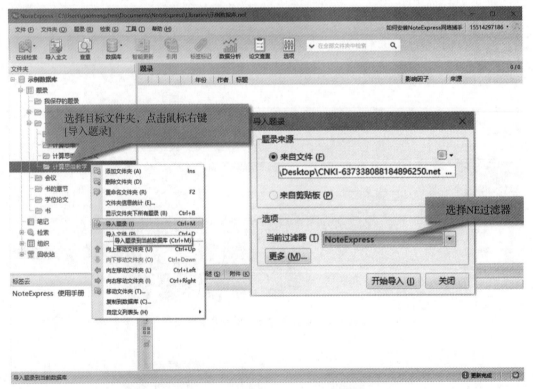

图 14-12　选择导入文件和过滤器图

第六部分　信息管理

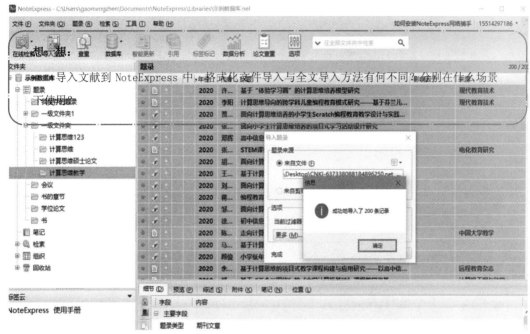

想一想：导入文献到 NoteExpress 中，格式化文件导入与全文导入方法有何不同？分别在什么场景下使用？

图 14-13　导入题录结果

4. 文献管理

通过上述方法导入文献题录后，基本形成了个人数据库。接下来需要对纷繁的题录进行整理。NoteExpress 拥有强大的管理功能，可以分类管理电子文献题录和全文，见表 14-2。

表 14-2　NoteExpress 数据管理方式

方式	方法
查找重复题录	［检索］→［查找重复题录］或者点击工具栏中的［查重］按钮，启动查重功能
虚拟文件夹	选中题录并点击鼠标右键→［链接到文件夹］→选择需要保存的文件夹
表头 DIY	表头处点击鼠标右键→［自定义］
影响因子	点击题录细节页面中竖排按钮中的最后一个影响因子趋势图按钮，即可显示该期刊近五年的影响因子趋势图
表头排序	简单排序：在表头点击字段名称处可按照该字段升序排序，再次点击则按照降序排序 多重排序：在表头处单击鼠标右键→［排序列表］
附件管理	附件文件夹：［选项］→［附件］ 添加附件：高亮选中需要添加附件的题录→［附件］→点击鼠标右键→［添加］ 全文下载：选中题录→［全文下载］→选择数据库 附件标识

续表

方式	方法
标签标记	未读/已读状态：橙色圆点、粗体字题录为未读题录；灰色圆点、细体字题录为已读题录 星标：点击五角星可点亮星标，再次点击则取消 优先级：鼠标右键设置优先级或者高亮选中题录→［标签标记］ 标签云：高亮选中题录→［标签标记］或者点击鼠标右键→［星标与优先级］-［设置标签］
本地检索	简单检索 高级检索：［检索］→［在个人数据库中检索］
保存检索条件	在最近检索的条件中，选中需要的检索条件→点击鼠标右键→［保存检索］
组织	文件夹→［组织］
回收站	文件夹→［回收站］
多数据库	左侧数据库栏可见
数据备份	数据库备份：［文件］→［备份数据库］ 附件文件夹备份：［选项］→［附件］ 自定义设置文件备份：启动配置文件备份工具并打钩选择需要备份的配置文件

（1）删除重复题录

以相同的检索式从不同数据库检索文献，或者数据库由几个小数据库合并而成，都不可避免地出现重复题录。重复题录不仅浪费磁盘空间，也会造成重复阅读等一系列问题，因此，提供数据库查重功能。使用工具栏上的［查重］按钮，快速删除数据库内的重复题录，提升文献筛选效率，如图 14-14~图 14-16 所示。

图 14-14　点击查重按钮进行题录查重

（2）虚拟文件夹

NoteExpress 支持将题录保存到虚拟文件夹。选中题录并点击鼠标右键→［链接到文件夹］→选择需要保存的文件夹，如图 14-17 所示。

（3）表头 DIY

在题录列表，用户可以自定义表头内容，表头处点击鼠标右键→［自定义］，可以在表头添加"作者机构""关键词"等表头信息，如图 14-18 所示。

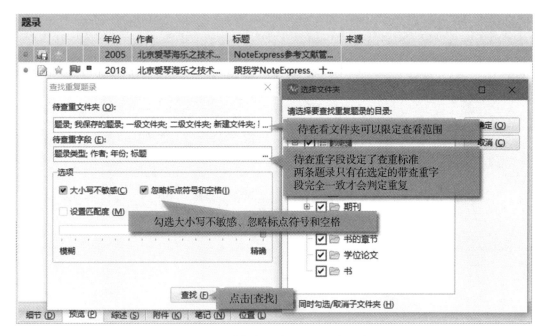

图 14-15　选择查重范围和设置查重选项

图 14-16　选择和删除重复题录

（4）影响因子

在自定义表头窗口中"可用的字段"中选择"影响因子"，添加到"显示的列"。点击题录细节页面中竖排按钮中的最后一个影响因子趋势图按钮，即可显示该题录的影响因子，如图 14-19 所示。

NoteExpress 也提供了题录所在来源刊物近五年的影响因子趋势图，如图 14-20 所示。

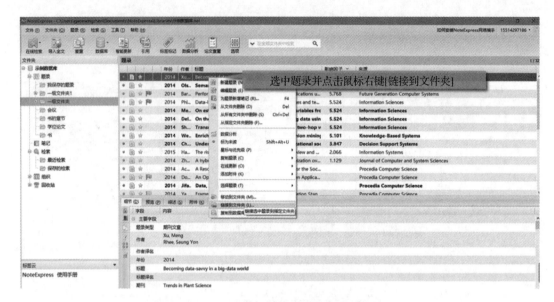

图 14-17　选择题录并添加到虚拟文件夹

图 14-18　自定义题录表头

（5）综述阅读

综述汇集了一条题录最重要的若干元数据字段信息，即标题、作者、来源信息、摘要和关键词。通过阅读综述，可以快速了解一篇文献是否是所需文献以及是否需要阅读全文。将题录预览区域的标签切换到［综述］，在题录列表中选中一条题录，并用键盘上的上下方向键，可以在题录间进行切换，快速浏览综述，筛选题录，如图 14-21 所示。

（6）附件管理

NoteExpress 提供强大的附件管理功能，支持任意的附件格式（也可添加多个附件），比如常见的 PDF、Word、Excel、视频、音频文档等，当然还有文件夹、URL 等。这样，文献题录信息就会与全文信息关联在一起。添加了全文附件的题录，就可以在"题录相关信息命令"栏看到一个回形针标志，点击回形针，就可以迅速打开附件。

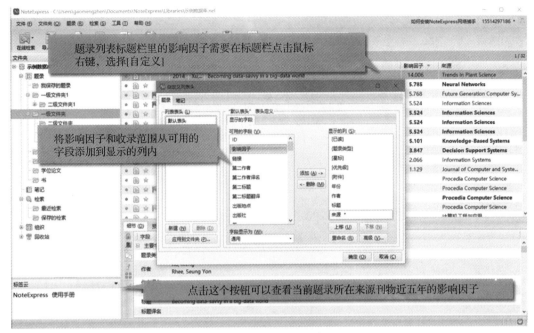

图 14-19　查看文献影响因子

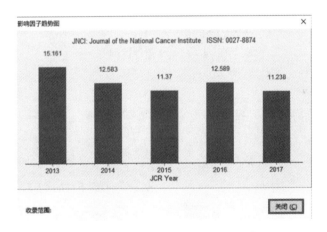

图 14-20　题录来源刊物影响因子趋势图

附件文件夹：NoteExpress 在用户第一次添加附件时，会询问用户需要将附件存放在哪个文件夹中，用户可以根据自己的需要，将附件存放在需要的位置。从［选项］中选择［附件］可以添加附件文件夹，如图 14-22 所示。

添加附件：在 NoteExpress 中，可以为每条文献信息添加附件（全文、笔记、文件夹等），方便快速查看。高亮选中需要添加附件的题录→［附件］→点击鼠标右键→［添加］。

附件标识：在 NoteExpress 中，可以非常直观地看到是否为某一文献题录添加附件、笔记，关联题录和文件夹。如图 14-23 所示。

信息素养：开启学术研究之门

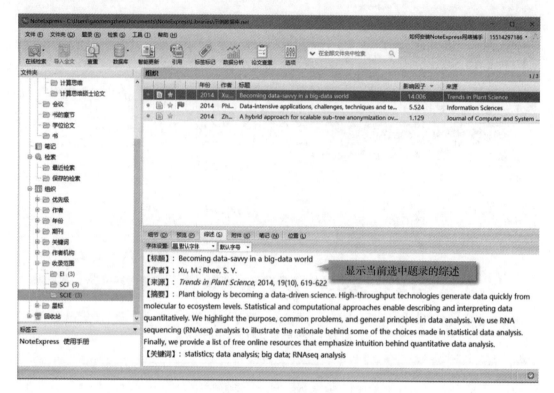

图 14-21　文献综述浏览

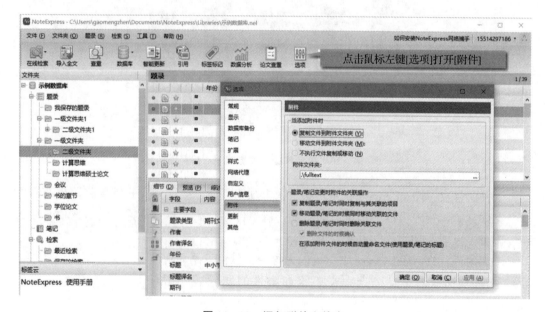

图 14-22　添加附件文件夹

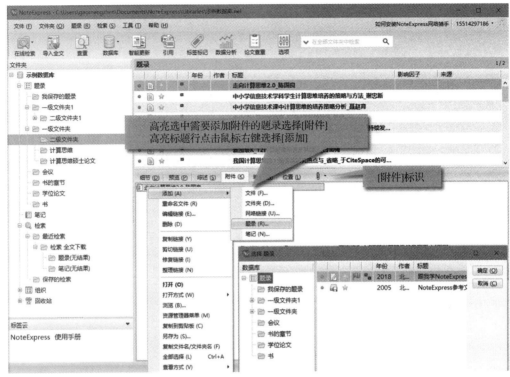

图 14-23　为题录添加附件

全文下载：NoteExpress 提供批量下载全文的功能，将全文快速下载到本地并与题录关联，下载完毕后即可打开阅读全文。如图 14-24 所示。

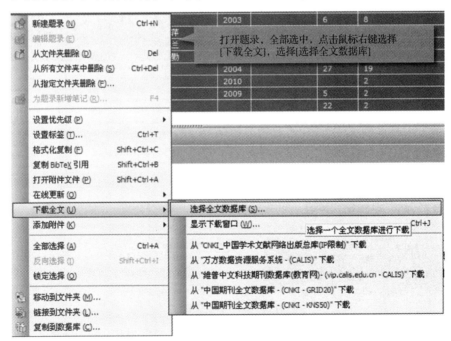

图 14-24　全文下载

(7) 标签标记

NoteExpress 提供两种标记（星标和彩色旗帜）以及自定义标签，能够帮助用户快速区分、筛选和定位所需题录，如图 14-25 和图 14-26 所示。

图 14-25　标记星标和彩色旗帜

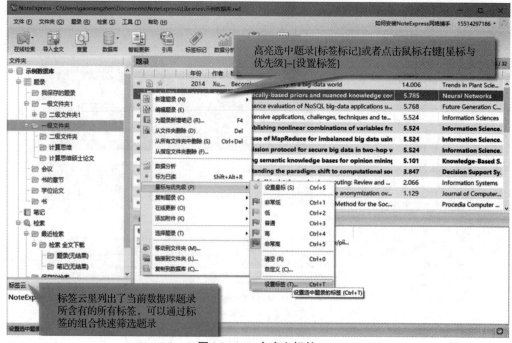

图 14-26　自定义标签

未读已读状态：橙色圆点、粗体字题录为未读题录；灰色圆点、细体字题录为已读题录。

星标：点击五角星可点亮星标，再次点击则取消；或者高亮选中题录，点击鼠标右键→［星标与优先级］—［设置星标］／［取消星标］。

优先级：鼠标右键设置优先级或者高亮选中题录→［标签标记］。

标签云：高亮选中题录→［标签标记］或者点击鼠标右键→［星标与优先级］-［设置标签］。

（8）本地检索

无须登录数据库网站，直接以 NoteExpress 作为网关进行检索；多线程下载方式，下载速度快。有简单检索与高级检索，如图 14-27 所示。

图 14-27 本地检索

（9）保存检索条件

NoteExpress 不仅仅提供本地检索功能，还提供常用的检索条件保存。无论任何时候，点击保存的条件，符合条件的题录就会自动推送出来，也可以理解为本库订阅功能在最近检索的条件中，选中需要的检索条件→点击鼠标右键→［保存检索］，如图 14-28 所示。

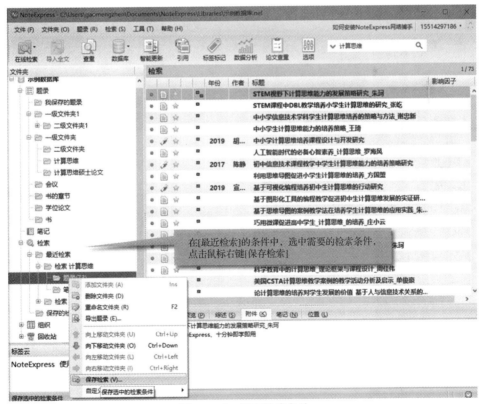

图 14-28 保存检索条件

14.3 文献管理的实际应用

14.3.1 分析与可视化

当数据库中的文献采集并整理好后,可以通过可视化功能对管理在 NoteExpress 内的文献数据信息进行进一步的加工和展示。针对文献类型、发表年份、作者、关键词、来源以及分词后的标题这六个字段,可以进行词的规范化加工;词共现次数、相关系数和相异系数矩阵的计算及导出;词云图、路径关系图的可视化展示及导出,将隐藏在文献元数据里的信息显性化,为我们更准确、更快速地了解研究背景、明晰要素关系、找出研究方向提供帮助。

下面以数据库"计算思维"相关文献为例,来说明相关功能的操作过程。

(1) 文件夹信息统计

可以使用文件夹信息统计功能,来统计单一元数据字段的频次分布。例如要统计数据库"计算思维"下文件夹"国内研究"文献的"年份""关键词"等频次分布,可按照图 14-29 的步骤进行操作。

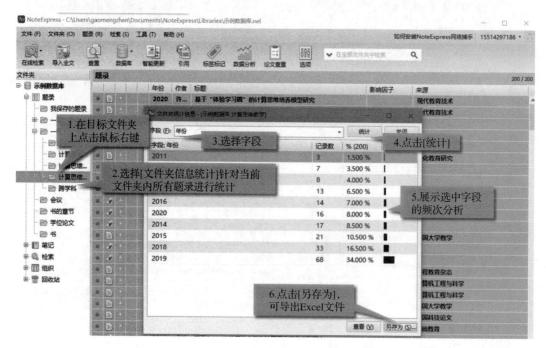

图 14-29 文件夹信息统计功能操作步骤

(2) 数据分析功能

使用数据分析功能可以计算和绘制多值字段的共现频次矩阵、相关系数和相异系数矩阵、词云图和路径关系图。下面以数据库"计算思维"为例来统计文件夹"国内文献"下的文献的"词频云图""词共现关系图""相关矩阵分析",具体操作步骤如图 14 – 30 ~ 图 14 – 36 所示。

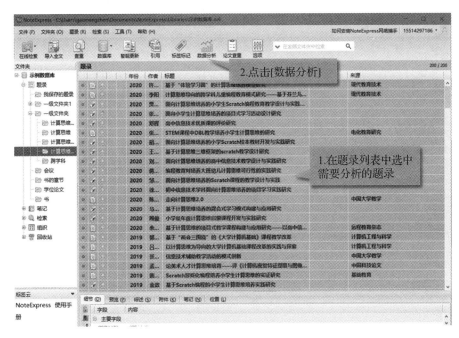

图 14 – 30　选择题录进行数据分析

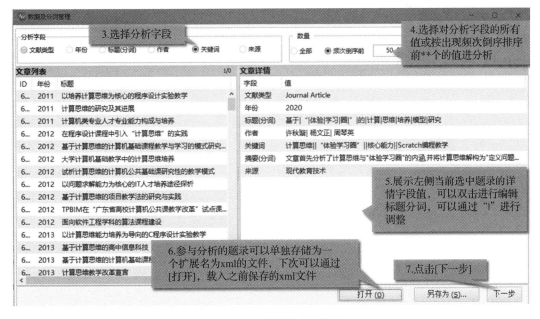

图 14 – 31　数据及分词管理

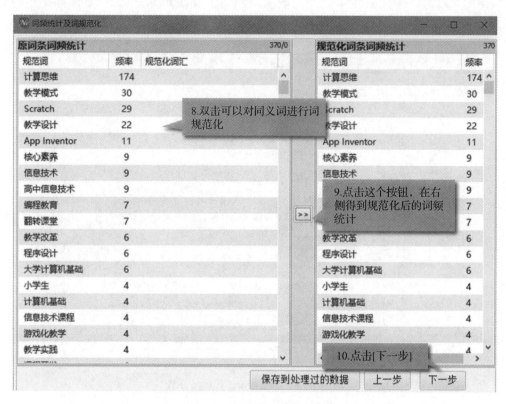

图 14-32　词频统计及词规范化

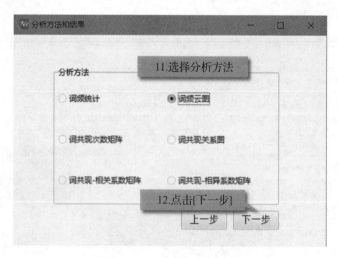

图 14-33　分析方法和结果

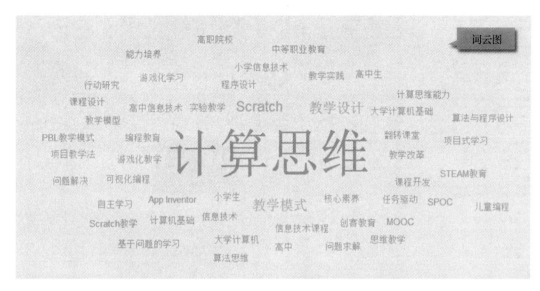

图 14-34　词频云图

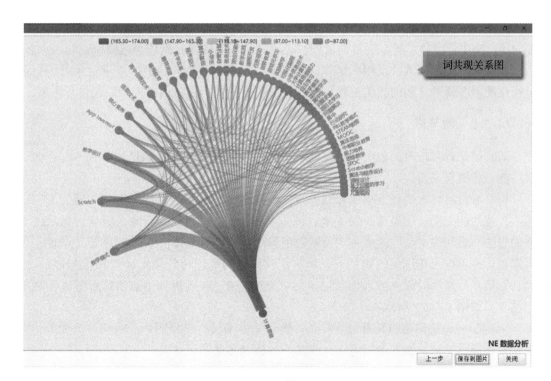

图 14-35　词共现关系图

图 14-36 相关矩阵分析

词云图通过可视化的方式展示了国内计算思维研究领域关键词的分布频次情况。比如从图 14-34 的分析结果可知，计算思维研究领域的热点有教学设计、教学模式、Scratch、高中信息技术等。通过词云图，也有助于我们快速找到该领域的研究切入点。

通过计算关键词的共现频次矩阵，可以得到相关系数矩阵，进一步进行聚类分析及可视化展示各要素之间的相关关系，这些都对明晰我们所关注的研究问题提供了帮助。

14.3.2 做笔记

随时记录看文献时的想法和研究的设想，这些信息都与文献信息关联在一起，便于日后进一步展开工作。

用户对自己导入的题录整理和阅读时，经常会受到文献的启发产生新的研究思路或想法，惯常的方法可能是随手写下来，或者新建 Word 文档记录下来，但这种做法使得你的想法与最初的文献题录之间的关联被削弱了。通过 NoteExpress 自带的笔记功能，你可以在让你思维火花迸发的题录下记录笔记，使你的笔记与题录永远"相依相伴"。当然，如果在写文章时需要插入你所记录的笔记时，在 Word 插件中点击即可导入。做笔记的界面如图 14-37 所示。

NoteExpress 笔记功能具有以下特点：提供文本编辑，支持图片、表格、公式等；可以检索和导出笔记；快速编辑笔记，支持一条题录多条笔记。

14.3.3 写作

借助 NoteExpress 的写作插件，用户可以方便高效地在 WPS 以及 MS Office 写作中插入引文，并自动生成需要格式的参考文献索引，也可以一键切换到其他格式。具体操作过程如图 14-38 至 14-41 所示。

第六部分　信息管理

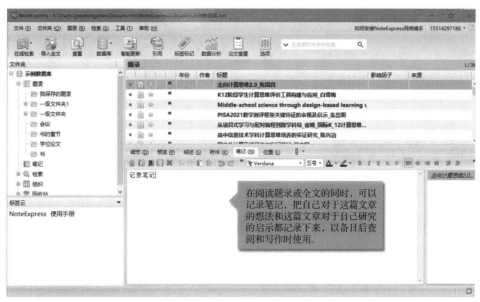

图 14-37　对文献做笔记

图 14-38　插入引文

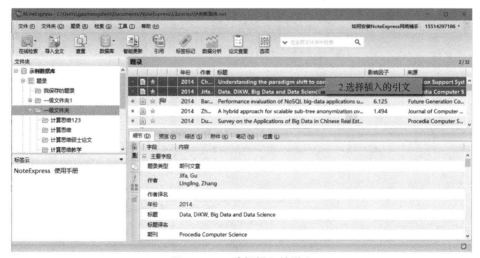

图 14-39　选择插入的引文

信息素养：开启学术研究之门

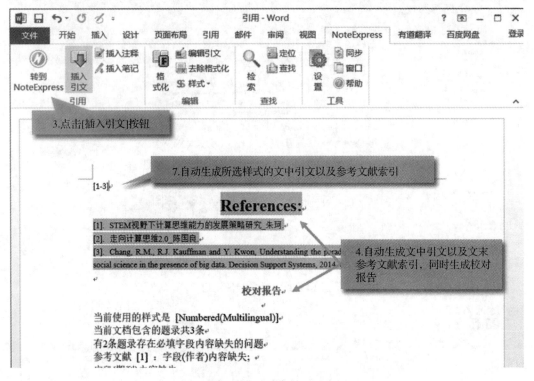

图 14－40　自动生成引文

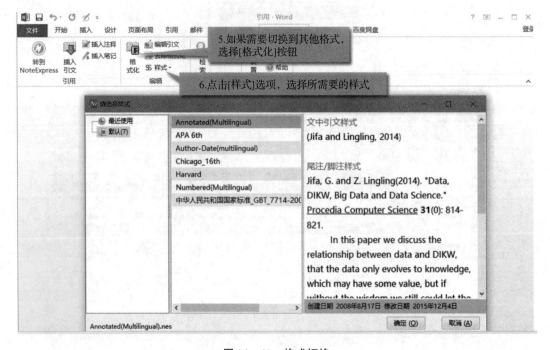

图 14－41　格式切换

参考文献生成后，可以根据投稿期刊的格式要求，对参考文献样式进行切换。NoteExpress 内置非常丰富的参考文献样式规范，支持一键转换，操作过程如图 14-41 所示。利用 NoteExpress 的写作功能，使得我们在写作学术论文时能专注于内容，节省调整文中引文、文末参考文献列表的大量时间和精力，让学术论文写作事半功倍。

> ❖ 练一练：
> 1. 试着将你电脑上某文件夹中的文献导入到 NoteExpress，并使用 NoteExpress 的题录管理功能在线更新这些文献的题录。
> 2. 试着从知网等文献数据库导出你需要的文献题录到 NoteExpress，并在 NoteExpress 中下载这些文献的全文。
> 3. 试着在 NoteExpress 中为你感兴趣的文献添加笔记，笔记可以包括文本、图片、表格、公式等多种形式，并快速检索和导出笔记。

思考与练习

1. 什么是文献管理软件？文献管理软件一般包括哪些基本功能？这些功能可分别应用在文献研究的哪些阶段？

2. 围绕选定主题，利用 NoteExpress 或其他文献管理软件新建数据库，尝试导入文献题录。

3. 在 NoteExpress 中为某一条题录添加笔记，并完成笔记样式编辑、笔记保存、查看等操作。

4. 根据你专业领域某期刊的参考文献格式，使用 NoteExpress 的参考文献样式管理器新建一个样式，并为你的论文插入参考文献。

5. 使用 NoteExpress 文献管理软件对你当前研究主题下文献的文献类型、发表年份、作者、关键词、来源、标题等字段进行词频云图、词共现关系图的可视化分析，并尝试从结果中分析该研究主题的特点和发展趋势。

参 考 文 献

[1] 北京爱琴海乐之技术有限公司. NoteExpress [DB/OL]. http://www.inoteexpress.com/aegean/index.php/home/ne/.
[2] 中国知网. 知网研学 [DB/OL]. https://x.cnki.net/search.

［3］童国伦，程丽华，张楷焄. EndNote & Word 文献管理与论文写作［M］. 第2版. 北京：化学工业出版社，2014.

［4］Clarivate. About EndNote［DB/OL］. http://clarivate.libguides.com/endnote_training/home

［5］Clarivate. EndNote［DB/OL］. https://www.endnote.com/

第 15 章
信息交流与共享

🔄 学习目标

1. 了解网络笔记工具的基本功能；
2. 掌握一款网络笔记工具，能熟练应用于个人信息、学习资料与学术资料的管理、交流和共享。

🔄 情境导入

晓敏是心理学专业大二学生，正在上《多层线性分析》课程，这堂课老师讲授的内容对她而言难度有点大，其中有 2 页 PPT 的内容晦涩难懂，于是晓敏在手机上打开笔记工具 App，使用拍照功能把 PPT 内容拍进了课堂笔记。临近下课，老师布置了一篇小论文作业，要求小组协作完成并在下次课汇报。晓敏作为小组长，她随即打开笔记本工具的录音功能，把老师讲的作业要求录制进了课堂笔记。晚上回到宿舍，她在电脑上打开笔记工具，白天上课的笔记内容自动同步到了电脑上。她对难懂的 2 页 PPT 内容进行了深入学习，从相关网站上找了一些助于深入理解该内容的拓展资源，并使用剪藏功能将网页内容添加到笔记。她围绕老师布置的小组作业，整理了自己的笔记内容和作业要求，通过"云协作"功能把笔记分享给了小组成员。在接下来的一周内，小组成员根据分工，在共享笔记本中不断添加收集来自微博、微信、网页上高度相关的文章和素材，记录灵感，并对作业小论文进行协同编辑。很快到了汇报时间，晓敏代表小组汇报，她打开笔记本工具，进入演示模式，以思维导图的方式展示论文框架，再按标题进入详细内容介绍。整个介绍过程思路清晰，内容翔实，受到其他小组和老师一致好评。课后，小组成员对笔记内容进行归档，便于以后快速提取。

晓敏是如何轻松地做到对自己关注的学术信息和瞬时灵感进行有条不紊地采集、吸收、提取、应用和分享的呢？网络笔记工具究竟有什么神秘之处呢？该如何使用它来提高我们的信息管理效率呢？在本章我们一起来探索网络笔记本工具的主要功能及使用方法。

由于信息来源多途径、信息内容碎片化以及信息呈现多元化，个人信息管理已发展到了信息化、网络化、共享化阶段，网络笔记工具在其中发挥了很大的功能。熟练使用网络笔记工具可以帮助我们提高信息管理效率。

15.1 网络笔记工具概述

除了专业文献资料，在我们的学习和工作中还会产生大量场景相关的临时性、碎片化的信息，比如项目计划、会议录音、课堂笔记、学习心得、日程安排等，有时还需要即时分享和演示这些信息。对这类信息的管理，网络笔记工具（或云笔记工具）是一个不错的选择。

网络笔记工具是为适应当前生活、学习和工作环境的数字化、移动化、多平台、多应用、多终端特征而出现的一种个人知识管理工具。它以特有的方式聚合了邮件处理、文件共享、文件编辑、任务提醒、知识管理、时间管理、共享协助等功能，能最大限度地满足互联网时代个人信息管理的需求。

通常，网络笔记工具有桌面版、Web 版和移动版三种版本，不同版本之间信息可以实现同步更新。它的优点是支持用户随时随地不受限制地记录或采集一些碎片化信息，并对碎片化信息进行整合，同步到云端，实现信息在不同终端之间的无缝读取，方便、快捷、安全。

目前主流的网络笔记工具有印象笔记、有道云笔记、为知笔记、OneNote 等，这些工具的基本功能大致相同，见表 15-1。

表 15-1 网络笔记工具的主要功能介绍

信息录入与采集	创建笔记内容，支持键盘或手写输入（移动端）、各类型文档附件上传、拍照或语音上传、网页内容保存等
标签	为笔记添加一个或多个标签，可按标签对笔记检索和整理
多目录分层	支持 2~3 层目录分类，便于对笔记进行整理和查找
多平台	提供 PC 桌面版、网页版、移动端 App 等，支持跨平台使用
回收站	删除的笔记进入回收站，可还原或彻底删除
定位	通过标签或全文搜索功能快速定位到笔记
批量导出	将所有笔记批量导出 PDF、html 等格式的文件
设备间同步	笔记信息存储在云端，并保持在 PC、移动 App 等不同终端同步
云协作	与同伴分享的笔记在云端同步，支持团队成员对笔记进行协同修改
交流与分享	通过笔记自身 App、生成链接地址、邮件等多种方式快速与同伴分享笔记

网络笔记工具的功能和界面布局都较为相似,下面以印象笔记为主,从创建笔记、信息采集、共享与演示三个方面介绍其基本功能。

15.2 印象笔记(Evernote)

印象笔记是多功能笔记类应用 Evernote 的全线中文产品,支持所有的主流平台系统。支持资料储存、不同终端保持同步、剪辑网页、深度搜索、团队协作等功能。适用于记录会议内容、管理名片、管理日程与项目、记录课题笔记、共享与演示资料等应用场景。用户可以直接登录印象笔记官方网站(https://www.yinxiang.com/)下载桌面端客户程序进行安装并注册。

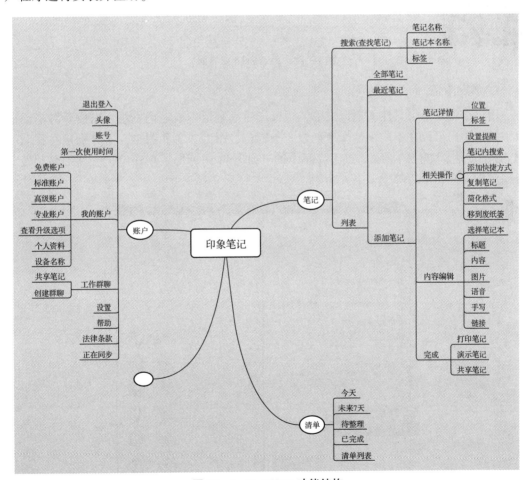

图 15-1　EverNote 功能结构

启动桌面软件后,首页如图 15-2 所示,从左至右依此分为"笔记组列表""笔记列表""笔记内容"三列布局。

信息素养：开启学术研究之门

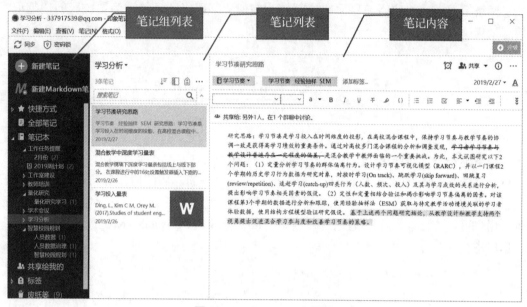

图 15－2　EverNote 主界面

1. 创建笔记

用户在创建一个具体的笔记之前，可以先建立笔记本或笔记本组，以便于对笔记分门别类。用户可以在不同终端快速创建一条笔记，图 15－3 和图 15－4 分别是在移动端和 PC 端创建新笔记的界面。点击界面中的"加号"图标即可新建笔记。其中移动端支持拍照、录音、手写等笔记录入功能。

图 15－3　EverNote 中创建笔记（移动端）

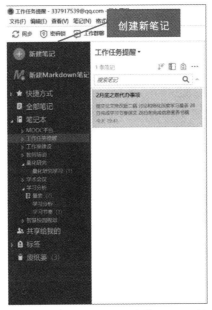

图 15-4　EverNote 中创建笔记（PC 端）

2. 录入或采集信息

用户可以在笔记中保存任何信息：工作灵感、项目计划、会议录音及扫描的名片。用户在不同的应用场景可以通过以下几种方式录入或采集信息到一条笔记中。

（1）键盘输入笔记

新建笔记界面提供了包含丰富控件的编辑器，用户可以对输入的文字进行排版、编辑样式、添加标签等，如图 15-5 所示。

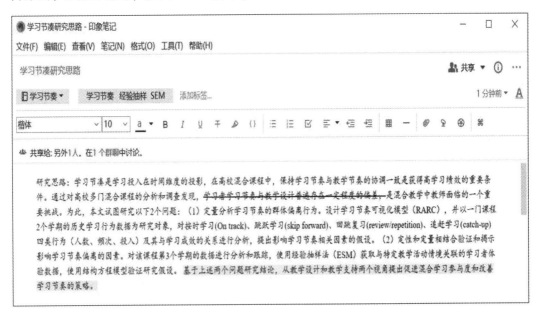

图 15-5　笔记编辑

(2) 网页内容剪藏

剪藏功能使用户在浏览网页信息时可直接使用鼠标选中想要保存的内容，不用再使用传统的复制粘贴按钮。剪藏到笔记中的内容是一份拷贝，即便原网页不复存在，也可以在笔记中浏览剪藏过的内容。

点击工具栏中的大象头按钮，打开剪藏。选择剪藏类型，可以保存网页正文、隐藏广告、邮件、整个页面或选中部分。在剪藏时用户还可以标注重点信息。在截取屏幕时，鼠标自动切换为文字选择光标，可以为截图内容添加高亮或注释，以标出重点内容。如图 15-6 所示。

图 15-6　网页内容剪藏

(3) 关联附件到笔记

在笔记中可以插入文档、图片和音频等任意格式的附件。比如在上课时可以使用手机或 Ipad 拍下课堂演示内容，或者用音频记录老师所讲内容并插入到笔记。图 15-7 所示，点击工具栏最右边的"更多"选项，在弹出选项栏的第一行中，可根据需要选择插入附件、音频、图片、视频等内容。

(4) 周程安排

组合使用软件中的表格、复选控、提醒等控件，可以制作各类个人或团队的日程安排笔记，比如活动清单、待办清单、周程表等。日程安排可以在团队成员之间快捷共享，及时公布项目进展情况。此外，印象笔记官方网站还提供了行程计划、年度（日、周、月）计划、团队目标管理等模板，支持一键存入自己的笔记。制作周程表如图 15-8 所示，在工具栏中，点击"表格"工具绘制周程表，点击"复选框"工具为任务添加选择框；为周程添加提醒如图 15-9 所示，点击笔记工具栏上方的闹钟图标，可以添加提醒时间、修改提醒时间、标记为已完成等（移动端功能与操作相似）。

图 15-7　关联附件到笔记

图 15-8　使用表格工具和复选工具制作周程表

（5）收藏微信内容

扫描关注印象笔记公众号后，在公众号中绑定账号，即可永久收藏有价值的微信内容，包括微信订阅号文章、文字和语音聊天记录等。

图 15-9　为周程表添加提醒

3. 同伴共享与演示交流

印象笔记允许不同用户之间共同编辑一个笔记本，比如共享会议议程、浏览网页时所保存的好文章、行程单、工作报告或项目任务清单等，实现团队协作办公，提高工作效率。笔记共享操作如图 15-10 所示，点击笔记工具栏上方的"共享"，在弹出的共享设置窗口中，可以选择"收件人"及其编辑权限、填写留言等。

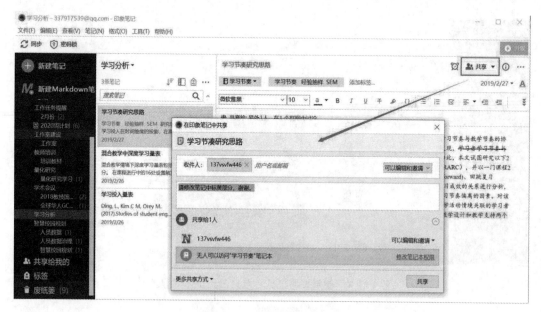

图 15-10　笔记共享与演示

笔记分享后，如果对方对笔记进行了修改，修改后的笔记会同步到云端，分享组成员均可以看到更新后的笔记。发起者也可以修改笔记访问权限，删除想要停止共享笔记的联系人。

点击笔记编辑器顶部工具栏中的演示模式（投影屏幕图标）按钮，如图 15-11 所示，可开始演示笔记。如图 15-12 为演示界面效果不同版本的软件在功能键位置上稍有差异，不影响用户使用。

图 15-11　进入演示界面工具

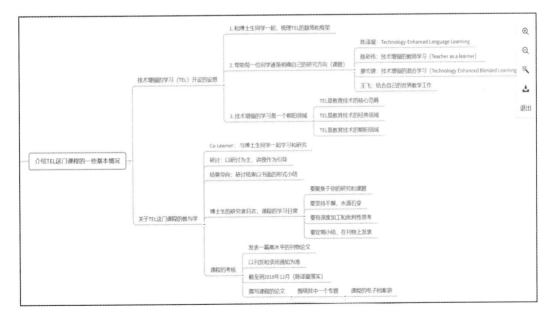

图 15-12　笔记演示模式

进入演示模式后，可以直接用键盘控制笔记滚动，系统会根据屏幕大小自动匹配。每按一次空格键会向下滚动一屏笔记；每按一次向下箭头"↓"，会向下滚动一行；在演示模式中，鼠标光标会自动变成一支可移动荧光笔，出现光影跟随效果，以引起观众注意，此外，在演示模式下，也可以直接展示这些笔记中的附件内容，点击笔记中的图片、PDF 文档、Excel 数据表格或其他文档，这些附件就会进入全屏展示，讲完附件内容，再需点一下 ESC，即可返回原来的笔记演示模式。

如需进一步探索印象笔记的丰富功能，该软件的官网提供了"新手入门系列视频教程：手把手教你从零开始玩转印象笔记！"帮助新手用户快速熟悉软件功能，访问链接为：https://tieba.baidu.com/f?kw=%E6%9C%89%E9%81%93%E4%BA%91%E7%AC%94%E8%AE%B0。

> ❖ 想一想：
> 1. 相比于传统纸质笔记，你认为网络笔记工具有哪些优势呢？
> 2. 网络笔记工具与专业文献管理工具（比如 NoteExpress）在功能上有何不同？你会如何搭配使用它们来提供信息管理效率？

15.3 有道云笔记

有道云是网易推出的个人与团队的线上资料库管理工具。其主要功能与印象笔记类似，包括快捷记录与文档管理、微信、微博、链接收藏和网页剪报，多端同步与随时查看，资料分享与协同处理等。此外，有道云笔记还提供了 OCR 扫描功能，满足文档、手写、名片、PDF 转 Word、语音转文字等多场景需求。

用户可以登录有道云官方网站（http://note.youdao.com）下载客户端安装软件和注册。

为便于读者快速了解其特点，特将有道云笔记的功能总结如图 15-13 所示。本节将以 Windows 客户端为例，简要介绍其基础功能操作步骤。

1. 新建笔记

如图 15-14 所示，点击"新建文档"，即可在弹出的下拉框中任意选择所要创建的文档形式，包括新建笔记、文件夹、模板笔记、脑图等，也可直接导入 Word 文档或其他文件、文件夹。其中模板笔记提供多种类型的笔记模板，如读书笔记、出行清单、会议纪要等，点击即可直接使用，如图 15-15 所示。

2. 录入或采集信息

（1）键盘输入笔记

如图 15-16 所示，在最上方的方框可输入笔记的标题，如此处空白，则默认以正文的第一行字作为该文档的标题。正文标题下方是编辑文字属性、页面布局的工具栏。在其下方的大方框，即笔记正文部分，鼠标点击此区域任意地方即可输入信息。

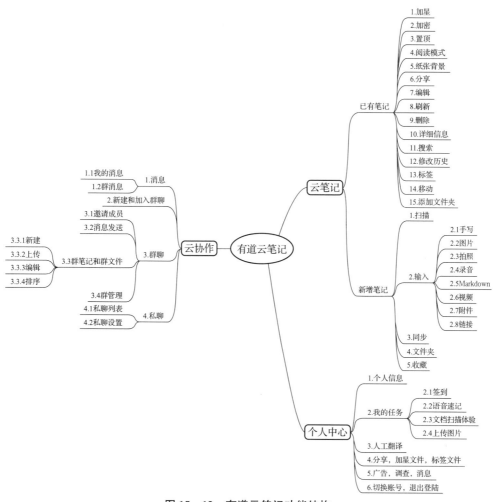

图 15-13　有道云笔记功能结构

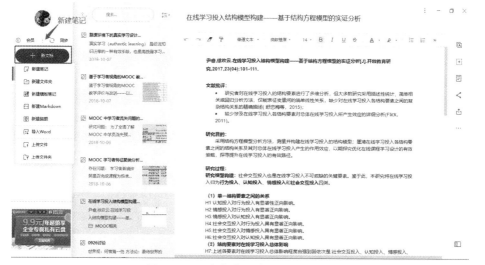

图 15-14　在有道云笔记中新建笔记

信息素养：开启学术研究之门

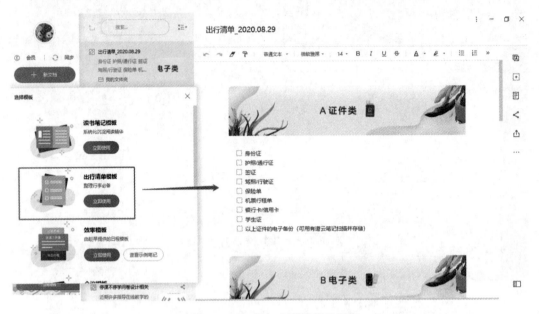

图 15-15　插入内置模板笔记

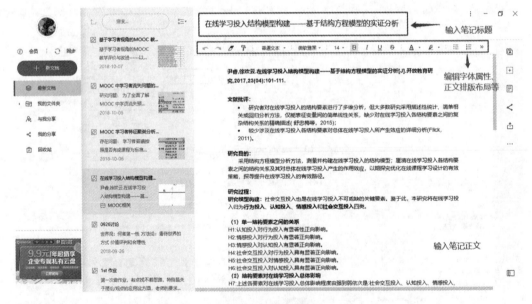

图 15-16　输入笔记

(2) 关联附件到笔记

如图 15-17 所示，点击软件页面右边工具栏中的"插入"按钮，可根据需要在笔记正文中插入多种形式的内容作为补充，如图片、附件、表格、链接等，其"截图"功能与微信的实时截图功能类似。

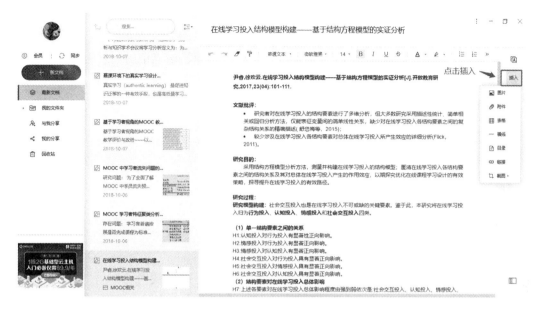

图 15-17　关联附件到笔记

（3）收藏微信内容

此功能需要关注"有道云笔记"微信公众号并绑定有道云笔记的账号。如图 15-18 所示，在微信中浏览任意文章，如需收藏，可点击右上角"更多"图标，在弹出的对话框中选择"复制链接"，随后退出该界面，将复制的链接发送至"有道云笔记"微信公众号，即可完成收藏。

图 15-18　收藏微信内容

3. 同伴共享与演示交流

有道云笔记同样支持多人共同协作编辑、修改文档。如图15-19所示，点击软件页面右边工具栏中的"分享"按钮，在弹出的对话框中呈现了该笔记的网址链接，且可设置分享权限，根据需要决定阅读笔记的人是否具有编辑和评论的权限。同时，也可一键分享到微博、微信和QQ。

图 15-19 同伴共享

以上就是有关有道云笔记基础功能的简要介绍，如欲进一步探索，有道云笔记为用户提供了官方贴吧，作为分享笔记、软件测评和技术教程等优质内容的平台，访问网址为：https://tieba.baidu.com/f?kw=%E6%9C%89%E9%81%93%E4%BA%91%E7%AC%94%E8%AE%B0。

15.4 为知笔记

为知笔记是一款云服务笔记软件，也是一款共享资料、基于资料进行沟通的协作工具。支持随时随地记录和查看笔记信息，所有数据在电脑、手机、平板、网页可通过同步保持一致。

用户可以登录为知官方网站（https://www.wiz.cn/zh-cn/）下载客户端安装软件和注册。

同样，为便于读者快速了解其特点，特将为知笔记的功能总结如图15-20所示。本节将以Windows客户端为例，简要介绍其基础功能的操作步骤。

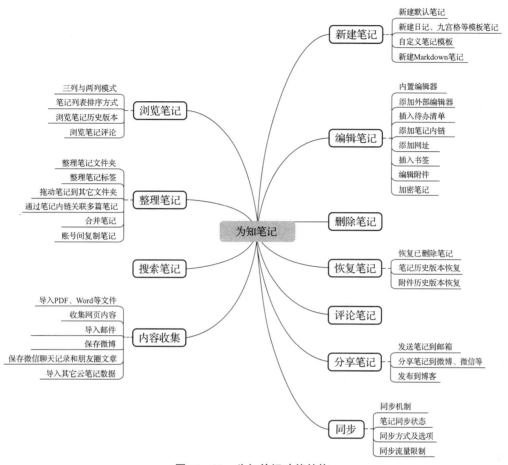

图 15-20 为知笔记功能结构

1. 新建笔记

如图 15-21 所示,点击软件界面的"新建笔记"即可在为知笔记软件中新建笔记,默认是新建空白文档。软件内置了许多常见的笔记形式,如手写笔记、大纲笔记、工作日志、工作日志、康奈尔笔记等,还可点击"更多模板"了解更多,根据需要自行选择。

2. 录入或采集信息

(1) 键盘输入笔记

新建笔记文档后,即可开始编辑。如图 15-22 所示,文档最上方的"无标题"处是填写笔记标题的地方,下方的工具栏即可对笔记正文进行字体属性、文本排版等的编辑。而且用户可根据自身习惯和使用偏好,自定义工具栏。

(2) 关联附件到笔记

如图 15-23 所示,点击"添加附件"即可添加任意附件到笔记中。添加后会自动呈现在附件列表中,如需将其添加到正文中,鼠标拖动即可。附件支持 Word、PPT、PDF 等多种形式。

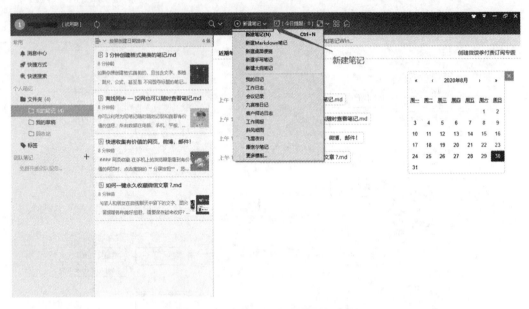

图 15-21　在为知笔记中新建笔记

图 15-22　录入信息

(3) 收藏微信内容

为知笔记跟印象笔记一样，也支持收藏微信内容。如图 15-24 所示，关注"为知笔记"微信公众号后，绑定相关账号，发送想要同步保存的语音、文字、图片、文章链接、聊天记录等内容，即可同步收藏到为知笔记中。

图 15-23 关联附件到笔记

图 15-24 收藏微信内容

3. 同伴共享与演示交流

如图 15-25 所示,点击"分享",即可将笔记通过邮件、社交平台等形式分享给朋友。为知笔记支持的文件形式市场丰富,点击"另存为…"后,弹出的对话框如图 15-26 所示,支持 html、zip、txt、pdf、png 等。此外,还支持团队共同构建资料库,共享资料文档、工作经验,分享观点,成员更新群组内容,保证其他团队成员时刻看到的都是最新笔记,但这一功能需要先开通团队服务。

图 15-25 同伴共享与演示交流

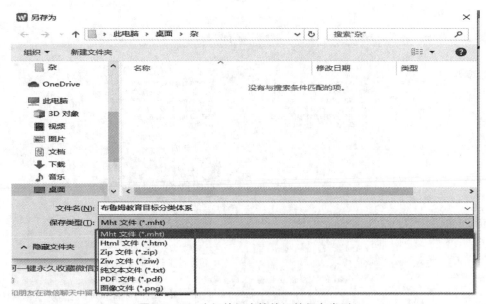

图 15-26 为知笔记支持笔记的保存类型

以上就是有关为知笔记基础功能的简要介绍。如欲进一步探索，可访问为知笔记官网的"帮助支持"页面（https://www.wiz.cn/zh-cn/support.html），该页面提供了 Windows、Mac、Android、iPhone 等六种客户端的使用手册，对如何使用为知笔记做了详尽介绍。

表 15-2 对有道笔记、EverNote、为知笔记等三款软件功能进行了对比。需要注意的是，这三款网络笔记工具软件大同小异，并无优劣之分，读者根据自身情况选择适用的即可。

表15-2 三款网络笔记工具主要功能对比

工具功能	EverNote	有道笔记	为知笔记
存储上传空间及收费标准	免费账户：60M/月 标准账户（98元/年）：1G/月 高级账户（148元/年）：10G/月 专业账户（198元/年）：20G/月	免费版：共3G空间 VIP会员（148元/年）：50G	免费版：100天试用，月上传流量限制1G，过期后无法上传 VIP会员（60元/年）：10G/月
覆盖平台	Android、IOS、Ipad、Windows、MacOS、Web	Android、IOS、Ipad、Windows、MacOS、Web	Android、IOS、Ipad、Windows、MacOS、Web、Linux
录入编辑	文字、手写、录音（但无法语音转文字）、拍照、文字识别（OCR）、附件、提醒、素材库、链接收藏、模板、支持思维导图、PDF编辑、不支持格式刷	文字、手写、语音速记、图片、Markdown、文档扫描、上传文件、链接收藏、模板、支持思维导图、PDF编辑、支持格式刷	文字、清单、手写、语音、拍照、附件、Markdown、大纲、链接收藏、模板、支持格式刷
收集管理	1. 支持笔记本、标签、全局语义检索、图片文字搜索等； 2. 一键收藏微信、微博、网页资讯等外部信息； 3. 拥有文件夹、标签功能的笔记管理体系	1. 支持笔记本、标签、全局检索、图片文字搜索等； 2. 一键收藏微信、微博等外部信息； 3. 拥有较完整的笔记管理体系	1. 支持标签、关键词全文搜索、快捷方式定位文件夹和笔记； 2. 一键收藏微信、网页、微博等外部信息，保存碎片信息，批量导入文档； 3. 拥有群组、多级文件夹、标签，不限级笔记管理体系
导出备份	支持导出为Enex、html、mht，本身无层级	支持导出为PDF、Word	支持导出为html、zip、txt、pdf、png等
分享协作	1. 支持链接公开分享； 2. 与团队成员一起保存、共享、协作	1. 支持链接公开分享； 2. 与团队成员一起保存、共享、协作	1. 支持链接公开分享； 2. 与团队成员一起保存、共享、协作
多端同步	笔记信息存储在云端，支持同一账号在PC、移动App等不同终端同步	笔记信息存储在云端，支持同一账号在PC、移动App等不同终端同步	笔记信息存储在云端，支持同一账号在PC、移动App等不同终端同步

思考与练习

1. 使用网络笔记工具（比如印象笔记）管理信息时，可以添加哪些类型的文件作为附件到笔记中？

2. 微信已成为我们必不可少的信息来源。如何使用笔记软件（如印象笔记、有道云笔记、为知笔记）快捷地保存聊天记录和一键保存公众号文章到自己的笔记中？

3. 读屏时代我们每天看到的内容大部分都是一个又一个网页，如何使用印象笔记工具对网页内容（正文、图片、整个网页）进行标注并快速添加到笔记中？

4. 尝试任选本文介绍的网络笔记工具完成一个课程作业项目的管理，包括项目启动、项目信息收集、项目资源管理、开展团队协作、资源共享、跟进项目进度、成果演示等环节。

参考文献

[1] 北京印象笔记科技有限公司. EverNote [DB/OL]. [2020-08-20] https://www.yinxiang.com/

[2] 北京网易有道计算机系统有限公司. 有道云笔记[DB/OL][2020-08-20]. http://note.youdao.com/

[3] 北京我知科技有限公司. 为知笔记使用手册 [DB/OL]. [2020-08-20] https://www.wiz.cn/zh-cn/support.html

第七部分　信息交流

第 16 章
文献综述

🔄 学习目标

1. 理解文献综述的含义和构成；
2. 了解文献综述的重要性；
3. 掌握文献综述撰写的结构、步骤和注意事项。

🔄 情境导入

大一学生小文选修了《古琴文化》通识课，老师布置的一份考核作业是写一篇关于古琴的文献综述。同班的小科同学选修了《诺贝尔科学奖的启迪》通识课，也有一篇文献综述作业要完成。聊天中，他们得知对方都有文献综述作业要完成。作为刚刚入校的一年级新生，初次听到"文献综述"感到十分茫然。老师为什么要布置文献综述作业？什么是文献综述？文献综述怎么写？……一连串的问号出现在他们的脑子里。

当你处于小文和小科的情境会怎么办，并试着回答如下问题。

1. 什么是文献综述？为什么要写文献综述？
2. 文献综述包含哪几个部分？
3. 文献综述通常围绕所选主题的哪些方面进行论述？
4. 完成文献综述有哪几个主要步骤？
5. 撰写文献综述的过程中有哪些注意事项？

文献综述是开展研究的重要基础和组成部分。文献综述既是一个过程也是一个结果（作品）。文献综述的水平是我们研究能力和水平的重要标志之一。文献综述是一项艰苦的劳动，但对开展研究是一件非常有意义和有价值的工作。除了学术研究要开展文献综述外，商业评论、新闻综述、政策报告等都要进行文献综述。

钱钟书先生曾提及:"意大利有一句嘲笑人的惯语说'他发明了雨伞'(ha inventato l'ombrello)。据说有那么一个穷乡僻壤的土包子,一天在路上走,忽然下起小雨来了。他凑巧拿着一根棒和一方布,人急生智,把棒撑了布,遮住头顶,居然到家没有淋得像落汤鸡。他自我欣赏之余,也觉得对人类做出了贡献,应该公之于世。他风闻城里有一个'发明品专利局',就兴冲冲地拿棍连布,赶进城去,到局里报告和表演他的新发明。局里的职员听他说明来意,哈哈大笑,拿出一把雨伞来,让他看个仔细。"

反思一下,我们自己是不是有时也是这样的"土包子"——因为不了解这个世界,不了解前人的创造,不了解人类几千年文明所积累下来的知识成果,常常自鸣得意,妄自尊大,到头来不过是又一次"发明了雨伞"。

16.1 文献综述的含义和类型

16.1.1 文献综述的含义

文献综述(Literature Review)也称文献回顾、文献述评、文献评论。它是指作者围绕某一专题或研究领域将已发表的文献信息作为原始素材,对研究状况(历史背景、前人工作、争论焦点、研究现状、发展前景)进行阅读、理解、分类、比较、分析、综合、评价,提出自己的观点,进行综合评述。文献综述的关键特点是:客观、无偏见。

"综"即综合,是作者围绕专题对文献资料进行全方位的搜寻,并对它们进行归纳整理、综合分析,使材料更精练明确,更有逻辑层次。"述"即评述,结合作者的观点和实践经验对综合整理后的文献中的观点、方法和结论进行再加工,进行比较专门、全面、深入、系统、客观的叙述和评论,创造性整合文献资料,指出其演变规律和发展趋势。

"综"是基础,"述"是表现。如果把综述看作一辆车,那么,"综"仅仅是将这辆车的所有零部件搜集起来,"述"则是将零部件按照其原理或机制,进行有序组装。组装的过程以及对已有文献的解释相对于搜集零部件更困难,更需要创造性思维。而这正是文献综述的核心要求。

视频 16-1:文献综述的含义、作用和类型

16.1.2 文献综述的类别

文献综述有三种不同的表现形式:一是形成一篇完整的综述论文,二是作为研究论

文的一部分,三是课题论证中的一部分,见表 16-1。对于本硕博学生来说,在准备研究计划书时写的是文献综述初稿,然后把文献综述整合进研究方案里,最后写作的学位论文中会加入新的文献材料并去掉已有的不合适的材料。

表 16-1 文献综述的类别

类别	关注点	目的
文献综述论文	与主题相关各方面	归纳和评论已有的研究; 指出未来发展方向
研究论文的综述部分	与本研究相关的问题	借鉴,表明本研究的正确性; 指出不足,突显本研究的重要性
学位论文或课题论证中的综述	与本研究相关的理论、方法,以及前人的研究结果	归纳和评论已有的研究; 借鉴,表明本研究的正确性; 指出不足,突显本研究的重要性; 致敬,表明自己阅览了相关研究

1. 文献综述论文

即就某一学科领域或主题的发展动态进行综述。例如"近年来我国'男孩危机'研究综述""追求享乐和自我实现哪个更幸福:一个文献综述与研究展望""我国信息化教学模式的 20 年研究述评:借鉴、变革与创新"等。

专门的文献综述论文也是一种原创研究,尽管它不是在实验室或临床完成的,而是在图书馆完成的。文献综述论文通常是由该领域资深、有影响力的学者撰写。他们能够驾驭该专题的文献,把握方向,高屋建瓴,引领学术潮流。好的综述甚至比原文本身的价值还要高。例如,Noam Chomsky 的评述 "A Review of B. F. Skinner's Verbal Behavior",该评述本来只是一篇综述,但已经成为语言学界的经典文献。

2. 研究论文的综述部分

在一篇研究论文里,文献综述起着承上启下的作用。承上衔接研究目的与研究问题;启下决定研究方法及研究工具。

【案例 1】 以"'因班施教':课堂人际知觉对学生学习兴趣影响的多水平分析"一文为例,作者在该文的第二部分对"学习兴趣"和"课堂人际知觉"两个概念及其相关研究进行了综述。(文献来源:李森云,宋乃庆,盛雅琦."因班施教":课堂人际知觉对学生学习兴趣影响的多水平分析 [J]. 华东师范大学学报(教育科学版),2019,37(4):94-103.)

3. 学位论文或课题论证中的综述

一般而言,做相关研究之前,需对前人所做的研究工作有充分的了解。所谓"知己知彼,百战不殆"。在学位论文、课题申请书或研究计划书里,通常有国内外研究现状这个部分,需要围绕所选主题对其研究状况进行梳理。

【案例 2】 某课题申请书中的表 4 为"研究状况和选题价值"。其填写参考提示是:"1. 国内外有关本课题所涉主题和内容研究状况的学术史梳理或综述。2. 对已有相关代表性成果及观点做出科学、客观、切实的分析评价,说明可进一步探讨、发展或突破的空间,具体阐明本选题相对于已有研究的独到学术价值、应用价值和社会意义(本项重点填写)。"

> ❖ 练一练:
> 1. 尝试从数据库或网络中找到上述三类文献综述。
> 2. 比较这三类文献综述的不同和相同之处。

16.1.3 文献综述的类型

关于文献综述的类型有不同的分类,有分为背景式综述、历史性综述、理论式综述、方法性综述、整合式综述的,也有分为范围性综述、系统性综述,还有分为动态性综述、成就性综述、展望性综述、争鸣性综述、元分析综述的。本书采用后一种分类进行介绍。

1. 动态性综述(Developmental Review)

着重于专题研究发展的时间进程,尤其是在发展过程中出现的突破性进展及其形成的阶段性。综述每一阶段中涌现出的代表性学术观点及代表性著作,力求反映特定阶段内的重要成就。具有较强的时间性和鲜明的学科发展阶段性。例如,"英语教育目标的百年演变""开发练习与作业的正能量——第八届有效教学理论与实践研讨会综述"。

2. 成就性综述(Result Review)

以学科领域内某一课题的新成就、新技术、新进展为重点,对有重要成就的学者的研究发现、研究方法及相关论文进行分析和阐释。通常不做系统性的历史回顾,不强调时间顺序上的连贯性。相较之下,成就性综述通常具备更强的实用性和实践参考价值。例如,"克拉克森数学幸福感理论及其启示""国外学生投入及相关理论综述""近 10 年来我国'教育公平'研究进展"。

3. 展望性综述(Prospective Review)

从简略叙述相关专题的历史成就出发,立足于当下的成果,着重论述对未来的预测和对策,亦可探讨对不同预测意见的看法。例如,"日本中小学信息教育课程最新动态与发展趋势""中国创业教育的演进历程与发展趋势研究"。

4. 争鸣性综述(Contentious Review)

对几种具有代表性的不同观点进行分析和归纳,因此特别强调综述要以原文事实为依据,严格区分原著者的观点与综述者的观点,不能对原文做过多的概括和分析,更不能断章取义,曲解原意,而是客观地呈现事实,由读者自行识别真伪优劣。例如,"当代不同群体'好课'观的比较研究""智力结构理论述评"。

5. 元分析综述（Meta – analysis Review）

运用统计技术（例如，知识可视化软件 CiteSpace）总结归纳前人独立完成的研究成果，得出整体的综合结果。例如，"兰国帅，程晋宽，虞永平. 21 世纪以来国际学前教育研究：发展与趋势——学前教育领域四种 SCI 和 SSCI 期刊的知识图谱分析. 教育研究，2017（4）：125 – 135.""Lei, H., Cui, Y. H. & Zhou, W. Y.（2018）. Relationships between student engagement and academic achievement: A meta – analysis. *Social Behavior and Personality*, 46（3），517 – 528."

16.2 文献综述的目的和作用

俗话说："他山之石，可以攻玉"。文献综述在研究中就起着这样的作用，让后人可以站在前人的肩膀上认识事物，以便"青出于蓝而胜于蓝"。文献综述对于开展科学研究起着非常重要的作用，在选题、问题解决、成果梳理与发表中都可看到它的"身影"。

16.2.1 文献综述的目的

1. 突出研究问题的重要性、特殊性和地位

对要研究解决的实际问题或议题提供支持性证据，说明该研究的重要性、特殊性与必要性；说明你的研究与别人做的有何不同，凸显特殊性。

2. 概要已有研究的信息，与你的研究建立联系

概述现有研究主题的知识，包括研究背景、概念定义、理论依据和基础、相互矛盾的研究结论。告诉读者你熟悉这个议题，了解最新的研究趋势；将前人的研究成果与你的研究建立联系，告诉读者你的研究的合理性和合法性；从中找出某些前人未研究过的空白和空间，你也可以将前人的研究成果加以延伸，告诉读者你的研究假设和依据，你准备做什么，确定研究工作的起点。

3. 提供如何开展研究的信息，为你的研究所用

对研究者来说，开展文献综述不仅可以了解已有研究的信息，还可以对你如何开展研究提供信息。包括形成研究问题，建立研究框架，提出研究假设，发现适切的研究方法、工具和手段，以及形成自己的研究思路、研究设计和方案。

16.2.2 文献综述的作用

1. 站在巨人的肩膀上

了解他人已做的工作，系统、深入地分析国内外某一学科或专题的研究概况，最新研究的热点、难点及发展趋势。向那些在你之前开展研究的人员致敬。帮你明确其他研究人员是否已经解决或者（部分）回答了你要研究的问题。让你知道在此领域开展研究的其他学者有哪些,你可以与他们取得联系并得到建议或反馈。同时,加入到对该问题的争论中,表达你的观点。

2. 他山之石可以攻玉

文献综述可以启发研究思路,激发灵感,为你提供未曾有过的新想法、新视角和新途径。帮助你定义研究问题并限制研究范围,发现研究的空白,找到有用的研究方法和测量工具。帮你解释和理解你的发现,最终帮助你把你的研究结果与先前的研究衔接起来,表明你的研究贡献。

16.3 文献综述的撰写

扫码阅读"文献综述样例",思考下列问题:
1. 文献综述有什么特点?
2. 文献综述的格式(或结构)包含哪几个部分?
3. 文献综述一般会针对某一问题论述哪些方面的内容?

拓展阅读 16-1:文献综述论文样例 1

拓展阅读 16-2:文献综述论文样例 2

拓展阅读 16-3:文献综述论文样例 3

拓展阅读 16-4:文献综述论文样例 4

视频 16-2:文献综述的结构与写作要点

16.3.1 文献综述的结构

作为一篇完整的文献综述论文，其结构与普通的论文基本相同。包括标题、摘要、关键词、引言、正文、结语、参考文献等部分。

1. 标题

紧扣主题，高度概括，突出重点，揭示主题内容，使人一看标题就可了解综述的大致内容。

2. 摘要

文章内容不加注释和评论的简短陈述，具有独立性和完整性。

3. 关键词

4~6个反映文章特征内容且通用性比较强的词组，避免使用"分析""特性""研究"等普通词组。

4. 引言

对整篇综述的一个简短开场白。简明扼要地说明综述的背景和目的、综述的范围。这段若写得精彩，会吸引读者接着读下去。

5. 正文

文献综述的核心内容。采用各级小标题依次论述各个问题，可使内容一目了然。通过对文献进行整理、加工、分析、比较、综合，综述专题范围内业已取得的成果，阐明有关问题的研究历史、现状和发展方向，找出已解决的问题和尚存的问题，重点阐述对当前的影响及发展趋势，这样不但可以使研究者确定研究方向，而且便于使读者了解该研究的切入点。通常关注以下几个方面：与主题相关的关键术语或概念的定义，界定有争议的术语；概述该领域的研究本质，展示其历史发展过程；作为研究问题基础的主流理论；该领域的主要研究发现、观点、方法；该领域研究工作的主要争议或局限性；简要总结综述；拟议研究的理由和目的/未来发展趋势展望。

在撰写文献综述时，应遵循"文献树"原则，即"学术谱系"原则。具体做法是采用历史的方法按照"由远到近""由大到小"和"由宽到窄"的"文献树"原则系统梳理研究问题的起源、发展和现状。这样才能理清研究问题的来龙去脉，揭示研究问题的演变，从而为未来研究构建创新平台。

由远及近：采用历史的方法由远及近分析。以《国外计算思维教育研究进展》为例，对计算思维定义的梳理是从2006年周以真（Jeannette M. Wing）系统提出计算思维开始，分析"算法思维"和"程序思维"两种起源。计算思维概念正式提出后，从"思维技能"说、"过程要素"说和"计算参与"说三种视角进行分析。（文献来源：刘敏娜，张倩苇. 国外计算思维教育研究进展 [J]. 开放教育研究，2018（1）：41-53.）。

由大到小：上、中、下几级层次清晰、分明，并有一定的逻辑联系。中心思想可以表述为A、B、C等观点，观点A可从A_1、A_2、A_3等方面进行论述，A_1又可表述为

$A_{1.1}$、$A_{1.2}$ 等。至于观点 B、C 等的论述以此类推，如图 16-1 所示。

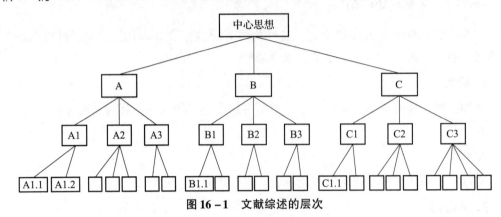

图 16-1　文献综述的层次

综述有三种写作方式。

（1）纵式——年代序列式：按照学科进展或某个主题发展的时间顺序对文献进行综述。例如，按时间发展阶段介绍核心素养研究的进展，中国教育技术学发展的历史、现状与未来。

（2）横式——学派发展式：对不同问题、不同观点进行综述。首先，将综述涉及的各种问题或观点进行逻辑排列，归纳出几大要点；然后在每一要点下对相关资料进行整理和分析；最后按逻辑顺序将各部分整合。抓住综述专题的主线和内容主题间的逻辑联系是关键。例如，述评核心素养研究的三种不同取向或流派；图 16-2 描绘了"近年来我国'男孩危机'研究综述"的结构图。（文献来源：李杰．近年来我国"男孩危机"研究综述．上海教育科研，2013（3）：29-32．）

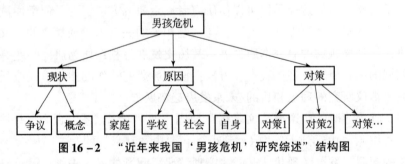

图 16-2　"近年来我国'男孩危机'研究综述"结构图

（3）纵横交错式——货架问题式：在纵式里含有横式，或者横式里含有纵式。这取决于写综述的内容和所掌握的文献资料。

【案例 4】　在"美国学生评教工具发展历程述评"一文中，作者按时间发展将其分为四个主要阶段：怀疑争论阶段、系统评估阶段、多元评估阶段和普及应用阶段。（文献来源：曹慧．美国学生评教工具发展历程述评［J］．上海教育科研，2019（12）：21-25．）

【案例 5】　在"新中国课程实施 70 年回顾与展望"一文中，作者从"一、政策推行与统管——课程实施研究的萌芽阶段（1950~1989 年）""二、理论引介与实践探索——课程实施研究的起步阶段（1990~1999年）""三、课程改革的推动与促进——课程实施研究迅速发展阶段（2001年至今）"共三个阶段进行论述。对第一阶段又从"（一）集中统一的课程计划推行方式""（二）中央与地方相结合的课程推行方式"两方面进行论述。（文献来源：马云鹏，金轩竹，白颖颖. 新中国课程实施70年回顾与展望［J］. 课程. 教材. 教法，2019，39（10）：52-60.）

> ❖ 练一练：
> 1. 从数据库里找几篇你专业领域的文献综述。
> 2. 阅读并分析这些文献综述的写作方式，哪些采用纵式，哪些采用横式，哪些采用纵横交错式？

6. 结论

综述论文的主题内容宽泛、目标读者各异，有必要撰写一个结论。结论是对全文的主题进行扼要总结；指出所要研究问题与前期相关研究的关联；对该研究专题提出自己的见解；展望今后的发展方向，由此提出研究问题或研究假设。

7. 参考文献

文献综述的重要组成部分。既表示对被引用文献作者的尊重及引用文献的依据，也说明你掌握了较多的资料，研究有一定的科学性和规范性；同时，为读者深入探讨有关问题提供了文献查找线索。

16.3.2 文献综述的主要过程

1. 界定范围（Scoping）

确定你的研究主题和将检索的领域，把这个领域"画出来"，考虑还有哪些领域可能未涵盖。

2. 检索（Searching）

确定关键词以及同义词、近义词，列出检索式，并实际开始进行检索，发现并确定相关文献。

3. 选择（Selecting）

一个人不可能读完所有的东西，要学会泛读和精读。你需要有明确的标准，哪些文献应该包括或者不包括。文献的选择受研究问题的指引和驱动。

4. 整理（Sorting）与归类（Categorizing）

将阅读的文献归类，画出关系图，确定类别。

5. 评价（Evaluating）

批判性阅读，做笔记。

6. 综合（Synthesizing）

比较和对比，对所选择的资源建立联系。

7. 保存信息（Storing）

记录你所读以及你初步的写作。边读边写，或者边写边读。

16.3.3 文献综述提纲的拟定

视频 16-3：从笔记到提纲　　　视频 16-4：拟写文献综述提纲

拟提纲相当于列表，犹如盖房搭框架。需要列出主体部分要讨论的所有观点。各标题要点均来自对文献的归纳整理。提纲最后应形成论文目录。

提纲各部分类似"树干"与"树枝"的关系。"树干"是主线。"树枝"的伸出要有秩序，突出重要的、主要的观点。提纲的层次结构要清晰，"树干"什么部位长出大枝，大"树枝"上长出什么样的中枝。由大到小，由粗到细，层层递进。不要出现层次错位！概念、观点要与所处的层次相称。

拟写提纲大致分为以下三个阶段。

（1）草拟大纲。用图形笔记或规划结构图方式列出主要内容。

（2）修改大纲。全篇各部分保持均衡。随时丰富想法，添加内容，加深对主题的理解。

（3）形成清晰的大纲终稿。视情况补充修正。

在拟写提纲的过程中，需注意以下事项。

1. 不同层级的从属关系

一级标题勿与论文标题重合（或二级标题勿与一级标题重合）。

【案例 6】

修改前：

一、在线学习参与度定义

（一）学习参与度定义

（二）在线学习参与度定义

修改后：

一、学习参与度和在线学习参与度定义

（一）学习参与度定义

（二）在线学习参与度定义

2. 不要逻辑混乱，杂乱无章

各要点之间有逻辑联系，每个观点、段落之间自然顺畅地联系起来。如图 16-3a 里的图形摆放凌乱，没有规则；而图 16-3b 里的图形则摆放整齐，且相近的图形归在一类，观点的表述也应如此。

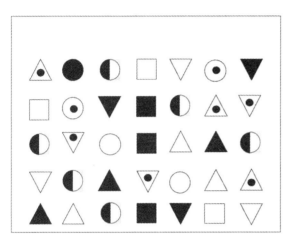

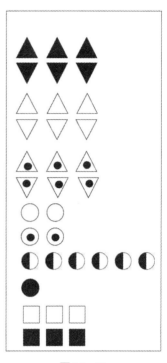

图 16-3a　　　　　　　图 16-3b

3. 下一级标题应反映上一级标题内容

【案例 7】　以学生作业"虎妈式教育对儿童性格的影响"为例。从这部分提纲可以看出,其二级标题所含内容比一级标题"虎妈式教育对儿童性格影响的分析与探究"要广,未能很好体现一级标题的内容,需要修改。

二、虎妈式教育对儿童性格影响的分析与探究

(一) 虎妈式教育对儿童的影响

1. 儿童的基本表现

2. 儿童的认知发展

(二) 不同家庭教育方式造成的影响

1. 纵容型教育

2. 未参与型教育

(三) 不同教育方式的比较

4. 思考如何重新整合你的笔记

用你阅读文献发现的"树叶""树枝"来创作独特的"新树"。思考"树叶""树枝""树干"各部分有何联系?

5. 计划在综述结尾处指明未来研究的具体方向

仅仅指出"未来需要更多的研究"是不够的,要有具体的建议。

【案例 8】　以"国际高等教育领域移动学习研究:回顾与展望"一文为例,在

"六、研究展望"部分,作者提出了四点并加以详述。

六、研究展望
(一) 加强对教师和管理者的研究
(二) 聚焦移动环境下学习和教学理论研究
(三) 重视移动学习带来的混合学习形式的转变
(四) 关注面向影响因素调查结果的移动学习效果提升研究

(文献来源:刘敏娜,张倩苇. 国际高等教育领域移动学习研究:回顾与展望[J]. 开放教育研究,2016(6):81-92.)

6. 在分析中用细节充实提纲

扩充提纲时增加足够的研究细节。

【案例9】 在提纲里充实定义。

2 术语的定义
2.1 充实学者对网络霸凌的定义
2.1.1 作为一种"心理残酷的形式"(Mason,2008)
2.1.2 有无重复成分(Privitera & Campbell,2009;Raskauskas & Stoltz,2007;Slonje & Smith,2008)
2.1.3 包含犯罪人与受害人之间的力量差异(Hinduja & Patchin,2007;Mason,2007;Privitera & Campell,2009)
2.1.4 力量不平衡标准差异:体力、体格、年龄、技术能力(Vandebosch & Van Cleemput,2008)

(文献来源:Schenk, A. M. & Fremouw, W. J. (2012). Prevalence, psychological impact, and coping of cyberbully victims among college students. *Journal of School Violence*, 11, 21-37.)

> **练一练:**
> 尝试在文献阅读基础上,围绕所选主题草拟文献综述提纲。

当文献综述提纲拟定后,请对照文献综述提纲核查表进行核查。

表16-2 文献综述提纲核查表

提纲中主要观点的铺陈方式是否连贯合理?	
提纲涵盖了论文的主要内容?	
提纲是一个完整的整体?	
提纲各级标题的逻辑顺序合理吗?	
提纲中的概念、观点与所处的层次相称吗?	
提纲结尾部分指明未来研究的具体方向?	
提纲扩充时增加了足够的研究细节?	

视频 16-5：文献综述撰写的注意事项　　视频 16-6：文献综述撰写的经验分享

16.3.4　文献综述的描绘方式和写作活动

1. 文献综述的描绘方式

综述就像一个故事，从文献里梳理出主线条，而你可以控制故事的情节。描绘文献综述有不同方式：Wellington（2015）认为包含聚焦、寻找交叉点、打补丁、漏斗式。图 16-4（a）聚焦一个主题，从宽广的视野出发，逐渐聚焦到主要领域。有人喜欢把文献描绘成 3 或 4 个文献交叉领域，有的部分重叠，中间的深黑处是全部阅读文献的交叉部分（图 16-4（b））。有人将综述文献看成漏斗收敛的过程，它与聚焦类似（图 16-4（d））。还有人将其视为把补丁拼在一起的工作，以创造性的方式把广泛的阅读材料编制在一起（图 16-4（c））。不论你采用哪种方式，抑或不采用而用你自己的方式描述，你需要将综述这个故事讲出来，并能解释将其作为书面记录的一部分。

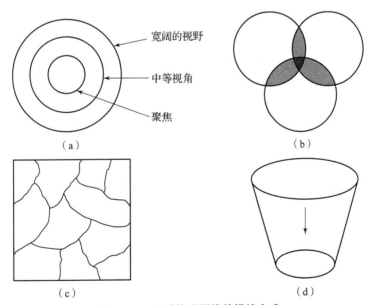

图 16-4　文献综述可能的描绘方式
（a）聚焦；（b）寻找交叉点；（c）打补丁；（d）漏斗式

※ 想一想：
1. 你打算以哪种方式描绘文献综述？
2. 如果上述四种描绘方式都不用，你将采用什么样的描述方式？

2. 文献综述的写作活动

Wellington（2015）认为综述的写作活动有低、中、高三个档次。

低档次写作：改写（paraphrasing）、重新表述（restating）、概括总结（summarizing）、描述（describing）。

中档次写作：解释（interpreting），将一篇文献与另一（几）篇文献建立联系；与其他文献建立联系（connecting）；与其他文献进行对比（contrasting）。

高档次写作：综合（synthesizing），进行归类；有批判性，带着审视的眼光阅读文献；发展你自己的论点，站定立场，发出你自己的声音；展示出你的综述是建立在已有文献基础上的，避免"发现空白"（finding gaps），而是要填补这个空白（filling this gap）。

那种"在1992年，琼斯（Jones）发现了这些和那些……；此外，史密斯（Smith, 1994）研究了这些和那些……；布莱克（Black, 1995）又提出了这样那样的建议……，之后……"仅仅是罗列他人的研究，缺乏深度的阅读，连最低档次的综述写作都算不上。

16.3.5 引用文献的注意事项

撰写文献综述时，引用文献要注意以下几点。

1. 引用的文献必须全面

尽可能完整搜集该主题的所有文献。重要的文献不能缺失！代表性学术观点、学派、人物、历史沿革无遗漏。与你的研究相矛盾或不一致的研究必须引用。

2. 文献必须是新近的

最近3~5年，以便掌握该领域或主题的最新进展；如果要引用旧的文献仅是解释某一领域的思想变化或某一特定方法的发展。

3. 文献必须是权威的、有代表性的

运用80/20法则，筛选最值得精读的20~30篇文献，其余的文献略读或者挑重点读。

4. 文献必须是相关的

避免引用那些与你的研究没有直接关系的研究成果。切忌装潢门面！

5. 引用文献要忠实文献内容

不能篡改文献的内容；不能把自己的观点凌驾于文献资料之上；不可只根据摘要即加以引用；不可引用有文献引用的内容而并未见到被引用的原文。

16.3.6 文献综述的写作要求

1. 简单易懂

对基本概念的解释简洁明了，不玩弄辞藻。

2. 切中主题

紧扣主题，清晰、有效、准确无误地表达观点。

3. 思路清晰

结构合理、层次分明，先写什么，后写什么，写到什么程度，前后如何呼应，都需要有统一的构思。引言、结论、段落之间要环环相扣，要衔接自如。

4. 资料全面

代表性的文献资料需收集齐全。不能根据自己的喜好选择材料，或者有意回避或忽略某些研究成果。

5. 有理有据

有足够的文献来源，而不是信口开河。

6. 有综有述

既有对前人观点的系统梳理，又有对研究发展的脉络、深入程度和存在问题的深入分析，在对问题进行剖析的基础上提出自己独特的见解。

7. 高屋建瓴并脚踏实地

写作能从较高的视野看待具体的细节。

"文献综述的价值不由它的长度和它所包含的参考文献数量来决定，而是决定于其意图或所完成研究的情境。研究问题、研究的重要性都直接影响了文献综述的类型。"（詹姆斯·H. 麦克米伦，萨利·舒马赫. 教育研究：基于实证的探究（第7版）. 曾天山，组织翻译. 北京：教育科学出版社，2013. P. 99.）。表16-3列出了文献综述核查单供完成后核查。

表16-3 文献综述核查单

是否包含引言，说明文献综述的范围？	
是否包含所有与论文主题相关的重要文献，且涵盖新近的文献或研究？	
文献综述的内容是否紧扣研究主题？	
是否对文献进行评论？	
是否整合文献以对本研究提出诸如研究主题、理论基础、研究变量、研究方法等的启示？	
是否厘清该文献是实证研究或一般性的论述？	
是否提供了权威解释？	
是否指出了这些研究存在或面临的问题？	
是否指出了今后的发展趋势？	
是否对结论类似的研究以及有共同局限的研究进行了归类？	
综述的组织是否合逻辑？	

续表

文献资料的来源是否多元,避免只引用某个人的资料?	
文献是否多数为一次文献,少部分为二次文献?	
文献的引注是否适当和正确?	
我们在写作文献综述时应该注意什么?	

思考与练习

1. 什么是文献综述?文献综述主要由哪几部分构成?
2. 为什么文献综述是研究中不可或缺的要件?
3. 完成一篇文献综述的过程主要包含哪些步骤?
4. 从你的学科领域挑选至少5篇以上同一主题的论文,为它们写一份简短的文献综述(1~2段)。
5. 围绕所选主题,参照下列格式,草拟文献综述提纲,至少到2~3级标题(请注意文章的结构)。

一、引言(研究背景、研究意义等)
二、××概述(概念界定、分类、演变等)
  (一)二级标题
    1. 三级标题
    2. 三级标题
  (二)二级标题
    1. 三级标题
    2. 三级标题
    3. ……
三、正文(主要观点)
  (一)角度一
  (二)角度二
  (三)……
四、总结
  (一)概述
  (二)结论/展望

6. 反思:结合草拟的大纲,回答下列问题。

项目	判断（打√）		修改 （请写下修改过程）	修改结果
	是	否		
1. 是否出现一级标题与论文标题重合				
2. 是否出现二级标题与一级标题重合				
3. 是否出现三级标题与二级标题重合				
4. 整体大纲是否覆盖了论文的全部内容				
5. 是否出现同级标题不在同一逻辑层次（例如："香菇"与动物、植物、细菌不属于同一层次）				
6. 下一级标题是否反映上一级标题的内容				

7. 本练习的目的是为你在你感兴趣的领域创作一篇综述。你需要评述你找到的大量的相关研究。你要描绘你所选领域已有研究的整体画面。主体文本的标准如下。

一、引言：概念展示

（一）激发你评述的研究问题是什么？

（二）为什么回答你的问题的答案对应用语言学很重要？

（三）你的问题背后的历史视角是什么？

（四）你的评述的主要目的是什么？

二、方法部分

（一）你的检索方式的详细信息

1. 你的检索涵盖多少年？
2. 你用了哪些初步来源？
3. 引导你检索的关键词是什么？

（二）决定评述哪些研究的标准

1. 选择包含一个研究的标准是什么？
2. 你为什么选择这些标准？
3. 你剔除哪些研究以及为什么？

三、结果部分

（一）对研究有组织的总结：每个研究用你的话应包含哪些部分？

1. 研究的主要观点。
2. 研究的问题假设。
3. 如何以及为何选择所使用的样本？
4. 实施研究的程序。
5. 用词语而非统计数据描述研究发现（结果）。
6. 研究者对研究发现的解释或应用。

四、讨论部分

（一）总结你的评述的主要结果（如有可能用表可视化）

    1. 比较或对比研究间的结果。

    2. 对任何差异解释可能的原因。

（二）如有的话，与已发表的综述进行对比。

（三）解释力的研究发现与已发表综述的不同。

（四）应用你的研究结果回答将来的研究。

参 考 文 献

[1] 劳伦斯·马奇，布伦达·麦克伊沃. 怎样做文献综述：六步走向成功（第2版）[M]. 陈静，肖思汉，译. 上海：上海教育出版社，2020.

[2] Ridley, D. 一步一步教您做文献回顾 [M]. 张可婷，译. 台北：韦伯文化国际出版有限公司，2011.

[3] 张庆宗. 文献综述撰写的原则和方法 [J]. 中国外语，2008（4）：77-79.

[4] Galvan, J. L. & Galvan, C. G. (2017). *Writing literature reviews: A guide for students of the social and behavioral sciences* [M]. New York & London: Routledge.

[5] Wellington, J. (2015). *Educational research contemporary issues and practical approaches* (pp. 55-98)[M]. London: Bloomsbury.

第 17 章
学术论文撰写与投稿

🔄 学习目标

1. 理解科技论文的概念、分类和特点；
2. 了解论文各部分的写作要领及撰写格式、数据图表的准备；
3. 了解如何选择对口的专业期刊投稿，遵循所投期刊的格式要求，提高论文的录用率。

🔄 情景导入

科学研究的目标是将发现公布于众，即发表，让更多的人可见，并起到参考和指导的作用。衡量科研人员能力的主要标准包括实验操作技能、学科知识水平，甚至才华和魅力，而论文发表的质量和数量是体现这些因素的重要手段之一。不论一项科学实验的结果多么令人惊叹，只有被发表之后，这项科学实验才能为人所知和借鉴，科学研究工作才算完成。所以，科研人员既要"做"科研，又要"写"科研，写作水平低可能会导致优秀科研成果无法发表或被延迟发表。那么，如何"写"科研，并将科研成果发表出来呢？小雷是 S 大学材料物理与化学专业的一名研究生二年级的学生。最近他把手上正在进行的实验做得差不多了，他的导师建议他按照科技论文的逻辑和格式开始整理实验结果和撰写论文。你可以帮助小雷吗？

本章主要是从"科技论文"角度介绍论文的撰写与投稿。人文社科类论文与此有很多相通之处，也可参考借鉴。

17.1 科技论文的含义及写作

17.1.1 科技论文的含义

1968年,科学编辑委员会对科技论文的定义是:"一篇有效发表的科技论文必须是首次公开的,应该包含足够的信息以使同行能够评估观测、重复实验、评估思维过程。此外,它必须是能够被人感知的、长久不变的、为科技界不受限制地获取的,为一种或者几种公认的大型二级文献定期筛选的。"[①] 科技论文是科技工作者对创造性研究成果进行理论分析和科学总结,并得以公开发表或答辩的科技写作文体。一篇完整的科技论文,应该按照一定的格式书写,具有科学性、首创性和逻辑性;并且,还应该按照一定的方式发表,即有效出版。也就是说,科技论文的有效发表必须满足三个条件:一是原创科研成果的首次发表;二是其形式能够保证同行科技人员可重复出实验;三是出现在科技界易于获得的期刊上或者其他来源的文献。

科技写作通常是指以规范的形式在科技期刊上发表原创的研究成果,是一种将科技信息形成书面形式的活动,是以科学技术现象、科学技术活动及其成果为标书内容的一种专业写作,如学术性论文、技术论文、学位论文等。从较宽泛的角度讲,科技写作还包括以进行科技交流为目的的其他类型期刊文章,如对已发表论文的研究结果进行评价的论文(Comment)、概述和总结某个领域或技术发展现状的综述性文章(Review)。从更加宽泛的角度讲,科技写作也包括其他类型的科技交流,如基金项目申请书(Proposal)、口头报告(Oral Presentation)和海报报告(Poster Presentation)等。

17.1.2 科技论文的写作

科技论文写作的目的,主要是将研究成果公之于众,丰富人类的知识库,促进社会的发展和进步,同时实现个人价值。科技论文写作可以展现和保存科学成果,扩大学术交流,也是目前对科研人员业务水平考核的重要依据。因而,科技论文的写作对于科研工作者而言是非常必要且重要的。

科技论文的写作是科学技术研究的一种手段和重要组成部分。把写作贯穿在整个研究工作中,边研究边写作,可及时发现研究工作的不足,补充和修正正在进行的研究,使研究成果更加完善。此外,科技论文的发表可以促进学术交流和成果应用。英国文学家萧伯纳说过:"倘若你有一个苹果,我也有一个苹果,而我们彼此交换,那你和我仍各只有一个苹果。但倘若你有一种思想,我也有一种思想,而我们彼此交流,那我们将

---

① 芭芭拉·盖斯特尔,罗伯特·A. 戴. 科技论文写作与发表教程[M]. 第8版. 任治刚,译. 北京:电子工业出版社,2018:16.

各有两种思想。"科技工作者通过论文写作与发表形式进行的学术交流,能促进研究成果的推广和应用,有利于科学事业的繁荣与发展。

科技论文的写作与发表有利于科学积累。科技论文写作是信息的书面存储活动,通过论文的写作与发表,信息的传递可超越时空的限制,研究成果将作为文献保存下来,成为科学技术宝库的重要组成部分,为同时代人和后人提供科学技术知识,由整个人类所共享。人类整个科学技术历史长河就是由这样一个个浪花汇集而成的。同时,科技论文的发表是发现人才的重要渠道,是考核科技工作者业务成绩的重要依据。一篇论文的发表,可能使一个原来默默无闻的科技工作者被发现并受到重用,这在科技史上和当今的事例是很多的。发表论文的数量和质量是衡量一个科技工作者学识水平与业务成绩的重要指标,同时也是作为考核他们能否晋升学位和技术职务的重要依据之一。

总之,科技论文写作是科研工作的重要阶段,是科技人员总结交流,传播普及科技成果的重要手段,是科学技术转化为生产力的媒介,是科技人员实现自我价值和衡量自我专业水平的重要尺度,也是自身发展完善提升的需要。

科技论文写作首要特征是清晰。一项成功的科学实验,就是一位思路清晰的科研人员,解决了一个描述清晰的科学难题,取得了一些表述清晰的科学结论。在理想情况下,任何形式的交流都应当具备清晰的特征。第一次表达什么时,清晰是最重要的。大多数论文能够被好期刊接收并得以发表,正是因为他们清晰地带来了科技新知。因此在科技写作中务必要追求清晰。除此之外,科技论文的写作还必须遵循特定的规范,这取决于传统习惯、编辑惯例、科学道德及出版流程。对于科技论文的作者,他们应当具备相应的专业知识,包括所写科技论文内容的专业知识以及熟悉相关的专门知识,具备文献资料的查阅技能和信息积累,通晓科技论文写作的理论和格式,善于对现象进行分析研究,在一定程度上,还应具有一定的语法和文字修辞上的素养。这样才能使得科技论文写作具有科学性和专业性、准确性和可读性、创造性和新颖性。需要注意的是,对于某些特殊的科技论文写作,还要注意其机密性。

论文写作过程通常分三个阶段。首先是准备工作,收集与利用资料,理清思路,明确论点与论据;其次是拟写提纲,可以先拟好初略提纲,再修改成为详细提纲;最后是正文写作初稿,再反复修改,到定稿。逻辑顺序是:确定领域,形成焦点,明确问题,再开始撰写。总体而言,就是在写的过程中要做到心中有数。

17.2 科技论文各部分内容的写作

首先,科技论文的结构应当满足有效发表的要求。这种结构是高度程序化的,由功能各异、明确区分的几个部分构成。除了标题(Title)、署名(Authors and Affiliations)、摘要(Abstract)、结论(Conclusion)几个提纲挈领部分,科技论文的关键部分包括引言(Introduction)、材料与方法(Materials and Method)、结果与讨论(Results and

Discussion)。其逻辑是:为什么要研究这个问题(Why)?这里的提问和说明即引言。这个问题是怎样研究的(How)?对此提问的回答即材料与方法。取得了哪些发现(What)?对此提问的回答和解释,即结果与讨论。显然,这种简答逻辑的方式,有助于作者规划和撰写论文,也有助于编辑、审稿人和读者阅读和理解论文。下面,我们将按照一篇完整的科技论文格式中出现的顺序对科技论文各部分的写作进行逐一讨论。

17.2.1 标题和署名(Title and Author)

一篇论文的标题,通常是这篇论文给读者或编辑的第一印象。因此,应当仔细斟酌标题。论文标题是一种标记,不是一个句子;所以,它的结构会比句子简单,但其词序反而更加重要。通常,阅读整篇论文的人并不会有多少,但是很多人会阅读论文的标题,可能是在论文初期发表的期刊上,或者是在二次文献数据库中的摘要和索引中,抑或是在搜索引擎的查询结果中。标题在某种程度上,决定读者是否会进一步阅读全文。

在拟标题时,要仔细斟酌标题中的每一个单词以及它们之间的搭配关系。一个好的标题,是以尽可能少的词汇充分描述论文的内容;言外之意,在允许的字数范围内,拟定的标题应当清晰明确,简练地显示出论文将要阐述的内容。具体而言,题名最好不超过25个汉字或者20个英文单词。如图17-1所示,是我们看到一篇文章中的最开头部分,包括标题行和作者行。注意,标题中不应使用缩写、化学式、专业名和行话等。

Microfluidics Assisted Fabrication of Three-Tier Hierarchical Microparticles for Constructing Bioinspired Surfaces

Juan Wang,[†,‡] Hai Le-The,[‡] Zuankai Wang,[§] Hao Li,[†] Mingliang Jin,[†] Albert van den Berg,[‡] Guofu Zhou,[†] Loes I. Segerink,[‡] Lingling Shui,[*,†,∥,⊥] and Jan C. T. Eijkel[‡]

[†]National Center for International Research on Green Optoelectronics and South China Academy of Advanced Optoelectronics, South China Normal University, Guangzhou 510006, China
[‡]BIOS Lab-on-a-Chip Group, MESA+ Institute for Nanotechnology, Technical Medical Centre and Max Planck Center for Complex Fluid Dynamics, University of Twente, Enschede 7522NB, The Netherlands
[§]Department of Mechanical and Biomedical Engineering, City University of Hong Kong, Hong Kong 999077, China
[∥]School of Information and Optoelectronic Science and Engineering, South China Normal University, Guangzhou 510006, China

图17-1 一个典型的标题和署名行[①]

每篇科技论文,都需要列出每位作者,共享荣誉,共担责任。对于整个科研成果的构思、实施、写作做出过积极贡献的人均可列入作者名单,要实事求是地根据每位作者对这个工作的贡献度安排署名顺序。每一位作者均应该对论文的全部或者部分关键技术或理论做出过实际贡献。通常,第一作者指这个科研工作的执行和引领者,其他作者按照对论文的贡献降序排列。一般,通讯作者在其右上角进行星号标注。需要特别指出的是,越来越多的期刊要求列出每位作者所做的具体贡献,比如,哪位作者设计的研究方

---

① Wang, J., Le-The, H., Wang, Z., Li, H., Jin, M., van den Berg, A., Zhou, G., Segerink, L. I., Shui, L., & Eijkel, Jan C. T. (2019). Microfluidics assisted fabrication of three-tier hierarchical microparticles for constructing bioinspired surfaces [J]. *ACS Nano*, 13, 3638-3643.

案,哪位作者收集的实验数据,哪位作者分析的数据,哪位作者撰写的论文。署名格式,通常中文是按照先写姓后写名的格式,英文的顺序则是先写名再写姓,也有部分英文期刊要求只写作者姓的全称而名用缩写,或者反之亦然。署名行中我们除了要列出每位作者的署名和顺序,还需要添加列出每位作者所属机构,并列出每个机构的地址,同时要单列通讯作者的联系方式(电话、邮箱等信息),便于读者或编辑识别作者和联系作者。

17.2.2 摘要(Abstract)

摘要可以定义为文档信息摘要,是对整篇论文内容的精确和扼要的表达。摘要虽然位置紧跟标题和署名,但是其内容一般是在文章全文完成后提炼出来的,具有短、精、全三大特点。摘要应当提供论文的引言、材料与方法、结果与讨论之中的概要信息。也就是说,在一篇论文的摘要中,读者一般也可以快速地辨识出这篇论文的"Why""How""What"来。一个好的摘要能够帮助读者迅速、准确地识别文档的基本内容,帮助读者判定该文档与个人兴趣的相关程度,能够帮助读者决定是否需要阅读该文档全文。

摘要的撰写,要尽量包括论文中的主要论点和重要细节以及重要的论证或数据。因此,摘要应当说明科研工作的目标和范围;描述科研工作使用的方法;总结科研工作所获得的结果;给出科研工作的结论。注意,在大多数或者全部摘要中,应当使用过去时态,因为这里提到的是已经完成的科研工作。相反地,摘要中不应当出现论文中不存在的任何信息或结论;不使用文献、图表或非同行熟知的缩写;不包含或者提及任何图表;不使用化学结构式、数学表达式、角标或希腊文等特殊符号。特别需要提醒的是,摘要不应当超过期刊所规定的长度(很多英文期刊规定为 250 个单词)。摘要通常应当只有一段。

随着绘图技术和信息技术的发展,很多科技期刊除了文字摘要,还要求准备一份图文摘要(Graphical Abstract),用来清晰、简洁地展示研究工作最主要的信息,与论文标题或摘要同样重要。尤其是一些有影响力的顶级期刊,大部分都会要求作者提供。如图 17-2 所示,是一个紧跟在标题和署名之后的包含了图和文字的完整的摘要,读者可以从图中快速地获得整篇论文的框架信息,同时可以从文字中找到对应的关键文字内容。通过图文摘要,作者可以高度概括论文中的研究内容和主要创新点,吸引读者眼球,并能让人快速了解文章。越来越多的电子期刊,在其网页上采用图文摘要的形式来呈现发表的论文,这和只有论文题目和署名格式的传统呈现形式有明显的区别和进步。图文摘要中的"文",一般只能写 30~50 个词,长度是一般摘要的三分之一甚至更短,所以必须是对文章内容和创新点的高度概括。"图"和"文"需要相互呼应以帮助读者了解文章内容。文本摘要和图文摘要之间的区别是,图文摘要着重强调论文的某一个方面,特别是可能针对一个独特的创新点和主题,而不是整体研究的概括总结。所以,可以关注其中一个着重点来构思图文摘要,忽略掉其他次要的内容。

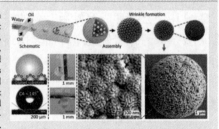

图 17-2 包含图文的摘要举例①

17.2.3 引言（Introduction）

视频 17-1：关键词
及其析取方法

引言是正文的第一部分，是为了引出论文工作的意义和目的，引起读者的关注。引言中应当提供足够的背景信息，以便读者理解并评估此项工作，在无须查阅此前发表的相关论文的前提下可以明白工作的意义和价值。最重要的是，引言应当清楚扼要地说明撰写这篇论文的根本原因。

要想提供最重要和关键的背景信息，作者需要大量阅读和精心选择参考文献，从而说明引言的主要内容是"本工作研究的历史背景""相关工作的研究现状""目前尚未解决的难题"，从而引出本工作的"相关背"以及本研究工作的"目的和意义"。引言中针对背景的介绍一般使用过去时态或者现在完成时态，而对本工作的描述更多地使用现在时态。

引言的写作规则如下。

（1）首先，引出与本论文工作相关的理论或者技术的起源和重要性。

（2）其次，针对相关理论或技术的发展现状进行简要概括和综述。

（3）再次，基于对现状的描述，从而引出存在的问题、难点或可进一步发展的方面。

（4）然后，针对问题或难点，提出本工作所研究的内容和方法。

（5）最后，说明本工作的结论和价值。

---

① Wang, J., Le-The, H., Wang, Z., Li, H., Jin, M., van den Berg, A., Zhou, G., Segerink, L. I., Shui, L., & Eijkel, Jan C. T. (2019). Microfluidics assisted fabrication of three-tier hierarchical microparticles for constructing bioinspired surfaces [J]. *ACS Nano*, 13, 3638-3643.

引言结构形如漏斗，从宽到窄，从一般到具体，这种结构可以引导读者进入科研工作的细节中。目标阐述、文献综述、界定问题、方法说明和结论总结，目的都是为了引导读者了解：问题是什么？如何解决这个问题？从某种意义上来说，科技论文就像是新闻报道，引言应当循序渐进，设置"问题诱饵"，以获取读者注意力：为何选择那项科研课题？然后通过回答问题说明：该研究工作为何如此重要？

17.2.4　材料与方法（Materials and Method）

材料与方法部分是对科研工作采用的研究方法的全部细节做出详细阐述。这部分的主要目标是描述实验设计和过程，提供信息以便读者判断实验方法的合理性以及实验发现的有效性。材料与方法部分所提供细节应该足够详细和规范，以便同行能够重复实验。材料与方法部分通常使用过去时态。

为了描述材料，需要给出准确的名称、技术指标、数量、来源或者制备方法；有时甚至需要列出所用试剂的相关化学性质和物理性质。材料的名称一般需要使用其通用名或者化学名，而不采用其商品名。但是，对专利产品，若存在极其重要的差别，就需要同时使用实验材料的商品名及厂商名，有时候甚至商品的出厂批次也需要注明。商标名通常就是注册商标，使用时要将首字母大写（如 Teflon）以示其与通用名的差别。通常情况下，应当使用属名、种名、类名对实验用动物、植物和微生物进行准确描述，并对其来源和特征进行描述。如若实验中使用了人类对象或者动物对象，必须说明已得到特定专门委员会批准，否则不能使用。若实验结果无法重复，论文价值与作者名誉均会受到损害。所以，必须仔细描述实验材料。

对方法的描述要精准。科技论文的方法犹如烹饪书的菜谱，反应物若要进行加热，要给出加热的方法和设备（如热板、炉子、微波、红外等），所需要的温度和时间。对"如何进行""用量多少""需要多长时间"等问题，均需要给予精确回答，不能让审稿人或者读者去猜。

为了更好地检验材料与方法是否足够详细，可以将论文定稿拿给同事看，问问同事或者同行是否能够读懂并且按照论文中描述的方法顺利完成实验。在看完材料与方法后，同行人员很可能会挑出明显错误——你可能没有发现它，因为你太熟悉自己的科研工作了，而且会根据经验"默认"一些细节，所谓"只缘身在此山中"。例如，你可能会很认真地描述了加热设备、加热温度和加热过程，但是却忘记了说明所加对象的状态以及所用加热器皿是敞开的还是密封的等细节。

> ❖ 想一想：
> "The polymerization was carried out at 130℃ using 0.13 wt% of Sn（Oct）$_2$ as a catalyst. The resulting polymer was purified by dissolving in dry DCM and followed by precipitating in cold methanol for 3 times. The precipitate was dried at room temperature in vacuum." 这段话的表述是否准确？

注意，相比于其他部分，实验材料与方法部分的描述要求更加精准，包括语法、用词、数值、单位和标点符号等，缺个逗号都有可能会酿成大祸。请看这两句话："By introducing a drop of liquid crystal spheres, rods and plates can be coated with…" 和 "By introducing a drop of liquid crystal, spheres, rods and plates rods can be coated with…" 这两句话的唯一区别是第一个逗号。"有"和"没有"这个逗号，讲出的是完全不同的故事。还有，在材料与方法中，经常要使用被动语态，因为必须要说明什么被做了，而往往无须说明谁做了什么。因此，可以写成"The light was guided to …"，但不要写成"I（A student）guided the light to…"。

17.2.5 结果（Results）

结果是论文的核心部分。结果部分最为重要，但往往也是篇幅最短的部分。结果部分通常包含两项内容，即整体实验描述和对结果数据的展示。整体实验描述，即复述实验概貌，但是不包括任何实验细节。结果应清晰简明，没有多余的废话。科技论文内容的贡献一般是将新知的结果公布于世，供人阅读和参考，所以必须清楚明白地展示结果。论文的前两部分（引言，材料与方法）的目的就是为了说明如何获得结果。论文的结论，最终要的也是说明结果的意义和价值。言外之意，整篇论文都是为了展示结果的过程，基于结果说明其意义，所以对结果的描述务必清晰。所以，最常见就是将读者从图或表中一看就懂的信息用文字重述一遍。

结果部分的数据应该如何展示呢？论文一般展示代表性数据，而不是没完没了重复的数据；所以，试图囊括所有的数据，只能说明作者缺乏鉴别能力，所用统计数字要有意义。科技论文中，一般有多个变量时，通常会使用图形或者表格来展示。若要展示一个或几个数据，使用文字即可以表达清晰。注意，同一组数据，不能既用图又用表同时展示，而是只能以一种形式来展示，避免重复。

17.2.6 讨论（Discussions）

讨论部分的主旨就是揭示观测到的结果事实间的相互关系。与其他部分相比，讨论很难定义，因此也是论文中最难写的部分。因为讨论要解释所观察的现象，要让人"知其所以然"。与以往的研究是一致还是矛盾抑或否定？是否有新的进步和发展？讨论部分写得好坏，会直接关系到文章最后被接收还是被退稿。撰写讨论部分时，可参照以下几条规则。

（1）解释结果部分蕴含的原理、相互关系，以及普适性。切记，是要"讨论"结果，不要"重述"结果。

（2）说明例外情况，缺乏相关性的情况以及尚未搞清楚的情况。这种情况下，必须需要特别注意，不要试图掩盖，刻意回避与预期不符的数据。也许非预期的数据和结果，就正好是本工作"预期"的结果。

（3）说明所得结果与前人成果间的异同。要特别关注不同点的分析和解释。

（4）说明科研成果的理论意义与现实应用。这也是体现成果价值的关键所在。

（5）说明结论的依据。特别是针对后面的结论部分要能起到足够的支撑作用，要能

"站得住脚"。切记，不可以基于不合理的假设来讨论。

方法部分与结果部分应彼此呼应；同理，引言部分与讨论部分也是彼此响应的。在引言部分，作者应当提出一个或者几个问题；在讨论部分中，作者应说明科研结果给出了怎样的答案。要保证讨论部分回答了引言中所提出的问题，因为引言的目的就是为了引出本工作的内容。引言部分的结构通常像个漏斗（从一般话题到具体研究），而讨论部分的结构往往像个倒置的漏斗。首先，要重述主要发现；其次，讨论这些发现与前人成果间的关系；再次，说明科研成果的理论意义或现实应用价值；最后，指出有待进一步研究的问题或者下一步拟研究的计划。在引言中，作者"邀请"读者走进自己的科研领域；在讨论中，作者"引领"读者离开，此时对于这篇论文所研究的科研成果及其意义价值，读者可以"了然于胸"了。

17.2.7 结论（Conclusion）

结论部分，是作者本人研究的主要认识或者论点，包括最重要的结果，结果的重要内涵，对结果的说明或者认识和见解，以及结果可能关联的潜在价值等。所以，在结论部分（也就是正文的最后一段），作者往往需要总结性地阐述本研究结果可能的应用前景和关联的潜在意义，以及研究的局限性和需要进一步深入研究的方向。注意，结论中不应出现与前文不曾指出的新事实，也不能在结论中简单地"重复"或者"重组"摘要、引言、结果或讨论部分中的句子。

17.2.8 致谢和参考文献（Acknowledge and References）

在科技论文中，正文后通常还有致谢和参考文献。在致谢中，应感谢提供过关键技术帮助的个人，或者是提供过仪器设备和材料的个人或者机构；此外，还应感谢基金、项目、奖学金等形式的经费资助。科技论文的致谢，其内容没有任何的科技意味，日常生活中适用的规则在此也可以适用。致谢是对这项工作的完成过程中所获得的帮助和支持的一种感谢，所以要特别注意礼仪。例如，"We have to thank…"和"We would like to appreciate…"所表达的语气和意思就完全不同。

与致谢一样，参考文献一般要遵循以下几条规则。其一，只需列出与所标注部分内容密切相关的重要文献，不列不相关的参考文献和其他次要材料塞进参考文献中。其二，只引用已发表的重要文献，未发表和未公开的文献和数据一般不引用。其三，确保每条参考文献完全准确。其四，要确保正文中引用的每条参考文献均出现在文献列表，文献列表中出现的每条参考文献均在正文中引用过。其五，文献在正文中出现的顺序和参考文献部分一致。说明，同一个参考文献如果格式不同，电子投稿系统中可能会被默认为是两个不同的参考文献，所以在投稿前，需要对照逐条检查每一个参考文献。

此外，在投稿前要先查阅目标期刊对参考文献的格式要求，严格按照期刊格式准备参考文献。现有的文献管理软件，如 Endnote、Mendeley、RefWorks 等，均允许科研人员设计和编辑文献数据库，并利用数据库创建符合多种期刊格式的文献列表。文献信息可以从数据库中导入，而不必逐条录入。使用文献管理软件能够大大节省时间，特别是当一篇论文中有很多篇参考文献的情况，例如，博士学位论文一般会引用超过100篇的参考文献，这时候文献管理软件的使用就会显得特别重要。

> ◈ **练一练：**
> 　　分别查询所学专业或感兴趣领域的一本中文电子期刊和一本英文期刊的《投稿须知》中参考文献的格式要求，按照要求分别准备一份对应的不低于10篇参考文献的文档。

17.3　科技论文的数据处理——图表制作

　　能够将数据分析的过程和结果呈现最直观的形式是图或表。俗话说："一图胜千言"，图表最具有视觉冲击力。代表性数据是一篇科技论文的重要组成部分，正确地使用图表，可以向同行/读者讲好数据故事，从而有效地支撑结论。从实验数据所要表达的目的出发，明白要用这组数据来发挥什么作用，就可以更好地用图表来讲好故事，以什么样的格式（表格、图形或图片）呈现可以根据作者讲故事的需要来准备。

17.3.1　表格

　　通常，除非必须呈现反复测量的数据或者所测试的数据量较小，否则一般不使用表格。如果决定使用表格，首先要思考清楚："我现有的数据想要说明什么问题，数据要如何排列才能呈现清晰？"例如，表17-1和表17-2，仔细观察，两者完全相同，只是表17-1是横向排列，表17-2是纵向排列。对比这两个表格，从信息表述上两者的信息是一致的，但是从清晰的角度来看，表17-2则更加清晰易懂。针对多个实验对象，纵向排列不仅容易排版，而且方便读者获取信息；与此同时，横向的性能对比也一目了然。表17-2是个结构很好的范例：表题和表头的表述清晰，读者无须查阅正文就能理解数据；表内信息排列符合逻辑；表注提供补充信息，说明数据获取方法。注意，该表格中均含有三条横线，不含纵线，针对类似的表格，要遵循期刊的要求。

表17-1　**Determination of NFX in real pharmaceutical formulations**

Samplenames	Yunnan Baiyao			Ouyi pharmaceutical		
C_{Theo}^{a} (μM)	7.83			7.83		
C_{M}^{b} (μM, n=3)	8.15 ± 0.21			7.73 ± 0.30		
C_{Add}^{c} (μM)	1.0	5.0	10.0	1.0	5.0	10.0
C_{Tot}^{d} (μM, n=3)	9.24 ± 0.19	13.22 ± 0.25	17.89 ± 0.61	8.80 ± 0.30	12.88 ± 0.23	17.56 ± 0.49
Recovery (%, n=3)	109.6	101.6	97.4	107.4	102.9	98.3

续表

Samplenames	Yunnan Baiyao			Ouyi pharmaceutical		
RSD（%）	2.09	1.92	3.41	3.37	1.74	2.79
C_{LC-M}^{e}（μM）	9.42	13.28	18.47	9.07	12.95	17.83

Note：C_{Theo}^{a} – Theoretical concentration；C_{M}^{b} – Measured concentration；C_{Add}^{c} – Added concentration；C_{Tot}^{d} – Measured total concentration；C_{LC-M}^{e} – UHPLC – qTOF – MS/MS measured concentration.

表 17 – 2　**Determination of NFX in real pharmaceutical formulations**

Sample names	C_{Theo}^{a}（μM）	C_{M}^{b}（μM, n=3）	C_{Add}^{c}（μM）	C_{Tot}^{d}（μM, n=3）	Recovery（%, n=3）	RSD（%）	C_{LC-M}^{e}（μM）
Yunnan Baiyao	7.83	8.15 ± 0.21	5.0	13.22 ± 0.25	101.6	1.92	13.28
Ouyi pharmaceutical	7.83	7.73 ± 0.30	5.0	12.88 ± 0.23	102.9	1.74	12.95

Note：C_{Theo}^{a} – Theoretical concentration；C_{M}^{b} – Measured concentration；C_{Add}^{c} – Added concentration；C_{Tot}^{d} – Measured total concentration；C_{LC-M}^{e} – UHPLC – qTOF – MS/MS measured concentration.

17.3.2　数据线图

图形和表格都是有序呈现数据的方法。很多实验结果特别是数据性的测量结果，既可以用表格呈现，也可以使用图形来展示。具体哪种方式更好呢？通常，在实际执行过程中，可以参考如下规则：数据若存在明显趋势，则应使用图形（可绘制成有意义的曲线）；若不存在明显趋势，则应使用表格。一般来说，图形更加直观和明了。在作图的时候，坐标的起始值一般设为零；但是，为了图形更加紧凑，数据部分应该占据图的大部分位置，坐标的起始值也可以不为零。另外，在特殊情况下，为了使图形完整而紧凑，还可以采用中断坐标轴的方法（很多作图软件中也有这项功能）。此外，为了体现实验结果的可重复性，测量数据的变化特别是多组重复实验数据的误差，可以采用标准差的方式来表达。

图形的绘制现在一般使用计算机进行，常见的图形绘制软件有 Excel、Origin、Matlab、Graphpad 和 Sigmplot 等。为了确保图形清晰可读，必须认真选择字母、符号及图注的大小。在选定它们的大小时，要考虑到图形在出版过程中可能会被缩小，甚至会变得模糊难辨。图 17 – 3 是一个成功范例：文字足够大，清晰易读，四边绘制坐标线，便于读者估计数据点的取值，刻度线朝向图内。图中在空白处说明了符号的意义，这些符号只应使用常见的标准符号（空心或实心的圆圈、三角和方块等，绘图软件中一般提供各种符号供选择，包括形状、颜色、实/空心、实/虚线等）。

17.3.3　图片

除了表格和图形外，论文中经常还会用到图片，特别是光学显微镜图片。例如，在许多微纳米材料的研究中，照片（电子显微镜照片）就是论文的核心之一。与图形一样，

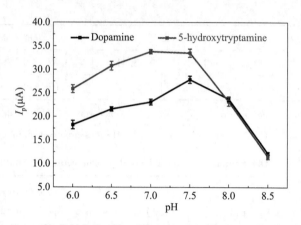

图 17-3　两种物质（多巴胺和 5-羟色胺）在不同 pH 条件下的峰电流

照片尺寸与期刊列宽、页长间的关系也要处理好。科技期刊通常要求提交电子版照片，为了弄清楚期刊的要求，在论文投稿准备之前，需要查阅目标期刊的《投稿须知》。需要注意照片的格式（如 TIF、JPEG、EPS 或 PNG）、分辨率、大小以及针对照片展示的信息的详细描述等。另外需要指出的是，在一篇科技论文中，通常会将一组图片或者图形和图片组合在一起，来表达一个完整的议题或者结论，所以，还需要采用专业软件（如 Photoshop、InDesign 或 PowerPoint 等）对图形进行排列和组合，以达到能够清晰地说明所要表达内容的目的。不论图形和图片如何组合和优化，最根本的原则是必须保持原始数据或图片的信息来源，只能编辑和修饰，不能改变原始信息。

视频 17-2：Word 的排版（二维码）

17.4　论文投稿

科研工作者将几年心血化为一篇论文后，最重要的阶段之一是选择合适的期刊发表出来。选择投稿期刊不是为了降低被拒绝的概率，而是要提高被录用的概率。再者，论文审稿者很有可能是该领域已经发表过多篇论文的资深学者，还可能就是你论文中所引用的某篇参考文献的作者；所以，不论是论文被接受发表还是返回修改或者拒稿，他们提出的建议一般都会对你有帮助。选好期刊后，一般需要对论文的格式按照期刊的要求进行修改。图 17-4 是一篇论文投稿到接收的全过程图。

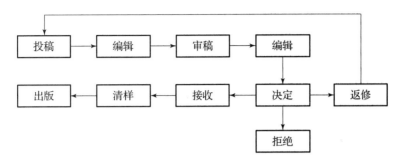

图 17 - 4　论文投稿可能会经历的过程图

17.4.1　投稿期刊选择

全世界现在大约有几万个同行评审期刊（Peer - reviewed journals），每年发表上百万篇科技论文。到底该如何从这些期刊中选择适合自己的呢？经验丰富的科研工作者一般对自己所在领域的期刊较为熟悉，一般在撰写论文的同时心中已经有了目标和安排；而对于缺乏经验的新手，可能会觉得无从下手。接下来就说说在选择投稿期刊上的一些"小技巧"吧。

视频 17 - 3：如何选择投稿期刊　　　视频 17 - 4：如何获取期刊投稿信息

1. 期刊所属领域与论文的相关性

选择期刊，第一个问题就是该期刊与论文的相关性有多高。每个期刊都会有"读者须知"，作者首先要读一读其中有关刊登论文领域和类型的说明。此外，还可以从作者本人经常阅读和引用的期刊上获得一些有用的信息。图 17 - 5 是 Lab on a Chip 这个英文期刊所描述的该期刊发表的科技论文的领域/范围（Scope）的信息。

> ❀ 小提示：
> 在查阅论文与期刊的相关性时，你也可以从一些网站上获得前人所分享的经验，比如我们常用的 Letpub、小木虫、Medsci 等，这些网页中会描述和分享一些目标期刊或相关领域期刊的信息。

2. 期刊的声誉

一个科技论文期刊/杂志的声誉主要包含两个方面：其一是期刊在科学界的影响力，即同行对该杂志的看法；其二是期刊的量化引证指标，包括期刊的影响因子以及其总被引频次。期刊的影响因子以及相关的量化评价标准，通常与所发表论文质量有关的，但是有时候也可能没有直接关联性，所以，使用期刊的影响因子来评判期刊的声誉也造成了许多争议。即便如此，影响因子依旧是一个可以用来评价期刊相对质量以及名声的依据。我们都希望自己的论文能够在影响因子高的期刊上发表，因为期刊的影响因子越高，如果能被接受发表，说明自己研究工作的水平相对越高，影响力也就越大，至少同期内或者短时间内，可以作为一个依据。但是，作为作者，我们首先要对自己的科研成果有个准确的定位，选择与自己的成果定位相符的期刊，发表的可能性会更大，对该领域的读者也更加有参考价值。

图 17-5　学术期刊 Lab on a Chip 杂志主页所展示的该期刊发表论文的领域①

3. 期刊审稿过程和周期

一篇论文从投稿到刊发，不同的期刊，所需要的时间不同。如果你的论文需要在短期内见刊，一般会选择一个相关性高、审稿周期短的期刊。大部分已经发表的论文在首页都会注明稿件的投稿日期（Received date）、修改日期（Revised date）和文章最终被接纳的日期（Accepted date），我们可以根据这部分内容判断自己的文章在这本期刊上从投稿到发表大概需要多长时间。注意：现在有很多期刊是开源的（Open access），需要付费才能刊登，例如 Nature Communications，所以在选择的时候也需要特别注意是否有能力支付这个费用。

> ❖ 练一练：
>
> 分别查询所学专业或感兴趣领域的一本中文电子期刊和一本英文期刊的《投稿须知》，记录期刊的所属领域、影响因子及其在该领域的影响力、审稿周期、是否收费等情况。

---

① https://www.rsc.org/journals-books-databases/about-journals/lab-on-a-chip/

17.4.2　投稿前的检查与投稿过程

在论文定稿后，也选择好了合适的期刊，接下来就是投稿过程了。投稿前，作者务必要再仔细阅读一遍期刊的《投稿须知》，并逐条对照所有需要准备的文档是否齐全，内容是否完整，格式是否正确，例如图、参考文献、公式和术语等。图 17－6 是物理快报（Physical Review Letters）的投稿须知（4）。可以看到，需要准备好的文档清单如下。

（1）所有作者信息（Author Information）：包含所有作者的全名、邮箱和单位，注明第一作者和共同第一作者（如果有），通讯作者和共同通讯作者（如果有）。

（2）投稿信（Cover Letter）：说明论文的创新点和核心内容。

（3）正文（Main Manuscript）：包含图和表的全文，或者分开的正文（文字）部分和图、表文档。

（4）支撑材料（Supplementary/Supporting Information）：必要的信息，但是因为正文篇幅限制无法写入的部分。

（5）创新点（Innovation/Highlight）：通常在 3 句话以内，用以说明论文的关键创新点。

（6）图文摘要（Graphical Abstract）：一句话、一个图，能够一目了然地说明论文的内容。

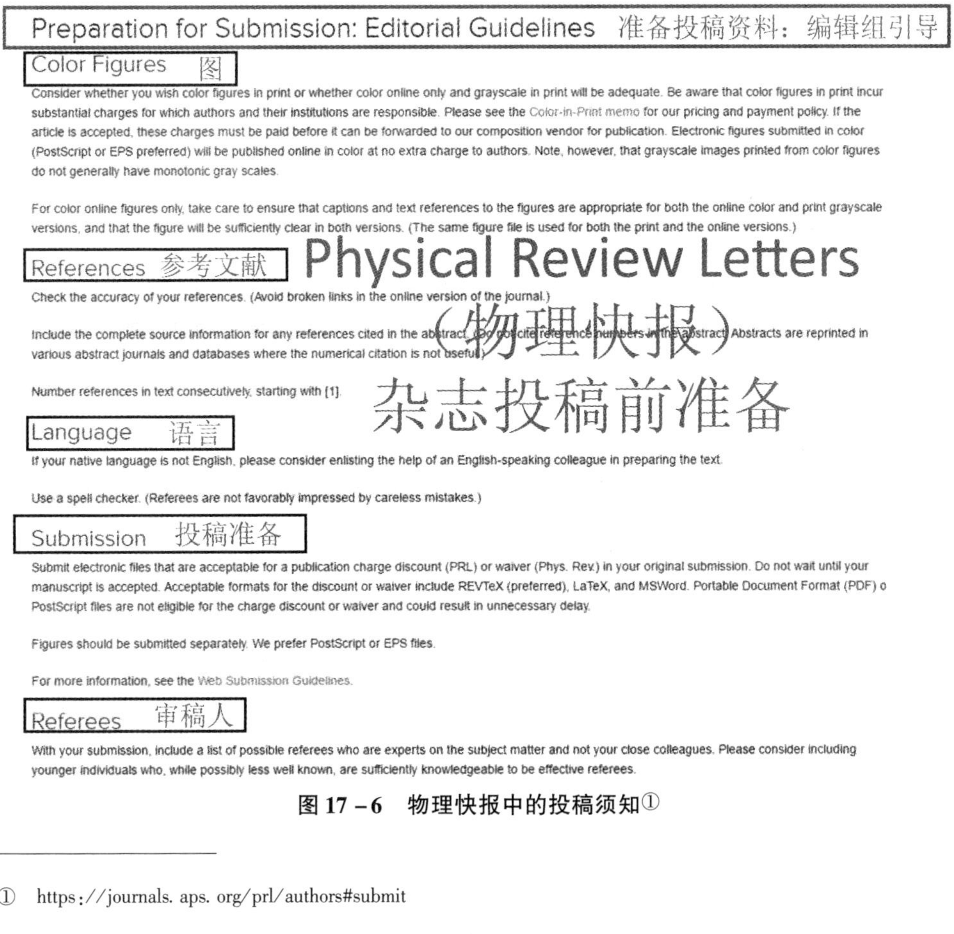
Preparation for Submission: Editorial Guidelines 准备投稿资料：编辑组引导

Color Figures 图

Consider whether you wish color figures in print or whether color online only and grayscale in print will be adequate. Be aware that color figures in print incur substantial charges for which authors and their institutions are responsible. Please see the Color-in-Print memo for our pricing and payment policy. If the article is accepted, these charges must be paid before it can be forwarded to our composition vendor for publication. Electronic figures submitted in color (PostScript or EPS preferred) will be published online in color at no extra charge to authors. Note, however, that grayscale images printed from color figures do not generally have monotonic gray scales.

For color online figures only, take care to ensure that captions and text references to the figures are appropriate for both the online color and print grayscale versions, and that the figure will be sufficiently clear in both versions. (The same figure file is used for both the print and the online versions.)

References 参考文献　Physical Review Letters（物理快报）杂志投稿前准备

Check the accuracy of your references. (Avoid broken links in the online version of the journal.)

Include the complete source information for any references cited in the abstract. (Do not cite reference numbers in the abstract. Abstracts are reprinted in various abstract journals and databases where the numerical citation is not useful.)

Number references in text consecutively, starting with [1].

Language 语言

If your native language is not English, please consider enlisting the help of an English-speaking colleague in preparing the text.

Use a spell checker. (Referees are not favorably impressed by careless mistakes.)

Submission 投稿准备

Submit electronic files that are acceptable for a publication charge discount (PRL) or waiver (Phys. Rev.) in your original submission. Do not wait until your manuscript is accepted. Acceptable formats for the discount or waiver include REVTeX (preferred), LaTeX, and MSWord. Portable Document Format (PDF) o PostScript files are not eligible for the charge discount or waiver and could result in unnecessary delay.

Figures should be submitted separately. We prefer PostScript or EPS files.

For more information, see the Web Submission Guidelines.

Referees 审稿人

With your submission, include a list of possible referees who are experts on the subject matter and not your close colleagues. Please consider including younger individuals who, while possibly less well known, are sufficiently knowledgeable to be effective referees.

图 17－6　物理快报中的投稿须知①

① https://journals.aps.org/prl/authors#submit

除了以上内容,作者本人一定要仔细阅读投稿信、正文、支撑材料、图、表、参考文献等,细到每一个单词和标点符号。除了自我校对,投稿前也可以请一位或多位老师、同事阅读稿件(检查表达错误或不明之处);针对非母语语言的杂志,如有可能,也可请资深的合作者或同事针对语言和表述进行修改。投稿之前,每一位合作作者都必须阅读和同意论文的内容以及投稿(部分杂志需要所有作者的同意发表声明等资料),才可以正式开始投稿过程。

视频 17-5:投稿前的准备与检查

注意,当你对所投稿的论文多次修改后,担心是否还有遗漏,每一部分的表述是否准确地表达出来了,可参考表 17-3 的论文投稿前的核查单进行对照检查。

表 17-3 论文投稿前的核查对照单

文档	内容	评价
1. 投稿信	(1) 拟投稿杂志的名称是否正确?	
	(2) 论文的创新点和核心内容是否完整?	
	(3) 是否阐明了本次投稿的唯一性?	
2. 正文	(1) 题目:是否反映了论文内容和创新点?用词是否准确?	
	(2) 作者:所有作者信息是否完整和准确?	
	(3) 摘要:是否反映了论文的核心内容?字数是否符合要求?	
	(4) 关键词:是否准确?能否吸引读者注意力?	
	(5) 引言:是否从大的科学问题或现状逐渐缩小到本文的主题上?是否有效地引用了最近国际性文献?是否陈述了本文工作的内容和目标?	
	(6) 材料和方法:是否足够详细可靠,具有参考价值?	
	(7) 结果:呈现顺序是否合乎逻辑?是否呼应了引言部分的内容?所有的图和表是否是必需的?有没有重复的图和表?	
	(8) 讨论:是否能够从研究目标出发,结合结果和问题进行讨论?是否引证已有理论体系或者同领域的其他知识?逻辑推理是否完整合理?	
	(9) 结论:是否强调了本工作的关键信息?结尾有没有强调本工作的重要意义?	
	(10) 致谢:是否对那些对本研究工作有重要贡献又不在作者名单的人员表示感谢?对提供资助的名称和编号表述是否准确?	
	(11) 参考文献:参考文献的格式与所投稿杂志的要求是否符合?必需的参考文献是否都列入了?参考文献的顺序是否正确?每一个参考文献信息是否完整?在正文中相应描述的内容与引用的参考文献是否符合?	

续表

文档	内容	评价
3. 支撑文档	限于正文篇幅，但是你认为非常重要，可以对正文内容进行补充说明的内容。数据和表述上是否完整？格式和排版上是否与正文一致？	
4. 图文摘要	能否准确表达论文的内容？是否一目了然？是否符合目标期刊的要求？	
5. 要点	是否准确地描述了论文的创新点？字数是否符合要求？	
6. 对论文提升的其他意见	站在读者角度再想一想，还有哪些方面可以再提高？	

总之，一篇科技论文应该要满足"5C"标准，即准确（Correctness）、清楚（Clarity）、简洁（Concision）、完整（Completion）、一致（Consistency）。

现在，科技论文杂志/期刊基本都使用在线投稿系统（Online Submission System），作者必须通过系统提交论文。关于如何提交稿件，可访问期刊网站查阅期刊的《投稿须知》。投稿过程的基本步骤如下：首先，注册与登录该期刊网页；其次，进入该期刊的投稿系统，按照系统的引导逐步填写所需的信息，上载必需的文档。在投稿的过程中，在没有提交（Submit）之前，你都可以保存已经填写的信息，随时可以进行编辑和修改。每个投稿系统都会有技术支持，如果中间遇到任何技术问题都可以直接咨询。当所有内容都填写完毕后，最后一步，系统会问投稿（Submit）吗？如果确认无误，可以Submit；如果还有不确定的地方，可以反复修改直到确认完成后再点击Submit。一旦提交投稿完成，所注册的通讯邮箱会同时收到一封投投稿成功的邮件。注意切记，向任何期刊投稿都不可以一稿多投。

17.4.3 结果反馈：接受、修改、退稿

投稿后，作者需要对稿件进行追踪。如果两周以后仍无任何有关稿件处理的信息，作者可以登录投稿系统查看稿件状态，可能会处于审稿状态（Under review）或者编辑处理状态（With editor）；如果处于后者状态，可以与期刊编辑联系询问进展。一般来说，期刊的编辑部收到稿件后，编辑或者执行编辑先进行初步判断：首先，稿件是否属于期刊征稿范围内的某个主题；其次，稿件所描述的科研成果质量/水平/创新性是否满足杂志的要求。若稿件明显不属于征稿范围内的任何主题或者质量不满足杂志的要求，编辑会退回稿件，并简要说明退稿理由。这种情况，作者可以接着向其他相关期刊投稿。若没有以上问题，编辑会判定：形式是否符合要求，内容是否完整，格式是否符合期刊的要求。只要有一项不符合，稿件将被退回给作者，需要修改后重新投稿（Resubmit）。

当稿件满足以上所述的各种条件后，编辑会决定是否需要对论文进行同行评议，即送审。论文若被送去进行同行评议，作者需等待几周或更长时间。编辑在收到审稿人的意见后，会根据审稿人的审稿意见决定接受（Accept）、修改（Revise）还是拒稿（Reject）。一篇稿件通常需要选择两位以上的审稿人，有些领域和杂志也可能需要五位

或者更多审稿人。如果每位审稿人都同意录用,并且每位审稿人都给出了充分的理由,稿件很可能会被直接录用(这种情况极少发生)。大多数时候,审稿意见并不一致,或者审稿理由并不充分,所以需要编辑决定是否返修,如果争议明显,还会考虑将稿件发送给更多的审稿人,看看能否形成共识,然后再做出决定。

大多数期刊,在投稿后 4~6 周内,作者通常会收到反馈。假如你收到了录用信,信中说"你的稿件已被录用,准备发表"(Your manuscript has been accepted for publication),那恭喜你,文章被接受了。如果你收到的编辑的回信中说"我们非常抱歉地通知你,你的文章被拒绝了"(We regret to inform you that your manuscript is rejected…或者 We regret to inform you that your manuscript cannot be accepted for publication in…),说明文章被拒了。被拒之后,必须分析被拒绝的理由。第一类拒绝是"完全地拒绝",主编通常会表达个人意见,对这类文章提出否定的意见,再投稿本杂志是无意义的。第二类是文章包含某些有用数据和信息,主编拒绝是因数据或分析有严重缺陷,这类文章不妨先放放,找到更广泛的证据支持,再将修改过的新稿件再次投稿,主编通常会考虑重新受理该稿件。注意,切记,不要将被某个期刊拒稿后的论文,不经修改在短时间内直接原封不动地投稿到给另外一个期刊。

通常情况下,论文结果评审后的审稿意见相对较好,作者会收到退回修改(退改)信和审稿意见清单。信中大概意思是:"你的文章经过审阅,现在返回请你按照审稿人意见进行修改,并附上评论和建议。我们认为这些评论会有助于改进你的文章。"(Your manuscript has been reviewed, and it is being returned to you with the attached comments and suggestions. We believe these comments will help you improve your manuscript.)信中可能接着说:"若按照要求修改,文章才有可能被发表"或者"只有完成修改,才会重新考虑是否录用"。

收到退改信,其实应该庆幸,而不是垂头丧气。退改也有两种,一种是大修(Major revision),还有就是小修(Minor revision)。无论是哪种退改,都需要对审稿意见十分尊重,对每一条批评和建议,都要认真分析,并据此修改论文。返修不要太仓促,要反复阅读,理解审稿人的问题,然后认真回答和求证。对审稿人提出的意见要逐条认真地回答。另外,如果认为审稿人或者编辑的修改建议不合理,如果有充足的理由,可以坚持己见,有理有据地给出自己的解释和证据,与审稿人和编辑探讨。在给编辑的回信(Response letter)中要明确对返修稿中已修改的内容,给编辑回信,感谢给文稿提出的修改意见,并指出按修改建议已作的修改(可使用 Word 软件中的修订功能),未作修改的地方要说明理由。要注意的是,返修稿一定要在返修邮件中所提的截止日期之前完成;如果截止日期之前未能完成,可以与编辑联系申请延长提交日期,并说明理由。

在稿件经过修改被录用、正式发表,包括线上发表(Online)之前,还有一轮需要认真核对,即清样核对(Proof reading),针对全文查看是否有所遗漏和信息更正。通常,在正式发表之前,期刊的文字编辑会进行相关编辑和校对,纠正稿件中的拼写错误。有些期刊,为了增强可读性,文字编辑还会进行进一步的文字润色。若发现措辞不清或需要更多信息,文字编辑会提出询问。询问会写在清样上或随着清样发送给作者。通常,编辑加工完毕的论文电子版，包括设置好的字体、排版格式等，即论文的清样，会通过电子邮件以附件形式发送，或者电子邮件告知作者登录到投稿系统查看。作者在收到清样后，要检查清样中是否存在排版错误，并认真仔细地核对所有文字编辑的询问，有的回复是（Yes），有的回复不是（No）并解释原因。注意，清样的检查是对该论文的最后一次修订机会，一定要本着认真负责的态度彻底地检查论文中的所有细节。假如最终发表出的论文存在错误，可能会造成不好的影响，甚至会损害作者的名誉。

17.5　论文发表的道德规范

学术道德规范是科研工作者应遵循的基本伦理和规则，是保证正常学术交流、提高学术水平、实现学术创新的根本保障。在撰写科技论文前，在向科技期刊投稿前，实际上在开展科学研究前，就应当知道从事科研工作和进行论文发表的基本道德规范。有些道德规范是人人皆知的，有些则不是。对于研究生或希望全面了解论文发表道德规范等信息的其他人士，可参阅书籍《On Being a Scientist: Responsible Conduct in Research (Committee on Science, Engineering, and Public Policy, 2009)》。

在此，需要着重强调几点。

（1）在期刊上发表的科研工作和实验结果必须是真实存在的。根本没做科研，却在论文中捏造实验数据是不道德的。

（2）科研论文杜绝"一稿多投"。注意，同一个科研工作内容，用不同语言写作，也算是重复的工作。学位论文、专利和期刊对公开发表的内容和时间都有严格规范。

（3）注明贡献。如果论文中包含着他人的研究内容和思想，一定要注明出处。

（4）如果投稿论文中的研究对象涉及人类或动物，期刊可能要求作者提供书面证明。

（5）如实地声明利益冲突。

思考与练习

1. 什么是科技论文？科技论文有哪些类型？
2. 科技论文的写作要求有哪些？
3. 论文写作中必须遵守的常用标准和规范有哪些？
4. 一篇论文修改完，在准备投稿前还需要做什么？
5. 投稿3周后如果没有收到任何关于此论文的消息，作者可以怎么做？
6. 论文发表的道德规范有哪些？

7. 从学术期刊中找出 2~3 篇论文，试分析文章主要由哪几部分组成？摘录标题、摘要、结论，并按参考文献格式列出论文信息。

8. 请结合所学专业和兴趣，选择一本核心期刊里 6~10 个论文标题，进行比较。

（1）选出你认为好的论文标题，分析它们有什么特点。

（2）选出你认为不好的论文标题，分析它们有什么不足。

（3）对比分析好与不好的论文标题，指出列论文标题的注意事项。

（4）尝试列出 2~3 个论文标题，与老师、同学讨论这些标题是否合适，哪些需要修改，怎样修改。

9. 请结合自己的专业和兴趣，选择一个主题。

（1）从学术论文的角度，拟定一个简单的论文提纲（到二级或三级标题）。

（2）将拟定的论文提纲与老师、同学交流讨论，听取大家的意见和建议，并说明你是否采纳的理由。

10. 从专业核心期刊选一篇实证研究论文，先遮住或抹去该论文的结论和摘要部分，然后完成以下内容。

（1）阅读后尝试写作论文的结论和摘要，结论按分条编序号的格式表述（1. 2. 3. ……）。

（2）写好结论、摘要后，与原论文的结论、摘要进行对比，分析有何不足、需要改进之处；总结写作论文结论、摘要需要注意之处。

参 考 文 献

[1] 芭芭拉·盖斯特尔，罗伯特·A. 戴. 科技论文写作与发表教程 [M]. 8 版. 任治刚，译. 北京：电子工业出版社，2018.

[2] 胡庚申. 英语论文写作与发表 [M]. 北京：高等教育出版社，2000.

[3] 赵秀珍，杨小玲. 科技论文写作教程 [M]. 北京：北京理工大学出版社，2005.

[4] 吴勃. 科技论文写作教程 [M]. 北京：中国电力出版社，2006.

[5] 吴春煌. 科技论文写作 [M]. 广州：中山大学出版社，2001.

[6] 张孙玮. 科技论文写作入门 [M]. 5 版. 北京：化学工业出版社，2017.

第 18 章
课题申请书的撰写

📚 学习目标

1. 了解撰写课题申请书前的准备工作，知道获悉课题申请相关具体要求的渠道；
2. 熟悉申请书的内容和结构，了解课题申请书一般由哪几部分组成，每部分具体包括哪些内容；
3. 了解在撰写课题申请书的各个阶段需要注意的事项，避免撰写过程中的一般性错误。

📚 情境导入

小红是一名大三本科生。前些天班主任在班会上鼓励大家踊跃申报今年的大学生创新创业训练计划项目，不管最后如何，对自己统筹能力、专业技能都是一个很好的锻炼机会。小红深以为然，于是和几个同伴组队着手准备。申报的第一步需要撰写课题申请书。这可把小红他们难住了，什么是"课题申请书"？包括哪些内容？具体该怎么做？还有……十万个为什么仿佛瞬间从四面八方蜂拥而至，使他们不知该从何处入手。

假如你是小红团队的一员，请你认真思考并回答以下问题。
1. 你知道什么是课题申请书吗？有什么作用？
2. 撰写课题申请书之前，有哪些事情需要提前准备？
3. 课题申请书一般都包括哪些内容？每个部分具体要怎么写呢？
4. 撰写课题书申请书的过程中有哪些易犯错误需要加以注意？

在科研成长的道路上，不论是高校学者、中小学教师，还是大学生、研究生，撰写课题申请书（研究计划书）几乎都是成长的必经之路。学习撰写课题申请书过程本身也是一个提高科研能力的过程。本章将从课题申请书的含义与作用以及课题申请书撰写的准备工作、内容和结构、注意事项等四方面介绍。

18.1　课题申请书的含义及作用

课题申请书是课题组就某一研究课题向相关课题主管部门申请立项的一种报告文本，是所申报课题项目内容的主要载体，是专家进行评估、评审的重要依据。同时，它也是一份"概述你打算如何进行研究的文件"。"研究什么"部分叫做研究问题，"如何研究"部分称之为研究计划，即提出一个问题，并制定一个合乎逻辑的、系统的解决方案。课题申请书的作用如下。

（1）明确研究问题和研究目标。
（2）考虑研究过程的每个阶段以制定详细的项目计划。
（3）确保在所需的时间和可用的资源条件下完成拟定的研究工作。
（4）证明申请人有足够的专业知识和经验承担所申请项目。
（5）使得研究项目能够按计划进行。

为获得相应学位，本科生、硕博士生需要撰写学位论文，在此之前需要提交的开题报告（研究计划书）也属于课题申请书，即为研究所在专业领域有价值问题的研究计划。学位论文开题报告的作用如下。

（1）确保学位论文研究的合理性、可行性。
（2）为完成学位论文制定研究工作计划。
（3）证明学生完成研究计划的综合能力。
（4）为判断后续学位论文质量提供评价标准。

18.2　申请书撰写的准备

申请书质量高低决定着课题申请通过与否。因此，在撰写申请书前，需要做好充分的准备工作，具体包括明确申请要求、选定研究选题、查阅国内外相关文献。

18.2.1　明确申请要求

在进行课题申报前，阅读相关申请指南、填写说明和注意事项，可为填写相关内容提供明确指导，达到事半功倍的效果。其中，应重点关注以下内容。

1. 申报人员资格

需明确课题申请人须具备什么条件，自己是否符合要求、具备申请资格。有些课题对申请人所在单位也有一定条件要求。

2. 申报课题的选题范围和要求

需明确所申报项目规定的选题范围和要求，申请指南中，一般会提供选题范围和方向供参考。以国家社会科学基金项目为例,申报条目分为具体条目和方向性条目两类。前者可选择不同的研究角度、方法和侧重点,也可对条目的文字表述做出适当修改。后者只规定研究范围和方向,申请人要据此自行设计具体题目。但两者课题名称的表述均需科学、严谨、规范、简明,避免引起歧义或争议。

3. 课题申报的时间和报送形式

课题申报一般都会有相应的申报期限,需要留意重要时间节点,如开始日期和截止日期。报送形式分为课题组直接提交和由课题组所在单位领导指定专门机构和负责人提交,一般在填写说明和申报指南中会有相关说明。

4. 课题申请书的填写要求

填写是否符合要求,是申请者态度的体现。课题申请书由多个部分组成,每个部分需遵照相关要求正确填写。比如关键词的个数、课题的字数限制和正文相应内容的字数限制等,这些都要严格按要求填写。

18.2.2 确定研究选题

课题申报书的具体内容取决于我们的研究选题,申报之初的选题虽然是初步的,允许日后有一定变动,但这个初步的选题基本确定了课题研究的大方向,因此应谨慎对待。一般来说,课题申报指南会提供一系列条目供申报人员参考,申报人可直接采用,也可适当修改,或者根据要求自行设计题目。尽管每位申请者的研究选题在形式和组织上各不相同,但一个有价值的研究选题通常具备以下四个特点。

(1) 该选题是一个研究问题。
(2) 已有与这个研究问题相关的文献发表。
(3) 目前已发表的研究存在不足,有一定可改进的空间。
(4) 本研究将在目前已有研究基础上有所改进和发展。

这四点看似简单,却需要长期的学术积累,凸显了查阅文献的重要性。

18.2.3 查阅国内外相关文献

确定研究选题的大方向之后,就要查找与选题相关的文献,从而进一步细化研究问题是什么?这个问题目前已经做了哪些工作?哪些没有做且尚待解决?一般来说,查阅文献的工作可分为以下几个步骤。

1. 确定检索方法

在确定研究选题的过程中,我们已经阅读过部分文献,但这个阶段所找的文献,主题和内容相对宽泛。确定选题后,需要明确检索需求,确定检索词和检索式,更进一步聚焦与研究选题相关的特定文献。确定检索方法是开始文献检索的重要一步,不但能使我们的文献搜索更有效和高效,同时也会使我们的研究重点变得越发清晰和明确。如何确定检索方法,可参考本书第四部分《信息检索》。

2. 确定相关文献

在数据库中进行检索是我们获取文献的主要渠道。此外，所检索文献的参考文献列表也值得留意，某些相关度高且重要的文献往往就在其中，而我们的检索结果却并未出现。这些文章标题中的关键词可能也有助于扩展我们的检索结果。

3. 确定阅读哪些文献

当检索并下载了一定数量的文献后，接下来就要决定阅读哪些文献。一般读新不读旧，以近五年的为主，尤其是自然科学领域的研究，更应聚焦新文献，关注领域最新进展。除非所找文献过少，或所做研究与领域历史发展相关，再适当回溯。

4. 阅读和分析文献

确定所要阅读的文献后，下一步就是阅读文献。如何有效阅读，是整个查阅文献过程中最难的一个环节。一般来说，阅读和分析文献可按以下顺序：标题、摘要、结论、整篇文章。不必每篇文章都看完，若在任一环节发现其内容与自身研究关系不大，可随时停止阅读该篇文章。具体的阅读和分析文献技巧，可参考本书第六部分《信息管理》中信息组织管理一节。

5. 整合文献，为课题申请做准备

批判性地阅读文献对形成研究问题的理论基础十分重要，但是有效地整合文献以阐明理论基础更重要。这是展示研究问题的重要方式。可从以下几个方面整合文献：确定研究问题；明确目前与研究问题相关的文献做了哪些工作；已有研究目前存在哪些不足；最后，阐明课题研究的目的。

18.3 申请书的内容和结构

不同课题申请书的内容和结构各有区别，但一般包括基本信息和课题论证两部分。

18.3.1 基本信息

基本信息主要包括课题名称、课题负责人及课题组主要成员情况、课题负责人及课题组成员近期与拟申报课题有关的研究成果等。课题申报书通常会提供一个表格供填写这些内容。级别较大的课题（以国家社会科学基金项目为例，见表18-1），该类表格又称为"数据表"。

18.3.2 课题论证

设计和论证课题申请书的内容可概括为界定概念，明确问题；综述文献，澄清意义；学会分析，细化问题；参照问题，匹配方法。简而言之，即对"研究什么问题""为什么研究这个问题""研究这个问题的哪些方面"及"如何研究这些问题"的回答。

表 18－1　国家社会科学基金项目申请书数据表

一、数据表

课题名称							
关键词							
项目类别	A. 重点项目 B. 一般项目 C. 青年项目 D. 一般自选项目 E. 青年自选项目						
学科分类							
研究类型	A. 基础研究 B. 应用研究 C. 综合研究 D. 其他研究						
课题负责人		性别		民族		出生日期	年　月　日
行政职务		专业职称				研究专长	
最后学历		最后学位				担任导师	
所在省（自治区、直辖市）						所属系统	
工作单位						联系电话	
身份证件类型		身份证件号码				是否在内地（大陆）工作的港澳台研究人员	（是/否）

	姓名	出生年月	专业职称	学位	工作单位	研究专长	本人签字
课题组成员							

预期成果	A. 专著 B. 译著 C. 论文集 D. 研究报告 E. 工具书 F. 电脑软件 G. 其他		字数（千字）	
申请经费（单位：万元）		计划完成时间	年　月　日	

　　课题论证部分有其内在逻辑，虽然具体内容因选题而异，但一般包括研究目标、选题依据、研究内容、思路方法、创新之处、预期成果和参考文献等部分，如图 18－1 所示，下面将逐一进行介绍，并通过全国教育科学规划课题《中小学机器人教育中的配对学习模式研究》为例帮助大家理解。

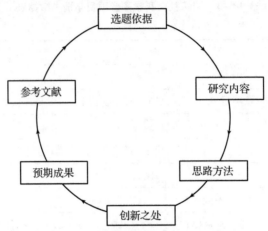

图 18-1　课题论证的七个组成要素

拓展阅读 18-1：全国教育科学规划课题《中小学机器人教育中的配对学习模式研究》申报书活页论证部分

扫一扫，查看申报书内容。下文的介绍将结合案例节选重点进行讲解。

1. 选题依据

为什么研究这个问题？一般包括选题的研究背景、国内外同类课题的研究现状和趋势、本课题区别已有研究的学术价值和应用价值。

（1）选题的研究背景：可从国家政策、权威调研报告和文献综述等方面阐述，因此不少课题申请书也会将研究背景与国内外研究现状和趋势合并。

（2）国内外课题的研究现状和趋势：主要是基于文献研读对相关研究现状进行总结，即文献综述。综述前人已有研究，是了解相关领域研究动态最快的途径，也是保证研究工作创新性，避免重复研究的重要前提。

（3）研究价值：一般分为理论价值和实践价值，也称学术价值和应用价值，或理论意义和实践意义。简单来说，理论价值主要是对科学进步的贡献，通常体现在新的理论、新的方法或新的资料、数据。实践价值则更偏向实用性，对实际生活、生产等领域有何用处，一般体现为对策、建议、启示。

【案例1】《中小学机器人教育中的配对学习模式研究》申请书中，将研究背景和国内外课题的研究现状合并写就，先从四个方面论证研究选题的必要性，分点论述后进行总结，见表 18-2。

研究价值分为学术价值和应用价值，前者"建构一个较为完善且适合中小学机器人教育的配对学习模式"，后者"为一线教师开展有效的机器人教育提供鲜活的教学案例和经验"。

表 18-2 课题申请书样例之选题依据

一、选题依据

教育机器人是机器人应用于教育领域的代表,是人工智能、语音识别和仿生技术在教育中应用的典型(黄荣怀 等,2017)。由此催生的机器人教育表现出了重要的教育价值和发展前景,尤其有利于学生实践创新能力、合作能力等核心素养的培养(Benitti,2012;匿名,2018)。然而,机器人教育的价值不会凭空产生,实践和研究表明,有效教学模式的设计与使用至关重要。相关研究综述如下。

(说明:为节省篇幅,研究综述部分省略,内容详见拓展阅读 18-1)

(一)国内外相关研究的学术史梳理及研究动态

  1. 合作学习在机器人教育中备受推崇;
  2. 合作学习在机器人教育中面临困境;
  3. 配对编程所蕴含的配对学习理念值得借鉴;
  4. 合作学习领域的最新研究进展可资借鉴。

根据上述文献梳理结果,本课题组对国内外相关研究状况总结如下:(1)机器人教育的核心价值已获得社会认可,但其教学模式鲜有突破:国内盛行以小组合作为依托,沿袭信息技术课堂惯用的任务驱动教学法;国际上,合作学习在机器人教育中占据主流。(2)然而,传统的合作学习在机器人教育中面临"搭便车"、责任扩散、利益冲突、角色固化和团队迷思等困境。(3)已有研究虽对此提出了若干解决对策,如控制组内人数、明确成员角色等,但这些措施缺乏独特性和系统性,且有关合作学习的最新研究进展尚未及时纳入到机器人教育的研究中来。(4)整体而言,在机器人教育中究竟如何开展合作学习仍缺乏细致的研究和成功的经验。(5)编程教育中的配对编程模式颇具参考价值,包含了解决传统合作学习困境的各种策略。

(二)相对已有研究的独到学术价值和应用价值

本课题的学术价值在于,提出在中小学机器人教育中引入配对学习模式的必要性和重要性,以此为基础,从配对编程和合作学习两个角度出发,深入挖掘促进配对学习有效性的诸种策略,建构出一个较为完善且适合中小学机器人教育的配对学习模式,充实既有机器人教育教学模式的研究。

本课题的应用价值在于,通过一系列教学实验的设计和实施,为一线教师开展有效的机器人教育提供鲜活的教学案例和经验,促进其日常教学模式的革新。

2. 研究内容

研究这个问题的哪些方面?一般包括研究对象、总体框架、拟达到的目标和拟突破的重难点等。

(1)研究对象:可以是人也可以是物和事件,具体根据选题和研究内容确定。

(2)总体框架:指研究内容的总体结构,即构成整个内容的各个部分的搭配和安排,包括研究的具体内容、顺序步骤和研究方法等。也有人理解成是章节目录,但最多细至三级标题即可,且需对每个标题作简单叙述。

(3)拟达到的目标:指项目最终要解决什么问题,以特定的思路欲达到的预期目的,可分为总体目标和阶段性目标。

(4) 研究重难点：研究重点可以理解为课题研究的重点内容，也可视为开展课题研究的重点工作或重点环节。重点一般对应研究内容中的关键点来凝练。是否拿捏得当，体现了申请人的学术能力。难点是完成本项目过程中的困难或障碍，一般与解决方法、解决措施相关。它既可能是研究内容中的难点，也可以是研究工作之外的一些组织、手段、方法、数据获取等。重点难点的要点描述不宜多，重点2~3个，难点1~2个即可。重点不一定是难点，难点不一定是重点，重难点要分开描述。

> ❋ 小提示：
> 难点在体现研究选题的挑战性之余，应避免给人难以实现之感，以免评委对能否完成任务产生怀疑。

【案例2】 《中小学机器人教育中的配对学习模式研究》申请书中，研究对象为机器人课堂中采用配对学习模式的中小学生；总体框架主要从四个研究内容进行介绍，每个内容又可进一步细分对应的子内容；研究重点为"探索配对学习模式在中小学机器人教育中的应用机制及其有效性"，难点则是减少无关变量的影响；研究目标涉及四个方面，见表18-3。

表18-3 课题申请书样例之研究内容

二、研究内容
（一）研究对象
本课题的研究对象将聚焦于机器人课堂中采用配对学习模式的中小学生，以小学生和初中生为主；为减少实验对象差异对实验效果的影响，我们将从实验学校中随机挑选知识和能力水平相近的班级开展实验。
（二）总体框架
根据预研结果，有关配对学习的应用机制研究将从角色分配、成员分组以及配对学习与竞合学习的整合三个方面入手；有关配对学习的有效性研究将通过与独立学习、多人合作学习的比较进行探讨。研究内容可划分为四个有机组成的部分。
（说明：为节省篇幅，以下1.2.3.4.点省略，内容详见拓展阅读18-1）
1. 配对学习的角色研究
（1）关于角色分类的研究。
（2）关于交换频率的研究。
2. 配对学习的分组研究
（1）静态分组的研究。
（2）动态分组的研究。
3. 配对学习与竞合学习的整合研究
4. 配对学习的效果研究
（三）重点难点
本课题旨在结合合作学习、编程教育的最新研究成果构建一个适用于中小学机器人教育的配对学习模式，重点在于探索配对学习模式在中小学机器人教育中的应用机制及其有效性。

续表

> 因涉及多组教学实验和实验对象，无关变量的控制极为重要且颇具挑战性。我们将从四个方面入手减少无关变量的干扰：(1) 随机选择被试（……）；(2) 设置对照组（……）；(3) 使用三角验证（……）；(4) 优化统计方法（……）。
>
> (四) 研究目标
> 　　主要涉及四个方面：(1) 探索不同角色组合和不同交换频率的学习效果，以甄别出有效的角色分配策略；(2) 针对不同的分组策略开展教学实验，以遴选出适用于机器人教育的配对学习分组策略；(3) 探索实现竞争与合作双赢的配对学习模式，塑造机器人教育中互惠互利的新型学习文化；(4) 通过配对学习与多种学习模式的比较实验，探究配对学习在机器人教育中的有效性和局限性。

3. 研究思路与方法

如何研究这些问题？一般包括研究思路、研究方法、研究计划等。

(1) 研究思路：思路是为总体框架给出解决关键问题的步骤，是完成研究内容的线路图，应对项目的研究内容、研究对象和研究目标等做出针对性规划。一般以"干何事"为主线，说明何时、何地、何人（不求全，视具体情况而定），且应与总体框架基本对应。一般会在其后附上技术路线图，即研究内容、顺序步骤、研究方法等都通过一个图表呈现。

(2) 研究方法：即研究采用何种工具手段来解决研究问题，可根据研究目标、内容、对象的性质特点确定具体可行的方法。

(3) 研究计划：即预先拟定完成的研究内容、步骤和方法，相当于研究进度。计划应紧扣研究内容，每条内容如何完成，包括所用的理论与方法、实验、时间、地点等尽可能详细。同时，可通过甘特图辅以说明。

> ❀ 想一想：
> 　　研究计划与研究思路有何区别？
> 　　研究计划可包括思路与方法，与研究思路相比，计划撰写更加丰富和具体，写明每个时间段的具体研究对象，如何展开，可能做到什么程度，拟解决什么关键问题。

【案例3】《中小学机器人教育中的配对学习模式研究》申请书中，研究思路通过"首先""然后""最后"阐述了整个研究的步骤；研究方法为教育实验研究法；研究计划分为实验方案和阶段性工作安排两部分，见表18-4。

4. 创新之处

这个研究问题有什么特色？大部分课题申报书都要求阐明所申报课题的创新点是什么，一般从学术思想、学术观点和研究方法等方面进行考虑，对应的视角即社会（战略）、学理（学科、理论、思想、思路）和实践（对象、问题、方法）。

表 18 – 4　课题申请书样例之研究计划

（三）研究计划
1. 实验方案 第一组实验：不同角色分类与交换频率的教学实验。 第二组实验：不同静态分组的教学实验。 第三组实验：不同动态分组的教学实验。 第四组实验：配对学习与竞合学习的整合实验。 第五组实验：独立学习、多人合作学习、配对学习的比较实验。 2. 阶段性工作安排 本课题各部分研究之间既有重叠关系，也有一定的层次递进关系，但每部分研究都需要提前做好充分的准备，故在进度上需要交叉安排；此外，在不同阶段安排了节点性的学术交流活动。整体研究进度计划如下。

进度＼内容	2019（4 季度）				2020（4 季度）				2021（4 季度）			
	1	2	3	4	1	2	3	4	1	2	3	4
（1）配对学习的角色研究	■	■	■	■								
（2）配对学习的分组研究			■	■	■	■						
（3）配对学习与竞合学习的整合研究				■	■	■	■	■				
（4）配对学习的效果研究							■	■	■	■		
（5）学术交流活动			■			■			■			■
（6）成果整理与结题											■	■

5. 预期成果

这个研究问题完成后将以什么形式呈现？一般预期成果包括专著、译著、论文、研究报告、工具书、电脑软件等。

6. 参考文献

即开展拟申报课题所涉及的主要中外参考文献。

18.3.3　其他内容

填完基本信息和课题论证部分后，申请书还有其他项目尚待填写，包括经费预算、申请者及其课题组成员的承诺、申请人单位和合作单位审查意见等。

表 18 – 5 介绍了研究计划书的典型结构和对应的目的。其中，国内的课题申请书大多没有伦理道德这一项，供参考。

表 18-5　课题申请书的典型结构

内容	目的
标题	用简洁的语言概述这项研究的内容
相关背景文献	说明拟申请研究与在该特定领域已有工作之间的关系，指出本研究将对已有研究所做贡献
研究问题	明确陈述本项目拟研究的问题，即本研究将回答的问题或检验的假设
关键概念界定	介绍研究问题中关键术语
研究方法	概述将使用的研究方法，以及收集和分析数据的方法
预期的问题和局限	说明研究的局限性，以及在进行研究时可能遇到哪些问题，并将如何处理
研究意义	说明开展这项研究的重要性和必要性
所需资源/预算	说明研究所需的资源，预估进行研究时所需的成本
伦理道德	提供一份声明，说明如何向参与者告知研究的整体性质，以及如何获得他们的知情同意
时间进度	制定开展和完成研究的工作计划
参考文献	为研究报告提供详细的参考文献和书目支持

18.4　申请书撰写的注意事项

18.4.1　准备阶段注意事项

"凡事预则立，不预则废"，说明提前做好准备的重要性。在撰写申请书前，需要仔细阅读相关申请指南、填写说明和注意事项，以了解具体填写要求。但课题申报成功与否，除了取决于课题申请书的撰写质量高低，还取决于申报者当前的研究积累和前期的精心准备充分与否。其中，最为重要的选题的确定，更是长期学术积累的结果，它是申报人根据课题申报指南提供的选题信息，结合自身已有研究基础确定的。为此，课题申报应尽早着手准备。

18.4.2　撰写阶段注意事项

主要从选题依据、研究内容、思路方法和参考文献来看撰写过程的注意事项。

1. 选题依据

在介绍国内外同类课题的研究现状和趋势时，务必国内外同时兼顾，否则将给人未充分了解国内外情况之感。同时，切忌将"填补空白"作为研究价值，否则将给人夸大事实之感，而且科研的目的重在解决问题而非填补空白。

2. 研究内容

科研不是简单地做一件具体的事，而是要研究和解决具体事件中的科学问题、学术性或技术性问题。因此，研究目标应该是解决这三类问题中的一个或多个。研究内容应与研究问题对应，重点突出。拟解决的重难点应清晰明确，与所设计的研究方法和技术路线合理对应。

3. 思路方法

研究思路、研究方法和研究计划应清晰、具体。研究思路呈现了如何开展研究的过程和步骤，研究方法为解决每个阶段所对应研究问题提供了保证，研究计划则呈现了整个研究过程的进展，三部分的内容应清晰具体且一一对应，才能让评审专家信服申请人具备完成该项研究的能力。

4. 参考文献

与课题研究相关的国内外重要论文都应悉数列出，应注意时效性和权威性，且宜精不宜多。对于学术新手而言，还应特别注意参考文献的格式规范，务必逐一校对文献信息以防错漏。

18.4.3 撰写完成后的注意事项

课题申请书撰写完成后，应从头到尾认真检查一遍，最好课题组成员交替检查，避免文字和逻辑错误，确保填写内容前后一致。特别需要注意研究内容、研究思路、研究方法与研究问题之间的关系，三者唯有围绕研究问题展开，才能达成研究目标。此外，还应检查课题申请者在前期基础中所填的已有研究成果是否与所申请课题相关，参考文献与研究内容是否相关，这也关乎课题申报的成败。

Nunan（1992）就如何撰写研究计划书设计了一系列问题（表18-6），可为学术新手在撰写和改进研究计划书时提供参考。

表18-6 撰写课题申请书问题指南

内容	指导问题
问题	这个研究问题值得研究吗？ 这个研究问题可行吗？ 我这个研究问题的基础是什么？ 我将如何开展研究？
设计	这个研究问题是实验设计还是非实验设计？
方法	可采用什么方法探究这个问题？ 在现有资源和专业知识的情况下，哪些研究方法是可行的？ 是否可以使用多种数据收集方法？

续表

内容	指导问题
分析	我的研究是统计分析还是解释分析，或者两者都涉及？ 我是否有能力实践我所提出的这种分析方法？

拓展阅读 18-2：研究计划核查表

如何确保检查工作完成到位？扫一扫，对照研究计划核查表，逐项检查核对。

此外，Dawson（2009）总结的研究报告申请失败可能的十个原因（表 18-7），也可作为评价课题申请书的标准。

表 18-7 课题申请失败的原因

1. 研究目标模糊不明确。
2. 所采取的研究方法与要研究的问题不匹配。
3. 整体计划过于宏大，在既定时间内难以实现。
4. 研究者似乎没有进行足够深入的背景研究。
5. 未体现研究问题的重要性。
6. 关于数据收集方法的描述不够详细。
7. 关于数据分析方法的描述不够详细。
8. 时间进度安排不合适或不现实。
9. 资源和预算没有经过仔细考虑。
10. 该研究选题已有相当数量的研究成果。

思考与练习

1. 什么是课题申请书？它主要由哪几部分组成？
2. 如何撰写课题申请书？有哪些注意事项？
3. 下表由一组问题和提示构成。请你尝试填写完整，体验如何撰写一份课题申请书。

1. 选题 　• 题目： 　• 请用一两句话介绍你的题目：
2. 本研究的选题依据 国内外同类课题的研究现状和趋势 　• 目前与你选题相关的研究有哪些？ 　• 目前与你选题相关的研究存在哪些不足？ 　• 你将以哪些已有研究作为你的研究基础？ 　• 你的研究与已有研究相比有何不同？ 本课题的理论价值和实践价值 　• 你的研究可能对已有研究在理论、方法或资料等方面有什么贡献？ 　• 你的研究可能对已有研究在对策、建议或启示等方面有什么贡献？
3. 研究内容 研究对象 总体框架 　• 关于你的选题，你打算每一步如何做？ 研究目标 　• 你做这个选题是为了达到什么目的？ 研究的重难点 　• 关于你的选题，最关键最重要的研究内容是什么？ 　• 关于你的选题，最难解决的问题是什么？
4. 研究思路与方法 本课题研究的基本思路 　• 你的研究具体需要实施哪些内容？ 　• 每一项内容在什么时候什么地方由谁来如何实施？ 具体研究方法 　• 你研究中的每一项研究内容将采用何种工具手段进行实施？
5. 参考文献 请以 APA 格式或 GB/T 7714—2015《信息与文献 参考文献著录规则》列出对你研究提供重要参考价值的中外文献。

参 考 文 献

[1] 大卫·克拉斯沃尔, 尼克·史密斯. 怎样做开题报告: 给教育、社会与行为科学专

业学生的建议［M］. 焦建利，徐品香，等译. 上海：上海教育出版社，2015.

［2］Dawson，C. *Introduction to research methods*：*A practical guide for anyone undertaking a research project* (4*th ed.*)［M］. Oxford，UK：How To Books（UK），2009. 64.

［3］Denscombe，M. *Research proposals*：*A practical guide*［M］. UK：McGraw – Hill Education，2012.

［4］顾琴龙. 课题申请书撰写中要注意的几个方面［J］. 外科理论与实践，2010，15（1）：5 – 6.

［5］黄忠廉. 人文社科项目申报300问［M］. 北京：科学出版社，2017.

［6］Nunan，D. *Research methods in language learning*［M］. Cambridge，UK：Cambridge University Press，1992：227.

第 19 章
学术演讲

🔄 学习目标

1. 掌握学术演讲的内容和结构，能够用自己的话叙述学术演讲的基本内容和注意事项；
2. 了解学术演讲前的各项准备工作，能够用自己的话复述学术演讲的准备流程；
3. 掌握学术演讲的各种表达途径，能够用自己的话描述各种表达途径的应用要求和技巧；
4. 能够从自己的研究项目中遴选主题，按照学术演讲流程，综合运用各种表达途径，开展学术演讲。

🔄 情境导入

王明是一名教育技术学专业研一学生。近日他收到一封全球华人计算机教育应用大会（GCCCE2020）的录稿通知。

DearMING WANG,

We are very pleased to inform you that your paper "*A study on knowledge structures of IT teachers in elementary and middle school in the visual threshold of TPACK*," has been accepted for publication as a **full paper**.

For authors of full or short papers, oral presentations will be scheduled in the main conference period. A computer connected to a projector will be provided in each presentation session.

We would like to thank you for your interest in the Conference and your effort in preparing your submission. We look forward to seeing you in Guangzhou, China.

Please check out the attachment for more details.

With best regards,
Chairs of GCCCE 2018 Program Coordination Committee

作为科研道路上的新人，王明此前从未在任何学术会议上做过演讲。在高兴的同时他也有些隐隐担忧，他不知学术演讲应该包含哪些基本内容，也不知该从何着手准备。

想象一下，当你处于王明的情境会怎么办，并试着回答如下问题。

1. 学术演讲包含哪些基本内容？各部分内容该如何组织？
2. 学术演讲包含哪些环节？各环节该如何组织安排？
3. 学术演讲前需要做哪些准备工作？
4. 学术演讲可以通过哪些途径表达？各途径有何注意事项？

19.1 学术演讲的内容和结构

学术演讲是指科研人员或学术共同体成员在学术会议等公众场合，针对某一具体研究问题或内容，系统、鲜明地阐述自己的学术观点和见解，推广自己的学术理念，从而实现学术信息传播和交流的行为。学术演讲紧紧围绕学术研究话题，具有严密的科学性和逻辑性，相较其他演讲形式，它的内容和结构框架更为固定。

19.1.1 学术演讲的内容

学术演讲的内容与学术研究密切相关，它的构成参照学术论文的核心架构 IMRAD（Introduction，Method，Result，and Discussion）模式，主要包含标题（Title）、引言（Introduction）、方法（Methods）、结果与讨论（Results and Discussion）、结论（Conclusions）等部分。

视频 19-1：如何做学术演讲

1. 标题

学术演讲的标题通常在正式演讲之前就会呈现给观众，透过它，观众试图去了解演讲的主题，判断是否为自己感兴趣的话题，并大致决定去留。因此，学术演讲的标题必须高度聚焦于演讲者将要谈论的研究话题，鲜明地反映出演讲的主题与内容，并做到简练、醒目。专业类学术演讲更讲求科学性、逻辑性和专业性，其标题一般直接取自研究项目名称或学术论文题目，而科普类学术演讲可以多在标题的艺术性上下功夫，做到科学性、逻辑性和艺术性并举，第一时间吸引观众，给他们留下更深刻的印象。相关示例见表 19-1。

2. 引言

学术演讲的引言部分旨在让观众了解演讲的主题是什么，以及演讲者将如何展开叙述这一研究主题，主要包括对研究假设、研究理由、研究目标和参考文献的呈现。其中，研究假设、研究理由和研究目标各罗列 1~2 条为宜，最多不超过 3 条，演讲时分条陈述，用语力求清晰简洁；罗列与本演讲主题直接相关的参考文献，演讲时可简单陈述这些文献与本研究的异同。

表 19-1 专业类和科普类学术演讲标题示例

专业类学术演讲标题①	科普类学术演讲标题②
MOOC 用于教师培训的可行性论证	中西合璧除"后股之忧"
工业革命 4.0 的创新挑战与智慧教育新格局	一张神奇的"中国名片"——可溶性止血绫
Emerging Educational Technologies in China and the USA: Contrasting and Complimentary Similarities	科学除结石，解救"肾先生"

3. 方法

学术演讲的方法部分是对研究过程中使用的工具、设备和材料、抽样方法和技术、数据收集和分析的说明。由于大多数观众的关注焦点在研究结果，因此，演讲者在陈述研究方法时切忌占用太多时间，除非该演讲的主题就是对方法本身的研究。用语应尽量精简，挑选与本研究目标密切相关的重要方法进行阐述，只要能为观众提供足够的信息证明本研究是在科学严谨的研究方法下开展的即可。额外的细节部分及详细操作步骤可通过学术论文或私下口头交流等方式与感兴趣的观众分享。

4. 结果与讨论

学术演讲中的结果与讨论是观众最感兴趣的点。在此部分，演讲者需从简单的数据堆砌向科学论点叙述转变，选择性地呈现紧扣研究目标，具有代表性的关键数据结果，以该数据为基础，详细阐述研究假设的成立情况和研究目标的完成情况，并通过事实对比、解释说明和分析综合，深入讨论该研究结果的意义。同时，可顺带介绍数据的潜在误差来源和不确定性因素，该研究结果与参考文献中研究结果的异同，以及造成这种差异的可能原因。

5. 结论

学术演讲的结论是在综合分析和深入探讨的基础上对研究结果的整体定性，陈述的内容须紧紧围绕研究目标，反映出研究目标的完成度、研究假设的精确性，以及研究成果的进一步推广价值和未来展望。结论部分是学术演讲中最重要的环节，演讲者应全面整合结论内容，在陈述时注意语句的完整性，可以使用强调式的语音语调，并保持情绪饱满，将观众的注意力充分吸引到结论内容上，使自己的学术理念、观点和见解得到较好推广。

19.1.2 学术演讲的结构

学术演讲具有固定的组织结构，按顺序分为开场、主体和结尾三个部分。各部分内

---

① 选自 GCCCE2018 主旨演讲，http://gccce2018.scnu.edu.cn/KEYNOTE-SPEECHESC/SPEECHESCN/
② 选自第十八届北京青年学术演讲比赛，http://news.kedo.gov.cn/c/2018-03-08/914302.shtml

容在时间分配上可大致按照10%的开场、70%的主体和20%的结尾来安排,即一场20分钟的学术演讲,演讲者可以花2分钟左右的时间做开场介绍,14分钟左右的时间阐述主体内容,4分钟左右的时间开展总结陈述、答疑交流。

1. 开场

任何形式的演讲,开场都尤为关键。演讲者需要在短短的几十秒到几分钟的时间内吸引观众的注意力,抓住观众的兴趣点,告诉观众将要演讲的主题是什么。通常,开场的首句话要试图把观众的注意力拉向你的观点陈述,但并非关键知识点的陈述。因为这时观众的注意力仍未高度集中,不宜讲述核心内容。此时,以简要的自我介绍作为开场白是不错的选择。之后,陈述演讲标题,选择该演讲主题的理由,该演讲主题的背景知识,以及演讲的主体内容概述。除语言表达外,身体动作也可作为开场的一部分,如演讲者上台、行礼、调暗会场灯光等一系列动作,暗示观众演讲即将开始,请集中注意力。总之,学术演讲的开场时间宝贵,切忌铺垫过长,应开门见山,确保每一个动作、每一个句子都和演讲者或演讲的主题密切相关。

这里提供一个典型的开场示例:"尊敬的各位同仁,大家好!我是×××,来自××机构。今天非常荣幸能在此和大家分享我的学术研究成果。我演讲的题目是……,它主要关于……,接下来我将从以下几方面进行阐述:一,……;二,……;三,……"

2. 主体

学术演讲在开场之后要迅速转入其核心部分——正文主体。研究假设、研究目标、研究方法、结果与讨论、结论等都需要在主体部分进行详细阐述。在材料组织和具体陈述时,本书提供两种逻辑结构供参考。

(1)黄金圈结构(图19-1)。该结构最早由TED(Technology, Entertainment and Design)的一位演讲者Simon Sinek(2011)提出,指人与人沟通时,通过从内圈到外圈,即为什么(Why)、怎么做(How)、做什么(What)的顺序结构来传递信息会更容易激发听者的热情。针对学术演讲,演讲者首先要对内圈Why进行陈述,即研究的理由、目标、使命和愿景;其次,陈述中圈How,也就是所用的研究方法和研究路径;最后是外圈What,主要说明得到了什么研究结果,经讨论它们有何特点,最终的结论是什么。

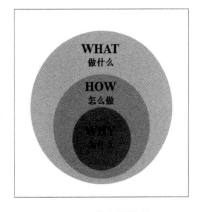

图19-1 黄金圈结构

(2)PREP结构。该结构指通过观点(Points)、理由(Reason)、案例(Examples)、观点(Points)的顺序来陈述信息。演讲者在进入主体环节后,首先抛出自己的观点,可以是研究假设、研究目标等;随后陈述支持该假设或目标的理由;接下来呈现数据等具有说服力的支撑材料,并展开讨论;最后,形成结论,并再次重申和强调自己的观点。

无论选择哪种逻辑结构展开主体部分的演讲,研究目标、研究结果与讨论、研究结论等内容都不可或缺。在准备材料时,这些部分一定要重点关注,以保证演讲内容的充实全面。

3. 结尾

结尾是学术演讲的压轴部分,演讲者在此归纳要点,重申结论,提出建议,号召行动,开展问答互动。尤其是问答活动,作为整场学术演讲的唯一互动环节,其重要性不容小觑。在询问观众是否有问题时,演讲者可以关闭幻灯片,移步靠近观众,利用动作语言向观众传递希望他们将焦点落在演讲者个人身上,并积极参与互动的信息暗示。针对观众提问,演讲者应首先认真倾听问题要点,然后对提问者表示感谢,产生亲和力,最后有针对性地、简明扼要地回答问题,切忌滔滔不绝或不懂装懂乱答一气。通常,观众提问后,演讲者将面临以下四种情况:完全能回答该问题;只能部分回答该问题;根本无法回答该问题;不想回答该问题。四种情况的应答方式示例,见表19-2。

表19-2 观众提问应答方式示例

情况	应答方式示例
完全能回答该问题	"谢谢提问!关于这个问题,我认为……"
只能部分回答该问题	"(完整或部分重复该问题)关于这一点,我认为……;另一点,我目前还没有找到合理的解决方案/解释/答案。会后您可以留下联系方式,我有了新发现即刻与您交流。"
根本无法回答该问题	"抱歉!关于该问题我目前还没有较好的答案。感谢您指出,后续我将就该问题展开深入探究。"
不想回答该问题	"抱歉!由于……原因,在此不再展开讨论该话题,会后我们可以进一步深入探讨。"

> ❖ 小提示:
>
> 在播放 PowerPoint 时按下 B 键,屏幕变黑,这时全场观众的注意力会集中到演讲者身上,如需查看 PPT 内容,只要再次按下 B 键即可恢复图像。演讲者在问答环节可以利用 B 键实现对 PPT—黑屏两者的快速切换。

遇到没有人提问或很少人提问的情况,演讲者可以指出自己研究过程中的不足或疑惑之处,鼓励观众参与探讨;遇到观众提问很多的情况,要注意把握时间,及时提醒观众还剩最后三个问题的答疑时间;时间不足时,可再次告知自己的联系方式,欢迎观众在会后通过邮件或其他方式进一步提问交流。最后,对观众表示感谢,结束演讲。

> ❖ 想一想:
>
> 回想你听过的印象最深刻的一次学术演讲。
> 1. 你认为它在内容、结构等方面最吸引你的地方是什么?
> 2. 你认为它在哪些方面有所欠缺?

19.2 学术演讲的准备

充分扎实的准备工作是演讲成功的基础条件。对演讲者，特别是经验不足的新手演讲者来说，准备越充分，临场思路就越清晰，表现也会越自信大方，而未准备或准备不足则很可能紧张怯场，思路凌乱，甚至洋相百出。演讲者要想在一场学术演讲中呈现自己最好的状态，需按序完成内容准备、预演准备和会前准备等工作。

19.2.1 内容准备

学术演讲的内容准备包括撰写演讲稿、制作视觉辅助工具和制定应对观众提问的策略等工作。每一项工作都要在厘清会议要求，确定会场规模和现场可使用的辅助设备，大致了解观众群体的年龄、学历和专业等构成特点的前提下进行。针对于不同类型的观众，演讲内容和表达要做适应性调整。例如，面对非本专业领域的观众，内容尽量以事实性、理解性和应用性知识为主，并对演讲中首次出现的专业术语做出定义；面对本专业领域内的观众，尽量以分析、综合、评价和创新性的内容为主，并规范使用专业术语。

1. 演讲稿

撰写演讲稿时，首先确定演讲主题，根据主题拟定提纲，再不断充实和完善演讲内容。演讲主题应从演讲者已完成的研究项目中遴选，在符合会议要求的基础上，它应该具有专业前沿性、创新性和较高的学术交流价值。演讲提纲应包括开场、主体和结尾三大模块的结构框架、讲演思路和内容要点，要求层级分明，条理清晰。充实标题、引言、方法、结果与讨论、结论等各部分内容，包括填充研究数据和支撑材料，完善转场过渡的细节等。在此基础上，建议形成逐字稿，即根据演讲者的口语表达习惯，把口述内容全部转化为文字。特别是对于新手演讲者，逐字稿更利于后续的预演准备和消除临场紧张感。同时，还可以准备一些注有关键词、短语和观点注释的小卡片，供正式演讲时提示之用。

2. 视觉辅助工具

学术演讲中，可借助的视觉辅助工具有幻灯片、电子白板、传统黑板或白板、挂图、实物道具等，各种工具的呈现方式、技术特征、长处和短板不同，演讲者要先了解清楚观众规模、演讲格调和会场中使用各工具的便捷程度，再确定选用何种工具。传统黑板或白板由于呈现信息范围和大小的局限性，仅适合面向小规模的观众群体，同时，它们呈现信息的灵活性较强，即时的书写和擦除适于放松的演讲格调，因此，在学术研习和学术沙龙等小型会议中较常使用。同理，挂图和实物道具也更适合小规模演讲。幻灯片和电子白板作为依托现代技术的媒介，其呈现信息的范围和大小得到了扩展，在拥有大规模观众群体的学术年会和学术报告会中应用效果较好。无论选用哪种视觉辅助工具，简洁明确、清晰夺目是最基本原则，因此，演讲者在准备视觉呈现内容时，不要照搬讲稿，应从中提取关键词，再围绕关键词制作图表、照片、动画等可视化支撑材料。

视频19-2：PPT的制作技巧

3. 问答

问答是整场学术演讲中唯一的互动环节，也是大多数新手演讲者最害怕和最容易紧张的环节。问答环节表现不好，不仅会给观众留下尴尬和印象不好的收尾，还会阻碍学术信息的推广流通。因此，不能忽视对问答环节的针对性准备。演讲者首先要转换角色，站在观众的角度重审演讲内容，尽可能多地提出针对研究方法、数据、结论和意义等各方面的问题；其次，构想回答思路和能够提供的解决方案及材料；最后，分饰演讲者和观众角色，不断演练提问—回答环节，尤其注意优化答疑的口语表述细节。除演讲者独立构想、演练问答环节，在预演准备阶段的同侪检视时，还可以要求同侪多提问，丰富提问视角和类型，帮助有效应对正式问答环节。

19.2.2 预演准备

演讲者需对整个演讲流程做充分的预演。预演并非指演讲者私下随意地读稿或背稿，而是让自己置身于假想的会场，面对同侪或假想的观众，综合运用口语、视觉和体态表达，对演讲各环节做反复的模拟演练。

1. 自我演练

自我演练环节，演讲者首先要充分熟悉讲稿，反复诵读和记忆；在完全熟悉讲稿的情况下，把讲稿中各部分内容浓缩成关键词，运用因果联想、推测联想等方法，做到当看见或想到一个关键词时，就能围绕它讲出相应内容，且陈述要有层次感，语音语调要自然；接下来开展计时演练，模拟真实演讲场景，在规定时间内按完整流程演讲，根据用时情况对演讲内容做适当增删调整；最后进行录像演练，利用手机、笔记本电脑等便携录像设备将整个演讲过程录制下来，反复播放，细查口语、视觉和体态表达上的不良细节，如无意义的口头禅，幻灯片中的错别字，身体乱晃，手随意摆弄物件等，发现并纠正克服。循环计时演练和录像演练，直至演讲者熟悉每个演讲环节，自如流畅地表达演讲内容。

2. 同侪检视

同学、同事或同伴作为观众远比演讲者自己假想的观众更真实，他们不仅更能营造演讲气氛，还能发现一些演讲者忽视的问题。因此，同侪检视很有必要。演讲者邀请同侪参与演讲预演，鼓励他们在问答环节提出各类型问题，并在预演结束后就演讲的结构框架、内容组织、转场过渡，以及演讲者的有声语言、视觉语言、体态语言和答疑释问表现提出意见和建议。若演讲者发现预演某一时刻，同侪出现走神、烦躁等注意力和兴趣度明显降低的情况，要主动反思、查究该时段内容和表达上可能出现的问题与不足。演讲者正视问题，与同侪展开讨论，虚心接受意见和建议，不断调整改进，良性循环促进正式演讲的高质量发挥。

19.2.3 会前准备

内容准备和预演准备一般在正式演讲的几周或几天前完成，而会前准备则在正式演讲的当天，甚至在正式演讲的前一刻仍在进行。会前准备主要包括仪表着装准备和设备调试两项工作。

1. 仪表着装

干净、大方、得体是演讲者仪表着装应遵循的基本原则。要求男士演讲者头发整齐利落，不可遮挡面部，面容整洁，胡须修理干净；衣着正式，最好着衬衫西服，穿皮鞋，打领带，着装配色合理。要求女士演讲者发型大方端庄，不可遮挡面部，面容整洁，可化淡妆；着装正式，以西服套裙或套装为宜，皮鞋有跟，但勿过高，首饰、配饰等勿夸张且与衣装搭配合理。特殊情况下，演讲者仪表着装还应根据演讲地的文化背景、风俗习惯做适应性调整。

2. 设备调试

演讲者提前到达会场，熟悉演讲环境，调试设备，尽量减少意外情况发生的可能性，增加意外发生后的应变和处理能力。电脑、投影仪、电子白板、激光笔、麦克风等电子设备相较黑板、挂图和实物道具等传统设备，可变参数更多，操作更复杂，也更有必要预先调试。演讲者提前将幻灯片拷贝到会场电脑，快速检查文字、图片或视频的放映是否正常流畅，投影显示的内容是否清晰，色彩是否正常，形状是否畸变，激光笔的上下翻页和指示光点是否正常，麦克风的声音大小是否合适，如何尽量避免啸叫，电子白板所配电子笔或手动触屏是否灵敏，书写、擦除、清除等功能如何快速转换等。调试后，演讲者自己能解决的问题立马解决，遇到不能解决的问题，及时告知会场工作人员，等待专业人员处理。

> ❀ **想一想：**
> 回想你最成功的一次上台演讲或发言经历。
> 1. 你演讲或发言的主题和主要内容是什么？
> 2. 你为此做了哪些准备工作？
> 3. 观众分别在哪些地方反响最强烈和最平淡？为什么？

19.3 学术演讲的表达

演讲是一门语言艺术。"讲"是它的主要表达形式；同时，还要辅之以"演"，即充分调动演讲者的表情、动作、姿态和视觉媒介等方式使信息的转化途径更丰富，传播效率更高。因此,学术演讲不仅要重视有声语言的表达,还要特别关注视觉语言和体态语言的调动,只有口语、视觉和体态三管齐下、统一和谐,才能对复杂的学术研究成果进行更高效地表达和传播。

19.3.1 口语表达

口语表达与书面语表达的最大区别在于信息接收方理解信息的即时性:口语表达要求传递的信息观众能够立即理解,而书面表达则有更多时间留给读者仔细推敲,信息最终被理解即可。学术演讲借助口语传递的信息相较其他情境的口语表达更复杂和专业,因此,对影响口语表达效果的语句、语音、语调、语速和过渡等因素有更为具体的要求和技巧建议。

1. 语句

语句要求表述准确和表意明确,避免使用可能产生歧义或模棱两可的句子。例1:这种情况下,实验组和对照组的植物全不生长。由于"不"和"部"同音,仅靠听觉会产生歧义,可以将"不"更换为"没有"。例2:实验组动物的身长等于头长加尾长的一半。该语句可以写成两种不同含义的算式:(1)身长=1/2(头长+尾长);(2)身长=头长+1/2尾长,考虑改写语句为"实验组动物的身长等于头长加尾长总和的一半"或"实验组动物的身长等于头部的全长加尾长的一半"。

由于学术研究的专业性和复杂性,在书面报告中经常会用到一些成分复杂的长难句,将这些语句照搬到口语中不利于观众即时理解其含义,因此,要尽量将其拆分为多个句式短小,通俗易懂的简单句。对实在无法拆分的长难句,表述后要即刻做补充解释。

同时,尽量减少无意义或意思重复的口头禅,如"嗯……""好的……""那么……""接下来……"等。

2. 语音

语音要洪亮,确保最后一排观众能听见,且清晰流畅,字正腔圆,富有表现力。中文演讲时要尽量符合普通话的发音标准,外文演讲时相应地也要注意咬准字头、吐清字腹和收准字尾,完整地发出整个音节。在提问互动环节,演讲者应避免使用"嗯""哦"等鼻腔发出的声音来表达个人意见,否则会严重降低提问者交流的积极性,影响交流效果。

3. 语调

语调要做到抑扬顿挫,切忌单调地背诵讲稿或平铺直叙,使观众感觉枯燥,难以把握重点。演讲时,一般保持中等语调,在介绍和强调重点,如研究结论和未来展望时,适当提高语调,引起观众注意。在表达惊叹、惊异、请求和感叹等语气时,注意升降调的变化。

4. 语速

语速过快是绝大部分演讲者的通病。学者 Anholt(2006)指出,90% 的演讲者存在的问题都可以靠减慢语速来解决。因此,演讲者要注意控制语速,建议演讲的平均语速保持在150字/分钟左右。语速的变化是口语表情达意的重要手段,演讲的速率也不能一味追求慢或"一崭齐",要根据演讲内容和心理情绪适时调整,做到急缓有致,如强调重点内容时放慢语速,表达号召等激昂情绪时适当加快语速。

5. 过渡

演讲者从准备登台到开始演讲,演讲的各部分内容或各张幻灯片之间,以及演讲者由结语到结束等转场环节都要有合适的过渡,否则整场演讲会显得零散,缺乏紧凑感。过渡语力求流畅自然,切忌生硬转场,如演讲者即将由"引言"部分进入"方法"部分时,可以说"本项研究主要通过××实验来开展,具体用到的设备有……,数据收集和分析的方法是……"这句过渡语比直接口述"接下来,我们来看研究方法部分……"更自然流畅,也更能引导观众的注意力。除了恰当的过渡语,演讲者还可使用动作语言进行过渡,如通过行礼、调暗会场灯光、全屏播放幻灯片等一系列动作暗示观众演讲即将开始;通过关闭幻灯片放映、调亮灯光、行礼等动作自然结束演讲。

还应擅长使用停顿来过渡。在强调要点前停顿,等待观众注意力集中,加强其心理期待;在重难点之后停顿,促进观众独立思考和消化回味;在观众称赞之余停顿,给观众抒情表意之机,加深观众印象。除此之外,停顿还可帮助演讲者控制紧张情绪,调整语速,去除不必要的过渡填补词,增强演讲的节奏感。

19.3.2 视觉表达

研究表明,单位时间内视神经输入的信息量是听神经的540倍。演讲结束后,观众一般能记住20%听到的内容,30%看到的内容,以及50%既听到又看到的内容。因此,视觉表达在演讲中的作用不可忽视,通过文字、图片、视频和实物的展示来重复和强调口语表达内容,以此吸引观众注意,强化观众记忆。下面,以大型会议演讲中最常使用、集成了文字、图片和视频等多路视觉信息的幻灯片为例,详细介绍学术演讲中视觉表达的内容和设计要点。

1. 视觉表达的内容

幻灯片视觉表达的内容要契合口语表达内容。在学术演讲中,它也包括标题(Title)、引言(Introduction)、方法(Methods)、结果与讨论(Results and Discussion)、结论(Conclusions)等部分。由于幻灯片更多是对演讲的辅助、提示和强调,讲求直观易懂、简洁夺目,因此,它呈现内容的侧重点和详略程度与口语表达不同。

幻灯片标题页一目了然地呈现演讲题目、演讲者姓名和所属单位等文字信息,可包含1~2张研究内容中最具代表性的图片或照片,使观众在一开场就能对演讲主题有一个直观印象。引言部分主要通过完整句子呈现研究假设和研究目标,通过关键词和相关图片的方式展现研究理由,还可分条罗列出此次演讲的纲要和重要参考文献。研究方法部分,可使用示例图或列表的方式展示所用的研究设备、工具和材料,采用列表或流程图的形式说明抽样方法和技术路线,运用关键词点明数据收集和分析的方法。结果与讨论部分，充分运用表格、数据图、照片和关键词等选择性地呈现最具代表性的研究结果，在此基础上，通过图片加文字陈述的方式说明研究目标完成情况，为相关讨论提供立脚点。结论部分，运用完整句子全面总结陈述研究目标的完成度、研究假设的精确性和最终结论内容，并通过列表或图片的形式介绍研究成果的推广应用情况和未来展望。

2. 视觉表达的设计

幻灯片的视觉表达设计必须遵循 KISS（Keep it Simple and Sure）总原则，即保持每张幻灯片的简洁明确。同时要满足以下标准。

可视性：幻灯片上的内容对各角度、各位置的观众均可见。

简易性：一张幻灯片只表达一个主题。

统一性：整体页面风格统一、排版统一。

艺术性：页面美观大方，有较强的表现力和感染力。

具体到幻灯片每张页面中的文字、表格、图片、照片和颜色等各个元素，它们都有各自的规格样式要求和相应设计建议，见表 19-3。

表 19-3 幻灯片页面元素的规格样式要求和设计建议

页面元素	规格样式要求和设计建议
文字	标题字号 32~44 号，正文字号 20~28 号；同级文字使用相同字号。 建议使用无衬线字体；避免使用少见字体；整个幻灯片字体类型不宜超过 3 种。 每行尽量不超过 25 个字符，每页尽量不超过 10 行；正文行间距以 1.2~1.5 倍为宜。 除强调目的外，加粗、斜体、下划线等字体修饰应尽量避免使用
图表	数据表建议使用规范三线表，一个表格内的单元格不超过 20 个，文本字体、字号统一。 数据图中图形的颜色或填充形状应一对一指代，建议柱状图的条形勿超过 8 条，饼图的分区勿超过 6 块，折线图的线条勿超过 5 条。 照片的清晰度要高，避免拉扯失真。 多张图表整齐排列，勿编号（方便演讲时做临时顺序调整）
颜色	前景色和背景色的反差要大，可选择高亮前景色搭配暗调柔和背景色，如黑底白字或蓝底白字，或暗调前景色搭配高亮背景色，如蓝色文字配米黄色背景等。 建议以纯色作为背景色，大面积出现的前景色种类不超过 3 种。 可使用高亮底色突出显示需强调内容，但勿大面积使用

19.3.3 体态表达

演讲中有关"演"的部分主要靠体态语言来实现，其重要性不亚于有声语言与视觉语言。体态表达主要包括面部表情、目光、站姿、手势、走动等多条途径，它们相互配合，共同促进演讲的顺利、优质进行。

1. 面部表情

通过面部肌肉的收缩、舒展和纹路的变化，一方面，面部表情能鲜明地表达各种复杂变化的内心情感，另一方面，它又能反过来刺激、增强或缓解某些内在情绪体验。演讲者良好的面部表情管理不仅能带给观众亲切友好的印象，还可以缓解自身紧张情绪，促进演讲在轻松友好的氛围中进行。演讲时，要求演讲者的面部表情首先做到放松自然，避免因过度紧张而僵硬走样；其次，一般情况下保持微笑，拉近与观众的心理距离；再次，面部表情要富于变化，与演讲内容表达的情感情绪吻合；最后，由于演讲者在讲台上和聚光灯下，面部表情会被聚焦放大，因此要特别注意表情的分寸感，勿夸张。

2. 目光

演讲者与观众的适度目光接触不仅是表现演讲者稳重自信、态度真诚的重要途径，也是获取观众信息反馈的重要手段。演讲开场前，演讲者应朝台下缓慢匀速移动目光，尽量和各个方位的观众产生眼神接触；正式演讲时，演讲者要多向观众报以注视的目光。据英国社会心理学与肢体语言学专家 Michael Argyle（1988）研究，演讲时与全场观众目光交流的时间至少应占到整场演讲时长的 60%～70%。并且，与一位观众的目光接触时间应保持 3～5 秒，或一句完整的话结束后再移至下一位观众。注意不要直盯某位观众，更不能盯着观众的前额或头顶看，或长时间注视幻灯片、白板、天花板或地板。

3. 站姿

演讲者最常用的身体姿势是站立状态。这种状态既可以保证人体内所有的共鸣腔畅通，最大限度发声，又利于一些大幅度手势和优美动作的发挥。重心稳定，身姿挺拔是演讲者站姿的基本原则，对身体各部位的具体要求是：头部持稳，不偏不倚；肩部放松，勿耸肩；手臂自然下垂，手肘微屈，手掌合十或轻握于腹前；挺胸收腹，伸直背肌；腿部挺直，双膝收紧；双脚间距适中，男士脚距一般与肩同宽，女士双脚靠近收拢，丁字步和 V 字步是女士不错的选择，如图 19-2 所示。双脚交叉，双手抱臂、叉腰、背后或插入裤兜，含胸驼背，歪斜倚靠墙面或讲台，前后左右摇晃等为演讲站姿的禁忌。

图 19-2　演讲中男士和女士常用站姿

4. 手势

演讲者合理运用手势能增强言语的可靠性、形象性和力度，呈现出精力充沛和饱含激情的演讲状态。手势的使用要适时适度，一般在打比方、作比喻，强调内容或抒发情感时使用，这时手臂和手掌配合自如，收发的起点和终点保持在腰部水平，多呈现手掌的变化，慎用手指进行指点。具体可以参考身体语言研究专家 Kasia Wezowski（2017）提出的几种简单常用的演讲手势，见表 19-4。注意避免双手的小动作，如乱晃乱动、随意玩弄鼠标或激光笔、摆弄衣角、抓耳挠腮等。

表 19-4 演讲常用手势示例

手势示例	备注
	建议演讲者控制自己的手势，想象在胸前或肚子前有一个"盒子"，大量使用手势的范围尽量不要超出"盒子"
	演讲者想象自己双手抱着一个球，就好像把事实掌握在手里一样。 该手势能让演讲者看起来更可信和更有控制力。 该手势常在详细阐述见解或解释观点时使用
	演讲者双手自然在胸前打开，掌心向上。 该手势能传达出演讲者开放、诚实和坦率的态度，易于与观众建立友好的关系。 该手势常在演讲开场使用
	演讲者双手自然打开，手掌心向下。 该手势是力量、权威和自信的标志。 该手势常在表达信念、展望和示意观众安静下来时使用

5. 走动

演讲者在讲台上适度走动能增加演讲的活力和表现力，缓解观众的定点视觉疲劳和注意力发散等问题。演讲者在开场和结尾的走动要做到步伐坚定稳重，步速平缓，步子方向呈一条直线。正式演讲时，走动要适时适度，注意控制频率和幅度。例如，总结观点和强调结论时，演讲者可以边讲边向前走几步，来到讲台前方，使陈述更具吸引力；答疑交流时，演讲者可以朝提问观众的方向移动，拉近与观众的地理和心理距离，缓解观众发言的紧张感。走动时，演讲者上半身尽量正对观众，眼睛直视观众，确保与不同角度的观众有视觉交流，同时配合手势，增加演讲的张力和趣味度。

> ❀ 想一想：
> 1. 在书面表达、口语表达、视觉表达和体态表达中，你认为自己哪些方面比较欠缺？
> 2. 你将如何提高自己各方面的表达能力？

表 19-5 供演讲者在演讲前核查。

表 19-5　演讲核查单

我演讲时面对的观众是谁？他们在年龄、学历和专业等构成上有何特点？	
我演讲的主题是什么？	
我演讲的目的是什么？	
我的演讲包含哪些核心内容？演讲的开场、主体和结尾部分如何有效组织内容和分配时间？	
在演讲的问答环节，观众可能会问到哪些问题？我能正确回答这些问题吗？或我有应对这些问题的策略吗？	
会场能提供哪些辅助设备？我如何借助这些设备更高效地呈现演讲内容？我是否制定了一套不借助任何辅助设备开展正式演讲的备份方案？	
我是否做了充分的预演准备？我的口语、视觉和体态表达是否自然流畅、和谐一致？	
即将开始正式演讲，我的仪表着装是否干净、大方、得体？我是否熟悉会场环境？我是否对会场设备进行了调试？我使用的 PPT 等电子文档是否备份？	

拓展阅读 19-1：国内外演讲网站

名称	简介
Videolectures. NET	全球最大英文学术视频网站。 提供各领域前沿的学术演讲和博士答辩报告视频。 精准定位学术演讲的 PPT 等讲义文件，观众可以直接浏览或下载演讲相关文件

续表

名称	简介
TED：Idea worth spreading	提供各领域杰出人物关于科学、技术、社会、经济、文化等问题的深度思考演说。 精准定位演讲稿，观众可以直接浏览或下载演讲稿。 可设置演讲视频的倍速播放
Speech Tips	涵盖大量演讲稿写作帮助，演讲小贴士和建议等
网易公开课（演讲专区）	包含公众人物毕业典礼演讲、获奖演讲、演讲培训课程等
SELF 格致论道	涵盖科技、教育、生活、未来等话题的剧场式演讲。 侧重精英思想的跨界交流演讲
开讲啦	中国首档青年电视公开课。 涵盖科技、人文、社会、艺术等内容的公众人物演讲论坛
我是演说家	演讲竞技真人秀。 侧重亲情、友情、理想、人生等话题

思考与练习

1. 什么是学术演讲？学术演讲包含哪些基本内容？各部分内容该如何组织？
2. 学术演讲包含哪些环节？应该如何组织安排？学术演讲前需要做哪些准备工作？
3. 开展学术演讲需要注意哪些注意方面？
4. 分析案例"Bill Gates 在微软研究院学术峰会上的演讲"，回答如下问题。
（1）演讲的开场、主体、结尾是如何规划安排的？
（2）演讲过程中有哪些值得你借鉴的地方？
（3）演讲过程中有哪些你认为应该改进的地方？
5. 分析案例"第 17 届北京青年学术演讲比赛决赛"，回答如下问题。
（1）各场演讲的开场、主体、结尾是如何规划安排的？
（2）各场演讲的优缺点分别是什么？应该如何发扬或避免？
6. 设计制作学术演讲评价量表（要求有清晰的评分维度、详细的评分要点和合理的分值设定），并利用该量表对案例"第 17 届北京青年学术演讲比赛决赛"中各场演讲进行评分和点评。
7. 参与"我的学术演讲"活动。（小组协作题）
活动主题：我的学术演讲。
活动目标：通过准备演讲、演练演讲和正式演讲实践，学生能够综合应用本章所学知识,结合自身研究领域和表达特点,开展学术演讲。

活动步骤:

(1) 教师以随机或自由组合的方式将班级成员分为 4~6 个小组。

(2) 各组成员挑选自己目前的研究项目作为主题,开展演讲稿撰写、PPT 制作、个人演练等准备工作。

(3) 开展组内演讲。经组内评比,推荐 1 位成员代表小组参加班级内正式演讲。

(4) 开展班级内正式演讲。至少邀请 2 名专业教师评委,根据规范的学术演讲评价量表进行评分和点评,其他组员踊跃提问交流。

参 考 文 献

[1] Anholt, R. R. H. *Dazzle 'em with style*: *The art of oral scientific presentation* [M]. New York: Elsevier Academic Press. (2006).

[2] Argyle, M. *Bodily communication* [M]. New York: Routledge. (1988).

[3] Davis, M. (2005). *Scientific papers and presentations*: *Navigating scientific communication in today's world*. (pp. 182) [M]. Massachusetts: Elsevier Academic Press.

[4] Sinek, S. *Start with why*: *How great leaders inspire everyone to take action* (pp. 37 – 51) [M]. New York: Penguin Group. (2011).

[5] Wilson, G., & Soloman, A. 100% *Information literacy success* (pp. 149 – 157) [M]. New York: Cengage Learning. (2014).

[6] Wezowski, K. (2017). 6 ways to look more confident during a presentation [EB/OL]. *Harvard Business Review*, Retrieved March 15, 2019, from https://hbr.org/2017/04/6 – ways – to – look – more – confident – during – a – presentation.

[7] AEIC 学术交流资讯中心. (2019 – 01 – 01). 学术演讲有哪些技巧和要领 [EB/OL]. 2019 – 03 – 17, https://www.keoaeic.org/conf_question/1210.html.

[8] 安秉哲. 怎样进行国际学术演讲 [M]. 哈尔滨:哈尔滨工业大学出版社, 2009.

[9] 王景惠, 刘丽达. 英语学术演讲与写作 [M]. 哈尔滨:哈尔滨工业大学出版社, 2012.

第 20 章
学术海报展示

学习目标

1. 理解学术海报的含义、功能和构成要素；
2. 掌握学术海报的内容和结构，能够独立搭建学术海报的传统矩形架构；
3. 理解学术海报的设计原则，掌握学术海报的制作原则和要求；
4. 能够从自己的研究项目中遴选主题，制作并展示一份学术海报。

情境导入

王明是一名教育技术学专业研一学生，今日他收到一封全球华人计算机教育应用大会（GCCCE2018）的录稿通知。

Dear MING WANG,

We are very pleased to inform you that your paper "*The Factors Influencing Users' Usage Intention to MOOCs Platform——A Perspective from Integration of TAM and D&M,*" has been accepted for publication as a **poster paper**.

For authors of poster papers, a poster display will be arranged in the Conference. Details on the size of display board will be announced at a later time at GCCCE2018 official website.

We would like to thank you for your interest in the Conference and your effort in preparing your submission. We look forward to seeing you in Guangzhou, China.

Please check out the attachment for more details.

With best regards,

Chairs of GCCCE 2018 Program Coordination Committee

作为科研道路上的新人，王明此前从未在任何学术会议上做过海报展示，在高兴的同时他也有些隐隐担忧，他不知学术海报展示的主要意义是什么，海报应该包含哪些基本内容，以及海报页面该如何排版设计。

想象一下，当你处于王明的情境会怎么办，并试着回答以下问题。

1. 学术海报的含义和主要功能是什么？
2. 学术海报展示时有哪些构成要素？
3. 学术海报包含哪些基本内容？各部分内容该如何组织？
4. 学术海报的页面该如何排版设计？设计制作学术海报时有哪些注意事项？

20.1 学术海报的含义与功能

20.1.1 学术海报的含义

海报是一种常见的宣传方式，指通过多样化的版面构成形式对文字、图片、色彩和空间等要素进行整合，以招贴的方式向大众展示与传播信息。最初，海报主要用于对戏剧和电影等演出活动的宣传，于20世纪70年代引入学术会议，由此诞生海报的一个重要分支——学术海报。

学术海报是特定学术信息的传播载体，学术交流的重要途径，具有内容简明扼要、画面简洁明快、信息传播快捷等特点，并且它在展示时对特定环境、技术和设备的要求较低（一般而言，展示学术海报仅需一个光线充足的室内或室外环境、多块展板）。各海报的展示不具互斥性，可同时进行（通常，一场学术会议可以张贴几十到上百张不同的学术海报），这在一定程度上解决了学术会议有限时长与大量学术信息亟待展示交流之间的矛盾，因此，它迅速发展为学术成果展示、汇报和交流的主要方式，在学术会议中发挥重要作用。

20.1.2 学术海报的功能

最初，学术海报是以将多张手绘稿剪贴拼接在展板上这种较为粗糙的形式呈现，如图20-1所示。随着打印技术的提升，计算机、互联网的出现和多媒体技术的发展，学术海报有了质的提升，呈现方式也更为丰富，如现在常用的激光彩印大幅纸质海报、新兴的电子海报（e-poster）和虚拟海报（virtual poster）等。无论怎样发展，学术海报中信息传播快速简洁的特点都得以保持，由其"学术性"决定的两大本质功能——传播学术信息和促进学术交流始终不变。

1. 传播学术信息

学术海报承载着学术研究信息，其核心框架较为固定，一般包括引言、研究方法、

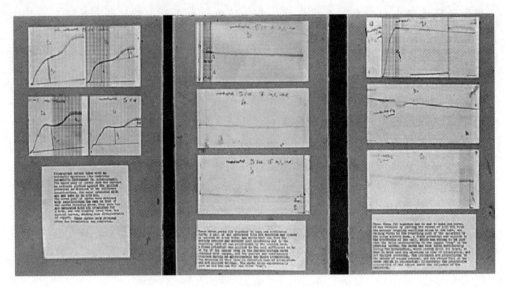

图 20-1　早期学术海报样式（Rowe，2017）

研究结果和讨论等部分。该内容框架与学术论文摘要相似，但又不完全等同于论文缩写或论文摘要复制，它在文本基础上加入了讲求形式美和冲击力的视觉表达方式，被称作"图形化的摘要"（Illustrated Abstract），其目的就是为了在会场中快速有效地吸引与会者注意力，并在有限时空内完整准确地传播学术研究内容。与常见的学术论文相比，学术海报传递的学术信息更为广泛，除展示已完成的研究成果外，还可以是正在进行的研究内容，甚至是新的项目构思。

2. 促进学术交流

学术海报与其他普通海报的显著区别在于信息传播的交互性：普通海报一般只是为了宣传信息，即实现信息的单向传递；而学术海报可实现信息的双向传播。通常，学术海报的制作者会与海报一起出现在会场，通过向观看者口头补充讲解、释问答疑等方式更高效地传递研究内容，同时在回应批判与互动对话的过程中获得新的研究思路、方法或切入点，实现学术交流，并可能由此展开进一步学术合作。尤其在展示期中学术成果和新项目构思的海报中，更能体现出制作者借助海报展示寻求学术交流与合作的愿景。

20.1.3　学术海报展示的构成要素

在学术海报展示会场，除海报本身外，还有两大构成要素——海报的展示者和观看者，三者缺一不可。他们在会场中常见的相对位置如图20-2所示。

展示者通常情况下也是海报的制作者，他们站在各自的展板旁，其着装、神态、举止、行为等都将影响海报的展示效果。一般要求展示者着正装，神态自然，举止大方，进行答疑释问和宣传交流时逻辑严明，口齿清晰，声音洪亮。遇到感兴趣的观看者，可以通过发放汇编了缩印的海报、学术论文、相关成果和联系方式的小册子保持进一步联系与深度交流。

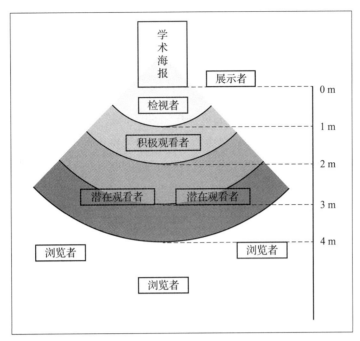

图 20-2　海报展示各构成要素的相对位置

观看者通过游走会场，选择性地阅读与了解自己感兴趣的海报内容。依据观看者与海报的相对位置划分，观看者可以分为四类。

（1）"浏览者"（Browser）：游走于海报 4 米之外的位置，通过快速扫视海报主标题来挑选自己感兴趣的海报。

（2）"潜在观看者"（Potential Viewer）：已经被海报主标题吸引，驻足在距离学术海报 3 米左右的位置，目前更关注海报的整体架构和各个副标题。

（3）"积极观看者"（Active Viewer）：进一步走近海报，大约在 1~2 米处通读海报正文。

（4）"检视者"（Examiner）：对海报有浓厚兴趣，会在约 0.5~1 米的位置精读海报，尤其关注图表内的数据等细节。

积极观看者和检视者是海报展示者需重点留意的人群，因为高质量的学术交流往往发生在展示者与这两类人之间。

毋庸赘言，学术海报本身才是吸引和牢牢抓住观看者的最重要元素，有关它的内容、结构和格式等学习要点，本书将在接下来的几小节详细讲解。

> ❖ **想一想：**
>
> 回忆你参加学术会议时，看过的印象最深刻的一张或几张学术海报。
> 1. 你是如何被它或它们吸引并驻足观看的？
> 2. 你认为它或它们在内容、结构等方面最值得借鉴的地方是什么？
> 3. 你认为它或它们在哪些方面有所欠缺？

20.2 学术海报的内容

学术海报是对学术论文及其摘要的再加工,两者的核心内容框架相似。参照 IMRAD (Introduction, Methods, Results, and Discussion) 论文框架模式,一般而言,学术海报的内容包括:引言或背景(Introduction or Background)、目标(Objectives)、方法(Methods)、结果(Results)、讨论(Discussion)、结论(Conclusions)、参考文献(References)、致谢(Acknowledgments)和联系信息(Contact Information)等。

20.2.1 引言或背景

引言或背景部分主要陈述研究背景、现状及意义,如有必要,可顺带提出研究问题和假设。本部分是决定观看者是否愿意留下来详细阅读海报并深入了解该项研究的重要因素,因此,应尤其注意内容的全面整合与精练,既要让观看者在快速浏览后大致了解你的研究背景及概况,又不能长篇累牍,占用观看者过多时间,使其丧失耐心。通常,本部分以4至5句话为宜,如图20-3所示。

BACKGROUND
Although many libraries have provided virtual reference services, they are mostly asynchronous activities, such as email or blog. Only two public libraries and one academic library have offered synchronous reference services in Taiwan. Dialogues between reference librarians and patrons are important because they represent need-based services rather than resources-based services. Understanding patrons' information needs in online information-seeking dialogues through information technology tools and communicative skills is vital to improve the quality of virtual reference services.

图 20-3 学术海报"引言或背景"部分示例[1]

20.2.2 目标

目标部分主要表述研究最终要实现的结果,说明研究将要达到什么效果,发现什么规律,揭示何种机理,可形成什么新理论、观点或技术等,是观看者重点关注内容。研究目标对应的是一项项具体可操作的研究点或内容,表述的指向性要清晰明确,语言简洁,使人一目了然,如图20-4所示。

---

[1] 摘自海报 *Recruiting and Training Program for Virtual Reference Librarians in Taiwan*,http://www2.glis.ntnu.edu.tw/webpage/docs/research/international/2010_ALA_poster.pdf

图 20-4 学术海报"目标"部分示例①

20.2.3 方法

方法部分主要说明研究设计、数据收集、数据分析等环节中使用的工具、手段及流程。与学术论文中对研究方法各细节的详细阐述不同,学术海报中对方法的描写只需为随后的结果与结论部分提供足够可信度的支撑即可,用语应尽量精简,以5至6句为宜,使用流程图或分条罗列的呈现方式为佳。关于细节部分及详细操作步骤,海报展示者可在会场以面对面交流的方式与感兴趣的观看者分享,如图20-5所示。

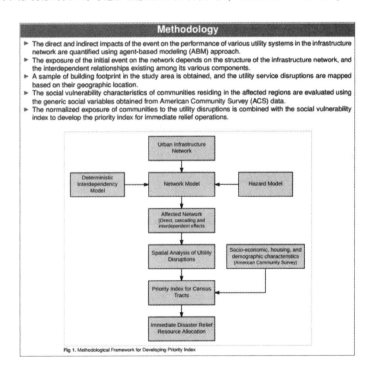

图 20-5 学术海报"方法"部分示例②

---

① 摘自海报 *Incoherent Thomson Scattering（ITS）applied to low temperature plasma sources*, https://www.researchgate.net/profile/Benjamin_Vincent5/publication/325123375_Incoherent_Thomsosn_Scattering_ITS_applied_to_low_temperature_plasma_sources/links/5b07b898a6fdcc8c252c6c0f/Incoherent-Thomsosn-Scattering-ITS-applied-to-low-temperature-plasma-sources.pdf?origin=publication_detail

② 摘自海报 *Developing Priority Index for Managing Utility Disruptions in Urban Areas with Focus on Cascading and Interdependent Effects*, http://pics.latexstudio.net/article/2018/0826/7730bf933600b7c.png

20.2.4 结果、讨论与结论

结果主要是对产生现象的描述，如定量研究中对统计数据的描述。在海报中，通常先用1~2句话对主要研究结果做概括性陈述，然后着重展示相关数据图表，使观看者一目了然。限于篇幅，在确定不会产生曲解的情况下，可精简数据图表。讨论主要是针对研究结果的事实对比、解释说明和分析综合等。由于有面对面交流的便利，它在海报中的呈现相对在论文中大为简化，通常混合在研究结果或结论部分以一两句话带过。结论主要指在现象与分析的基础上对整个结果的定性，反映出结果的理论价值、实用价值、适用范围及未来展望，在学术海报中以分条罗列的呈现方式为佳，如图20-6所示。

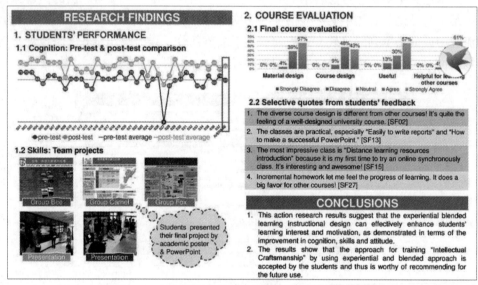

图20-6 学术海报"结果、讨论与结论"部分示例①

结果、讨论和结论是学术海报中最重要的内容，也是占用海报版面最大的内容，一般会占用一半以上的版面。根据各海报展示的侧重点不同，三者可单列，也可合并为一个部分。

20.2.5 参考文献、致谢与联系信息

参考文献部分除列出海报正文中引用的文献，还可选择性列出整个研究过程中参考或借鉴的关键文献，罗列时注意统一参考文献的格式标准。面对面交流时可着重探讨本研究结果与参考文献的不同与创新之处，如图20-7所示。致谢部分简要向对本研究起到帮助作用的个人、机构或组织表达感谢。这里的帮助不单指学术上的支持，还可以是技术上的指导、关键时刻道义上的鼓励等，如图20-8所示。联系信息部分主要有海报

---

① 摘自海报 *Teaching College Students Information Literacy Course Using an Experiential Blended Learning Instructional Design*, http://www2.glis.ntnu.edu.tw/webpage/docs/research/international/2013_ALA_poster_chang.jpg

作者的联系地址、邮箱、电话等，可附上作者照片及海报对应论文的全文获取地址二维码，方便学术信息的进一步传播和加深学术交流，如图20-9所示。

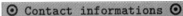

图 20-7　学术海报"参考文献"部分示例①

图 20-8　学术海报"致谢"部分示例②

图 20-9　学术海报"联系信息"部分示例③

以上各模块是学术海报内容的基础组成部分，并不意味着它们必须全部按顺序出现在每张海报中。在满足学术海报能独立阐明研究过程和结果，并保证学术结构统一的前提下，可根据海报篇幅大小、展示的侧重点不同，选择性删减或重组各模块。

20.3　学术海报的结构

除了核心内容外，学术海报在展示时还必须要有标题、作者和所属单位等基本信息。通过对学术海报的核心内容和基本信息进行搭配安排，即搭建学术海报的结构，使之无论在学术框架上，还是视觉上都构成一个有机整体。经观察和分析大量优秀学术海报，发现学术海报的基本信息部分结构布局固定，均为由上至下依次呈现标题、作者和

---

① 摘自海报 *Teaching College Students Information Literacy Course Using an Experiential Blended Learning Instructional Design*，http://www2. glis. ntnu. edu. tw/webpage/docs/research/international/2013_ALA_poster_chang. jpg

② 摘自海报 *Teaching College Students Information Literacy Course Using an Experiential Blended Learning Instructional Design*，http://www2. glis. ntnu. edu. tw/webpage/docs/research/international/2013_ALA_poster_chang. jpg

③ 摘自海报 *Incoherent Thomson Scattering（ITS）applied to low temperature plasma sources*，https://www. researchgate. net/profile/Benjamin_Vincent5/publication/325123375_Incoherent_Thomsosn_Scattering_ITS_applied_to_low_temperature_plasma_sources/links/5b07b898a6fdcc8c252c6c0f/Incoherent-Thomsosn-Scattering-ITS-applied-to-low-temperature-plasma-sources. pdf? origin = publication_detail

所属单位等信息,而核心内容的结构布局则多种多样,大致可归为矩形结构和其他结构两大类。

20.3.1 矩形结构

矩形结构出现的时间较早,在已有学术海报中最常见,分为三列式(图20-10)和四列式(图20-11)两种布局。以矩形结构布局的学术海报,其核心内容被切割为数个矩形块,这些矩形块再按从左到右、由上至下的顺序依次组合成一个大的矩形区域。所谓"三列式"和"四列式",其主要区别在于各矩形块组合后,是以三纵列还是四纵列的方式呈现。三列式布局中,一般第一列呈现引言或背景、目标和方法三个模块的内容,第二列呈现结果和讨论两大模块的内容,第三列呈现结论、参考文献、致谢及联系信息等模块的内容。第一列和第三列呈现的内容中文字居多,第二列以表格、图形和照片为主。四列式布局中第一列与最后一列的内容与三列式布局对应列的内容一致,第二列和第三列则相当于把三列式布局的中间列拆分为两列,这样能够呈现更多数据图表。当然,根据所要展示内容的侧重点不同,各矩形块的大小、位置、顺序均可做适当调整。

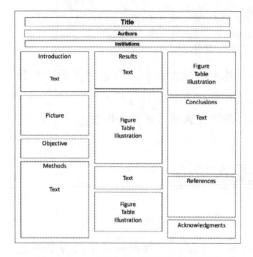

图20-10 三列式矩形结构学术海报

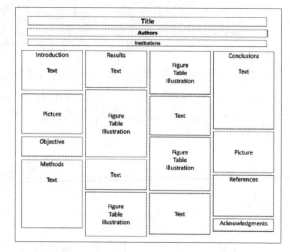

图20-11 四列式矩形结构学术海报

以矩形结构布局的学术海报对称工整,最重要的研究结果部分以图表形式呈现在页面居中位置,也是最显眼位置,容易抓住观看者眼球,同时又将其余以文字呈现的内容分隔到左右两列,避免了大块文字区域的堆积及页面布局"头重脚轻"或"一边倒"的现象出现。并且,矩形结构中独立模块式的内容呈现能够有效降低观看者的认知负担,其从左到右、由上至下的排列顺序也符合大众的阅读习惯。

20.3.2 其他结构

我们把学术海报中除矩形结构外的所有结构统称为"其他结构"。其他结构的出现频次远低于传统的矩形结构,它们在展示时也很可能遭到批评,引起争议,但正是因为稀少、新颖和争议，它们更容易给人强烈的视觉冲击，引人注目。其他结构不像矩形结构一样有半固定模板可循，在保证学术内容呈现的完整性和统一性、视觉的清晰性和整体性的基础上，它们更看重的是天马行空的想象力和设计感，以及结构形式与学术内容的契合。可以说，一张其他结构类的优秀学术海报，其结构布局就已经在一定程度上传达了它的主题内容和关键词。如图20-12所示，海报的整体结构是一个水分子构型，正好对应海报内容中的关键词 H_2O，观者在远观这张海报时可大致猜测出其研究内容与水有关。同时，巧妙利用水分子构型本身的对称性，海报的布局也显得匀称工整。

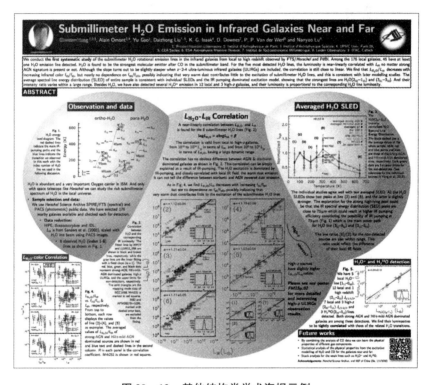

图20-12　其他结构类学术海报示例

设计海报时，无论选择矩形结构还是其他结构，都应遵循"内容永远高于形式"这一原则。海报制作者可以充分利用结构形式上的新颖性和震撼性去吸引人，但要想真正留住人还必须得靠充实、创新、有价值的实质性研究内容。在此，本书建议新手海报制作者选用传统矩形结构呈现内容，通过半固定模板快速搭建海报框架，将更多的时间和精力放在对内容的组织和精炼上。

❖ 想一想：
1. 你看过哪些形式新颖的学术海报？
2. 你认为它们的形式是否是吸引你驻足观看的首要原因？
3. 你认为它们的形式在多大程度上有助于你阅读或理解内容？
4. 你认为它们的形式在多大程度上会分散你的注意力？

20.4 学术海报的格式

制作海报时,应特别注意其整体尺寸和印刷材质,以及内部各元素,如文本、表格、图片、照片、颜色等的规格样式。只有在整体架构的基础上充分考虑和完善细节,才能使海报中学术信息的呈现更清晰,更符合人们的观看习惯和更具吸引力。

20.4.1 文本格式

学术海报中涉及的文本类型主要有主标题、副标题和正文等,它们的字号、字体及各种修饰会根据观看者普遍的观看习惯和心理做适当规范要求和制作建议,见表20-1,以便海报具有良好的可读性和易读性。

表20-1 学术海报文本规范要求及建议

文本类型	观看者类型	字号	字体
主标题	浏览者(4~5 m)	90~120	无衬线字体:Arial、Helvetica、黑体、方体
副标题	潜在观看者(3 m)	30~60	同上
正文	积极观看者(1~2 m)	16~24	衬线字体:Time New Roman、Georgia、宋体、楷体
图表内文	检视者(0.5~1 m)	12~16	同上

1. 字号

合适的字号能够保证学术海报的可读性。根据本章第一节对观看者的分类,距离学术海报4~5 m的浏览者大多处于寻找目标状态,学术海报的主标题正是他们的首要关注点,因此,必须保证海报的主标题在4~5 m的距离处不仅能被看清,而且能充分引起注意。建议主标题字号在90~120之间。距离学术海报3 m左右的潜在观看者,目前更关注海报的整体架构和各个副标题。建议副标题字号在30~60左右。距离海报1~2 m处的积极观看者,他们的目的是通读海报正文。建议正文字号在16~24之间。对海报有浓厚兴趣的"检视者",他们会在0.5~1 m的位置精读海报正文,尤其关注海报图表内的文字细节。建议图表内的文本字号在12~16之间。

2. 字体

字体的搭配因人而异,但为了保证学术海报的易读性,在选用字体时必须遵循两点——清晰性和一致性。标题力求突出醒目,倾向于使用字体结构简单的无衬线字体,正文通常以段落呈现,为避免行间的阅读错误,提高换行阅读的识别性,倾向于使用文字笔画有边角修饰的衬线字体。慎用花体或手写体。一篇学术海报的字体类型不宜超过3种，通常一类文本选用一种字体，如标题统一用黑体、正文统一用宋体、图表说明统一用楷体。

3. 其他

除了字号和字体外，每行的字数、英文字母的大小写、文本的行间距和字体的各种修饰都在一定程度上影响海报的易读性。通常，段落中每行的字数不宜超过65个字，否则会加大观看者阅读的心理负担，降低观看耐性；在满足写作规范的基础上，除专有名词等特殊情况外，英文字母一般用小写；正文的文本行间距以 1~1.2 倍为宜；字体的各种修饰，如斜体、下划线等，除为达到强调目的外，其余应尽量避免使用。

20.4.2 图表格式

学术海报中，图表一般用于研究结果的呈现，在整幅海报中占比不低于40%。同时，要求图表"自成一体"，观众无须借助额外文字说明即可理解图表内的数据、信息，并由此推演结论。合理规范地使用图表能简化文字叙述，增强海报的可视化效果，提高海报易读性，使作者想要传递的信息能快速被观看者获取并理解。

1. 表格

表格是整理和呈现数据最简单的方式之一，借助它能实现相关项的快速浏览和引用。在学术海报中，为减少过多条框带来的割裂感，建议使用规范的三线表；因限于篇幅及为突出重点，建议每个表格内的单元格不超过 20 个，其呈现的数据应是对原始数据的精简，同时，还可使用高亮底色对重要单元格数据进行强调，但应避免过度使用；各表格内的文本字体、字号应统一，限于篇幅，字号可略小于海报正文。

2. 数据图

数据图是一种展示数据更直观的方式，借助它能实现相关项的快速对比和趋势分析。常见的数据图有柱状图、饼图、折线图、散点图等，它们的适用范围及优势各不相同，如条形图适于展现数据的对比差异，饼图适合表现数据的占比，折线图适合反映数据的变化趋势，散点图擅长呈现值的分布和数据点的分簇。在学术海报中，对原始数据进行精简这一原则也适用于数据图的制作，建议柱状图的条形勿超过 8 条，饼图的分区勿超过 6 块，折线图的线条勿超过 5 条。数据图中图形的颜色或填充形状应一对一指代，切勿混淆。并且，一张海报的不同数据图中，同一组别指代的图形颜色和填充形状应保持一致，以提高阅读的连贯性。每张数据图都要有编号和命名，标于图的下方居中位置。

3. 照片

照片是一种反映数据更形象的方式，它虽然不能直接展示数据，但能形象地反映数据背后的含义，传达海报主题，吸引观看者眼球。例如，一张反映实验组和对照组植物生长高度的照片就比相关数据表格或数据图更直观，也更容易引人注目。在学术海报中，照片的清晰度要高，分辨率应不低于 300 dpi；在对照片进行缩放时，避免拉扯失真；多张照片一同展示时，注意排列齐整有序，建议统一使用直角或略有幅度的圆角矩形边框；照片与数据图同属图形类，两者合并在一起统一编号，编号和命名标于图的下方居中位置。

表格、数据图和照片是学术海报中最常见的图表元素，除此之外，还有流程图、信息图等。无论何种图表，它的首要目的都是可视化地呈现数据，使观看者快速直观地获取信息，精简是其所要遵循的基本原则。

20.4.3 颜色格式

颜色是我们感知外部世界的重要美学元素。学术海报中，颜色可分为背景色和前景色两大类，它们内部及相互之间的搭配调和是影响学术海报整体调性和可视化呈现效果的关键因素。两张内容完全一样的学术海报，配色协调的一张海报会比配色杂乱的那张吸引更多的观看者，也更有可能增长观看者驻足观看的时间。学术海报一般需打印出来展示（电子海报和虚拟海报除外），因此设计时颜色模式应选择印刷色彩CMYK模式。

1. 背景色

背景色即底色，通过覆盖整张页面来决定其整体调性。在学术海报的配色环节中，背景色是首先要决定的颜色，通常选择明度较高或饱和度较低的纯色，如白色、米黄色、灰白色、浅蓝色等。有的学术海报制作者喜欢选用增加了明度或降低了饱和度的水印照片作为海报背景，其目的是避免千篇一律，使之在众多海报中突显出来。先不论该方式能否达到其目的，首先，必须承认这种方式有两点不可避免的缺陷：第一，背景照片内的多种颜色会极大降低其上文本和其他内容的易读性；第二，即使背景照片有足够高的明度或低的饱和度，不影响内容的易读性，但它会在一定程度上分散观看者的注意力，使观看者较难专注于内容本身。而且，在较远的距离处，高明度或低饱和度的水印照片与纯色背景看上去几乎无异，其试图突显自身的目的恐也难以实现。因此，本书不推荐使用水印照片作为学术海报的背景。

> ❖ **小提示**：
> 色相：色彩的首要特征，区别各种不同色彩的最准确标准（任何黑白灰以外的颜色都有色相的属性）。
> 明度：色彩的明暗程度，是表现色彩层次感的基础。
> 饱和度：原色（不掺杂白色或者黑色）在色彩中的百分比，即色彩的鲜艳程度。
> 色相、明度、饱和度统称为色彩三要素。（见图1）
> 色环：彩色光谱中所见的长条形色彩序列，从首端红色连接到尾端紫色，形成闭合环状。色环每条直径两端上的色彩称为互补色，如红色和绿色、蓝色和橙色。（见图2）

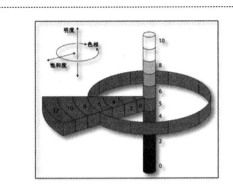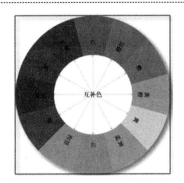

图 1　色彩三要素　　　　　　图 2　色环

2. 前景色

前景色即页面上呈现内容的颜色，视觉的焦点通常落于其上。学术海报中，文本、图表、边框等的颜色都属于前景色。关于它们的搭配，首先要考虑的是将前景色从背景色中突显出来，可以选用低明度的前景色与高明度的背景色搭配，如白底黑字；也可采用色环上的互补色来搭配，如米黄色背景搭配浅紫色边框或图片。其次，要考虑前景色内部的协调，一般而言，大面积出现的前景色不得超过 3 种，且最好为同一色系或相邻色系，色块之间有足够留白。最后，可以使用高亮色突出需强调的内容，但勿大面积使用，否则不仅达不到强调效果，还会引起视觉疲劳。

在配色环节，要始终牢记"功能性永远高于美学性"这一原则，即使某种配色方案极具视觉冲击力和创造性，但它不利于内容的阅读，则这种方案必须舍弃。有研究指出，展示者的衣服颜色与学术海报的页面颜色协调搭配会使该海报的观看率有显著增长。由此可见，关于学术海报的页面配色及其与环境颜色搭配的诸多细节，海报制作者都应考虑周全。

20.4.4　尺寸与印刷

1. 尺寸

学术海报的尺寸在不同会议中会根据会场空间大小作不同要求，一般边长有两种单位的计量方式：一种是大多数国家使用的厘米（cm），另一种是英美等国用的英寸（inch），海报制作者应特别留心海报尺寸的计量单位，做好相应换算。常见学术海报尺寸见表 20 - 2。

表 20 - 2　常见学术海报尺寸

常见学术海报尺寸（cm/inch）	英美常见学术海报尺寸（inch/cm）
70 × 100/27.56 × 39.37	30 × 40/76.20 × 101.60
90 × 120/35.43 × 47.24	36 × 48/91.44 × 121.92

续表

常见学术海报尺寸（cm/inch）	英美常见学术海报尺寸（inch/cm）
100×100/39.37×39.37	36×60/91.44×152.40
100×140/39.37×55.19	42×60/106.68×152.40
100×200/39.37×78.74	44×44/111.76×111.76
	48×72/121.92×182.88
	48×96/121.92×243.84

2. 印刷

为防止海报印刷不准确，建议制作者在设计时将页面四周边缘留出 4cm 左右空白；正式印刷前，再次确认图片分辨率为 300dpi，颜色模式为 CMYK，并先用 A4 纸缩印一份检查是否有遗漏或错版；正式印刷时，建议使用哑光面纸张，以防展示时因会场光线强烈而出现反光，影响观看。

> ❄ 想一想：
> 1. 你是否制作过海报或宣传招贴？
> 2. 你的海报或宣传招贴的主题和主要内容是什么？
> 3. 你使用了何种工具来设计制作？经历了哪些重要步骤？
> 4. 你认为你的海报或宣传招贴吸引观看者的优势是什么？不足是什么？

表 20-3 提供了学术海报核查单。

表 20-3　学术海报核查单

1. 我的学术海报的主题是什么？
2. 我的学术海报将呈现哪些内容？如何分配各部分内容的详略程度？如何安排文字、图表的页面占比、布局？
3. 我的学术海报将选用何种结构呈现内容？
4. 我的学术海报将采用何种页面设计风格？
5. 我将选用何种工具绘制学术海报？我能熟练使用该工具吗？
6. 在学术海报正式展示前，我是否对其内容做了详细检查？对存在的问题是否做了修正？

拓展阅读 20-1：学术海报设计网站

名称	简介	二维码
PosterPresentations.Com	提供各种尺寸、规格、风格的学术海报模板。 提供学术海报设计、制作、打印（限美国）、配送（限美国）等服务	

续表

名称	简介	二维码
LATEX 开源小屋	提供各种尺寸、规格、风格的学术海报模板。推荐各类学术海报设计、制作工具和技巧。用户可免费下载和投稿学术海报	
Colin Purrington	提供学术海报设计、制作和展示相关资料和技巧建议。提供常见学术海报结构模板	
ScienceOPEN.com	免费提供学术海报的下载、发表、传播和评价等服务	

思考与练习

1. 什么是学术海报？它有哪些功能？
2. 学术海报主要由哪几部分构成？设计学术海报需要注意哪方面？
3. 找 5 张学术海报，分析并回答如下问题。
（1）每张海报各包含哪些内容模块？
（2）每张海报的结构和设计风格有何异同？
（3）总结海报的写作规范，包括标题格式、列表、单位以及略缩词。
（4）每张海报各有哪些值得你借鉴的地方？
（5）每张海报各有哪些你认为应该改进的地方？
4. 设计制作学术海报评价量表（要求有清晰的评分维度、详细的评分要点和合理的分值设定），并利用该量表对学术海报进行评分和点评。
5. 参与"我最喜爱的学术海报"活动。（小组协作题）

活动主题：我最喜爱的学术海报。

活动目标：通过学术海报展活动，学生能够综合应用本章所学知识，创新性地设计、制作、展示与评价学术海报。

活动步骤：

（1）教师挑选场地、租借展板，制定学术海报尺寸大小等规范要求。
（2）学生挑选自己的研究项目作为主题，设计海报内容、结构、风格等。

（3）学生利用工具制作、打印并张贴海报。

（4）开展学术海报展，组织专业领域内师生进行现场交流和投票，评选出最受欢迎的学术海报。

参 考 文 献

[1] Keegan, D., & Bannister, S. (2007). *Letter to the editor* [J]. *Science Communication*, 29 (1), 1291–1292.

[2] MacIntosh‐Murray, A. (2007). *Poster presentations as a genre in knowledge communication: a case study of forms, norms, and values* [J]. *Science Communication*, 28 (3), 347–376.

[3] Rowe, N. (2017). *Academic & scientific poster presentation: A modern comprehensive guide* [M]. (pp. 5). Springer International Publishing AG.

[4] Woolsey, J. D. (1989). *Combating poster fatigue: How to use visual grammar and analysis to effect better visual communications* [J]. *Trends Neuroscience*. 12 (9), 325–332.

[5] 王延羽. 视觉传达设计 [M]. 北京：中国轻工业出版社，2007.

[6] 叶丹，余飞. 视觉设计基础 [M]. 北京：化学工业出版社，2019.

第八部分　信息道德

第 21 章
信息道德概述

🔄 学习目标

1. 理解互联网时代信息道德的含义及主要内容；
2. 理解学术规范含义及其主要内容，理解具体学术失范行为的界定。

🔄 情境导入

在我们的学习、研究中会经常碰到学术道德与行为规范问题。结合你自己的经验，你认为下面4个例子是否存在学术失范现象？（1）有位著名学者经常遇到一些刊物的约稿，在盛情难却之下，他把以前发表过的几篇文章重新组合成一篇，用新的标题交给某刊物的编辑部，很快得到发表。（2）某教授的一篇论文已在期刊 A 上发表，因内容新颖，期刊 B 要求再次发表。该教授同意，但要求期刊 B 在发表时注明转载自期刊 A，期刊 B 也做到了。这属于一稿两投吗？（3）有的同行专家在评审别人的申请项目时，把申请书中有关的学术思想和技术路线，未经对方同意就用到自己的研究项目中，或是稍加改动作为自己新项目的申请。你认为这是受到了不同观点的"启发"，还是"剽窃"？（4）一位研究生在他的学位论文中，试验与结果分析、讨论、结论等都是自己完成的，而且很有新意。论文通过答辩，并被推荐为优秀学位论文。但在评选中发现该论文的第一部分文献综述却是大量引用另一位已毕业研究生的文献综述，其引用量已超过50%。你认为是否可评为优秀论文？在本章，我们从信息道德和学术规范两方面来学习和探讨这些问题。

信息道德是信息素养的精神核心和行为准则。对科学研究工作者而言，要求我们在信息活动中遵循一定的道德标准，熟知并坚守学术规范。俗话说："没有规矩，不成方圆"。学术研究领域也有其规矩，这是每一个学者都应该遵守的学术规范。学术规范是学术的生命线。

21.1　信息道德含义

信息道德（information morality），也称信息伦理（information ethics），是指在信息采集、加工、存储、传播和利用等信息活动的各个环节中，用来规范其间产生的各种社会关系的道德意识、道德规范和道德行为的总和。

互联网和信息技术的不断发展，使得网络信息社会不断走向繁荣，成了人们物理生活社会之外的另一个重要的虚拟生活社会，并且对人们的工作、学习、生活的意义日趋重要，对社会经济、政治、文化发展的影响也逐日提升。但是，在网络信息社会中，知识产权、个人隐私、信息安全、信息共享等各种问题也纷纷出现。信息道德通过社会舆论、行为契约、传统习俗等，使人们形成一定的信念、价值观和习惯，从而引导、规范和约束网络社会中的各种关系，成为信息素养的核心组成部分，也是公民信息素养的精神核心和行为准则。然而，信息道德常常处于被忽视的尴尬地位。美国学者理查德·斯皮内洛曾指出："技术的步伐常常比伦理学的步伐要急促得多，而正是这一点，对我们大家都构成了某种严重的威胁。技术的力量所造就的社会扭曲已有目共睹。"

事实上，信息道德贯穿整个信息活动，通过硬性（如规定学术查重比例等）、软性（如社会舆论监督等）方式在潜移默化中引导个体和群体形成一定的信念、价值观和习惯，调节信息创造者、服务者和使用者之间关系，规范信息行为。一般认为，在"互联网+"和大数据时代，信息道德能为信息行为提供评判标准，还能对主体的信息行为进行制约，在一定程度上，比信息政策和信息法律发挥作用的范围更广，也更有弹性。信息道德功能的发挥，是通过引导人们对自己信息行为的认识，启示人们科学洞察和认识信息时代社会道德生活的特征和规律，从而正确选择自己的信息行为，设计自己的信息生活，调节信息活动中的各种关系，指导和纠正个人或团体的信息行为，使其符合信息社会基本的价值规范和道德准则，从而培养人们良好的信息道德意识、品质和行为，提高人们信息活动的精神境界和道德水平，最终对个人和组织等信息行为主体的各种信息行为产生约束或激励，从而发挥其对信息管理顺利进行的规范作用。

信息道德要求科学研究工作者在信息活动中遵循一定的道德标准，注重知识产权保护。精神层面应做到诚信、求是，对自身、他人和社会负责；行为方面应做到提高信息认知力、判断力和逻辑推理能力，使用学术信息资源的时候自觉遵守规范规则。具体包括：独立承担利用信息的责任；文明使用各种信息；具有良好的信息伦理和道德判断；熟知并坚守学术规范；自觉抵御不良信息；净化信息生态，捍卫信息公益性。

21.2 信息道德内容

21.2.1 信息道德内容结构

信息道德内容可概括为两个方面、三个层次。

所谓两个方面，即主观方面和客观方面。主观方面即个人社会道德，是指人类个体在信息活动中表现出来的道德观念、情感、行为和品质，如对信息劳动的价值认同，对他人信息成果剽窃行为的鄙视等；客观方面即社会信息道德，指社会信息活动中人与人之间的关系以及反映这种关系的行为准则与规范，如权利义务、扬善抑恶、契约精神等。

所谓三个层次，即信息道德意识、信息道德关系、信息道德活动。

信息道德意识包括与信息相关的道德观念、道德情感、道德意志、道德信念、道德理想等。它是信息道德行为的深层心理动因，集中地体现在信息道德原则、规范和范畴之中。

信息道德关系包括个人与个人的关系、个人与组织的关系、组织与组织的关系。这种关系是建立在一定的权利和义务的基础之上，并以一定的信息道德规范形式表现出来。如在网络资源共享中，网络成员既有共享网上信息资源的权利，也要承担相应的义务，遵循网络的管理规则。成员之间的关系是通过大家共同认同的信息道德规范和准则维系的。信息道德关系是一种特殊的社会关系，是被经济关系和其他社会关系所决定、所派生出来的人与人之间的信息关系。

信息道德活动包括信息道德行为、信息道德评价、信息道德教育和信息道德修养等。信息道德行为即人们在信息交流中所采取的有意识的、经过选择的行动；根据一定的信息道德规范对人们的信息行为进行善恶判断即为信息道德评价；信息道德教育是按一定的信息道德理想对人的品质和性格进行陶冶；信息道德修养则是人们对自己的信息意识和信息行为的自我解剖、自我改造。

此外，美国管理信息科学家梅森（Mason）从不同视角提出了信息时代的信息道德（伦理）的主要内容，分为四个方面。

（1）信息隐私权，即个人拥有隐私权及防备侵犯别人隐私。

（2）信息准确性，即人们享有拥有正确信息的权利及确保信息提供者有义务提供正确信息。

（3）信息产权，即信息生产者享有自己所生产和开发的信息产品的产权。

（4）信息资源存取权，即人们享有获取所应该获取的信息权利。

在"互联网+"和大数据时代，信息道德（伦理）仍然以"人"为信息主体，"人"生成、储存、传播、使用信息。作为信息活动的发起者、组织者和管理者，人的道德素质、道德责任感和行为的价值取向直接决定了信息的伦理趋向。因而，信息道德本质上是人在上述四个方面的行为规范。

21.2.2 信息道德培养

根据信息道德内容和特征，可以将信息道德的培养分为三个方面。

（1）培养信息道德意识。理解信息道德是信息领域中用以规范人们相互关系的思想观念与行为准则，培养道德情感、意志、信念、道德理想等深层心理动因。

（2）提升信息道德辨析能力，能分辨信息中的真善美与假恶丑，自觉吸取正能量，识别、抵制负能量。

（3）自觉加强信息道德修养。对自己的信息意识和信息行为进行剖析，发扬优点、长处，克服缺点、不足，规范自己的信息行为。

信息道德培养的具体实施准则可以以美国大学和研究型图书馆协会（ACRL）2015年3月颁布的《高等教育信息素养框架》作为参考。它较为详细地界定了高等教育领域所应具备的信息道德素养。

（1）信息具有价值。
（2）尊重和合理引用他人的原创观点。
（3）理解知识产权是法律和社会的共同产物。
（4）能够区分著作权、合理使用、开放获取和不受版权限制的特点。
（5）理解某些信息的创造者和传播者是为何和如何被系统边缘化的。
（6）认识到信息源获取或者无法获取的问题。
（7）决定信息发布的途径和形式。
（8）理解个人信息商品化和在线交互对网络信息获取、创建和传播的影响。
（9）充分理解网络环境下个人隐私和个人信息商品化的问题，并规范网络行为。
（10）尊重原创观点评估。
（11）评估创造新知识所需的技能、时间和努力。
（12）将自己视为信息市场的贡献者而非仅仅是消费者。
（13）审视自己的信息权限。

美国《高等教育信息素养框架》认为，信息道德教育有助于学生理解知识产权是法律和社会的共同产物，从而更好地区分各种知识产权相关概念及其特点，同时让学生进行一些案例分析，参与知识实践，让学生进一步明确自身在信息社会中的权利和责任。

信息道德培养，可以从思想和行为两方面入手。思想是行动的先导，首先应从思想上树立正确的观念。积极参与传统纸媒、MOOC平台等载体上的思想政治教育课程和普适性道德课程，做到辩证看待道德与利益的关系。信息道德不仅关涉信息技术本身，还涉及伦理学、社会学、文化学、传播学等诸多领域知识。在修习传统美德底蕴的同时，通过适当学习各科知识以达到遵循信息规范的目的。积极参与公共图书馆等文化机构及微信公众号等平台开设的信息道德教育讲座，学习信息安全、信息法规等内容，树立信息资源产权和合法使用的意识，深刻理解信息社会的行为规范、权利与责任。

在认识到必须增强信息道德责任感、提高道德良心之后,还需给予行动上的支持。积极参与各类信息技术课程,并根据自身特征使学习行为规范化、长效化。信息技术课程中蕴含了道德内涵,在搜索、使用、制作信息的过程中逐步培养责任和道德意识,了解相关的法律法规(如《中华人民共和国计算机信息系统安全保护条例》《互联网信息服务管理办法》等),自觉抵制不良信息,改变不当行为。在学习知识技能以及过程方法的过程中,逐步培养自身正确的情感态度和价值观。日常信息活动中,可以有意识地采取多种方法培养自身信息道德素养。例如,可以采用辩论法与他人讨论信息道德的重要性;采用实证法群体讨论信息道德缺失导致的恶果;采用田野调查法,调查信息制作、服务和使用中涉及的信息道德案例;采用任务驱动法,以特定的任务驱动自我进行探索,建构对信息道德的良性认识,逐步形成良好的信息道德行为习惯等。

> ❀ 想一想:
>
> 信息道德具体包含哪些内容?在信息时代,如何培养和提升自己的信息道德水平?

总之,通过相关途径熟知并遵守各种信息道德法律法规的要求,遏制不良的欲望,进而形成道德自律,自觉地抵制有违伦理精神、有害社会道德风尚的信息,提高自我信息鉴别能力和自我约束能力,严格规范自我信息行为,全面培育信息道德素养。

21.3 学术规范

21.3.1 学术规范含义及内容

美国社会学家罗伯特·K. 莫顿1942年在《科学的规范结构》提出了"学术规范"的概念,并指出了构成"科学精神"的四大规范:普遍主义、公有主义、无私利性、有条理的怀疑主义。莫顿认为,这四大原则不仅是约束科学家的基本价值规范,也是科学共同体的社会结构的基本原则。

学术规范是指人们在学术活动中应该遵守的各种行为规范的总和,是学术共同体内部逐渐形成的关于开展知识生产和再生产、进行知识传播和交流活动的学术研究方法的基本规定。学术规范可以作为对学术失范行为的道德谴责及实施惩罚的依据,其根本价值在于保证"学术研究促进知识增量进而促进社会进步这一根本性目的"。学术规范的目的主要有规范学术活动、开展学术交流、促进学术积累、加强学术创新等。

从上述学术规范的含义来看,学术规范的内容相当广泛。复旦大学葛剑雄认为:"学术规范包含两方面的含义。一方面是学术研究中的具体规则,比如引文出处、对引用成果的说明、重要的文章应对学术史有所交代,等等。如果你参加学术交流,就要遵守这一规则,就像遵守足球比赛的规则一样。这种具体的规则比较容易建立。另一方面是高层次的规范,包括学术制度和学风。学术制度包括的内容很多,如职称评定制度、各种评奖制度、课题申报制度、成果评审制度等。如果没有这种高层次的规范,具体的规范再好也没用。"①

学术规范是对学术活动的规范。卢文辉和叶继元认为,学术活动包括两类:一类是直接进行研究的学术活动,另一类是不以直接研究为主的学术活动。因此,学术活动规范具体包括直接研究型学术活动规范和非直接研究型学术活动规范两类。主要内容如图21-1所示。

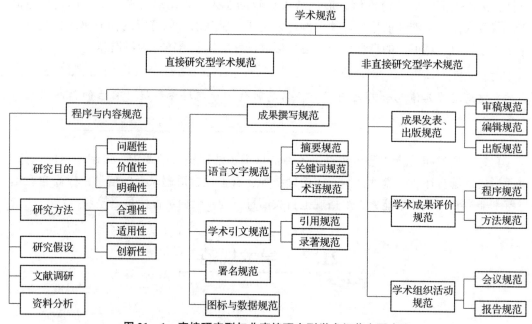

图 21-1 直接研究型与非直接研究型学术规范主要内容

直接研究型学术活动规范是指学术人员进行直接研究时的活动规范,包括从确定研究目的和研究假设、开展研究时采用的方法到学术研究成果的写作如署名、术语、引文等全部研究过程和活动规范。非直接研究型学术活动规范包括由学术人员组成的组织或学术共同体开展的诸如学术会议、学术报告等与学术相关的活动,也包括相关学术组织如科研机构等进行学术管理如学术成果评价时的活动规范,学术出版集团包括学术期刊对学术成果进行审、编、校、发行等活动的规范。在这两类规范之下,又可以分为学术研究程序与内容规范、学术成果写作规范、学术成果发表及出版规范、学术成果评价规范和学术组织活动规范等子系统,各子系统又有具体的规范要素组成,各要素相互协调,共同构成了学术规范的内容体系。在本章,我们将重点关注直接研究型学术规范。

21.3.2 学术道德失范

有规范就有失范。学术道德失范是指用不符合学术道德规范的手段来实现某种目的

---

① 李向军. 关于学术研究规范的思考: 访葛剑雄 [N]. 光明日报, 1999-04-20。

（获得学位、职称、金钱等）。对于学术研究人员来说，学术道德失范的常见行为表现是学术不端。《高等学校预防与处理学术不端行为办法》（教育部令第40号）将学术不端行为定义为"高等学校及其教学科研人员、管理人员和学生，在科学研究及相关活动中发生的违反公认的学术准则、违背学术诚信的行为"。具体包括以下几方面。

（1）剽窃、抄袭、侵占他人学术成果。

（2）篡改他人研究成果。

（3）伪造科研数据、资料、文献、注释，或者捏造事实、编造虚假研究成果。

（4）未参加研究或创作而在研究成果、学术论文上署名，未经他人许可而不当使用他人署名，虚构合作者共同署名，或者多人共同完成研究而在成果中未注明他人工作、贡献。

（5）在申报课题、成果、奖励和职务评审评定、申请学位等过程中提供虚假学术信息。

（6）买卖论文、由他人代写或者为他人代写论文。

（7）其他根据高等学校或者有关学术组织、相关科研管理机构制定的规则，属于学术不端的行为。

关于学术规范方面存在的问题，在社会上影响比较大的事件包括Springer撤稿事件、2017年《肿瘤生物学》（Tumor Biology）期刊撤销107篇中国作者论文、2019年翟天临学术造假事件等。其中，论文造假、论文抄袭、论文不当发表是当前学术道德失范的重灾区。

1. 论文造假的本义是信息失真

信息失真是指"信息偏离了客观事物的真实状况与一定的衡量标准"。学术造假中的信息失真或为故意散布不真信息，或为没有辨别真伪而推波助澜。信息失真包括：信息收受者为了某种企图故意夸张、削弱或改变信息内容的意义；由于信息收受者个人的态度、经验、期待等不同而使其将带有选择性和倾向性理解的信息继续传递；由于信息收受者遗忘造成的信息失真。

公开发表的论文具备科研意义，将失真的科学实验数据供他人查询、对比、采用，将误导研究方向。

论文造假一般是指，在没有进行科学实验的情况下，故意篡改和伪造数据以科研成果的形式发表；或剽窃、抄袭、占有他人研究成果。论文造假行为包括以下几种。

（1）伪造数据是指凭空虚构并记录（或报道）数据或结果；

（2）篡改数据是指通过操纵研究材料、设备和过程，或更改或故意遗漏数据，最终导致研究记录并不真实地反映研究；

（3）购买、出售论文或者组织论文买卖；

（4）由他人代写、为他人代写论文或者组织论文代写；

（5）剽窃他人论文成果。

【案例1】 日本小保方晴子论文造假事件

2014年1月，日本理化学研究所再生科学综合研究中心小保方晴子带领的课题组宣布成功培育出能分化为多种细胞的 STAP "万能细胞",并于 1 月 29 日在英国《自然》杂志上发表论文。然而,很快便有同行科学家对论文提出诸多疑点,包括论文中的图像不自然,疑似被加工过;一些国外同行用论文介绍的方法重复实验,却无法再现结果。在舆论压力下,理化学研究所 2014 年 2 月中旬成立专门委员会调查论文材料可信性。4 月 1 日日本理化学研究所调查委员会发布调查结果,认定小保方晴子在 STAP 细胞论文中有篡改、捏造的不正当行为。论文中一张显示细胞万能性的图片在 2011 年另一题目的博士论文中使用过,此行为被认定为"捏造";剪切加工另一张实验照片的行为被认定为"篡改"。在对 STAP 实验中用到的细胞进行了基因检测后,结果显示实验失败。调查委员会指出,小保方晴子的这些不正当行为"歪曲了科学本质,玷污了'研究'二字,并且严重伤害了大众对研究人员的信任"。

2. 论文抄袭的本义是信息侵权

信息侵权使用主要是指信息获得者在未经信息所有者授权的情况下擅自使用,形成了侵权行为。根据《科研诚信蒙特利尔宣言》,署名作者需同时满足 3 个条件。对构思设计、数据收集或数据分析解释作出实质性贡献;完成文章初稿或对重要知识产权内容做出关键修改;最终批准将要发表的论文。

只参加其中某些重要活动的人应被列为致谢对象或文章贡献人。

论文抄袭通常有 4 种表现形式:直接复制其他作者的文本而不指明出处;概括或重新组织语言解释别人的观点而不注明;大量引用自己已发表的作品而不做任何说明(即自我抄袭);内容来源于对外文文献的机械翻译而不注明出处。

3. 论文不当发表的本义为学术不端

2019 年 7 月 1 日正式实施的行业标准《学术出版规范——期刊学术不端行为界定》中将"一稿多投"和"重复发表"定性为学术不端。

"一稿多投"是指作者把自己的作品同时或者先后发给不同的出版社或其他媒体发表(同时或者先后发表)。《中华人民共和国著作权法》第三十三条规定:"著作权人向报社、期刊社投稿的,自稿件发出之日起十五日内未收到报社通知决定刊登的,或者自稿件发出之日起三十日内未收到期刊社通知决定刊登的,可以将同一作品向其他报社、期刊社投稿。双方另有约定的除外。"一稿多投有如下表现形式。

(1)将同一篇论文同时投给多个期刊。

(2)在首次投稿的约定回复期内,将论文再次投给其他期刊。

(3)在未接到期刊确认撤稿的正式通知前,将稿件投给其他期刊。

(4)将只有微小差别的多篇论文,同时投给多个期刊。

(5)在收到首次投稿期刊回复之前或在约定期内,对论文进行稍微修改后,投给其他期刊。

(6)在不做任何说明的情况下,将自己(或自己作为作者之一)已经发表论文,原封不动或做些微修改后再次投稿。

"重复发表"指两篇或多篇论文在相互不引用的情况下,合用相同的假定、数据、讨论要点或者结论。重复发表科研结果并不是完全不可以，而是必须做得规范。比如，论文一经发表，通常其版权属于出版社，作者必须声明论文已发表，且不再投寄其他期刊发表。但是，如果不涉及版权问题，又能注明原始文稿的来源，则是被允许的。

重复发表的表现形式包括以下几种情形。

（1）不加引注或说明，在论文中使用自己（或自己作为作者之一）已发表文献中的内容。

（2）在不做任何说明的情况下，摘取多篇自己（或自己作为作者之一）已发表文献中的部分内容，拼接成一篇新论文后再次发表。

（3）被允许的二次发表不说明首次发表出处。

（4）不加引注或说明地在多篇论文中重复使用一次调查、一个实验的数据等。

（5）将实质上基于同一实验或研究的论文，每次补充少量数据或资料后，多次发表方法、结论等相似或雷同的论文。

（6）合作者就同一调查、实验、结果等，发表数据、方法、结论等明显相似或雷同的论文。

【案例2】 论文一稿多投事件

一所著名大学的研究组寄了一篇论文给《Langmuir》（一本优质化学期刊）。一位化学系教授审稿，认为论文水平很高，建议期刊发表。一个月以后，这位教授又收到一份《Nature》期刊寄过来的相似的稿子，为同一个研究组投寄。《Nature》之前请的两位审稿人意见相左，希望这位教授做最后的裁决。于是他在《Nature》编辑的信中提及，以论文质量而言应可以在《Nature》上发表；但一个月前本人已经为《Langmuir》审了一篇相似的论文。随后《Nature》和《Langmuir》互相交换论文原稿，初步决定两家都不刊登这篇论文。原因很简单：作者学术道德不良。这样的行为，严重地损坏了作者和所在大学的名誉。

【案例3】 浙江大学教师论文重复发表与学术不端事件

2009年4月20日，国家自然科学基金委发布"关于贺海波、吴理茂学术不端行为的处理决定"。贺海波和吴理茂均为原浙江大学教师。经调查核实，贺海波作为第一作者，吴理茂作为通讯作者发表的四篇标注科学基金项目（NO.30500661）资助的论文存在严重的学术不端行为，其中四篇论文存在抄袭剽窃、编造数据并互为一稿两投；吴理茂还将两篇已发表文章作为研究成果提供在2007年度《资助项目进展报告》中。监督委员会全体委员会议认真研究了调查报告和相关材料，认为贺海波作为第一作者发表的标注科学基金资助（NO.30500661）的文章存在恶性学术不端行为，造成了严重负面影响。吴理茂作为基金项目负责人和上述论文的通讯作者，负有不可推卸的责任。根据《国家自然科学基金委员会监督委员会对科学基金资助工作中不端行为的处理办法（试行）》第十七条第四款规定，监督委员会决定撤销该科学基金项目（NO.30500661），并取消贺海波科学基金申请资格7年（2009~2015年），取消吴理茂科学基金申请资格5年（2009~2013年）。

拓展阅读 21-1：《高等学校预防与处理学术不端行为办法》

拓展阅读 21-2：《学术出版规范——期刊学术不端行为界定》

❀ 想一想：

1. 某作者 A 将自己的研究成果发表在国内一家中文权威期刊上，反响很好，于是将此论文翻译成英文投递到了国外一家 SSCI 期刊上，以在更大范围宣传自己的研究成果。这种行为属于重复发表吗？

2. 如果你遇到作者 A 的情形，一定要把论文发表到国外 SSCI 期刊，你会如何做从而规避学术不端行为？

3. 有人认为科学研究讲究时效性，一稿多投并非欺诈，只是为了节约审稿时间。你如何看待一稿多投的行为呢？请从对杂志社及读者利益侵害、版权纠纷等角度分析。

思考与练习

1. 什么是信息道德？学术方面的信息道德包括哪些方面？
2. 请解释信息道德的内容结构。结合自身谈谈如何提高个人的信息道德。
3. 什么是学术规范？学术失范包括哪些方面？
4. 搜集学术道德失范的案例，分析它们产生的原因有哪些？请从自身能力、学术规范教育、政策层面等分析。

参 考 文 献

[1] 叶继元. 学术规范通论 [M]. 第 2 版. 上海：华东师范大学出版社，2017.

［2］卢文辉，叶继元. 对学术规范内容体系的再思考［J］. 高校图书馆工作，2019（1）：21-26.
［3］中华人民共和国教育部. 高等学校预防与处理学术不端行为办法［DB/OL］. http://www.moe.gov.cn/srcsite/A02/s5911/moe_621/201607/t20160718_272156.html
［4］国家新闻出版署. 学术出版规范——期刊学术不端行为界定（CY/T 174-2019）［S］. 2019.
［5］Mason, R. O. Four ethical issues of the information age［J］. MIS Quarterly, 1986, 10（1）：5-12.

第 22 章
学术诚信与文献的合理使用

学习目标

1. 理解学术诚信的含义和重要性;
2. 理解剽窃的含义、性质及其危害性;
3. 展示避免剽窃和正确引用文献的能力;
4. 掌握参考文献引用的基本原则、排版与格式,并应用到学术写作中。

情境导入

郭老师这学期担任《社会研究方法》课的任课老师,要求学生读文献,做文献综述。规定不交作业0分,剽窃(抄袭)别人作业0分!当他发现有学生交来的作业40%以上抄的是网络上的内容时,全部给了0分。有同学觉得郭老师这样做太严苛了。你认为郭老师这样做,对吗?为什么?剽窃同学作业或网络内容的情况是否在你身上发生过?大学生提交作业时抄袭同学或网络上的内容是否符合学术规范?为什么?如何从我做起,拒绝抄袭剽窃?应该如何尊重著作权?

结合上述案例,思考并尝试回答下列问题。

1. 哪些现象属于剽窃?
2. 提交作业或论文,引用他人的话不能超过全文的比例是多少?
3. 怎样做才能避免剽窃?
4. 引用参考文献的格式是什么?

"人之所助在信,信之所本在诚"。诚信是中华民族的传统美德。诚信是维护社会发展的道德基石。学术诚信是人类文明的重要基础,是维系学术领域正常运转的价值准则。

22.1 学术诚信

学术诚信（academic integrity）尚未形成统一的定义，有人将其简单解释为学术诚实（academic honesty），有人在强调其重要性后直接列出遵守学术诚信的注意事项和违背的惩罚条款。学术诚信是指即使在逆境中也须遵守诚实、信任、公平、尊敬、责任、勇气等基本价值观并做出承诺。

学术诚信是学术发展和社会进步的基石，其重要性如下。

1. 学术诚信是学术工作的必要基础

把握和遵循自然界和人类社会的客观规律，保证学术成果的客观性和有效性。

2. 学术诚信是做学术研究的基本规范

要有真诚的学术态度，实事求是地开展研究活动。做到"知之为知之，不知为不知"。一个人要想在学术研究上成就一番事业，就要将学术诚信视为第一生命，放在职业道德规范的首位。把做人、做事、做学问统一起来，做一个真诚的、纯粹的人，"不要人夸颜色好，只留清气满乾坤"。

3. 学术诚信是学术共同体的根本规范

学术共同体需遵循一些共同体价值观，并承担对社会的责任，以保障学术研究的健康发展。例如，尊重研究对象及合作者，尊重他人的贡献和知识产权。

李普森（2006）指出了学术诚信应遵循的基本原则。

（1）如果你声称自己做了某项学术工作，那你必须确实做了，不弄虚作假。

（2）如果你引用了别人的研究成果，你要引注它们。你用他们的话时，一定要公开而精确地加以引注；引用的时候，也必须公开而精确。

（3）当你要介绍研究资料时，你应该公正而真实地介绍它们。无论是对于研究所涉及的数据、文献，还是别的学者的著作，都该如此。

22.2 剽窃的含义、表现及性质

22.2.1 剽窃的含义

"剽窃"就是人们俗称的"抄袭"。"剽"为"掠夺"，"窃"为"偷盗"。剽窃源自拉丁语的"拐骗"（kidnapping），现已变成指偷窃别人原创的想法、言论或成果冒充是自己的这种行为。

剽窃（Plagiarism）是指行为人通过删节、补充等隐蔽手段将他人作品改头换面，而没有改变原有作品的实质性内容；或窃取他人的学术（创作）思想或未发表成果作为自己的作品发表。《中华人民共和国著作权法》采用了"剽窃"一词。

视频 22-1：
什么是剽窃

22.2.2 剽窃的表现

剽窃行为有以下几种表现。
（1）把别人的作品当成自己的提交，无论是否经许可。
（2）拷贝别人的句子或观点，却没有说明。
（3）在引用的话上没有打引号。
（4）对于所引材料的来源提供了错误的信息。
（5）（付钱）让某人为自己写论文。
（6）拷贝原文的结构，改动了其中的字词，却没有说明。
（7）大量拷贝其他人的句子和观点构成文章的大部分内容，无论有没有说明。

具体来说，剽窃行为归纳为以下几个方面。
（1）观点剽窃：将他人某一观点或说法据为己有，不注明来源。
（2）整篇剽窃：将某人整篇文章改换名称或翻译或摘译，作为自己的成果发表。
（3）组合式剽窃：将某个学者多篇成果的有关要点或段落，或者从不同作者的成果中挑出一些段落和论述，翻译并组合在一起，不一一注明来源，作为自己的成果发表。
（4）自我剽窃：作者将自己发表或提交的不同论文/书籍中的重要内容大量复制，作为一篇新的论文/专著发表或提交。例如，学生在一门课程里提交了一份以前在其他课程中提交的论文作业，即属自我剽窃。

22.2.3 剽窃的性质

剽窃是一种学术违法行为，类似于某人窃取他人财物。若情节特别严重恶劣，将会面临法律指控。剽窃是一种侵犯知识产权（著作权）的行为，是一种不劳而获的欺诈行为。剽窃也是一种引用，但它是一种不合法或不道德的引用，违反了道德准则和规范。

国外很多大学在《学生手册》中提醒学生注意学术规范，不要抄袭剽窃。后果严重：记入学生档案、勒令退学、不授予学位甚至开除等。在学生提交作业（包括研究报告、课程论文等）及毕业论文时，均要求学生签署"诚信誓言"（Honor Codes），以提醒学生不要抄袭剽窃。2012年11月13日，中国在《学位论文作假行为处理办法》中指出，"剽窃他人作品和学术成果的"，取消学位申请资格或依法撤销学位。

2012年8月，哈佛大学有120多名学生的课程作业违规，涉嫌"抄袭答案与不正当合作"。这门课程期末考试采用让学生带回家开卷完成的模式，但不能讨论，要自己完成。结果，教研人员发现不少学生提交的答卷有雷同，有交流答案和剽窃之嫌，就启动调查。2013年2月哈佛文理学院院长公布，其中的一半同学留校察看，一半同学走人。

剽窃可能导致结束自己的学术生命！例如，某大学L教授偷偷摸摸地把别人的成果

"复制"到自己的成果里,用来冒充自己的创造,申报国家科技进步奖。被人举报后,有关部门取消其所获奖项。

剽窃会导致失去学术界的尊敬,丧失学位、终身教职和职位。2011年3月1日,涉嫌论文抄袭丑闻的德国国防部长古滕贝格在柏林发表声明,宣布辞去国防部长职务。2012年4月2日,两度获得奥运会击剑冠军的匈牙利总统施米特·帕尔因博士论文涉嫌剽窃被迫辞职,其博士学位被取消。

【例1】 德国教育部长涉剽窃终丢官

卷入博士论文剽窃丑闻数月,德国教育和科研部长安妮特·沙范9日最终决定辞职。"我想今天是离开部长一职的合适时间,我会集中精力履行议员职责。"沙范面对媒体动容地说。

这名女部长的母校德国杜塞尔多夫大学5日决定,取消她的博士学位,缘由是她32年前的博士论文涉嫌剽窃。沙范现年57岁,涉嫌剽窃论文追溯至1980年,题为《人和良知:关于现今良知教育的条件、需要和要求研究》,去年5月遭指认剽窃。

沙范要求校方调查。杜塞尔多夫大学调查认定,论文有数十页未注明引文出处,存在蓄意剽窃、隐瞒事实和欺骗企图。沙范否认剽窃,说指认"毫无依据"。她坚称要抗争到底,为"顾全大局"决定辞职,"一名(教育)部长状告一所大学,对我的办公室、部委、政府和基督教民主联盟成员构成压力,我想避免那种情况出现。"(广州日报 2013-02-11 作者:田野)

拓展阅读 22-1:
留学生的学术不诚信

> ❀ 想一想:
> (扫码阅读"留学生的学术不诚信"):
> 1. 学生的剽窃有哪几种形式?
> 2. 剽窃的后果是什么?
> 3. 要避免剽窃,应该怎么做?

22.3 参考文献引用的基本原则

22.3.1 引用参考文献的作用

1. 写作更有说服力

展示你视野开阔,占有相关文献的程度,表明你的研究确实参考过他人的研究,支持你的观点,使你的研究更加可信。

2. 赢得信用和声誉

由于你的有效引用，读者会承认你的背景阅读，增强论文的说服力和作者的信用，尊重他人的知识产权，免除剽窃的嫌疑。

3. 便于读者查找和引用

让读者从你的文献来源里寻找额外的信息或确认你的事实，帮助其查阅原始文献，了解更多的信息。

扫一扫，观看《参考文献的引用与方法》，了解如何引用参考文献。

视频 22-2：参考文献的引用与方法

22.3.2 文献的合理使用

合理使用（fare use，或 fare dealing）属于知识产权范畴，是指在特定条件下允许个人和特定组织在未经版权人许可的情况下无偿使用版权作品的法律规定。《保护文学艺术作品伯尔尼公约》列出了三种合理使用行为：适当引用、为教学的目的合理使用以及时事新闻的合理使用。

拓展阅读 22-2：学术引用规则

扫一扫，阅读《高校人文社会科学学术规范指南》中的"学术引用规则"，理解该规则并思考如何应用于论文写作。

22.3.3 何处引用考文献

在一篇论文中，主要是引言、文献综述、研究发现与讨论部分需要引用参考文献，见表 22-1。

表 22-1 文献引用的位置和作用

文献引用的位置	作用	标准	方法
引言	设计、确定研究课题，为命题和假设提供方向	所引用的文献必须与作者的研究课题相关，且有用	在定量的研究中经常使用
文献综述	分析研究现状，发现既有研究的成果与不足，寻找可支撑研究的理论与方法	一般人易接受，近似传统的、实证主义的方法	使用那些强有力的理论和文献
研究发现与讨论	对比研究成果	对归纳出来的理论、模式等进行对比	作者将自己的研究结果（理论）与他人文献研究的结果（理论）进行对比

1. 引言

用一段权威的引文来说明此研究的重要性，说明既有研究的稀少来证明此研究的迫切性。

2. 文献综述

综合、分析并评论既有的研究，并据此形成你的研究发问。

3. 研究发现与讨论

说明此研究发现如何扩展、修正或反驳先前的研究与理论。

22.3.4　何时引用参考文献

当要用的不是你自己的知识（含文字、数据、图表、统计表、发言、视觉影像、建筑设计、音乐和从因特网获得的信息等）时，需要引用参考文献。但是，如下情形是无须注明出处的。

（1）你自身的经历、观察、见识、想法和结论。

（2）你从对实验或研究的个人观察里得出的结果。

（3）公认真实的事实。如"吸烟有害健康""DNA双螺旋"。

（4）众所周知的事或常识。如，"中国的首都是北京""常温下水的沸点是摄氏100℃"。

（5）历史事件、神话和传说。

22.3.5　避免剽窃的方法

通常，可以采用直接引用、改写、概括总结、有效地记笔记和保存你的工作等方法避免剽窃。需要注意的是，引用的内容不能构成论著的主题和实质内容。

1. 直接引用（direct quotation）

即直接引用他人的话，但你必须准确复制原话，所引用的话要一字不改地照录，加引号并注明出处。无论复制的话是口头的还是书面的，都必须用引号。当你对引用文本加上你自己的话时，必须把你的话放在括号里或者引号外，以便将它们与所引用的材料区分开来。只有当原话能更好地说明你的观点或者是权威人士有说服力的话时才需要直接引用。

【例2】　正如马奇等人所说"高级文献综述是确立原创性研究问题的基础，也是对一个研究问题进行探索的基础"。[①]

2. 改写（paraphrase）

这意味着转述他人的话，不改变原意，重新措辞，并适当引用。尽管可以直接引用他人的研究成果，但不能过多，为此需要用自己的话改写。改写必须准确，并注明它们

[①] 张斌贤，李曙光．文献综述与教育学博士学位论文撰写［J］．学位与研究生教育，2015（1）：59-63．

的来源。改写的技巧包括替换词语、重组词语顺序、改变词语的类别或者改变段落的次要元素。阅读原材料,用你的语言重写内容,不要模仿原文。如果你必须在原文中插入准确的短语,请将这些词语放入引号中。好的改写与原文的措辞有很大的不同,但根本意思没有改变。

改写的要点如下。

(1) 研究你的笔记,确定哪些观点你准备纳入你的改写中。注意不是所有的来源都需要出现在你的论文中。你需要确定应包括什么。

(2) 使用与原意相近的词语或段落替换原句中的词语。需要注意词语的搭配。

(3) 颠倒某些段落的顺序。例如,"X 是 Y 的关键特征,但 Z 有时也会出现",可改为"尽管 Z 有时出现有时不出现,但 Y 最重要的特征是 X"。

【例3】

原句:5G 技术替代 4G 技术的潜力已得到广泛研究。

改写1:已有多个项目在研究 5G 技术替代 4G 技术的潜力。

改写2:许多研究人员研究了 5G 技术替代 4G 技术的潜力。

3. 概括总结(summarize)

总结需要将某人大量的作品或多人类似的观点浓缩、凝练为简短的陈述或段落。不改变原意,并适当引用。

【例4】 教师学习被视为一个过程,让教师作为学习者通过持续的、积极的、真实的、嵌入工作的和合作的活动过程参与(Darling - Hammond & Richardson, 2009;Garet, Porter, Desimone, Birman, & Yoon, 2001;Guskey, 2000;Weiss & Pasley, 2006)。[①]

4. 做有效的笔记(take effective notes)

为降低剽窃的可能性,仔细地做笔记是一个好方法,这样你能准确、清晰地记得哪些想法是你的、哪些是他人的。可将你的想法用一种颜色符号标记,他人的想法用另一种颜色符号标记。把直接引用的句子放到括号里。同时,要在笔记里清楚地标记信息的来源,记录所读信息的出处和所在页码。

> ❀ 练一练:
> 1. 仔细思考你如何在研究过程中记笔记。
> 2. 以分步骤的形式设计一个记笔记的行动方案,并保存,以帮助你规范如何记笔记。如果你觉得这个方案有用,创建一个核查单来督促和反思你在任何研究活动中是否按照方案中的步骤行事。

---

① Zhang, Q., Voogt, J. & van den Akker, J. (2016). Inquiry - based integrative practical activities in China: A professional development arrangement for supporting teachers' enactment. In *Proceedings of Society for Information Technology & Teacher Education International Conference* 2016 (pp. 2738 - 2745). Chesapeake, VA: Association for the Advancement of Computing in Education (AACE).

5. 保存你的工作（save your work）

为防止他人剽窃你的工作，或者被不公平地被指控有剽窃行为，可把你的研究工作的草稿版本保存为不同的文件。例如，你可以将第一稿存为"稿1"，第二稿存为"稿2"，以此类推；或者在同一文件名后加上不同的年月日，以示区分。至少打印一份纸质版。这能够证明你自己实际上做了这些工作或者想法来自你本人。不允许其他人访问你的电脑文件。必要时对文件设置密码保护。

在学术写作中要避免"用而不引"和"引而不用"两种现象。"用而不引"是指作者在写作过程中采用了他人的工作，包括观点、数据、结论等，但未将其作为参考文献列出，隐去出处。"引而不用"是指作者在参考文献列表部分列出了他人文献，但实际上在写作过程中未采用他人的工作。例如，有的人根本不懂英语也没有读过英文文献，但为了装门面，在参考文献里列了几篇从未读过的英文文献。

表22-2提供了避免剽窃核查表，尝试填写"它为什么可以帮助你避免剽窃"的理由，审核你在阅读文献、记笔记以及写作的过程中按要求做了吗？

表 22-2 避免剽窃核查表

项目	可帮助你避免剽窃的理由	是否做到
写作工作有许多资料来源		
对资料来源做笔记		
根据笔记写作，而不是资料来源		
由于作者是一位专家，写作尽可能接近他/她的措辞和词汇		
用自己的话写作		
给我充足的时间		
如果我使用某人的话或观点，注明资料的来源		

22.3.6 参考文献引用的基本原则

（1）所选用文献的主题必须与论文密切相关，可适量引用高水平的综述性论文。引用的文献一定要与研究问题和假设、实验设计、实验工具、实验假设、资料分析和研究议题争议处等有关。

（2）尽可能引用已公开出版且便于查找的文献。同等条件下应优先引用权威期刊上的论文，学者发表的期刊优先，其次为书籍、研讨会论文、博士论文。一般不引用专利和普通书籍（如大学本科生教材等）。

（3）所引用的文献必须是亲自阅读过的，若为间接引用需标明转引（切勿以讹传讹）。

【例5】 复旦大学一位教授间接引用一篇文章，偏偏写自己引用了原始文献，问题就来了。他引用的书中把"Dover Strait"错翻成了"street",译成"多福尔大街"。他如果照实说是从二手资料引用的,没什么问题,可他非要说谎,于是被人质问"你这个复旦大学的博士,英文水平这么差吗?"。

(4) 优先引用最新发表的同等重要的论文。

(5) 避免过多地、特别是不必要地引用作者本人的文献。那种仅仅为了提高论文的被引次数而自引的做法是不可取的。

(6) 确保文献各著录项准确无误。

扫一扫,观看《参考文献的著录规范》,了解图书、期刊、学位论文等参考文献的著录规范。

视频22-3:参考文献的著录规范

22.4　参考文献的格式与编排

除了有意或疏忽造成剽窃外,很多时候是因为作者不懂参考文献的引用格式,不能以适当方式标明引用的来源,以致变成剽窃。为此,有必要了解合理合法使用参考文献的格式。

22.4.1　参考文献格式

中文的参考文献格式主要依据《GB/T 7714—2015 信息与文献　参考文献著录规则》。国外常用的参考文献格式有美国心理学会的 APA、美国现代语言协会的 MLA、芝加哥大学出版社的 CMS 等。

国际期刊参考文献主要采用以下几种格式,见表22-3。

表22-3　参考文献的几种主要格式

格式	用途
APA 格式（美国心理学协会,http://www.apastyle.org）	社会科学、教育学、工程学和商学
MLA 格式（美国现代语言协会,http://www.mla.org）	文学、历史学（人文学科）
CMS 格式（芝加哥大学出版社,http://www.press.uchicago.edu）	社会学、哲学等学科
AMS 格式（美国数学学会,http://mathscinet.ams.org）	数学和计算机科学
AIP 格式（美国物理联合会,http://www.aip.org）	物理学
ACS 格式（美国化学学会,http://www.acs.org）	化学

由于 APA 格式具有科学性、有效性和操作性,国内的《全球教育展望》《心理科学》等期刊对论文参考文献也要求采用 APA 格式。具体采用什么格式、该格式的详细要求,需要参阅目标期刊的投稿指南,或者参考目标期刊上已登载的论文参考文献列表。

1. 中文参考文献格式

(1) 论文

格式:作者名.论文名[J].刊名,年份,卷数(期数):起止页码.

【例6】 张倩苇.信息素养与信息素养教育[J].电化教育研究,2001(2):9-14.

(2) 普通图书

格式:作者名(外文姓+名首字母).书名[M].出版地:出版者,年份.

【例7】 陈晓红.大数据时代的信息素养教育理论与实践[M].成都:西南交通大学出版社,2017.

【例8】 李普森.诚实做学问:从大一到教授[M].郜元宝,李小杰,译.上海:华东师范大学出版社,2007.

(3) 学位论文

格式:作者名.论文名[D].地名:学校名,年份.

【例9】 马欣研.中小学教师信息素养研究:基于理论与实践的双重视角[D].上海:华东师范大学,2019.

(4) 电子资源

格式:责任者.电子文献标题[EB/OL].[引用年-月-日].文献网址

【例10】 黄如花.从重大突发公共卫生事件的应对谈信息素养教育的迫切性[EB/OL].[2020-08-02].http://m.people.cn/n4/2020/0302/c655-13739587.html

(5) 报纸中析出的文献

格式:作者名.文献标题[N].报纸名,出版年月日(版次).

【例11】 熊璋.提升师生信息素养保障教育质量[N].中国教育报,2020-09-12(3).

(6) 论文集、会议录

格式:作者名.论文集名[C].出版地:出版者,出版年.

【例12】 徐福荫,孟增强.挑战、机遇与发展:应用教育技术促进教育创新(第七届教育技术国际论坛论文集)[C].济南:山东人民出版社,2009.

拓展阅读22-3:GB/T 7714—2015 信息与文献 参考文献著录规则

扫一扫,阅读"GB/T 7714—2015 信息与文献 参考文献著录规则",理解该规则并思考如何应用于论文写作。

2. APA格式

(1) 期刊论文

格式：作者姓全称，名首字母大写．（出版年份）．作品名．期刊名，期刊卷号（期号）：起止页码．

期刊名采用实词、专名和首字母大写，一律斜体。其他部分仅采用首字母和专名大写，其余一律小写，不能用斜体。

【例13】 黄如花，李白杨（2015）．MOOC背景下信息素养教育的变革．图书情报知识，（4），14-25．

【例14】 Mahmood, K.（2017）. Reliability and validity of self-efficacy scales assessing students' information literacy skills: A systematic review. *Electronic library*, 35（5），1035-1051.

（2）书籍

格式：作者姓全称，名首字母大写．（出版年份）．书名．出版社地址：出版社．

与期刊论文的最大区别是书籍名要斜体且只需要首字母和专名大写，需要注明出版社信息，含地址和出版社名。

【例15】 李连江（2016）．不发表，就出局．北京：中国政法大学出版社．

【例16】 Galvan, J. L. & Galvan, M. G.（2017）. *Writing literature reviews: A guide for students of the social and behavioral sciences*（7th, ed.）. New York: Routledge.

（3）学位论文

学位论文的格式与书籍的基本一致，区别在于学位论文要注明作者所取得学位的机构而书籍则是用出版社名。

格式：作者姓全称，名首字母大写．（出版年份）．学位论文名．学校地址：学校名．

【例17】 Zhang, Q. W.（2012）. *Supporting teachers to enact Integrative Practical Activities in China*. Enschede: University of Twente.

（4）网页

格式：作者姓全称，名首字母大写．（出版年份）．作品名．获取网址

【例18】 Association of College & Research Libraries（2015）. *Framework for Information Literacy for Higher Education*. Retrieved from http://www.ala.org/acrl/sites/ala.org.arcrl/files/content/issues/infolit/framework/.pdf

> ❖ 练一练：
> 1. 确定你所在单位或机构引用信息源所采用的参考文献格式。
> 2. 在因特网检索采用了这种参考文献格式的信息。
> 3. 获取正式的参考文献格式指引，并在完成每个作业、研究任务、以及其他书面文档时采用这种格式。

22.4.2 参考文献的编排

参考文献采用脚注、尾注和夹注三种编排方式。脚注和尾注属传统的引用方式；夹注是近二十年里出现的新引用方式，APA、MLA以夹注为主；CMS包括脚注与夹注两种方式。

1. 脚注（footnotes）

也称页下注，注解出现在引用处当页的底下。如图 22－1 所示。

【例 19】　刘良华．教育研究方法：专题与案例．上海：华东师范大学出版社，2007：240.

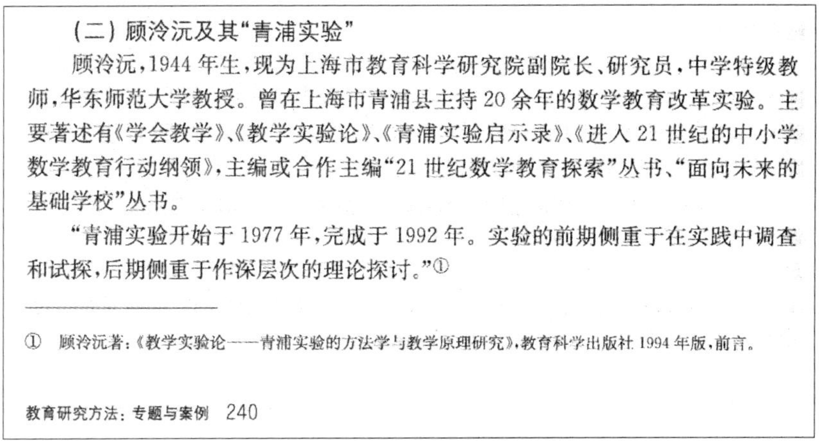

（二）顾泠沅及其“青浦实验”

顾泠沅，1944 年生，现为上海市教育科学研究院副院长、研究员，中学特级教师，华东师范大学教授。曾在上海市青浦县主持 20 余年的数学教育改革实验。主要著述有《学会教学》、《教学实验论》、《青浦实验启示录》、《进入 21 世纪的中小学数学教育行动纲领》，主编或合作主编“21 世纪数学教育探索”丛书、“面向未来的基础学校”丛书。

“青浦实验开始于 1977 年，完成于 1992 年。实验的前期侧重于在实践中调查和试探，后期侧重于作深层次的理论探讨。”①

① 顾泠沅著：《教学实验论——青浦实验的方法学与教学原理研究》，教育科学出版社 1994 年版，前言。

教育研究方法：专题与案例　240

图 22－1　脚注样例

2. 尾注（endnotes）

注解全编排在论文或专著的最末（或各章的后面）。

3. 夹注（parenthetical references）

也称括号注，注解以括号直接出现在正文引用处之后。参考文献放在论文或专著的最末。如图 22－2 和图 22－3 所示。

【例 20】　文中引用的文献可以在文后的参考文献列表中找到。以“Developing an understanding of the impact of digital technologies on teaching and learning in an ever－changing landscape”一文为例，（文献来源：Voogt，J.，Knezek，G.，Christensen，R.，& Lai，K. W. Developing an understanding of the impact of digital technologies on teaching and learning in an ever－changing landscape［M］//Voogt，J.，Knezek，G.，Christensen，R.，& Lai，K. W.（ed.）*Second Handbook of Information Technology in Primary and Secondary Education*. Gewerbestrasse：Springer，2018：3－12.）

图 22－2　夹注样例（一）

22.4.3　参考文献的标注

对于大多数期刊而言，常用的参考文献的标注方法主要有两种：顺序编码制和著者出版年制。无论文献列表修改多少次，文献格式都可以原封不动。

1. 顺序编码制

它是按论文正文部分引用文献出现的先后顺序连续编码，将序号置于方括号中，是目前大多数中文期刊采用的格式。

Research now clearly shows that digital technologies can support students to engage collaboratively to become innovative and creative learners. These technologies can support the creation of new knowledge and the development of new skills (Ito et al. 2013; Scardamalia and Bereiter 2015). It is still the case, however, that many young people use new technologies only to consume information.

References

Bowers, J. (2016). The practical and principled problems with educational neuroscience. *Psychological Review, 123*, 600–612.

Fluck, A., Webb, M., Cox, M., Angeli, C., Malyn-Smith, J., Voogt, J., & Zagami, J. (2016). Arguing for computer science in the school curriculum. *Educational Technology & Society, 19*(3), 38–46.

Howard-Jones, P., Ott, M., Leeuwen, T., & De Smedt, B. (2015). The potential relevance of cognitive neuroscience for the development and use of technology-enhanced learning. *Learning, Media and Technology, 40*(2), 131–151.

Ito, M., Gutierrez, K., Livingstone, S., Penuel, B., Rhodes, J., Salen, K., Schor, J., Sefton-Green, J., & Watkins, S. (2013). *Connected learning: An agenda for research and design*. Irvine: Digital Media and Learning Research Hub.

图 22 – 3 夹注样例（二）

【例 21】 "光流控，顾名思义，可以分为两个方面。一方面是利用微流控来控制光，其应用包括：平板显示①、微流体透镜②……。

2. 著者出版年制

它是在论文正文部分引用的文献，引文用圆括号括起，采用"著者"和发表"年份"的格式标注。通常按作者姓氏的首字母（汉语拼音或英文 A→Z）及出版年份顺序标注。

【例 22】 "微流控芯片常见的结构有流动聚焦型，T 型和 Y 型（水玲玲等，2013）。通过用流动聚焦型芯片产生了尺寸均一的液滴，并将之紫外固化形成尺寸可控的均匀的胶囊（朱云飞等，2015）"。

参考文献：

［1］水玲玲，朱云飞. 微流控法制备功能性微纳米液珠［J］，华南师范大学学报（自然科学版），2013，45（6），99 – 114.

［2］朱云飞，水玲玲，周国富，金名亮，微流控法制备可用于电泳显示胶囊的微液珠研究［J］. 华南师范大学学报（自然科学版），2015，47（3）：19 – 23.

思考与练习

1. 什么是学术诚信？学术诚信有何重要作用？

---

① 唐彪，赵青，周敏，白鹏飞，李发宏，Robert A. HAYES，周国富. 印刷电润湿显示技术研究进展. 华南师范大学学报（自然科学版），2016，48（1）：1 – 8，134.

② 顾海鹏，洪华杰，范纪红. 液态透镜研究现状与发展分析. 应用光学，2019，40（6）：1126 – 1138.

2. 什么是剽窃？剽窃有什么危害？

3. 请谈谈适当引用与抄袭的区别是什么？

4. 有人在中国知网里检索，发现两篇题目相同的论文，且论文的内容、页数、参考文献及其引用顺序都相同，只是作者姓名、发表期刊和年份不同。请问如何判断谁是剽窃者？

5. 请围绕选题阅读相关文献，从中找出直接引用和间接引用的实例。

6. 请列出引用图书、期刊论文和网络资源分别需要哪些信息？

参 考 文 献

[1] 查尔斯·李普森. 诚实做学问：从大一到教授［M］. 郜元宝，李小杰，译. 上海：华东师范大学出版社，2007.

[2]《话说科研诚信》编写组. 话说科研诚信［M］. 北京：科学技术文献出版社，2018.

[3] 柯林·内维尔. 学术引注规范指南（第二版）［M］. 张瑜，译. 上海：上海教育出版社，2013.

[4] 麦克里那. 科研诚信：负责任的科研行为教程与案例（第3版）（中文版）［M］. 何鸣鸿，陈越，等译. 北京：高等教育出版社，2011.

[5] 山崎茂明. 科学家的不端行为：捏造、篡改、剽窃［M］. 杨舰，程远远，严凌纳，译. 北京：清华大学出版社，2005.